国家社会科学基金一般项目
"广告图像研究"（17BXW087）资助

广告图像研究

周子渊 著

中国社会科学出版社

图书在版编目（CIP）数据

广告图像研究 / 周子渊著. -- 北京：中国社会科学出版社，2024.10. -- ISBN 978 - 7 - 5227 - 4158 - 1

Ⅰ. F713.80

中国国家版本馆 CIP 数据核字第 2024VT3190 号

出 版 人	赵剑英
责任编辑	陈肖静
责任校对	闫　萃
责任印制	戴　宽

出　　版	中国社会科学出版社
社　　址	北京鼓楼西大街甲 158 号
邮　　编	100720
网　　址	http://www.csspw.cn
发 行 部	010 - 84083685
门 市 部	010 - 84029450
经　　销	新华书店及其他书店
印　　刷	北京明恒达印务有限公司
装　　订	廊坊市广阳区广增装订厂
版　　次	2024 年 10 月第 1 版
印　　次	2024 年 10 月第 1 次印刷
开　　本	710×1000　1/16
印　　张	24.5
插　　页	2
字　　数	355 千字
定　　价	136.00 元

凡购买中国社会科学出版社图书，如有质量问题请与本社营销中心联系调换

电话：010 - 84083683

版权所有　侵权必究

前　言

我们每天都在感知着这个世界，从睁眼到闭眼，从未停止。

世界创生着图像，世界被把握为图像。而图像也创生着世界，真实和虚幻在图像中呈现与消失。如广告图像，何时介入我们的生活，又何时隐身而去（其实更是融入），亦真亦幻。当视听转向在技术的催生下颠覆甚至重塑我们的生活时，真实与虚幻的界限被打破，图像的奇观浸润着时空，这即是笔者着手广告图像研究的动机。就像在"作为意义的图像"中提到的那样："图像不仅可以将其形象纳入我们的想象和记忆之中，还能够将内部世界与外部世界可见与不可见的事物赋予各种意象，使图像在我们对世界的认识中支配存在。"从"氓之蚩蚩，抱布贸丝"到元宇宙广告图像都是如此，图像的生成和呈现不仅参与到人类的生产实践，而且深刻地影响到我们的思维、工作和生活，促使笔者想一探究竟。

边缘性学科的属性，奠定了广告图像研究的多元性和跨学科性。广告从"术"到"学"的研究，学科间的跨越和移植无处不在。也正是这种跨越和大视野，广告研究才取得了飞跃发展的成就，但同时也使得相关研究呈现碎片化、多元化的现状。随着研究的推移，系统性研究在学界精英的主导下正逐步开展，繁花已现，硕果在望。图像研究是一个跨学科的综合基础研究。图像已经成为现代传播中最有效、最便捷、最直接的传播方式和途径，成为中外研究的热点。"图像"自 2000 年后成为国内人文社会科学领域里研究的热词，在 2006—2008

年间，对"图像转向、图像社会、图像时代、图像文化"等的探讨，一起把涉及图像的研究推向一个高潮，而后一直绵延至今。

我国关于图像的研究主要集中在以下三个方面：一是文学图像研究。探讨的主要是文学与图像的关系、图文之争、文学性、文学图像（含艺术图像）叙事研究及西方语图哲学思维与文学的关系研究等。二是从视觉文化、符号学角度进行图像研究。将视觉文化、语言、图像、符号、文本等相结合，从视觉文化和符号学的视角研究图像传播与建构（包括对艺术图像的研究），涉及图像的本体性问题。三是从新闻学与传播学角度研究图像。主要是从历史与现实的角度解析图像在新闻传播中的作用及在视觉文化、艺术背景下影视艺术的图像化传播，在挖掘图像意义的基础上研究传播的效果。具体到广告图像研究，国内研究主要集中在以下几个方面：一是视觉文化背景下的广告图像传播研究。主要研究在视觉文化背景和现代媒介技术的作用下，视觉呈现、视觉心理、视觉场域、体验等与广告图像传播的效果研究。二是从修辞角度研究广告图像。结合广告语言、视觉符号、隐喻等研究广告图像的修辞方式、受众分析、传播特征等。三是从文化角度研究广告图像。主要是从中国文化（包括地域文化）入手，研究广告图像的创作、认知、叙事、表现与建构等。四是基于现实的广告图像批评。主要表现在对广告图像转向的质疑、对广告图像界定的批评和对广告图像的超真实性进行批判等。

由于学识、视野等原因，对广告图像的研究是艰难的。与其说是研究，还不如说是研学——在研究中学习，在学习中研究。对广告图像的定义很宏观，几乎涵盖了所有的图像类型；对广告、图像、广告图像在很多时候没有明确区分，混杂在一起，在整体上显得系统性不足；涉及的学者、学科和观点很多、很杂，但很多时候的分析却很含糊，隐喻的多而明喻的少，在细节上显得深入性不够等。正如麦克卢汉所说："我从来没有把探索的结果当作揭示的真理。我没有固定不变的观点，不死守任何一种理论——既不死守我自己的，也不死守别人的。"所以，在行文过程中，很多论述不做明确结论：一是笔者能力、水平所限，不能够较为准确且全面地得出科学结论，更多的是想让开放性的论述引出读者更多的思考，起抛砖引玉之效；二是为读者提供更广阔的视野，让读者自己去理解、自己去感悟；三是在高速发展的社会语境下，广告图像的发展变化速度（实践速度）高于理论研究速度，较为开放式的论述能够更好地表达笔者的观点。如"广告图像的意义和功能、图像的要求和图像的欲望更多的要从文化意识、经济意识、符号意识和身体意识出发，将历史图像、时代图像、科技图像和未来图像相结合，处理好艺术图像、语言图像、视觉图像、造型图像、认知图像和心智图像等之间的关系，使广告图像在错综复杂的变革和延续中顺势而为。"（参见第二章第三节"观看的权利"部分）论述很笼统也很宽泛，但表达的意思也很明确，就是我们在涉及广告图像的意义和功能、图像的要求和欲望时应该通盘考虑，而不是只及一点不及其余。

在行文论述过程中，借鉴和引用了大量哲学、社会学、艺术学、文学、现象学等相关学科的术语和知识。目的就是想在这样一部著作中做一些基础性、探究性、建构性的尝试，尽可能地将可能对广告及其图像研究的相关理论、相关知识介绍给读者，让读者在更广阔的视野中审视广告图像，从而激发思考、想象和共鸣。作为发展中的广告图像及其研究，想通过一部作品就究其根本、概其全貌是不现实的，也是不可能的。因为"图像从来就是不单纯、不简单、不老实"的，在社会变迁、技术飞跃发展、经济转型等因素的影响下，广告图像的呈现和展演等也必将发生改变。当数字化、智能化席卷生活、工作和思维之时，广告图像的虚实共生与时代想象也几乎同时发生。在广告中，图像几乎从来未被驯化且越来越商品化。一是由图像"不单纯、不简单、不老实"的属性决定的；二是由广告图像创意、创新本身所决定的；三是由社会加速决定的。虽然这些在文中均有论述，但笔者很少作结论性论断——既因为图像本身的属性，更因为论断的片面。所以，很多论述很深，也很浅；很晦涩，也很直白。

本书共有四个部分：广告图像、话语与社会；广告图像、艺术理论及哲学思辨；广告图像、文本与视觉；广告图像批判。广告图像、话语与社会部分介绍了图像的基本情况、广告图像的话语表达和广告图像与社会变迁的关系。广告图像、艺术理论及哲学思辨部分从自然、文化和创造性三个层面探讨有关艺术、艺术哲学与广告及其图像的关系。广告图像、文本与视觉部分主要探讨文本理论与广告图像实践；场域理论、视觉理论与广告图像之间的关系。广告图像批判部分围绕打造广告文化生态体系对广告图像拜物教、单纯视觉图像、过度商业化、图像与想象力等进行了"批判"和"矫正"。诚然，每一部分都很宏大，但也不尽其意，还有很多需要深入研究、拓展研究和系统研究的地方。这既是笔者今后努力的方向，也期待有兴趣的同仁参与其中，我们共同来把广告图像研究做到尽善尽美。

感谢国家社会科学基金对本课题的立项支持；感谢对课题研究和写作提出意见和建议的各位专家、学者；感谢书中涉及的所有学者及其观点；感谢家人的陪伴和支持，没有爱人和孩子的付出，写作无法进行。最后，感谢中国社会科学出版社为本书提供的出版机会，感谢编辑陈肖静女士的辛勤付出！

感谢所有提供广告图片和涉及广告图片的公司和个人，没有他们的帮助，很多优秀的案例无法列举。同时，由于时间和图片归属的复杂性，不能及时获得所有图片的使用权，如有版权使用问题，请联系作者（zzyd7788@163.com）。

目 录

第一章 广告图像、话语与社会 (1)
第一节 图像概论 (1)
一 图像缘起：从影子(图像)到艺术(图像) (2)
二 图像类型谱系 (21)
三 图像与符号 (28)
第二节 广告图像、话语与社会 (42)
一 广告图像的戏剧性叙事 (43)
二 广告图像、话语与社会 (53)

第二章 广告图像、艺术理论及哲学思辨 (71)
第一节 艺术自然(功能)与广告图像 (72)
一 从模仿到再现 (72)
二 从视觉再现到广告表现 (81)
第二节 社会/文化关系与广告图像 (90)
一 自我、他者与广告图像 (90)
二 身体与广告图像 (118)
第三节 艺术创造性与广告图像 (145)
一 权力与广告图像 (146)
二 文化与广告图像 (161)
三 社会政治关系与广告图像 (165)

第三章 广告图像、文本与视觉 …… （171）
第一节 广告图像与文本 …… （171）
  一 巴特的文本理论与广告实践 …… （172）
  二 克里斯蒂娃的文本理论与广告实践 …… （189）
  三 保罗·利科的文本理论与广告实践 …… （200）
  四 热奈特的文本理论与广告实践 …… （220）

第二节 广告图像与视觉 …… （264）
  一 场域理论 …… （264）
  二 广告图像实践与视觉场 …… （267）

第四章 广告图像批判 …… （302）
第一节 广告图像不只是视觉图像 …… （302）
  一 图像拜物教 …… （303）
  二 广告图像是一个综合感官图像 …… （310）

第二节 广告图像文化生态体系的建构 …… （318）
  一 广告图像文化批判 …… （318）
  二 图像与眼睛：读图时代网民的媒介素养 …… （340）

第三节 广告图像与想象力 …… （349）
  一 想象力是广告图像传播的内驱力 …… （350）
  二 想象力与广告图像虚构 …… （356）
  三 结语 …… （362）

参考文献 …… （364）

第一章 广告图像、话语与社会

"世界被把握为图像了"①，我们正生活在一个广告图像无处不在的时代。科技的发展、社会的演进、话语的变迁、人的认知深化等，都在分化并重组着我们及我们的时代，让我们不得不重新审视我们周围的环境—消费—智能—景观社会。在此背景下，广告图像已经成为艺术图像、科技图像、社会图像和文化图像等的综合体，成为生活、话语和社会本身展示的集中体现。

第一节 图像概论

关于图像的研究主要体现在学者们对哲学、语言学、符号学、文化学、人类学、历史学、传播学、社会学等的研究之中。在柏拉图、亚里士多德、维特根斯坦、海德格尔、胡塞尔、索绪尔、潘诺夫斯基、贡布里希、梅洛-庞蒂、罗兰·巴特、玛蒂娜·乔丽、瓦尔特·本雅明、拉康、约翰·费斯克、汉斯·贝尔廷、约翰·伯格、W. J. T. 米歇尔、尼古拉斯·米尔佐夫等的论述中，主要涉及的是对图像、图画、文本、形象、话语、符号等的论述，在哲学思辨和艺术理论上奠定了图像研究的基础，厘清了图像研究的脉络，指引了图像研究的方向。

---

① ［德］马丁·海德格尔：《林中路》，孙周兴译，上海译文出版社1997年版，第86页。

一 图像缘起：从影子（图像）到艺术（图像）

图像研究是一个跨学科的综合应用研究。图像已经成为现代传播中最有效、最便捷、最形象、最直接的传播方式和途径，成为中外研究的热点。图像先于人类的认知、意念而存在。从某种程度上说，人对图像的认知不仅促进了人自身的发展，而且还运用图像记录了人类发展的印迹，成为人类日常生活的一部分。

人类认知世界的方式不是一成不变的，而是历史更迭、文化兴替、社会变迁的过程和产物。在这一个过程中，人的"知觉秩序"才逐渐形成。图像则是人类视觉的基础，是人类认识世界和人类本身的重要方式和源泉。从原始图腾、岩画图像的星星点点到世界被传媒图像淹没的现实；从图像的生死到图像行为；从"语言学转向"到"图像转向"的义无反顾；等等，使我们认识到图像从来就是不单纯、不简单、不老实的。

人类将世界作为其对立面的"客体"看待，把世界把握为图像，是从影子开始的。作为影子的图像是人类认知世界客观性的起源之一，是人类将具有表象的影子图像摆在自身面前来确定"存在"的客观性，在原初意义上让人们认识到影子图像的发生。单纯的影子图像虽然能帮助人类认识自身和世界，但并不能解决人存在的意义，而追求意义是图像和人存在的价值，作为意义的图像才更接近事实。当作为影子的图像和作为意义的图像发展到一定阶段时，象征应运而生，是人符号化生存的必然产物，并自然地将艺术与科学相联系。用作为艺术的图像来进一步阐释作为影子的图像、作为意义的图像和作为象征的图像在人认识世界中的作用，将人类在时间和空间上的行为相统一。如此，世界被把握为图像和人成为主体相互交叠并融为一体，随着社会、文化和科技等发展而不断完善。

（一）作为影子的图像

柏拉图说："我首先把影子称为图像，然后把人们在水中或在模

第一章 广告图像、话语与社会

糊的、光滑的和闪亮的物体表面看到的反光和所有相似的再现看成是图像。"① 我们知道,"影子"一词涉及 eidolon（幻象,魂魄）和 skia（影子、投影,阴影）。前者包括"mimemata（拟象）、eikones（仿象）、phantasmata（表象、假象、幻象）和 phainomena（表象）。"② 将人的灵魂作为影子一样的东西来看待,通过影子将生命幻觉和实物幻觉联系在一起。从这个思路走下去,我们就不难以理解胡塞尔图像理论中关于图像观看时有关物理图像（physische bild）、图像客体（bildobjekt,即心灵图像）和图像主题（bildsujet）以及贝尔廷图像理论中有关心灵图像（mental image）和物理图像（physical image）的论述了。前者在柏拉图的认识中"首先,他会发现观看影子（skias）是最容易的,其次是观看水中的人物和其他事物的幻象（eidola）,再就是直接观看事物本身。"③ 我们可以发现,影子是由于光线的物理照射而自然形成的阴影、投影、倒影,是实践经验意义上的影子。沿着这个思路生发,"在（重新）界定图像时,苏格拉底说道：显而易见,我们应该说我们指的图像是水中的映像或镜中的镜像,另外还有画家和雕塑家创作的图像,以及所有诸如此类的事物。"④ 又由于 skia（影子、投影,阴影）跟透视（perspective）存在着光学上的物理关联和视觉上的直接反应。所以,图像与观看、与视觉及其文化具有天然的、内在的联系。

在柏拉图的《理想国》中,与影子相关的三个著名的隐喻是"日喻""洞喻"和"线喻"。柏拉图认为,"囚徒们的洞穴是个视觉的世界"⑤,也正是囚徒们求知和观看的欲望,从而使得"声音的附加现象增强了一个剧情描述中影子的附加现象,该剧情描述被动承当模糊现

---

① [法] 玛蒂娜·乔丽：《图像分析》,怀宇译,天津人民出版社 2012 年版,第 2 页。
② 陈中梅：《柏拉图诗学和艺术思想研究》（修订版）,商务印书馆 2016 年版,第 258 页。
③ [瑞士] 维克多·I. 斯托伊奇塔：《影子简史》,邢莉、傅丽莉、常宁生译,商务印书馆 2013 年版,第 21 页。
④ [瑞士] 维克多·I. 斯托伊奇塔：《影子简史》,邢莉、傅丽莉、常宁生译,商务印书馆 2013 年版,第 23 页。
⑤ [古希腊] 柏拉图：《理想国》,刘勉、郭永刚译,华龄出版社 1996 年版,第 259 页。

象世界和实在世界之间的分界线。对柏拉图来说,影子和声音相当于假扮现实的最早类型(一种是视觉的,另一种是听觉的)。所以,即便是在一个充满视觉幻象的世界中,影子仍然先于反射的映像。"[1] 这样,柏拉图就将可感与可知、可见世界与可知世界在反思和再反思中不断线性上升的境况形象隐喻出来,使我们认识到从意见(可见世界)上升到真理(可知世界)除了要有外部要素的触发、启示之外,更需要灵魂深处的认知冲动。所以,柏拉图所说的图像并不仅仅指影子,还包括画家和诗人创造出来的图像、雕塑模仿所产生的形象以及在感知中所产生的"幻像",并从灵魂图像、自然图像、语言图像、哲学图像四个层面告诉我们缺席与在场之间的矛盾是图像的内在特性。

除"日喻""洞喻"和"线喻"外,柏拉图还提出了"床喻"。通过神、木匠和画家的造床过程,向人们展示了三个不同的"床"的图像世界:可知世界、可见世界和艺术世界。柏拉图认为:"无论是出于选择,还是必需,神在自然界造了一张床,也只有一张。他从来没有,也永远不会造两张或两张以上这样理想的床。……而这张床无论是在本质上,还是在本性上,都是唯一的一张床。"[2] 神是床的天然创造者,创造了床的本质(即"相"或"型"),是可知世界的产物,不能以感性认知去把握。木匠由于"自己不能创造观念",所以,木匠创造的床是神创造的床的模仿,因此,匠人的创造"都是影子,而不是实体和真相……如果他不能制造真正的事物,那么他就不能制造真正的存在,而是能制造与真正存在相似,但并非真正的存在的东西。但若有人说木匠或其他艺人的作品是完全意义上的存在,那么他的话好像是错的。"[3] 在柏拉图看来,"对所有事物而言,有三种艺术:一种艺术使用,另一种制造,第三种模仿"。[4] 所以,木匠的床我们可以

---

[1] [瑞士]维克多·I. 斯托伊奇塔:《影子简史》,邢莉、傅丽莉、常宁生译,商务印书馆2013年版,第20—21页。
[2] [古希腊]柏拉图:《理想国》,刘勉、郭永刚译,华龄出版社1996年版,第368页。
[3] [古希腊]柏拉图:《柏拉图全集》(第2卷),王晓朝译,人民出版社2003年版,第614—615页。
[4] [古希腊]柏拉图:《理想国》,刘勉、郭永刚译,华龄出版社1996年版,第374页。

称为"摹本影像",是神创造的床的影像,是可见世界的图像。画家是"模仿别人制造的东西的人",所以,画家(包括诗人)都是模仿者,他们创造的床则只能模仿事物的外表,是"影像的模仿者"。所以,画家(或者诗人)创造的床只能是摹本的摹本,影子的影子,是艺术世界的图像。

从投影画(skiagraphia)一词的组成我们可以看出,它是由影子(skia)和图画(graph)两个词根组合而成,即"影子的图画"①。我们知道,现代电子图像是计算的结果,是"计算场景中可见面的颜色,根据基于光学原理的光照模型计算可见面投射到观察者眼中的光亮度大小和色彩,并将它转换成适合图形设备的颜色值,从而确定投影画面上每一像素的颜色,最终生成图像。"② 事实上,作为影子的图像又何尝不是包括眼睛在内的综合"计算"的结果呢?所以,"影子的图画""摄影的图画""计算的图画"等都离不开光线、中介、观看与人的行为等对象,贝尔廷图像理论的"图像—媒介—身体"三元结构亦是如此:"(1)图像以媒介为载体,但又区别于媒介。在这个意义上,贝尔廷所说的图像主要是指我们从一个图像制品上感受到的'心灵图像'(mental image),例如从肖像画中看到的那个'人'。(2)身体是图像的媒介,或者说是图像的储存和流通中介,因为对物理图像的感知,以及记忆、想象和梦这一类的'心灵图像',都是在身体上产生的。(3)身体也是图像的指涉对象。"③ 是图像及其研究的现象学取向。

如果说"影子的图像"是对自然的模仿的话,那么到了文艺复兴时期,随着艺术和科技的结合,透视学成为该时期绘画艺术的两大支柱之一(另一支柱是解剖学)。影子(skia)、幻象(eidola)都跟透视(在中国称为"远近法")有着必然的联系。透视的本义就是人的观看

---

① 邹建林:《影子与踪迹:汉斯·贝尔廷图像理论中的指涉问题》,湖南美术出版社2014年版,第109页。
② 高颖、郭淑霞:《虚拟现实视景仿真技术》,西北工业大学出版社2014年版,第7页。
③ 邹建林:《影子与踪迹:汉斯·贝尔廷图像理论中的指涉问题》,湖南美术出版社2014年版,第3页。

方式和方法。"'透视'的转义用于指可见对象因其位置、距离的相对性而呈现的不同外观，经引申与如下意义有关：（1）关系：人与自我或外物形成的主客体关系；（2）距离：主体感觉的空间距离、时间距离和主体的心理距离；（3）视野：主体在时空中的位置决定主体有一个实在的视点，从而有相对位置的转移引起主客体关系的变化，构成一定的前景或景观；（4）洞见：主体对对象的本质把握的能力，即通过直觉、内省或比较，领会真实和客观性的能力。"[①] 我们之所以研究透视或者需要透视，其目的就是更好地看清楚这个世界：一方面，透视本身就存在于"被把握为图像"的世界之中，"影子"也好，"幻觉"也罢，只不过是我们通往真相道路上"看"或者"看见"的某种的状态，如图1-1；[②] 另一方面，观看方式和方法及关系、距离、视野、洞见等需要透视，它不仅是人作为主体的需要，也是世界作为存在的需要。

（二）作为意义的图像

"影子"将"镜子""模仿""再现"与图像紧密联系在一起。"镜子具有很强的力量，因为它们能制造出图画。一切镜子都反射着世界，如果是一块凹面镜，还能投射出世界的图像。投射世界和反射世界极为不同，从世界自身的角度看，难道不是如此吗？镜子将世界简化、压扁。用素描和油画的手段可以将三维世界翻译成平面上的笔痕，此外还有很多其他手段也能将三维世界转译为二维，其中镜子就能提供好几种转译手段。"[③] 镜子的这种现象和"影子"一样普遍，以至于有时候被人们所忽视。也正是"镜子将世界简化、压扁"，所以镜子向我们再现的（或展示的）图像既简单又复杂、既揭示真理也表现谎言，使人深思。故达·芬奇说："画家的心应当像什么：画家的心应当像一面镜子，将自己转化为对象的颜色，并如实摄进摆在面前

[①] 李鸿祥：《图像与存在》，上海书店出版社2011年版，第206页。
[②] ［瑞士］维克多·I. 斯托伊奇塔：《影子简史》，邢莉、傅丽莉、常宁生译，商务印书馆2013年版，第37页。
[③] ［英］大卫·霍克尼等：《图画史 从洞穴石壁到电脑屏幕》，万木春、张俊、兰友利译，浙江人民美术出版社2017年版，第108页。

图1-1 香奈儿香水广告：《银灰色的利己主义者》，1994年

所有物体的形象。应该晓得，假设你不是一个能够用艺术再现自然一切形态的多才多艺的能手，也就不是一位高明的画家。……画家应当独身静处，思索所见的一切，亲自斟酌，从中提取精华。他的作为应当像镜子那样，如实反映安放在镜前的各物体的许多色彩。做到这一点，他仿佛就是第二自然。"① 但画家的心不是镜子，当画家的心像一面镜子时，它也仅仅是再现或者模仿自然，更进一步（而且是常态的）也只能是"如实摄进摆在面前所有物体的形象"，但当他在"斟酌""提取"对象时，他加入了自己的思想——即我们所说的意义。而如果没有意义，图像的存在就失去了其价值。

有意义的图像在西方是镜像式表达的对象，我们则称为"应物象

---

① ［意］列奥纳多·达·芬奇：《芬奇论绘画》，戴勉编译，人民美术出版社1986年版，第41页。

形"。镜像是图像及其文化从模仿、再现到表现的演变过程中的重要隐喻实现方式,而模仿与再现的镜像冲动则是西方写实绘画发展的一种重要的理论依据和隐喻形式,达·芬奇的镜喻即是如此。维特根斯坦说:"我们给我们自己建造事实的图像。……图像能够图示其形式为图像所具有的一切实在。空间图像能够图示一切空间的东西,颜色图像能够图示一切有色的东西,等等。……图像所表现的东西是图像的意义。图像的真或假就在于它的意义与实在符合或者不符合。……只有事实才能表达意义,一组名称不能表达意义。"[1] 画家模仿或者再现自然是对存在的模仿与再现,而存在就是事实。但在意义的生成方面,叶姆斯列夫认为(1943,引自韩礼德、麦悉森,1999:17):"现实是不可知的,唯一可知的是我们对现实的理解,对现实的理解就是意义,意义并不先于体现意义的词语而存在,意义产生于我们的意识与环境的相互作用中。"[2] 所以,作为意义的图像或者图像的意义是在人的意识与环境的相互作用中产生的,没有这个相互作用(或者互动)和对现实、对存在的理解,也就不会产生所谓的图像及其意义。事实表达意义,对事实的理解产生意义从表面上来看似乎顺理成章,但在现实过程中却并不是一帆风顺。首先,事实所表达的意义和对事实的理解所产生的意义是不对等的。在事实的图像和图像所表现的以及人们所看到的及理解的,有时更是相差甚远,这是由事实、表现及人的认知实践所决定的。其次,我们所建造的事实图像、图像所图示的实在、事实所呈现(或表现)的图像并不能够全部被人们所捕捉,信息传播规律决定了意义接受和解读、解码的偏差。最后,我们对现实的理解存在主观臆断和积极能动性等因素,意识与环境的互动并不总是积极的、良性的、友好的,很多时候是消极的、恶性的甚至是敌对的,这是自然、环境与人的本性决定的。所以,很多时候,我们要时时刻刻对图像的意义和作为意义的图像进行修正,广告图像更是如此。

---

[1] [奥地利]维特根斯坦:《逻辑哲学论》,贺绍甲译,商务印书馆1996年版,第29—32页。
[2] 转自陈海叶《系统功能语言学的范畴化研究》,上海大学出版社2009年版,第25页。

第一章 广告图像、话语与社会

我们知道，模仿是人的本能和社会化方式，是在不断匹配目标的过程中再现模仿物（对象）的特征和行为方式。亚里士多德认为："从儿童时期人就表现出模仿，人区别于其他生物就在于，他在相当程度上具有模仿能力，他的最初知识是通过模仿也通过每个人在模仿中所获得的愉悦习得。"①"米德认为，社会角色和行为的掌握是由于模仿他人的角色言行而获得的，因而模仿在人们的个体社会化中起着重要作用。"② 人的学习、教育、思考与认知等等，都包含模仿。不仅如此，人在模仿对象过程中，人的视觉、听觉、嗅觉、味觉、触觉、本体感觉等所有的感观都参与其中，使我们个体内部的图像世界与外部图像世界高度匹配，从而掌握知识并完成社会化。这个模仿过程从某种程度上说就是人认知世界并赋予图像意义的过程，而作为意义的图像在我们大脑中的形成过程，也就是我们的学习、教育和思考外界的一个过程——本能和欲望驱使的过程。本能和欲望的驱使将对象世界、经验世界（实践活动）、精神世界和他人世界转变为各种图像——作为意义的图像的一部分。"借助于人的想象力，对象世界、实践活动和他人世界得以想象式的构建，进而成为集体或个体想象世界的一部分。这一过程常常是模仿性的过程，是一个不断地指向他人世界、周遭世界、各种观念和图像的趋像过程。"③ 这样，图像成为内部世界与外部世界模仿的转化点，不仅有利于对象世界、经验世界（实践活动）的发生、发展，而且有助于精神世界、他人世界与自我的沟通、表达与处理。

"马格利特把仿效（lasimilitude）与相似区分开，并使其与后者对立。相似有一位'老板'（patron），即本原的要素，它从自身出发，整理并按等级排列那些越来越远离和削弱的复制品。相似需要的前提，是一个起规定和分类作用的第一参照。仿效拓展成为一个个既没有开

---

① ［德］乌尔夫：《社会的形成》，许小红译，广东教育出版社2012年版，第3页。
② 孙晔等编：《中国大百科全书：普及本：心理学Ⅰ》，中国大百科全书出版社1999年版，第203页。
③ ［德］克里斯托夫·武尔夫：《人的图像：想象、表演与文化》，陈红燕译，华东师范大学出版社2018年版，第3页。

始也没有结束的、人们可以从这个方向或那个方向浏览的系列，它们不遵从任何等级，但是以细小的差异一点一点地繁衍。相似为再现服务，受制于再现；仿效为重复服务，被重复所贯穿。相似使自己成为它负责护送和让人识别的模特，仿效把模拟作为不确定的和可逆转的关系从一个仿效物传递到另一个仿效物。"① 福柯认为："正是相似性在主要地引导着文本的注解与阐释；正是相似性才组织着符号的运作，使人类知晓许多可见和不可见的事物，并引导着表象事物的艺术。"② 并用"适合"标识了位置的临近；用"仿效"打破空间的默契和位置的束缚，将存在着某种映像和镜子特征的事物构成"彼此映照和竞争的同心圆"；用"类推"将适合和仿效重叠在一起，利用较为微妙的相似关系，将事物"从同一个点拓展到无数的关系"；用"交感"使"没有事先确定的路径，没有假想的距离，没有规定的联系"的事物自由自在地在宇宙深处发挥作用。而"模仿是一切社会相似性的原因。"③ 图像镜像式的模仿或者再现式的相似，不仅是图像对自然的展演和对语言的表现，而且也传达出图像的某种体验。这样，图像不仅可以将其形象纳入我们的想象和记忆之中，还能够将内部世界与外部世界可见与不可见的事物赋予各种意象，使图像在我们对世界的认识中支配存在。

潘诺夫斯基在《图像学研究：文艺复兴时期艺术的人文主题》中对图像意义三层次的解释理论进行了阐述：界定主题或意义和相对应的形式。第一层次是前图像志描述（艺术母题世界的自然题材），关注的是事实意义与表现意义所构成的第一性或者自然意义。在这一层面，解释者要能够正确解释事实意义与表现意义，就必须有实际经验，要了解对象和事件，属于现象性的、可感觉性的意义。第二层次或程式意义上的解释称为图像学分析，主要关注"常规意义"，其对象是

---

① ［法］米歇尔·福柯：《这不是一只烟斗》，邢克超译，漓江出版社2012年版，第60—61页。
② ［法］米歇尔·福柯：《词与物》，莫伟民译，上海三联书店2001年版，第23页。
③ ［法］加布里埃尔·塔尔德：《模仿律》，何道宽译，中国人民大学出版社2008年版，第28页。

约定俗成的题材,"即被图像、故事和寓意表现的特定主题或概念的世界"。解释者必备的知识是文献,属于可理解的、被有意识赋予的意义。第三层次是图像研究的解释,是更深层次上的图像学分析,关注的是"本质意义",是内在意义或内容(Intrinsic meaning or content)。这一层面的意义属于本质性的、根本性的、象征性的。而"要把握内在意义与内容,就得对某些根本原理加以确定,这些原理揭示了一个民族、一个时代、一个阶级、一种宗教和一种哲学学说的基本态度,这些原理会不知不觉地体现于一个人的个性之中,并凝结于一件艺术品里;不言而喻,这些原理既显现在'构图方法'与'图像志意义'之中,同时也能使这两者得到阐明。"① 潘诺夫斯基图像意义三层次的解释理论与弗里德里希·阿斯特所提出的三个文字层次相对应:文字或句法层次、历史层次(关注于意义)和文化的层次。为我们深入理解图像及其意义提供了借鉴和参考。

(三)作为象征的图像

作为影子的图像和作为意义的图像发展到一定阶段都离不开象征。图像的再现、象征和表现功能既可以独立于一幅图像之中,也可以在一幅图像中交织。图像的不单纯、不简单、不老实不但使得其意义难以捉摸,而且推动了图像内涵和外延发展,让我们能够更真切感受并认知到图像的存在。广告图像之中的象征以及对象征符号的应用无处不在,能够让我们更好地接受和理解图像所传递的意义。

象征是人类认知世界最原始、最基本、最古老的方式。"象征是本体性的而非某种手段,是人类思维的方式,也是交流的媒介,是人类情感的表现,也是知识的结构体系。在象征文化中,尤以语言、神话、宗教、图像构成最重要的深层部分。"② 人类在认知世界的过程中创造生命的意义,在交流中寻找生存的意义,语言、神话、宗教、图像等只不过是这一过程中人类用以借助的形式而已。但也正是如此丰

---

① [美]欧文·潘诺夫斯基:《图像学研究:文艺复兴时期艺术的人文主题》,戚印平、范景中译,上海三联书店2011年版,第5页。
② 王原君:《象征资本》,线装书局2015年版,第81页。

富的"形式",才使得象征的图像如此迷人,才能够彼此接受和解释图像中"难以捉摸的意义"。黑格尔说"象征一般是直接呈现于感性观照的一种现成的外在事物,对这种外在事物并不直接就它本身来看,而是就它所暗示的一种较广泛较普遍的意义来看。因此,我们在象征里应该分出两个因素,第一是意义,其次是这意义的表现。意义就是一种观念或对象,不管它的内容是什么,表现是一种感性存在或一种形象。"[1] 黑格尔所说的这种象征行为在图像中是一种常态,象征不管是作为符号,还是形象和意义之间部分的协调和不协调,都是为了明示和暗示事物本身及其象征意义。荣格认为:"所谓象征,是指术语、名称,甚至是人们日常生活中常见的景象。但是,除了传统的明显意义之外,象征还有着特殊的内涵。它意味着某种对我们来说是模糊、未知和遮蔽的东西。"[2] 也正是因为象征及其意义的模棱两可"模糊、未知和遮蔽的东西"才显得独特、魅惑和丰富多彩。"因此,当一个字或一个意象所隐含的东西超过明显的和直接的意义时,就具有了象征性。"[3] 由于语言文字本身就是典型的象征或象征符号,图像的存在则更能够体现出象征的意义表现和特殊内涵。当信息严重不对称或者传递双方信息鸿沟比较大时,象征对信息少的一方会更频繁出现。而当不单纯、不简单、不老实的图像与象征相结合时,现实世界的图像、可能世界的图像才得以全面、多元的实现,在人的自我防御、自我表现中变成现实的意义。在广告图像中,创作者也正是在充分利用象征双关或模棱两可的本质上来传递商品信息的,从而表现一种感性存在或一种形象,吸引消费者的注意并诱导其购买行为的发生。

"观看先于言语。"约翰·伯格说:"正是观看确立了我们在周围世界的地位;我们用语言解释那个世界,可是语言并不能抹杀我们处于该世界包围之中这一事实。我们见到的与我们知道的,二者的关系

---

[1] [德]黑格尔:《美学》(第二卷),朱光潜译,商务印书馆2011年版,第10页。
[2] [瑞士]卡尔·荣格:《人类及其象征》,张举文、荣文库译,辽宁教育出版社1988年版,第1页。
[3] [瑞士]卡尔·荣格:《人类及其象征》,张举文、荣文库译,辽宁教育出版社1988年版,第1页。

从未被澄清。"① 周围世界是世界图像的一部分,世界图像更是周围世界的一部分,我们只看见我们所见的、想象我们所想的——观看、想(或者思)都是有选择性的——我们选择了我们与周边世界的地位。这时,我们与周围世界是融为一体的,但并不等于我们见到的与我们知道的关系是明晰、真实的,它可以是模糊的,也可以是含混的,也可能是虚假的,当然也可以是模糊的清晰。"因为只要在可见的物质世界和精神或神灵的世界之间没有明确的鸿沟,那么,不仅'再现'的各种意义之间的界线会变得模糊,而且图像和象征之间的整个关系都会呈现出一种不同的面貌。"② 因此,我们可以借鉴阿奎那从文法解析和语意分析的角度("文"—Littera 的层面)搞清楚图像的字面意义或历史意义;从文本的深层精神本质层面("质"—Nucleus 的层面)上来搞清楚譬喻意义、道德意义和归宗意义。我们借用阿奎那在《神学大全》中的表层结构和深层结构说法,能够更好地"用图像说明"和"使用图像","字面意义教导我们事件,譬喻意义告诉我们信仰,道德意义指示我们行为,归宗意义告诉我们奋斗的方向"③。这样,我们就可以用多种意义来比较细腻地掌握象征图像的经典意义和所象征事物的意义,从而比较全面地诠释图像及其象征意义。

从本质上说,黑格尔、约翰·伯格和阿奎那的观点都是从"视觉语言"上来言说的形态。"科学告诉我们,看是一种感知方式,而感知指的是对感觉材料的识别和分析——换言之,就是信息如何到达眼睛(耳朵、鼻子、味蕾、指尖)以及我们如何解释它。在视知觉中,人眼接收以图像形式传递的信息;大脑又对这些图像进行加工,赋予其意义。"④ 从某种程度上说,没有观看就没有图像,作为象征的图像或者图像的象征更无从谈起。所以,我们要认识到"象征是以一个可

---

① [英] 约翰·伯格:《观看之道》,戴行钺译,广西师范大学出版社 2015 年版,第 4 页。
② [英] E. H. 贡布里希:《象征的图像》,杨思梁、范景中译,广西美术出版社 2014 年版,第 171 页。
③ 转引自陈怀恩《图像学:视觉艺术的意义与解释》,河北美术出版社 2011 年版,第 22 页。
④ [美] 马克·盖特雷恩:《认知艺术》,王滢译,世界图书出版公司北京公司 2014 年版,第 15 页。

见的事物来表现一个不可见的现实。我们必须考虑象征的两个维度：一是它具有某种具体的、可感知的、物质的、外在的形象；二是它能够显现某种普遍的、超越具体感知的、不可见的、内在的精神上的意义。我们解释象征，就是要寻求在可见的东西之中隐含着的不可见的现实，寻求两者之间的整体联系。"[1] 可以说，象征是意识、潜意识与无意识的互动在图像与观者在"看"与"被看"的过程中形成的。一方面，图像制作者为了更好地表现自己的创作意图，必须充分利用图像的时空叙事属性、图像象征的维度和图像间的相关、因果、层次、序列等特性以及图像的具体内容和形式来表达，并将意义蕴藏在形象（或者事物）之中。另一方面，观者在观看图像时，不仅看到了图像所表现的具体内容和形式，而且还从中看到了意象与象征，将意义从形象中抽离。而"一种东西是不是象征，主要取决于正在对它进行观察的意识所持的态度。比如，取决于它是否把一个特定的事实不仅视为事实本身，而且视为某种未知事物的表现。因而，一个人完全有可能建立起这样一个事实，这个事实对他自己并不显示出任何象征意义，但对另一个人却可能具有深刻的象征意义……这些作品的象征性质并不仅仅取决于观察者的态度，而是以它们对观察者具有的象征效果把自己自发地显示出来。"[2] 这种"象征态度"更加鲜明地指出了作为观看的主动权：我们不仅可以创造自己，而且能够使他人更深刻地认识事物及其象征意义。同时，也印证了在信息不对称或者信息鸿沟的背景下，事实对传递者自己并不显示出任何象征意义，但对另一个人（可能是信息的直接接收者，也可能是他人）却可能具有深刻的象征意义。

象征图像巧妙地将艺术与科学联系在一起。贾尔达说："如果没有通过象征图像那种神圣的表达惯例把这些学科的最高贵本质活现在人们的眼前，印刻在人们的心中，如果它们可爱形象的显现没能使即便是未受过教育的人都好奇地研究它们，那么也许现在任何人的心中

---

[1] 尤娜、杨广学：《象征与叙事：现象学心理治疗》，山东人民出版社2006年版，第77页。
[2] 转自冯川《荣格的精神》，海南出版社2006年版，第84页。

都不会有关于它们的印象（除非那些偶尔和它们打交道的学者们）。因为，上天和人类的信仰可以作证，难道还有什么其他东西能更令人信服地表示这些绝妙学科的威力？能既给人娱乐，又比这些包含了渊博学识的象征图像更深刻地触动我们的心灵？……而象征图像在供人沉思默想的时候，能跳入观赏者的眼睛，进入他们的心灵。你还来不及仔细观看，它们便向你自报了身份。它们只是极为慎重地表现它们的人性，因此，对于没受过教育的人来说，它们好像是蒙上了一层面纱，但是对那些哪怕是稍有知识的人来说，它们是毫无掩饰的。它们在这一点上做得多美妙，即使美妙女神本人也说不清，如果她能开口的话。"① 给人以深刻印象，给人以娱乐，给人以心灵的触动，还有什么能比象征图像能够表达意义？而且，象征图像还是对更高现实的不完善反映，更能给人以美好的想象和对未来的憧憬。这也许是现代广告图像广泛运用象征图像的根本原因——将艺术和科学都打扮成象征图像，从而最大限度地引起消费者对所表现产品或事物的热爱和仿效。

象征的图像离不开象征符号，而"一切象征符号都是集体意向和个人经验之间互动的产物，普世共通的特质会超越历史，个人的成分是与此刻当下相关的，象征符号则是两者之间的联系。愈是古老的象征符号，其物种发展的起源愈久远，它也就愈'集体'而'普遍'。愈是特别不同的象征符号，其中的塑造者个人色彩愈浓。"② 象征符号在广告图像中的运用，一方面可以图解图像，帮助人们理解和记忆，形成认牌购买；另一方面，可以揭示人们不知道的事物，隐喻更丰富、更具吸引力的图像内涵，创造需求。

（四）作为艺术的图像

"以象征形式和三维来构建世界的某个方面，是认知的巨大飞跃。"③ 当然也是艺术的表现。在西方美学及艺术史上，经历了从模仿

---

① ［英］E. H. 贡布里希：《象征的图像》，杨思梁、范景中译，广西美术出版社2014年版，第194页。
② ［英］安东尼·史蒂文斯：《私人梦史》，薛绚译，海南出版社2015年版，第186页。
③ ［英］科林·伦福儒、［英］保罗·巴恩：《考古学》（第6版），陈淳译，上海古籍出版社2015年版，第392页。

到再现的理论发展演变过程。模仿说认为，艺术起源于人类对自然世界或现实世界的模仿。作为"艺术模仿自然"的最早提出者，古希腊哲学家德谟克利特就认为："从蜘蛛我们学会了织布和缝补；从燕子学会了造房子；从天鹅和黄莺等歌唱的鸟学会了唱歌。"[1] 苏格拉底则将艺术从模仿自然推进到模仿人的精神、性格方面的特质及心理活动，并强调了人的主体性及个体意识，提出了"灵感说"，补充了艺术家在模仿自然时的不足——艺术家不仅要模仿，还需要灵感。而灵感就是对人精神模仿的"天才"，是对更高层次的客观美的模仿，是不能解释的。柏拉图则从理念论出发，在"床喻"中认为，现实世界是理念世界的影子，现实是对理念的模仿，艺术是对现实世界的模仿，是摹本的摹本，影子的影子。亚里士多德并不认同柏拉图的说法，他对柏拉图的理念论提出了批判，并在此基础上构建了自己的模仿说。亚里士多德从三个方面来建立自己的艺术模仿说：一是一切艺术都源自对自然的模仿，它们之间的彼此不同（比如画家和雕刻家使用颜色和姿态来模仿事物；诗人、歌唱家等则用声音来模仿；史诗等则用语言来模仿；等等）主要源于"使用的媒介、表达的对象和采取的表达方式。"[2] 二是模仿有三种形式：模仿事物原本的样子；模仿人所想象事物的样子；模仿事物应该有或可能有的样子。亚里士多德认为，模仿不是抄袭，模仿不仅能够反映现实世界应该有或可能有的样子等个别表面现象，而且还能够揭示模仿事物的内在本质和规律。三是模仿是人的天性和本能。"从孩提时候起，人类就具有模仿的本能。人与其他动物的区别，就在于人类善于模仿。我们喜欢模仿的作品，这是与生俱来的本能。"[3] 人类模仿的天性和本能在艺术作品中是一种天然呈现，结合前文分析，从影子图像（原始图像）到意义图像（认知图像），再到象征图像和艺术图像，我们不难得出像霍格韦尔夫一样的

---

[1] 伍蠡甫：《西方文论选》（上卷），上海译文出版社1979年版，第5页。
[2] ［古希腊］亚里士多德、［古罗马］昆图斯·贺拉提乌斯·弗拉库斯：《诗学·诗艺》，郝久新译，江西教育出版社2014年版，第7页。
[3] ［古希腊］亚里士多德、［古罗马］昆图斯·贺拉提乌斯·弗拉库斯：《诗学·诗艺》，郝久新译，江西教育出版社2014年版，第9页。

第一章 广告图像、话语与社会

结论:"图像学关心艺术品的延伸甚于艺术品的素材,它旨在理解表现在(或隐藏于)造型形式中的象征意义、教义意义和神秘意义。"①图像天然地成为艺术的某种特定形式,艺术自然地成为图像表现的内在形式。

从原始图像、认知图像到艺术图像,图像艺术的表现力在一步步增强的同时也将图像自然的表现力和特性提升到前所未有的高度,以至于模糊了虚拟与现实的界限:现实生活虚拟化,虚拟生活现实化成为常态。这种常态一方面是因为世界被把握为图像;另一方面则是因为观看、消费等景观社会的形成,图像的大规模复制和传播进一步推进了人们对艺术图像的探究。就像古罗马贺拉斯提出"'艺术家应该到生活中到风俗习惯中找模型',艺术不仅模仿生活,还要用虚构、想象进行再创造。"② 这与我们常说的艺术来源于生活而高于生活是一致的。"模仿说认为艺术完全受制于模仿物的特征,其价值也完全由摹写的题材(实在)来决定,这可以称为模仿说的现实标准;而再现说认为艺术家不再受事物的真实发生或存在方式的限制,而是以特殊的方式(形式)对客观实在的能动反映,他们可以对生活和现实加以改变,使其满足艺术品本身的内在需要,并以此来确定艺术品的价值。"③ 所以,艺术作品与其说是模仿,还不如说是再现,它既由周边环境所决定,也由艺术家心境所决定,我们常说的"像由心生"即是如此,而伟大的艺术作品往往更多的是对生活和现实加以改变甚至是对抗才产生的,是在物质层面基础上的精神追求。但不可否认,在模仿与再现中都突出了"像""像似性"等艺术图像的核心价值所在,这种核心所在取决于"我们的视觉经验拥有两种特性,时而以外在为主,时而以内在为主,从视网膜最单纯的快感上升到幻想自由地翱翔于感觉之上,可见之物发现其领属已然远去。"④ 艺术与视觉的不可捉

---

① 范景中、杨思梁:《贡布里希的图像学研究》,《美术》1990年第5期。
② 朱立元:《艺术美学辞典》,上海辞书出版社2012年版,第466页。
③ 杨向荣、谭善明、李健:《西方美学与艺术》,南京大学出版社2013年版,第44页。
④ 刘云卿:《维特根斯坦与杜尚:赋格的艺术》,生活·读书·新知三联书店2016年版,第155页。

摸性和多变性使艺术图像在模仿和再现上并没有绝对的界限，这也可能就是艺术图像极富象征意味的根本原因所在。

在艺术图像的演变过程中，个人因素（如心境）和技术因素（如对透视等科技的运用）如影随形地影响着人们对艺术图像的认知。特普费尔就"断定艺术的本质是表现，而不是模仿。"[①] 贡布里希并不认同"20世纪艺术家在形与色的实验过程中发现的那些形式和表现已经被公认为是出自艺术家'无意识'深处的物象。"[②] 这一说法。他认为，包括艺术家在内，人们都会受到意识心理和潜意识心理的指导和影响，我们对随机事件的反应取决于我们既往的经历，认为艺术家的物象是真实的写真，是自然的符号，不是约定俗成的东西。并将视觉与听觉结合起来将模仿与再现进行更为通透的解说：所谓"联觉"（synesthesia）——印象从一个感觉通道流向另一个感觉通道——就是在一切语言中得到证实的事实。联觉的作用方式是双向的——从视觉到声音和从声音到视觉。[③] 更进一步，贡布里希用手段（medium）、心理定向（mental set）、等效问题（problem of equivalence）三要素论述了艺术及其图像从再现到表现的相关问题，使我们认识到自然再现在绘画史和雕塑史上的出现及其发展。"正是因为艺术活动的进行离不开一种受技术和传统图式控制、有明显结构的风格，再现才能不仅成为信息工具，而且成为表现工具。"[④] 这样，我们才能够更好地把握图像（特别是艺术图像）中的刺激点在时空中的位置，才能更好地赋予图像表现和存在的意义，以及如何在观者观看时将刺激与意义相结合。

在相当长时间内，艺术史家们高度关注空间及其在艺术中的再现而忽略时间和运动在艺术中的再现。随着时间的推移，包括艺术媒介在内

[①] ［英］E. H. 贡布里希：《艺术与错觉》，林夕等译，湖南科学技术出版社2000年版，第260页。

[②] ［英］E. H. 贡布里希：《艺术与错觉》，林夕等译，湖南科学技术出版社2000年版，第260—261页。

[③] ［英］E. H. 贡布里希：《艺术与错觉》，林夕等译，湖南科学技术出版社2000年版，第267页。

[④] ［英］E. H. 贡布里希：《艺术与错觉》，林夕等译，湖南科学技术出版社2000年版，第274页。

的音乐等艺术都开始关注"瞬间"的再现。"任何绘画大师,当他选定了一个特定的日期或时刻再现某个历史题材之后,除了在他描绘的那一瞬间直接存在的动作之外,就无法利用任何其他的动作了。……要想让我们提示任何将来的事或让我们回忆起过去的事,唯一的办法就是把经过或者事件按其实际存在的,或根据自然可能存在的,或在同一瞬间可能一齐发生的那种状态画出来。"① 瞬间的实存不仅表现了艺术美的优越性,而且也说明了"真实的图像能够而且应该仅仅表现我们在某一瞬间实际上所能见到的东西"②。就像摄影、电视能被我们捕捉到的画面一样,绝大部分对我们来说可能是没有吸引力的,但在捕捉到我们的注意力的那一瞬间,那一定是克服了"时间之点"和"空间之点"的局限,向我们展示了有意义图像的魅力。也正是如此,任何形式的广告图像才会充分利用这些"瞬间"来表现对象,在消费者心中度量时间、刻画空间。

莱辛在《拉奥孔》中认为,艺术由于模仿媒介的限制只能将全部模仿局限于某一瞬间,而且这一瞬间是"想象自由活动的那一瞬间",是在高潮前的一瞬间。因为"到了顶点就到了止境,眼睛就不能朝更远的地方去看,想象就被捆住了翅膀,因为想象跳不出感官印象,就只能在这个印象下面设想一些较软弱的形象,对于这些形象,表情已达到了看得见的极限,这就给想象划了界限,使它不能向上超越一步。"但"通过艺术,上述那一顷刻得到一种常住不变的持续性,所以凡是可以让人想到只是一纵即逝的东西就不应在那一顷刻中表现出来。凡是我们认为按其本质只是忽来忽逝的,只能在某一顷刻中暂时存在的现象,无论它是可喜的还是可怕的,由于艺术给了它一种永久性,就会获得一种违反自然的形状,以至于愈反复地看下去,印象也就愈弱,终于使人对那整个对象感到恶心或是毛骨悚然。"③ 为了避免像莱辛所说的这种情况发生,就需要我们将时间艺术和空间艺术相结

---

① [英] E. H. 贡布里希:《图像与眼睛》,范景中等译,广西美术出版社2016年版,第40页。
② [英] E. H. 贡布里希:《图像与眼睛》,范景中等译,广西美术出版社2016年版,第43页。
③ [德] 莱辛:《拉奥孔》,朱光潜译,商务印书馆2016年版,第20页。

合，就像布列逊所说的那样："要从光学转移到社会背景上来；从一种关注于形式和光的作用的解释理论转移到一个更为喧闹的地方，转移到充满着社会可理解性（intelligibility）、多元性（plurality）和骚乱（commotion）的那种社会空间的叫嚷和吵闹中。在视觉的基点上，应该确立的不是视网膜，而是社会的、历史的世界；不是'视觉的金字塔'（从眼睛发出的视线，是一直与西方的透视理论纠缠在一起的），而是社会权力的结构；不是一个永恒的认知心理学（cognitive psychology）的孤立主体，而是其构成成分不断地为社会势力所影响的主体；视觉主体性（visual subjectivity）作为一个共同组成的空间，其中是由一大群视觉代码所混合着和碰撞着的。"[①] 因为任何艺术作品，尤其像广告图像这样的具备时间的持续性和空间的连贯性的图像，它是不可避免要与社会接触的，而且是要在"充满着社会可理解性、多元性和骚乱的那种社会空间的叫嚷和吵闹中"和"一大群视觉代码所混合着和碰撞着的"环境中去充分吸引受众的注意，是要去争夺观者的视觉权力的。所以，广告图像是需要在一定的时空中将记忆和期待融合的"时间综合"，需要突破直觉官能效应的界限而把现在和过去甚至将来的知觉、记忆、期望，以及图像的刺激模式、历史痕迹和符号化过程综合为一个共同的整体，去充分展示图像所象征的、表现的和隐喻的意义，从而使观者能够产生想象和联想，激发记忆并产生行动。

瑞士欧洲文化史研究的专家雅各布·布克哈特认为："就整体而言，艺术与一般文化的关系只能理解为十分模糊而松散的关系。艺术有它自己的生命和历史。"[②] 艺术作为文化建构的一部分，我们不能把它看成是再现世界的镜子，但却可以借助艺术这把锤子来改造我们的世界。作为艺术的图像更具有锤子的功能，它将再现、表现和创造、改造等融为一体，在文化及其美学的驱动下让图像更具表现力、感染

---

① [英]诺曼·布列逊：《视觉与绘画：注视的逻辑》，郭杨等译，浙江摄影出版社2004年版，第XV页。
② 转自曹意强《艺术与历史》，中国美术学院出版社2001年版，第76页。

力和说服力。艺术离不开文化、社会、哲学甚至科学技术，艺术虽然有自己的生命和历史，但不可能独立于文化之外。鲁迅曾经说过："在一切人类所以为美的东西，就是于他有用——于为了生存而和自然以及别的社会人生的斗争上有着意义的东西。"[1] 艺术及其图像也不例外，不能脱离"有着意义的东西"，艺术及其图像的交流、碰撞、融合、发展，不也正是文化的具体体现，不也是文化交流、碰撞、融合、发展的一部分。

二 图像类型谱系

（一）米歇尔图像外延谱系分类

如何界定图像不是一件容易的事：一是到目前为止学术界对图像的定义没有一个统一的定论，就连 Iconology、Icon、Picture、Image 等图像指涉的关键词在中外也有不同的含义。二是随着科技的发展，图像的内涵和外延都随之在发展和变化，是正在发生的事物。图像理论家米歇尔对图像的外延——形象的家族列出了一个谱系图（见图1-2[2]）：

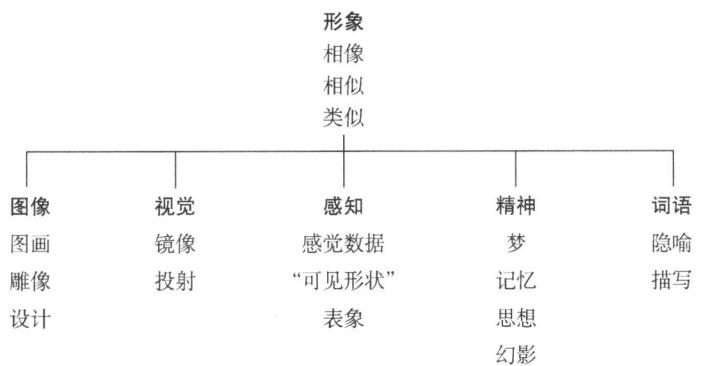

图1-2　形象的家族

---

[1] 鲁迅：《鲁迅全集》（第4卷），人民文学出版社1959年版，第207页。
[2] ［美］W. J. T. 米歇尔：《图像学》，陈永国译，北京大学出版社2012年版，第6页。

这是围绕Image（图像，形象）及其并列概念而建立起来的某一知识学科话语的对象群（亦即图形的、视觉的、知觉的、精神的、词语的）：精神形象属于心理学和认识论；视觉形象属于物理学；图画、雕塑和建筑形象属于艺术史；词语形象属于文学批评；感知形象在生理学、神经学、心理学、艺术史以及不自觉地与哲学和文学批评合作的光学之间占据一个临界区域。[①] 从中我们不难看出"Image"是一个模糊的松散概念，不同学科在谈论或者提及图像这件事时并不意味着它们具有共性或者是同一件事情，很可能事实上并非如此。米歇尔在这里探讨了关于"图像"（形象、画或相像性）的"标识"（词、思想、话语或"科学"）问题：在广义的图像学与狭义的图像学之间的某处，即狭义或字面意义上的形象（画、雕塑、艺术品）与诸如精神形象、词或文学形象等观念及人作为形象和形象之创造者的概念相关方式。[②] 所以，在学科术语充满交叉的境况下，去廓清一个本身就十分模糊的概念的话语边界、内涵和外延是不现实的。米歇尔进一步指出主宰这些Image的是形象"自身"的观念，与之适合的制度化话语是哲学和神学。认为树图左侧的是正当的、严格的、适当的、直接意义上的Image，是"我们看到的在某一客观的、可公开分享的空间里展示的那种图画或视觉再现"[③]，但并不是稳定的、静止的或永恒的；树图右侧的精神形象和语言形象则倾向于某种引申的、比喻的、不确定的、隐喻意义上的Image，它不一定是物质的图像，但有时却需要我们各种感官的参与才能感受或者认知到它们。

（二）胡易容图像谱系分类

学者胡易容则更倾向于依据认知图式或者媒介方式本身来对图像家族的外延谱系进行描述（见图1-3[④]）：

在可见物（visible objects）、不可见物（invisible objects）、联觉图像

---

① [美] W. J. T. 米歇尔：《图像学》，陈永国译，北京大学出版社2012年版，第7页。
② [美] W. J. T. 米歇尔：《图像学》，陈永国译，北京大学出版社2012年版，前言第7页。
③ [美] W. J. T. 米歇尔：《图像学》，陈永国译，北京大学出版社2012年版，第10页。
④ 胡易容：《图像符号学：传媒景观世界的图式把握》，四川大学出版社2014年版，第24页。

第一章 广告图像、话语与社会

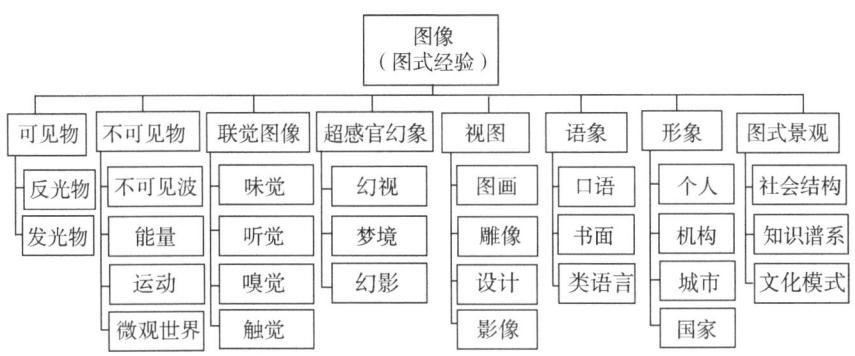

图1-3 图像认知的类型分析

(synaesthesia)、超感官幻象（illusion）、视图（picture）、语象（verbal icon）、形象（image, figure）、图式景观（spectacle）八大类图像中，我们可以比较清晰地看出胡易容教授将 picture 和 image 作了区分，对精神图像、物质图像、语言图像和图式景观进行了规范和细化，比较符合我们中国读者的阅读习惯和理解方式。进一步地，他将上述八大类图像又归为四个大类：物理对象、官能对象、人工代码和认知模式（见图1-4[1]）。

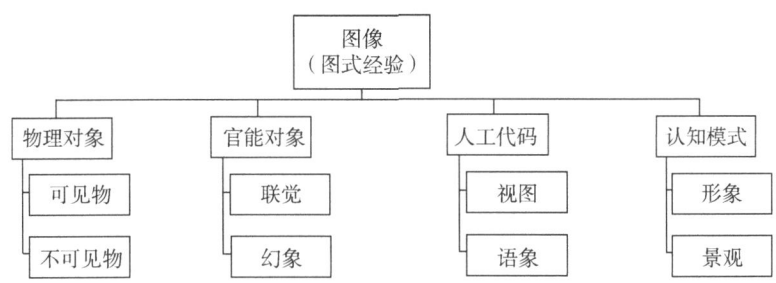

图1-4 四类图像归纳

其中，可见物和不可见物都是物理对象，其主导的编码方式是物理科学；联觉和幻象都是人们大脑和身体官能在某些条件下形成的知觉结果，物理逻辑无法解释其感知结果的生成，其主导的符码逻辑是生命科学；视觉图像和广义语象（包括其他人工编码的图像

---

[1] 胡易容：《图像符号学：传媒景观世界的图式把握》，四川大学出版社2014年版，第26页。

· 23 ·

化感知）是以图式感知为目标的各种人工代码；而最为抽象的是认知模式层面——形象和景观，它们不受视觉图画的具体形态的限制，而是以区别于线性、单一逻辑为主要特征的"图式"为对象把握方式。其中，"形象"的对象比较具体而明确，而景观所描述的对象主要是文化社会的复杂系统。这四个大类中，每一类的两个子类分别为"基础形态"和"延伸形态"。如可见物是物理对象的基础形态，而不可见物是可见物的延伸形态；联觉是官能对象的基础形态，幻象是神经中枢综合作用的高级延伸形态；视图与语象、形象与景观都是这种关系。[①] 这比较清晰地囊括了不同发展阶段的图像类别，具有很强的针对性和概括性。需要特别指出的是，米歇尔在《图像学》《图像理论》《图像何求》中将 picture 和 image 亦作了区分：picture 指图像外在的物理的、视觉的具象的特征，突出图像的消费性及其意识形态特征，侧重于中文的"图"；而 image 则是图像内在的原初本身，侧重于哲学分析，具有精神的、非物质、抽象的意义，不能被随意篡改，侧重于中文的"象"。而 iconology 基本都是指"图像学"，icon 是图像、圣像、肖像等，侧重于相似、模仿。相比较而言，在广告图像中，用得最多的是 picture，其次是 image 和 icon，但在实际使用时并没有明显区分，往往会混用在一起。

(三) 詹姆斯·埃尔金斯图像谱系分类

美国艺术史论家詹姆斯·埃尔金斯在《图像的领域》中首先"也许应该拒绝图像的所有细分并将它们作为一个单一的概念领域，而不是一个混杂的基本方式"[②]，但他还是将整体图像概念做了两分法（文字和图像）、三分法（文字、图像、符号）和七分法。在两分法中，他认为文字和图像不存在严格约束的关系，不是对立的，就像阅读和观看一样：我们可以"阅读"任何一个图像，对任何一个文字进行观看。[③]

---

① 胡易容：《图像符号学：传媒景观世界的图式把握》，四川大学出版社2014年版，第26页。
② [美] 詹姆斯·埃尔金斯：《图像的领域》，蒋奇谷译，江苏凤凰美术出版社2018年版，第132页。
③ [美] 詹姆斯·埃尔金斯：《图像的领域》，蒋奇谷译，江苏凤凰美术出版社2018年版，第135页。

第一章 广告图像、话语与社会

在三分法中，他认为符号是"具有图像原则的图片而不是图像或文字系统相关的格式"，文字、图像和符号之间既有界限也具有交叉，埃尔金斯认为"没有任何图像是纯粹的，图像的本质将它们自己耗尽，因为它们在一个无限的序列里彼此不分。"① 埃尔金斯喜欢或者推崇的七分法其实是其三分法的细化，包括字的书写变体、语义图像（semasiography）、伪书写（pseudowriting）、亚形字（subgraphemic）、假设字（hypographemic）、图徽（emblem）、图解（schemata）。字的书写变体主要是指异体字，字（母）的书法形式、草书、古字体风格以及带有图像性质的印刷字体形状，都在此类。语义图像"是针对书面字体功能与它们所表示的内容在图像上类似的研究：与象形有关的赫梯文字、巴纳姆文字、亚述文字、腓尼基文字、埃及象形文字、中国文字和玛雅文字和数学、音乐符号中的象形元素。"② 伪书写包括有缺陷的字体（主要是指早期的一些人类文明符号和部落符号）、宏博符号（hobo signs）（由无固定居住的游民创造和使用的符号）、珍宝标志、品牌商标和陶器上的痕迹。亚形字是指由无序符号或不符合语法的符号组成的图像，包括油画、素描、埃及语源圣甲虫（圣甲虫在中国被称为蜣螂、屎壳郎、铁甲将军等，在埃及则被称为凯布利神 Khepri，与埃及语动词 Kheper 有关，Kheper 在埃及文中意指创造或转换，是永恒再生的象征，其形象大量出现在埃及艺术品、珠宝首饰和装饰品中）和图片—书写。假设字是指有关联符号的图像，主要包括油画和素描，道家的"护身符"（talismans）和一些岩画。图徽（或象征图徽）是指一些简短文字和一些符号组成的图像，包括广告、书籍插图（它们的标题）、博物馆里的绘画作品（它们的标签）以及加入了符号元素的纸币、硬币、股票、门票等文字和图片的组合。图解是指最强烈的符号性图像，具有标志的所有元素并还基于几何形式，包括

---

① ［美］詹姆斯·埃尔金斯：《图像的领域》，蒋奇谷译，江苏凤凰美术出版社 2018 年版，第 140 页。
② ［美］詹姆斯·埃尔金斯：《图像的领域》，蒋奇谷译，江苏凤凰美术出版社 2018 年版，第 144 页。

基准线、曲线、刻度、表格、网、地图、工程图纸、图形、图表和表格、简图、流程图、家谱、布尔圆和几何外形图等等。

相比较简单的文字和图像的二分法，或者问题众多的文字、图像、符号三分法，埃尔金斯认为，七分法更为可靠，但也不是最佳分类。其实，我们从上面的分类也可以看出，七分法也存在一些问题可以探讨：一是类别之间的彼此边界有些模糊。如在亚形字和假设字类别里面都含有油画和素描，而对于哪些油画和素描属于亚形字，哪些油画和素描属于假设字在叙述中虽有一定的界定，但还是比较笼统。二是埃尔金斯自己也说"考虑到新的图像技术飞速发展，混合图像可以说已经是常态图像而非例外的边缘图像"①，这就造成了图像归类的多元化、复杂化和模糊化，目前不可能对图像的类别进行完全理想的分类。三是七分法的根源还是二分法和三分法，没有从根本上脱离文字、图像和符号，这与中国传统上的"书画同源"是一致的。就像张彦远在其《历代名画记·叙画之源流》中所概括的一样："颉有四目，仰观垂象。因俪鸟龟之迹，遂定书字之形，造化不能藏其秘，故天雨粟；灵怪不能遁其形，故鬼夜哭。是时也，书画同体而未分，象制肇始而犹略。无以传其意，故有书；无以见其形，故有画。"② 中外智慧在实虚之间将图像、文字与符号作了高超处理，可以说做到了模糊的精确。四是埃尔金斯的分类方法更倾向于物质图像，对精神图像涉及的较少。

（四）克里斯托夫·武尔夫图像谱系分类

德国历史人类学家克里斯托夫·武尔夫（Christoph Wulf）在《人的图像：想象、表演与文化》一书中结合新媒体数字化图像将图像分为三大类（见图 1-5③）：

内在精神图像（mentale bilder）或心灵图像主要是由大脑"忆起"或"勾动"的某种图像，具有模糊性和不在场性，如记忆性图像、幻

---

① ［美］詹姆斯·埃尔金斯：《图像的领域》，蒋奇谷译，江苏凤凰美术出版社2018年版，第146页。
② （南齐）谢赫：《四库家藏：古画品录》，山东画报出版社2004年版，第35页。
③ ［德］克里斯托夫·武尔夫：《人的图像：想象、表演与文化》，陈红燕译，华东师范大学出版社2018年版，第29页。

第一章　广告图像、话语与社会

```
                          媒介图像
          ┌─────────────────┼─────────────────┐
       内在精神图像      内在精神图像          技术图像
      ┌───┐      ┌──────┼──────┐      ┌──────┼──────┐
     梦境    非动态性图像 动态性图像  非动态性图像   动态性图像
     想象    ┌────┐    │      ┌───┬───┐   ┌────┬────┐
     记忆   二维  三维  剧场图像 二维 三维  模拟图像  数字化图像
           │    │    │       │   │     │        │
         版画\  雕塑等 镜面\摄像\ 全息摄影 电影\电视\  电脑模拟图像
         油画等        拍照              视频
```

图1-5　媒介图像

象图像（visionen）、幻觉图像（halluzinationen）、未来愿景性图像、潜意识图像、梦境图像（原型或图式）等。还包括由视觉、听觉、触觉、味觉、嗅觉等视觉化系统和感官系统所形成的经验性图像、表象性图像（vorstellungsbildern）、记忆性图像、知觉性图像（wahrnehmungsbilder）等。由于武尔夫主要研究的是"人的图像"，所以对人工制作图像和技术图像并没有过多的阐释和说明，不过，从图1-5中我们能够看得比较清楚，而且还可以根据时间与图像的关系（现在、过去、未来）、意识程度（苏醒、沉睡）以及图像的真实程度（真、假、幻想）等不同的维度标准进行下位分类。武尔夫认为，图像"可以是动态的，也可以是静态的。同样，图像也可以通过'表征形式'而获得。此时，形态（figuren）、图案（konturen）和感受（spuren）将与某种基点或某个文字相关联，并且不需要对其进行完全的模仿复制。这一'基点'可以是可视的，也可以是虚拟的。其中草图、图式、剪影以及抽象化的几何图形如字母、图表、标识牌、计划或者地图等也归属于这种'表征形式'"[1]。这样，武尔夫图像分类将广义上的图像都纳入图像范畴之内，并讨论了文字性图像与图像性图像的传统分类和按照"想象力的方式和强度"不同分为表现性图像、表征性图像和仿真性图像的分类方式。此外，他认为，图像还可以根据其使

---

[1] ［德］克里斯托夫·武尔夫：《人的图像：想象、表演与文化》，陈红燕译，华东师范大学出版社2018年版，第32—33页。

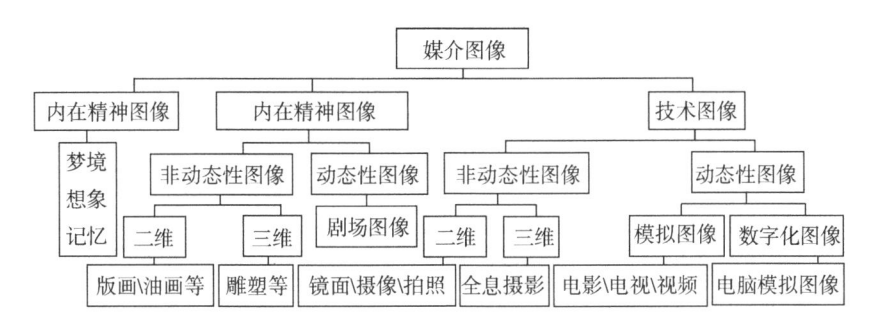

用技术（不同的媒介）、观察角度的再生产等进行考察。笔者认可武尔夫对图像谱系的分类：首先，此谱系兼顾了历史与现实、内在与外在、现实与虚无、具体与抽象，是一种比较科学且符合现在与将来的分类。其次，这种分类方式也兼顾了广告图像所涉及的媒介—社会、媒介—受众、媒介—事物等形态所指涉的图像形式。再次，他认为，图像就是一种媒介，并在事实上将图像的媒介—中介性应用于分析图像，这在某种程度上来说对我们分析广告图像的媒介—中介性（有关社会、经济、文化方面）有指导意义。复次，武尔夫认为，图像是能量汇集与流动过程的产物，并能够借助想象力进行建构，对我们理解广告图像有莫大的帮助。最后，这种分类与中国传统上"观物以取象""立象以见意""境生于象外"和"像由心生""像为心声"相对应，符合我们的认知习惯，更为直观。但在理解上，我们还应该参照米歇尔、胡易容和詹姆斯·埃尔金斯等的分类，可以在不同层面、不同领域、不同对象方面更好地理解中外图像谱系。

三　图像与符号

（一）符号

图像与符号的身份关系问题人们一直都存在疑惑。符号学之父、古希腊医学家希波克拉底（Hippocrates）将病人的"症候"看作符号。古罗马哲学家奥古斯丁（Augustine，A.）认为："符号是这样一种东西，它使我们想到在这个东西加诸感觉印象之外的某种东西。"[1] 指出了符号既是物质对象，也是精神对象。此观点对符号学的奠基人索绪尔和皮尔斯有直接影响。索绪尔"把概念和音响形象的结合叫做符号"，并"用所指和能指分别代替概念和音响形象。"[2] 把符号看作能指（signifier）和所指（signified）的统一体。在索绪尔的语言符号观影

---

[1] 转自俞建章、叶舒宪《符号：语言与艺术》，上海人民出版社1988年版，第12页。
[2] ［瑞士］费尔迪南·德·索绪尔：《普通语言学教程》，高名凯译，商务印书馆1980年版，第102页。

响下，叶尔姆斯列夫提出了符号的"表达面"（the plane of expression）和"内容面"（the plane of content），分别对应于索绪尔提出的"能指"和"所指"，指出符号是由表达形式、表达实体、内容形式和内容实体四部分构成（见表1－1[①]）。

表1－1　　　　　　　　叶尔姆斯列夫符号体系

符号	表达面（能指）	内质：有声的、发音的音素
		形式：由组合规则和聚合规则构成
	内容面（所指）	内质：能指的、情绪的、概念的、意识形态的等方面
		形式：所指之间的形式上的组织关系

如果说索绪尔的符号思想侧重于语言学的话，叶尔姆斯列夫的符号思想则延伸到了社会学、意识形态等领域。索绪尔认为，符号和符号之间的关系产生价值；而叶尔姆斯列夫则认为，符号和符号之间的关系产生功能，并把符号称为"功能符号"（sign function），表达和内容的相互关系是符号功能的显现。索绪尔的追随者罗兰·巴尔特则指出："所指是符号的使用者通过符号所指的'某物'……所指是符号的两个相关物之一，唯一使它与能指相区别的地方在于后者乃一中介物。"[②] 并将原本含糊的"符号化过程"的"意指"（semiosis）概念解释得清楚明白。他说："符号是音响、视象等的一块（双面）切片。意指（signification）则可被理解为一个过程，它是将能指与所指结成一体的行为，该行为的产物表示符号。"[③] 巴尔特将意指分为三个维度，即能指、所指和符号。他用"被赋予情感"的玫瑰例子指出三个维度是玫瑰的形象、意指的玫瑰和情感，且能指的意义和形式二重性决定了意指的特征。他说："在分析层面上，我们其实有三个方面；因为这些玫瑰完美地加强了情感，并正确地允许自己被分解为玫瑰和

[①] 转自司文会《符号·文学·文化：罗兰·巴尔特符号学思想研究》，中国书籍出版社2016年版，第84页。
[②] ［法］罗兰·巴尔特：《符号学原理》，王东亮等译，生活·读书·新知三联书店1999年版，第34页。
[③] ［法］罗兰·巴尔特：《符号学原理》，王东亮等译，生活·读书·新知三联书店1999年版，第39页。

情感，而且前者和后者在联结并形成第三个对象之前就已经存在了，那就是符号。确实，在经验层面上，我无法使玫瑰和其所传递的讯息分开，同样地，在分析的层面，我们也不能混淆作为能指的玫瑰和作为符号的玫瑰：能指是空洞的，符号是充盈的，它是一种意义。"① 进一步，巴尔特在《流行体系》中指出："对流行来说，衣服不是游戏，只有符号的游戏。"② 并且"流行能把所有的感觉化为它遴选的符号，它的意指力量是无以穷尽的"③。将符号的概念从语言学扩展到社会学、文化学、文学、消费等广泛的意义领域中，为我们理解符号及符号化消费提供了帮助和指导，而符号表征在广告图像中则成为常态。

需要特别指出的是，索绪尔虽然指出了"语言符号"和"非语言符号"的范畴界定，但并没有涉及图像的任何称谓和概念。罗兰·巴尔特在外延、内涵、神话三级意指中明确指出：一级意指系统由语言、图像、声音等符号的形式（能指）及其所指涉的外延意义/概念意义构成。二级意指产生内涵，由一级意指的能指和所指结合起来作为一个新的能指，即二级能指；二级能指所指涉的新的所指就是内涵，内涵涉及意识形态，要求读者具有相应的文化背景知识才能解读。三级意指缔造神话。④ 巴尔特将图像纳入符号体系在《摄影讯息》中也有论述：首先，巴尔特认为，摄影是一种讯息，图像是讯息的一种编码，可以进行对象—符号话语解读。其次，文本与图像是相互作用的，文本与图像的内涵和外延是一种建构性活动。最后，内涵编码不是"自然的"，也不是"人为的"，而是"历史的"或"文化的"，因为符号在照片中是"历史性的"。在《图像修辞学》中，巴尔特认为，图像（image）与模仿有关，图像是再现，是意指的本体论。并用广告图像

---

① ［法］罗兰·巴尔特、［法］让·鲍德里亚等：《形象的修辞——广告与当代社会理论》，吴琼、杜予编，中国人民大学出版社2005年版，第5—6页。
② ［法］罗兰·巴尔特：《流行体系——符号学与服饰符码》，敖军译，上海人民出版社2000年版，第286页。
③ ［法］罗兰·巴尔特：《流行体系——符号学与服饰符码》，敖军译，上海人民出版社2000年版，第289页。
④ 张淑萍：《陇中民俗剪纸的文化符号学解读》，苏州大学出版社2014年版，第92页。

进行了阐释："因为在广告方面，图像的意指是确定地意愿性的：是产品的某些属性在先验地构成广告讯息的所指，而这些所指应该也尽可能明确地被传送；如果图像包含着一些符号，那么我们就确信，在广告方面，这些讯息就是充实的，并且是为了获得最好的解读而构成的广告图像是坦率的，或至少是夸张的。"① 并用语言学讯息、被编码的图像讯息、非编码的图像讯息来进行分析，认为图像是由符号构成的，依然体现的是符号分析方式。

符号学的另一位奠基人皮尔斯（Peirce）则将符号定义为："任何一种事物，它一方面由一个对象所决定，另一方面又在人们的心灵（mind）中决定一个观念（idea）；而对象又间接地决定着后者那种决定方式，我把这种决定方式命名为符号的解释项（Interpretant）。由此，符号与其对象、解释项之间存在着一种三元关系。"② 皮尔斯对符号的三元构造（符号或再现体、对象、解释项），已经突破了索绪尔符号的能指—所指统一体构造。他说："符号把某种事物代替为它所产生或它所改造的那个观念，或者说，它是把某物从心灵之外传达到心灵之中的一个载体。符号所代替的那种东西被称为它的对象；它所传达的东西，是它的意义；它所引起的观念，是它的解释项。再现的对象只不过是一个再现，而后面这个再现的解释项则是第一个再现。"③ 并根据三个三分法对符号进行了分类（1904）：第一角度分类，性质符号（qualisign）、个体符号（sinsign）、法则符号（legisign）；第二角度分类，象征（symbol）、图像（icon）、标引（index）；第三角度分类，表位符号（rheme）、事实符号（dicisign）及论证符号（argument）。这九类符号我们可以看作以媒介关联物、对象关联物和解释关联物作为符号的前提产生出来的，这对我们理解广告图像有一定帮助。后来（1908）在《给魏尔比夫人的信》中，皮尔斯又总结出十大符号

---

① ［法］罗兰·巴特：《显义与晦义：批评文集之三》，怀宇译，百花文艺出版社2005年版，第22页。
② ［美］皮尔斯：《皮尔斯：论符号》，赵星植译，四川大学出版社2014年版，第31页。
③ ［美］皮尔斯：《皮尔斯：论符号》，赵星植译，四川大学出版社2014年版，第49页。

分类原则并对符号进行详细分类。如我们熟悉的"指示符号"就是"根据符号的直接对象的呈现方式"进行分类的;"抽象符号"就是"根据符号的动态对象的存在方式"进行分类的;"象征符号"就是"根据符号与动态对象之间的关系"进行分类的;等等。西比奥克将符号分为六种,信号(signal)、症状(symptom)、图像(icon)、标志(index)、象征(symbol)以及名称(name)。从这两类符号的分类来看,皮尔斯和西比奥克都将图像视作符号或图像符号。"皮尔斯曾经在他最后一段时期的著作中试图引入这样一个思想,即图像不一定是一个符号,它不一定要遵照再现的三位一体规则,因为在这个规则的内部,本身还有某些东西不能以这样的关系来解释,他同时提出了图像与亚图像(hypocone)之间的区别的观点。"① 诸如此类的观点(图像不一定是一个符号)在皮尔斯符号学理论中涉及的很少,但从另一个方面也说明了皮尔斯对图像与符号的关系的探讨。

艾柯在其《符号学理论》中不仅区分了符号与非符号、意指符号学与交流符号学等,还将符号概念阐释成更为全面、灵活的符号—功能概念。艾柯指出:"确切说,不存在符号,而只有符号—功能。'符号'这一概念是日常语言的一种虚拟物,其位置应该由符号—功能概念取而代之。"② 皮埃尔·吉罗在《符号学概论》中认为:"符号的功能是靠讯息(message)来传播(communiquer)观念(idée)。"③ 并列举了符号的六种功能,即:指代功能、指令功能或表意功能、诗歌功能或美学功能、情感功能、交流功能、元语言功能。艾柯认为,交流过程是信号(未必是符号)从源点(经由传递物、沿着频道)到达接受者的通行过程。信号刺激如果在接受者身上激起反应,则是由代码(代码能够预见所"代表"之物与其相关因素之间的既定对应关系)的存在促成的。而"代码是一种意指系统……意指系统

---

① [美]唐纳德·普雷齐奥西:《艺术史的艺术:批评读本》,易英等译,上海人民出版社2016年版,第233页。
② [意]乌蒙勃托·艾柯:《符号学理论》,卢德平译,中国人民大学出版社1990年版,第56、182页。
③ [法]皮埃尔·吉罗:《符号学概论》,怀宇译,四川人民出版社1988年版,第1页。

是一种自动符号学构架，它具有抽象的存在方式，而不取决于任何促成其事的潜在交际行为。相反（刺激过程除外），每种指向人们或介于其间的交流行为——甚或任何其他生物或机械智能机制——都把意指系统预设为其必要条件。……可能独立于交流符号学而确立一种意指符号学，然而，没有意指符号学，就无法确定交流符号学。"① 需要特别指出的是："意指符号学蕴含代码理论，而交流符号学蕴含符号生产理论。"② 他用普遍代码原则取代狭义的语言结构原则，将整个文化体系纳入代码之中，从而使文化体系呈现的对立、相同性以及矛盾等面貌的"磁化反应"的阐释成为可能。艾柯说："代码不是全体语义界的自然条件，也不是作为每一符号学过程的联系点和分支复合体基础的稳定结构。"③ 代码不是固定不变的，而是随景而异、不时变动的，代码与其环境决定了信息意义。在谈到"文化代码"时，艾柯说："符号学研究最终将其注意力转向这样一些现象，它们可能在严格意义上难以称做符号系统，甚或交流系统，而很大程度上倒可以称之为行为和价值系统。"④ 这样，信号刺激经由代码的存在，促成在接受者身上激起的解释反应，不正是广告及其图像作用于消费者的刺激—反应现象吗？而且艾柯还认为"图像是任意和完全可以分析的手段。用符号生产方式类型学替代符号类型学有助于作者把包罗万象的图像论概念消解成更加复杂的符号学行为网络，进而形成'交叉'结构。"⑤ 这一方面是艾柯对皮尔斯符号三分法（象征、图像与标引）的继承；另一方面则更是对皮尔斯符号三分法的批判，是其代码理论所不容许的，也有碍于符号生产方式的分类。日本符号学者池上嘉彦指出："当事物作为另一事物的替代而代表另

---

① ［意］乌蒙勃托·艾柯：《符号学理论》，卢德平译，中国人民大学出版社1990年版，第7页。
② ［意］乌蒙勃托·艾柯：《符号学理论》，卢德平译，中国人民大学出版社1990年版，第2页。
③ 李幼蒸：《理论符号学导论》，社会科学文献出版社1999年版，第547页。
④ ［意］乌蒙勃托·艾柯：《符号学理论》，卢德平译，中国人民大学出版社1990年版，第14页。
⑤ 邱仁宗：《20世纪西方哲学名著导读》，湖南出版社1991年版，第886页。

一事物时，它的功能被称之为'符号功能'，承担这种功能的事物被称为'符号'。"① 在他看来，符号就是代号，就是将复杂的事物简单化，比较简单地将什么是符号呈现在我们面前，更方便我们理解。

（二）图像与符号

图像的基本规定性在于它与某物"相似"，即模仿与再现，而符号的基本规定性就在于"约定性"，体现在代替、代表、表现等符号功能方面。西方图像理论的相似性突出的是"逼真"，其最高表现形式是"幻觉"。我国古代从莫高图像开始的图像实践则突出的是将"写实"与"写意"相结合，追求神似，以形写意。

在图像的模仿与再现中相似或者逼真是相对的，是图像规定性的方式。在古德曼看来，"写实的再现并不依于摹仿，幻觉或提供信息，而依于反复灌输。几乎任何绘画都可以再现任何东西。……再现的习惯支配着写实性，也会导致近似。……近似与欺骗，不同于再现实践的永恒而独立的根源和标准，在某种程度上是这种实践的产物"②。在此，再现被古德曼认为"是一种相对而多样的符号关系"③，认为图像是一种约定俗成的（或程式的）符号，图像的严谨性与写实性（或者说逼真性与相似性）依赖图像再现的方式与再现的体系，在程式的基础上将图像和符号统一起来。而贡布里希则在《图像与代码：程式主义在图画再现中的范围和界限》中对古德曼的这种看法进行了反驳，认为古德曼捍卫的论点是"十足的相对主义论点"④，他主张："在分析图像制作中各种程式的作用时，我们必须考虑两套互不相同但又相互联系的技能：一套是我正在讨论的、可称之为再现方法或惯用手法的技能，另一套是有关意义的技能。"⑤ 并以此来提醒古德曼等"极端

---

① ［日］池上嘉彦：《符号学入门》，张晓云译，国际文化出版公司1985年版，第45页。
② ［美］尼尔森·古德曼：《艺术语言》，褚朔维译，光明日报出版社1990年版，第54—55页。
③ ［美］尼尔森·古德曼：《艺术语言》，褚朔维译，光明日报出版社1990年版，第57页。
④ ［英］E. H. 贡布里希：《图像与眼睛》，范景中等译，广西美术出版社2016年版，第268页。
⑤ ［英］E. H. 贡布里希：《图像与眼睛》，范景中等译，广西美术出版社2016年版，第274页。

的相对主义者和极端的程式主义者"注意"图像不像人类语言文字那样是程式符号,而是表现了一种真正的视觉相似,不仅对于我们的眼睛和我们的文化来说,而且对于鸟兽都是相似的。"① 贡布里希认为,文化、习惯、法律和传统等在分析图像时(写实的再现)都有可能起作用,而不是古德曼所说的"反复灌输"。而且,对图像的辨认可以分三阶段体验:警觉和注意阶段、迷惑阶段和解释或综合意义阶段。尽管贡布里希认为图像和代码不一样,也没有把图像和符号区分开来,更没有将约定俗成的符号和自然符号区分开来,但贡布里希和古德曼分别从心理学和符号学的角度来考量图像的态度却值得我们借鉴和思考。

艾柯认为,符号功能都是建立在约定俗成的代码基础上的表达和内容之间的关系,"人们必须正视所谓的图像符号问题,以便发现有多少种符号学现象通常由这一无所不包的术语所囊括"②。并对图像论和幼稚的图像符号概念进行了批判,认为图像符号是从文化角度或者约定程式进行编码的,图像的相似性、类比、模仿等概念无法用符号进行界定。因此,艾柯并不认同关于"图像符号"的说法。所以,从贡布里希、古德曼、艾柯等的论点来看,单纯从符号学、心理学、现象学或任何一个学科或单一视角都不能简单将图像和符号进行区分,尽管图像符号在现实中的确存在。

皮尔斯认为:"图像符号与它所指代的事物相似:它'是指称对象的物象,更严格地说,它只能是一种观念'。"③ 其中,符号与它所指代的事物的相似性被称为"图像性",图像符号只是一种观念,当其受到代码支配时才会起作用。美国哲学家、符号学家查尔斯·莫里斯认为:"一个符号只有本身具有它的所指对象的属性,那么在这种意义上可以被称为图像符号;否则它就是非图像符号。一个人的肖像

---

① [英] E. H. 贡布里希:《图像与眼睛》,范景中等译,广西美术出版社2016年版,第275页。
② [意] 乌蒙勃托·艾柯:《符号学理论》,卢德平译,中国人民大学出版社1990年版,第218页。
③ [德] 沃尔夫冈·伊瑟尔:《怎样做理论》,朱刚等译,南京大学出版社2008年版,第82页。

画较大程度上属于图像符号，但画人物肖像的画布并不具有被画者皮肤的质地，也不具备被画者的言语和行动能力，因此肖像又不完全是图像符号。电影更像是图像符号，但同样也不完全如此。一个完全的图像符号总是指示自身，因为它本身就是一个所指对象。"① 那么，图像符号到底是自我指涉的？还是与它所指示的对象具有同一性而能够真正展示它所指涉的事物？莫里斯进一步指出："一个图像符号，我们会记得，它在某些方面指的是任何与它所代表的对象是相似的。因此，图像性（iconicity）是一个程度问题。显然，图像性既可以是听觉符号的性质，也同样可以是视觉符号的性质。"② 所以，在莫里斯看来，一个图像或者符号到底是不是图像符号，就要看它是否具备所指示对象的属性。"相似性""评价性""规定性"等特征是其图像符号的属性，图像符号也正是从属性特征中获得价值。莫里斯说："图像（原译为'图象'，此处引用改为'图像'）的普遍重要性，来源于图像的性质：图像使解释者，高度地推动了他自己的反应倾向，同时，解释者通过研究图像，使自己认识到被意谓的东西的某些性质。……在礼仪、游戏、戏剧和舞蹈中，人的行动本身就部分地是图像的，而它作为图像就部分地满足了引起它的那些需要，虽然它同时也加强了那些为需要的更大满足所必要的反应倾向。"③ 因此，图像符号的自我指征（self-designating）就显得尤为重要。但美国心理学家里奇（Benbow Ritchie）对莫里斯的图像符号及其运作模式有不同的看法，他主张"审美的符号关系学"（aesthetic syntactics），"它要研究的是各个有价值的形式图像之间的符号关系（syntactical relations），（这样）我们就可以将任何一个特定的艺术作品描述为一种符号系统（syntactical system）"④。里奇认为，这种符号关系不一定局限于冲动满足这个价值

---

① Charles Morris, Signs, *Langguage and Behavior*, New York: Braziller, 1955: 18.
② Charles Morris, Signs, *Langguage and Behavior*, New York: Braziller, 1955: 191.
③ [美]查尔斯·莫里斯：《指号、语言和行为》，罗兰、周易译，上海人民出版社1989年版，第232页。
④ [德]沃尔夫冈·伊瑟尔：《怎样做理论》，朱刚等译，南京大学出版社2008年版，第86页。

范围内，但把价值看作冲动的满足。这对我们运用广告图像的帮助很大，它使图像生产者在生产图像时就应考虑图像和图像之间"审美的符号学关系"以及图像间蕴含的价值关系，从而激起消费者冲动的满足其合理性的需求。

德国艺术史学家汉斯·贝尔廷认为："'可能存在着图像符号，但把图像符号简单地等同于图像却是错误的。图像性既不能合并到相似性中去，也不能笼统地合并到描摹（Abbild）中去。'他认为图像符号是一个误导性的概念，不能把图像纳入到符号中来考察。进一步说，图像与符号之间的区别需要从人的主观感受方面来理解，而没有外在的标准。"[1] 贝尔廷从人类学的角度考量，认为图像与符号是有差异的：图像与符号虽然具有很大的相似性，人们也可以将图像当作符号来使用，但并不能因此认为图像就能够纳入符号体系之中。在他看来，"符号的指涉基于自由或强制性的约定，将我们引向某种在其符号中无法认出，只有作为意义才可能吻合的东西。在历史上很容易理解，图像总是指向身体，占据身体的位置。当身体缺席时，就会出现一种在场，这就是图像。缺席和在场在图像中可以重演身体经验（另一个身体的可见性，以及在缺乏可见性时希望看到一个图像替代品的愿望），但却不能要求对符号作出这样的反应"[2]。由此，贝尔廷建构了图像—媒介—身体三位一体的图像人类学理论，将身体作为核心部分，并强调了身体之于图像的重要性，让图像具有生命。而是否能够跨越身体这个媒介是贝尔廷用来区分图像和符号的一个重要因素：符号可以跨越身体，图像总是指向身体。指明了在何种意义层面上图像才成为图像，而图像兼具的物理图像和心灵图像的双重属性，可能是他和贡布里希都认为图像涉及人的想象的重要原因。其实，梅洛-庞蒂也认为，图像是在人的身体与外界互动的过程中产生的新的知觉对象，并不仅仅是对世界的简单复制。

---

[1] 邹建林：《影子与踪迹：汉斯·贝尔廷图像理论中的指涉问题》，湖南美术出版社2014年版，第91页。

[2] 转自邹建林《影子与踪迹：汉斯·贝尔廷图像理论中的指涉问题》，湖南美术出版社2014年版，第89页。

卡西尔说:"对于理解人类文化生活形式的丰富性和多样性来说,理性是个很不充分的名称,但是,所有这些文化形式都是符号。因此,我们应当把人定义为符号的动物来取代把人定义为理性的动物。"① 也正是因为如此,用符号学和符号的视角来审视图像既是人的符号性属性决定的,也是图像在指涉对象过程中形成图像符号的原因。我国符号学者赵毅衡先生认为:"严格来说,'标示'符号与'图像'符号并不是符号学的研究领域……符号学也不能解决图像符号与实物关系的问题。"② 肯定了图像符号的存在,但认为将图像符号放在符号学的研究领域不合适。学者龙迪勇认为,图像是"处于纯粹符号与表意符号之间的一种特殊符号:一方面,它可以再现外在事物(就像文学那样),另一方面,它也必须符合'画面'本身的构图或造型要求(就像音乐或建筑那样)。"③ 这种看法与克里斯多夫·伍德(Christopher S. Wood)颇为相似:图像具有再现性和图画性。

其实,我们在广告图像的使用中不必将图像和符号严格区分开来,因为在现实中图像与符号在广告中的运用和表意的泛化并不影响广告传播的效果,反而能够在实践过程中更好地刺激或者说服消费者。但不可否认的是,如何更有效地从人的角度出发,在物理层面、精神层面以及综合运用视知觉等感官层面来综合影响消费者,是我们应该迫切探讨和解决的问题。

(三)图像转向

古希腊哲学家亚里士多德指出:"无论我们将有所作为,或竟是无所作为,较之其他感觉,我们都特爱观看。理由是:能使我们识知事物,并显明事物之间的许多差别,此于五官之中,以得于视觉者为多。"④ 看的冲动和诱惑不仅使眼睛成为心灵的窗口,而且成为知识和认知的重要门户。所以,美国学者莱斯特认为:"关注图像是

---

① [德]恩斯特·卡西尔:《人论》,上海译文出版社1985年版,第34页。
② 赵毅衡:《符号学文学论文集》,百花文艺出版社2004年版,第11页。
③ 龙迪勇:《空间叙事学》,生活·读书·新知三联书店2015年版,第513页。
④ [古希腊]亚里士多德:《形而上学》,吴寿彭译,商务印书馆1983年版,第1页。

人类的本能。眼睛被喻为'心灵之窗',人类获取信息的80%来自眼睛。"① 既然关注图像是人的本能,那么在本能的驱动下,只要当环境合适时,图像将成为关注的焦点。丹尼尔·贝尔指出:"目前居'统治'地位的是视觉观念。声音和景象,尤其是后者,组织了美学,统率了观众。在一个大众社会里,这几乎是不可避免的。"② 当图像文化模式逐渐取代语言文化模式并成为把握和理解世界的钥匙时,W. J. T. 米歇尔在1992年于《艺术论坛》中首次提出"图像转向"(pictorial turn)。米歇尔认为:"不管图像转向是什么,应该清楚的是,它不是回归到天真的模仿、拷贝或再现的对应理论,也不是更新的图像'在场'的形而上学,它反倒是对图像的一种后语言学的、后符号学的重新发现,将其看作是视觉、机器、制度、话语、身体和比喻之间复杂的互动。它认识到观看(看、凝视、扫视、观察实践、监督以及视觉快感)可能是与各种阅读形式(破译、解码、阐释等)同样深刻的一个问题,视觉经验或'视觉读写'可能不能完全用文本的模式来解释。最重要的是,它认识到,我们始终没有解决图像再现的问题,现在它以前所未有的力量从文化的每一个层面向我们压来,从最精华的哲学理论到最庸俗的大众媒体的生产,使我们无法逃避。"③ 使我们无法逃避的一方面是图像成为视觉文化的主要组成部分,另一方面是人们从形象思维到理性思维再到形象思维转变的必然反应。美国心理学家鲁道夫·阿恩海姆在《艺术与视知觉》中指出:"每一次观看就是一次'视觉判断'。'判断'有时候被人们误以为是只有理智才有的活动,然而'视觉判断'却完全不是如此。这种判断并不是在眼睛观看完毕之后由理智能力做出来的,它是与'观看'同时发生的,而且是观看活动本身不可分割的一部分。"④ 这种

---

① [美] 保罗·M. 莱斯特:《视觉传播:形象载动信息》,霍文利等译,中国传媒大学出版社2003年版,第18页。
② [美] 丹尼尔·贝尔:《资本主义文化矛盾》,赵一凡译,生活·读书·新知三联书店1969年版,第154页。
③ [美] W. J. T. 米歇尔:《图像理论》,陈永国、胡文征译,北京大学出版社2006年版,第7页。
④ [美] 鲁道夫·阿恩海姆:《艺术与视知觉》,滕守尧、朱疆源译,四川人民出版社1998年版,第3页。

"视觉判断"不仅会影响到我们的日常行为,而且会上升到理论高度并反过来作用于现实世界。如德波(Guy Debord)表述的"景观社会",鲍德里亚表述的"拟像社会",不仅是图像转向的理论和现实表现,也是我们阶段性理解社会变迁、思维变迁的重要途径。

在米尔佐夫看来,"视觉文化并不取决于图像本身,而取决于对图像或是视觉存在的现代偏好"①。这种视觉化既是经济视觉化的现实延伸和反映,更是科学技术发展和文化视觉化的必然结果。视觉或图像呈现的结果使得人们不依赖话语就能够将信息更容易、更便捷、更快速地理解和传播,从而形成新的意义生产、转换和竞争的场所。尽管阿莱斯·艾尔雅维茨认为:"图像转向的观念应该放在这种资本主义体制之中进行讨论。但是,即使这样,图像转向也与20世纪60年代产生的消费文化有着内在的关联,在当时,消费文化主要是美国的一种文化现象。"②但笔者认为,这是历史社会发展的必然产物,是由生产力发展水平决定的,跟社会的姓资还是姓社没有必然关系。尽管艺术史家们都认同将最早发生在英国的波普艺术当作典型的美国艺术,但不可否认的是,波普艺术是在美国的消费文化、大众文化刺激下产生的事实。而从历史文化的发展规律来看,人类文化是多元共生的,但强势文化对弱势文化的渗透、入侵、同化和消解从来都没有停止;强势文化对大众文化、消费文化、视觉文化的引领也是客观存在的。所以,当时以美国为主的资本主义国家的确引领了时代的发展,说图像消费文化就是美国文化从当时全球化发展的角度来看几乎无可争辩。

洛克认为:"同一文字在不同的人会有不同的意义。"③"语言学转向"凸显了语言在人的认知和知识塑造中的重要地位,颠覆了现实与精神之间的对应关系,强调了语言和意义是创造性、建构性和生产性的,我们的哲学、知识、观念和认知乃至实在世界都需要用语言来进

---

① [美]尼古拉斯·米尔佐夫:《视觉文化导论》,倪伟译,江苏人民出版社2006年版,第6页。
② 参见邹跃进《立场:邹跃进美术理论与批评文集》,湖南美术出版社2012年版,第290页。
③ [英]洛克:《人类理解论》,关文运译,商务印书馆1959年版,第455页。

第一章 广告图像、话语与社会

行分析、建构和创造。W. J. T. 米歇尔说："在欧洲，人们可以把这看作是现象学对想象和视觉经验的探讨；或德里达的'文字学'，破除'语音为中心'的语言模式，把注意力转向可视的物质文字踪迹；或法兰克福学派对现代性、大众文化和视觉媒体的研究；或米歇尔·福柯对历史和权力/知识的坚持，揭示了话语和'可视'之间、可见与可说之间的分裂，认为这是现代'景观'的一条重要的错误路线。"①在"语言学转向"语境下，词与词的关系取代了词与物的关系，世界被建构成语言。当社会的政治、经济、人文、法律、艺术都在围绕语言和语言所形成的文本运作、建构时，当这些运作、建构还没来得及成熟而出现形象取代语言成为文化转向的典型标志时，"图像转向"挑战的不仅仅是"语言学转向"所形成的文化典范，更是动摇了人们长期以来的、以语言为主导地位的知识探讨领域和统治地位。其实，在"语言学转向"中"图像转向"就开始了。"不管是'视觉的狂热'还是'景象的堆积'，日常生活已经被'社会的影像增殖'改变了。"②但不管是"视觉的狂热"还是"景象的堆积"，都是在"语言学转向"的视域下发生、发展起来的。当这种现象成为文化中心的舞台并形成W. J. T. 米歇尔所说的"视觉文化"时，当"文化脱离以语言为中心的理性主义形态，日益转向以形象为中心，特别是以影像为中心的感性主义形态。视觉文化不但标志着一种文化形态的转变和形成，而且意味着人类思维范式的一种转换。"③时，图像成为文化的主角不仅水到渠成，同时也成为"全球范围内的一个媒介事件，更是公共空间中的一个美学事件"④。

世界被把握为语言还是图像是"语言学转向"和"图像转向"的

---

① ［美］W. J. T. 米歇尔：《图像理论》，陈永国、胡文征译，北京大学出版社2006年版，第3页。
② ［美］安妮·弗莱伯格：《移动和虚拟的现代性凝视：流浪汉/流浪女》，罗岗、顾铮编：《视觉文化读本》，广西师范大学出版社2003年版，第327—328页。
③ ［美］W. J. T. 米歇尔：《图像理论》，陈永国、胡文征译，北京大学出版社2006年版，第210页。
④ 杨向荣：《图像转向》，《外国文学》2015年第5期。

核心要义。对广告传播来说，需要兼顾语言/话语思维模式及方法论和视觉/图像思维模式及方法论，对二者或者更广泛的跨学科兼收并蓄、融会贯通进行策划、创意和展演，才能够在对消费者注意力竞争日益激烈的当下立足。

通过对图像的认知，我们认为：在广告世界里，不论是客观存在的物理现实，还是作用于消费者心理的想象、联想；不论是广告呈现的商品形象，还是社会反作用于广告的文化景观；不论是具体的实物展示、模仿，还是广告信息的大规模复制、传播，都是广告呈现的像之图（静态）和图之像（动态），当被我们的感觉器官所感知时，就被我们认定为"图像"或者称为"广告图像"。

第二节 广告图像、话语与社会

图像的话语性是由生产、传播、接受图像的文化共同体所决定的。图像与话语的关系就像罗兰·巴特提出的"知面"（studium）与"刺点"（punctum）的观点，用"刺点"来巩固或者打破"知面"的"意义"，使之在共同的社会语境中发生作用。所以，无论图像传播采用的是"后语言学""后符号学"还是"后现代"话语体系，都必须统一到社会语境、社会关系、社会形态之中，否则就失去了存在的意义。对广告图像来说，广告主、广告公司、媒介都希望消费者可见的即是可读的、可听到的、可得到的、可理解的。图像与欲望之间存在着一种天然的默契，广告图像是激发欲望的最直接表达方式之一，而"话语是有厚度的。它不仅仅表意，它还表达。"[1] 当广告图像与社会话语相得益彰时，可见的、可说的与想象的东西交织在一起，使消费者在"看"与"思"、"感觉者"与"被感觉者"的场域中将内心的欲望转化为现实的行动。

---

[1] ［法］让－弗朗索瓦·利奥塔：《话语，图形》，谢晶译，上海人民出版社 2011 年版，第 8 页。

一 广告图像的戏剧性叙事[①]

大规模复制技术及其带来的图像增殖以前所未有的速度影响着社会的每个层面,"世界被把握为图像了"。图像即信息,广告图像化叙事已经成为现代传播的一大特征,日益与人们的生活审美、消费审美、文化审美等融合在一起,成为形塑我们社会经验的重要组成部分。广告图像的戏剧性叙事是广告图像叙事的主要形式,除了挖掘商品与生俱来的戏剧性之外,主要是为了渲染欲望,增强注意、记忆和激发购买行为,从而达到提高广告效果的目的。

(一) 广告图像的戏剧性

所谓戏剧性,就是"在假定性的情境中展开直观的动作;而这样的情境又能产生悬念、导致冲突;悬念吸引、诱导着观众,使他们通过因果相承的动作洞察到人物性格和人物关系的本质。"[②] 而"对人们生活中发生的各种故事情节进行有意识的设计和推销——直到塑造出了比真实生活更戏剧性的现实——是知名度塑造产业运作的基础之一。"[③] 广告图像的戏剧性则是建立在真实生活的基础上,巧妙地利用虚拟生活和现实生活的叠加现实,将广告信息的战略性、策略性、诱导性等刻意地展示给消费者,"直到塑造出了比真实生活更戏剧性的现实",从而达到信息有效传播的目的。

"图像既是把内在的欲望转化为外在秩序的媒介,又是把个体与现实隔离开的屏障。"[④] 人们总是将意义与价值放在广告图像之中,试图通过现象的表面,用广告图像蕴含的戏剧性技巧传达产品的特点,使人们进入广告所要达到的状态并遵循广告所编织的秩序。由于广告图像并不是对现实的简单复制,它将可说物与可见物、可视的与可言

[①] 参见周子渊《论广告图像的戏剧性叙事》,《传播与版权》2018年第1期,有修改。
[②] 郑雪来:《20世纪中国学术大典:艺术学》,福建教育出版社2009年版,第730页。
[③] [美] 菲利普·科特勒等:《塑造知名度》(第三版),赵银德等译,人民邮电出版社2007年版,第123页。
[④] 王杰:《审美幻象研究:现代美学导论》,北京大学出版社2012年版,第138页。

的、在场的与不在场的元素等联系在一起，艺术地将物品的戏剧性（故事性）与人们的情感表达相结合，建立一种稳定的关系秩序，激发人们的想象和联想，从而让人们"看到"那些不属于可见、可说、可在场之物的质，从而打破相关屏障，使消费者将内在的欲望转化为实际的行动。这样，产品"与生俱来的戏剧性"就得到了体现。就像李奥·贝纳认为的那样："每一件商品，都有戏剧性的一面。我们的当务之急，就是要替商品发掘出以上的特点，然后令商品戏剧化地成为广告里的英雄。"[①] 这样，现实的屏障（广告图像）就成了桥梁，不仅达到了与消费者的心智沟通，而且拉近了彼此之间的距离，使物与人之间的关系变得简单、透明，积极地延伸并融合了彼此的需要。

广告图像的戏剧性不是在表演剧目，而是在创意作品，其目的就在于消除图像的中介作用，保持物品、图像与商业诉求之间的戏剧距离，从而将可说物与可见物、可视的与可言的、在场的与不在场的元素艺术性地整合在一起，充分利用戏剧的空间意识来达到广告的目的。行动性是戏剧的本质，也就是人们的社会实践。广告图像戏剧性在本质上也是社会实践，具有对象性和目的性，在特定的时空中将广告主的所求与非所求、所思与非所思、事实的理性与虚构的理性、直指意图与意指意图、在场与缺席等戏剧性的冲突在一起，充分利用和激发商品、媒介和消费者戏剧性的一面，通过具有主体性的、有意识的表演和作秀，将广告信息展现为一种景观，将人们用肉眼所看到的现实世界与用心灵之眼所看到的理念世界相结合，从而制造或者激发人们的欲望，促成购买行为的发生。但又不可否认的是，广告图像的戏剧性却又实实在在地借用了表演的手法和艺术，也正是如此，人们才会模糊虚拟与现实的界限，才会将心中的愿景与广告图像所传递的信息相融合。因为广告图像传递的信息正是消费者超现实想法中的现实存在，而这种现实存在正是广告图像借用了表演的手法和艺术才达到的。这时候，广告图像的戏剧性和消费者的愿景都在延伸并彼此纠缠，直到最终融为一体。

---

① 转引自卢泰宏等《广告创意：个案与理论》，广东旅游出版社1997年版，第357页。

广告与戏剧的共同之处最具排他性的就是表演。这种表演在不同程度上融入了某种文化权威，蕴含着某种意义、象征、尊贵、智慧、洞察乃至顿悟，在消费社会里超越一般世俗的物质利益。广告和戏剧都在消费社会文化，都借用具有历史向度的视觉语言、空间结构、情节隐喻，通过戏剧性的故事来传播自身想表达的主旨。同时，也都在制造文化、传播文化，都在用自己的方式向受众传递超现实的世界，同时又用多元化、仪式化的方式向传播对象来复制现实，以使信息更容易接受。这样，信息中所蕴含的意义、象征、尊贵、智慧、洞察乃至顿悟就会与受众心目中的现实生活相叠加，其他与之无关的信息就会变得抽象和孤立。当这种刺激达到一定程度或者跨越受众接受的临界点时，广告与戏剧的目的就达到了。无论从导演的角度来说还是从演员（对广告而言，除代言人外，产品也是演员）的角度来说，表演所呈现的图像或者景观，都要使受众在观看在场的与不在场的演出时，能感受到其中的魅力，愿意去思考、去讨论、去传播。就广告和戏剧的"戏剧性"来说，它们都和"一套术语——如'情境'、'反应'、'张力'、'具体'和'呈现'——必不可少地联系着"[①]，我们只不过是借助"戏剧性"激发受众的欲望、想象和向往，帮助其克服忧虑、恐惧和徘徊，充分运用广告图像所蕴含的哲学体系，在真实的基础上，促使人们采取行动。

（二）广告图像的戏剧性叙事

广告的世界与现实的世界是有差距的。"景观自身展现为某种不容争辩的和不可接近的事物。它发出的唯一信息是：'呈现的东西都是好的，好的东西才呈现出来。'原则上它所要求的态度是被动的接受，实际上它已通过表象的垄断，通过无需应答的炫示实现了。"[②] 广告图像的戏剧性叙事即是如此，即使在新媒介环境下，也应付自如。

1. 广告图像比较叙事的戏剧性

广告图像的比较叙事分为拟实比较（多侧重于产品本身）与虚拟

[①] ［英］S·W·道森：《论戏剧与戏剧性》，艾晓明译，昆仑出版社1992年版，第3页。
[②] ［法］居伊·德波：《景观社会》，王昭凤译，南京大学出版社2006年版，第5页。

比较（多侧重于美好愿景）。尽管各国对比较广告的法律法规不尽相同，但比较广告及广告图像比较叙事却实实在在的在各地上演，早已打破了时空界限，成为广告叙事的重要表现形式。

广告图像的坦率性、夸张性，以及图像的不老实、不简单，一旦将之用于比较广告中，就会产生戏剧性的效果，使人们对比较广告乐此不疲，成为商家广告方式的挚爱手法之一。百事可乐与可口可乐的小男孩比较广告，在戏剧性的悬念和冲突中寓意明显：对手只有为我垫脚的份儿。广告画面通过小男孩确定的意愿性，广告信息被明确地传送。两乐自己心知肚明，没有什么比把这两个品牌放在一起更能吸引眼球了，因此，比较之下的互黑也就成为常态，但却达到了惊人的效果，在两乐的相互比较之下，几乎占据了全球的可乐市场。而伯恩巴克为埃飞斯所策划的广告标题是埃飞斯在出租车业只是第二位，那为何与我们同行？（见图3-29）矛头直指赫兹公司。这是广告史上第一个将自己放在竞争对手之下的广告，但却取得了巨大的成功（同样成功的还有蒙牛，当年曾喊出"向伊利老大哥学习"，"做好内蒙古第二品牌"的口号）。在这幅广告图像中，"文字图像是外延的，而象征性图像是被赋予内涵的"[①]。文字图像告诉顾客：我们更努力，我们力求最好。在此，广告的语言学讯息成功地实施其锚固和接替的功能，明确地告知了公司所处的位置且勇于面对；广告的图像讯息则象征地向我们展示了企业的自信与乐观。

广告已经成为复合社会建制的一部分。在传递信息过程中，广告图像会综合应用政治领域的有关社会的、经济的、文化的及伦理的表现手法，去加深人们的印象或者影响人们的态度变化。同样，政治领域有关的宣传也会借鉴广告的叙事方式。这种相互借鉴在2016年美国总统选举中表现得尤为突出。两党候选人在竞选广告（包括宣传）中表现得过于个人化、戏剧化和碎片化，以至于传统的各大预测机构在比较两人的竞选广告后得出的所谓"民意"结论也"戏剧性"地出现

[①] [法]罗兰·巴特：《显义与晦义：批评文集之三》，怀宇译，百花文艺出版社2005年版，第26页。

"黑天鹅"现象。当"沉默的大多数"在事实上进行着"颠覆历史和传统"的所谓铁律时,我们再一次认识了受众内在与表现的"戏剧性"现实:比较本身就具有"戏剧性",因为比较中蕴含着张力、冲突、情景和动作等等,能够尖锐地突出和表现图像的内涵和外延,集中性地表现出广告图像戏剧性的张力、冲突、情景和动作,给人以深刻印象。所以,从广告图像的比较叙事中我们可以看出,不管是拟实比较还是虚拟比较,图像内涵的乌托邦特征通过比较叙事而显著加强,将象征的、文化的、内涵的讯息融合在一起,从而无缝地向受众展示了一个戏剧性的广告效果。

"言不尽意""言外之意"等隐喻式的表述,在中西方广告图像比较叙事的戏剧性中占有重要位置。在比较叙事中,广告图像的言不尽意既是其本身的局限,但更多的是为了更好地激发消费者的形象思维、想象与联想的刻意为之。这样,就将"得象而忘言""得意而忘象"等叙事精髓在广告图像叙事中得以充分运用,从而创新了广告图像比较叙事戏剧性的方式,规避了图像自身的局限,取得良好效果。广告图像比较叙事戏剧性的言外之意更是其精髓所在,它不仅能将消费者的现实想象空间转向为无形的、想象的、形式的、虚无的空间,而且能够促使消费者进行反思,使其在时间意识和空间意识上形成一致,从而达到吸引注意、说服购买的目的。

2. 广告图像文学叙事的戏剧性

广告是文学的一种特殊形式,而文学天生就具有表演性和戏剧性,故往往"文学叙事遁迹于语言和故事的虚构性和想象性中"[1]。广告则正是在基于事实的基础上借用了文学叙事语言和故事的虚构性及想象性,并以此来激发消费者的想象和联想。

广告是将文学的表演性和戏剧性演绎得最彻底的文体。缺乏表演性,文学就显得贫瘠,激发不了想象力,吸引不了注意力;缺乏戏剧性,文学就显得平淡,激发不了兴趣,留不下记忆,人们不愿意去分

---

[1] 朱国华:《文学与权力:文学合法性的批判性考察》,北京大学出版社2014年版,第30页。

享。从 AIDMA、AISAS 等广告法则来看，广告就是这方面天然的演绎者，用不在场的表演和具有戏剧性的图景去激发人们在场的想象和对未知的好奇甚至探究。广告与文学一样，甚至更进一步将可见的、可名的、可视的、可悦的、可说的、可言的、在场的与不在场的等都形成了图像，将语图一体、语图互文、语图互融等都无缝地对接到广告之中，成为广告景观，成就商业神话。"人生就像一场旅行，不必在乎目的地，在乎的是沿途的风景，以及看风景的心情。让心灵去旅行，利群。"说这是散文诗并不为过，但将其放在具有烟草背景的广告之中，并配上意境深远的画面和恰到好处的音乐就显得不那么简单了，不仅戏剧效果明显，更为重要的是直击人心，引发同感。这不是在广告，而是在感悟生活，大家都是"生活者"。

文学的多层面、多维度或者多层次复杂结构，阅读或者影像将文学变得"可视"，使我们能"看见"文学作品所描述的世界和理解文学作品的意义。但这个过程是建立在一定基础上的，没有一定的基础，比如相关知识，我们就"看不见"文学所描述的世界，更理解不了文学作品的意义。而广告图像文学叙事则不然，它戏剧性地将多层面、多维度或者多层次复杂结构的信息变得简单直接、一目了然，使消费者能"看见"和"理解"。

广告图像文学叙事的戏剧性借用了文学"架构"的结构布局，巧妙地将文学戏剧性的集中、紧张、曲折、迂回等特点移植到广告图像叙事表现之中，将产品的向度指向、审美的多元化、想象的空间性和场景的互动性等与文学戏剧性的描述和表演有机结合，一方面可以使广告图像的表现更具文学性、想象力，另一方面则更能提升产品的档次、品位，弥补产品本身戏剧性的不足。在内容选择上，广告图像戏剧性叙事借用了文学叙事的故事性、情感性和个人性的特点，而且还强化了被韦斯坦因认为文学叙事的生与死、爱与恨、美与丑的三项二元组合结构，将文学的艺术本质融入广告信息的真实之中，提升受众的需求和感受。在文本结构上，广告图像的戏剧性叙事简化了文学叙事的复杂性，更强调广告创意的"怎么说"而不是"说什么"，也就是说更强调文本的戏剧性，这是广告图像的特性决定的，目的在于能在短时间内吸引注意、强化记忆。在文本语境中，广告的戏剧性叙事更强调低语境，因为："高语境（high context）传播的讯息是：绝大部分信息或存于物质语境中，或内化在个人身上，极少存在于编码清晰的被传递的讯息中。低语境（low context）传播正好相反，即大量的信息被置于清晰的编码中。"① 这时，广告图像文学叙事的戏剧性却恰当地运用了文学叙述的纵横运动和交叉阐释，信息得以更突出、更集中、更清晰地传达，消费者观看广告时的历时性与共时性得以归总，从而在文学、历史和心理三个层面使广告信息在消费者心中碰撞，广告效果得到保证。

尽管广告图像的文字部分随着时代的发展有越来越少的趋势，但这并不妨碍以广告语为核心的图像文字部分的文学叙事功能，而且越来越有画龙点睛之势。雀巢咖啡的广告语"味道好极了"，几乎长期占据着雀巢所有广告图像的显著位置，模糊语言的运用极大地增加了广告传播的想象力，强烈的暗示极富戏剧性效果，增强了广告的感染力和感召力，将文学叙事的功能用到极致。

3. 广告图像哲理叙事的戏剧性

哲理严肃而深刻。西方哲学从"观念哲学"到"语言哲学"的转变，遵循的是研究规律和研究兴趣，而从"语言哲学"到"图像哲学"的转变（或者说"语言转向"到"图像转向"）遵循的则是技术发展趋势，从而催生了哲学家们在以图像为主的视觉文化体系中，用图像展示哲学思想。人们对戏剧、诗歌或者音乐富有哲理的戏剧性场景并不陌生，但对广告图像哲理叙事却不以为意或者说认识不足。广告是生活的图景，"广告本身充满了对其他图像、其他广告、艺术作品、电视图像、科学图像等的引用"②，它不是凭空想象物。任何一则广告都是唯一的和独特的，如果再加上哲理性和生活化，其本身就具有很强的戏剧性。在广告诉求上，无论是动之以情还是晓之以理，是

---

① 转自杨保军《新闻文本的个性特征》，《国际新闻界》2004年第4期。
② ［法］玛蒂娜·乔丽：《图像分析》，怀宇译，天津人民出版社2012年版，第133页。

美好还是恐吓、是历史还是未来，无不是要我们在潜意识或显意识上接受广告的洗礼，在无意识或者下意识状态中遵循广告的意志。

我们经常说"人生如戏，戏如人生"，这句话本身就蕴含着深刻的哲理，广告只不过是生活中的一部分而已，融入戏剧性只不过是想更好的演好戏。利郎广告云"有人说我处事简单，我认为：进，固然需要努力；退，更需要智慧用心。取舍之间，彰显智慧，简约不简单"，将对商务男装的认知上升到做人的哲学高度。企业卖的已经不是衣服了，而是文化和品位，是对做人处世的抉择。在表现手法上，文本与图像相互作用、相互补充、相互说明、相互融合。文本让人们希望看到图像、图像反过来又使人们进一步认同文本，这就是哲理叙事戏剧性的效果：在升华诉求主题基础上引人深思、发人深省且又主动去传播、去分享。广告正在探求哲学与叙事方式上的调和，广告图像哲理的戏剧性就是很好的尝试。它并不是说教式的强调和传达，更不是遁迹于纯粹哲理叙事的真理伪装之下，而是从实践出发，鲜明地确认某种话语、某种符号或某种意义。尽管不完善、不稳定甚至不严密，但却能直击心智，使消费者顿悟。

随着技术的进一步发展，知识可视化得到全面应用。"知识可视化指可以用来构建、传达和表示复杂知识的图形图像手段，除了传达事实信息之外，知识可视化的目标还在于传输人类的知识，并帮助他人正确地重构、记忆和应用知识。"[1] 在大数据技术发展的当下，广告图像不仅要科学利用可视化技术，更需要在进行产品及相关知识的存在方式变化中充分利用好图像的戏剧性特质，将复杂、抽象的知识视觉化、形象化。同时，要充分利用可视化技术的交互性、直观性、动态化、虚拟化及仿真化特点，将产品的一些不可视的事物可视化，而且让静态的可视变为动态的可视，以此来增加广告的效果，激发人们的购买行为。VR（虚拟现实）与AR（增强现实）在广告图像叙事中的大量运用只是时间问题，这进一步地将现实虚拟化和虚拟现实化，

---

[1] 赵慧臣：《知识可视化的视觉表征研究综述》，《远程教育杂志》2010年第1期。

其戏剧性的展现和增强不仅仅是强化了消费者的体验，更重要的是拉近了人与物、现实与虚拟、在场与不在场等的距离，真正达到了"心外无物"之境，将极大地提升广告传播效果。

从广告本身来说，广告图像哲理叙事的戏剧性目的就在于将不在场（图说的在场）的产品上升到精神或者象征符号的高度，通过哲学的本质分析和现实分析，逻辑地吸引消费者的注意，将自然和习俗、个人和社会、眼与心、时间和空间、视觉和听觉、图像和象征、历史和未来、愿景和现实等所承载的价值、权力和利益，等等，自然地融入广告图像中来。

4. 广告图像形象叙事的戏剧性

形象具有"形象性、标记性、结构的不确定性"[①] 三个特征。广告图像可以通过形象的形象性来引发消费者的情感反应；通过形象的标记性来增强说服力；通过形象的结构的不确定性达到广告整体的多元性。广告图像形象叙事的戏剧性在于：既需要把传播对象的"精神形象"与"物质形象"相统一，又需要在必要的时候将其割裂开来；既需要表达形象就是形象，又需要强调形象也不单是形象，还是思想、意义、愿景及其他。广告形象是文化工业的产物。在广告图像叙事中，语言形象是要告诉消费者是什么，并告诉他们要做什么或者如何做，具有强烈的说明性、诱惑性；图像形象则是另外一种直接意义，不仅要吸引注意力，还要激发情感，具有引导性。吸引注意仅仅是形象的基本作用，没有深层次象征作用的广告图像是不具有竞争力的，而这恰恰就是戏剧性叙事的魅力所在——激发洞察。通过洞察，我们可以透过广告图像外部可见的纯粹描画，去感受图像内在的、抽象的精神、感觉与意义。形象激发的想象，不仅能鲜活广告传递信息内在的、有机的、灵动的形象，而且能进一步升华、抽象消费者的经验主义观念，使他们通过对广告信息的物质再现来深化对广告产品的认知、记忆，从而采取购买行动。万宝路的"牛仔"形象、路易威登的"旅行哲

---

① ［美］保罗·梅萨里：《视觉说服：形象在广告中的作用》，王波译，新华出版社 2004 年版，导论第 9 页。

学"形象，等等，无不是充满戏剧性的广告图像形象，历久而弥新。

从另外一个角度来说，形象的形象性、标记性、结构的不确定性与符号学家皮尔斯对符号与其意义之间关系体系（图像、标记和象征）是一致的。广告图像形象的戏剧性叙事也正是利用图像符号与其所代表的事物之间的某种相似或相同；利用图像标记的某种意义或痕迹；利用图像象征的某种不确定性，来达到某种戏剧性的广告效果。但在这一叙事过程中，广告图像的形象性与符号体系（图像、标记和象征）之间并不具有一一对应的关系，而是兼具某种时空错位或临时性的作用。也正是由于形象与符号之间兼具这种包容和纠偏能力，所以广告品牌形象的长期建构才会有相对确切的规则，广告图像形象的戏剧性叙事才能灵活地将形象的形象性、标记性和结构的不确定性等特征发挥到极致。

因夸张而试图再现超现实主义精神，而不仅仅是广告形象的表达方式也是广告中常见的戏剧性叙事方式。商业广告运用这一方式可以传递关于产品的潜在寓意，弥补广告象征意义的不足，但很可能却在背离真实的基础上脱离了实际，使人产生误会——这是一则好广告，但却不是好产品。（这种为了广告而广告，为了戏剧性而戏剧性的现象在现实广告实践中屡见不鲜，但却是我们最忌讳的——因为它具有最隐蔽的欺骗性，使我们找不到问题的症结所在）实践中，广告图像不仅表达思想，而且塑造形象，"它所揭示的似乎不仅仅是外部可见的世界，而是理性灵魂的本质，所再现的恰恰是这个理性灵魂的视界"[1]。所以，夸张是有限度的，超越限度将会导致信息失真，图像所蕴含的思想、情感、言说或意义就会超越表现的戏剧性——准确性之外，从而失去广告的作用。

广告阐明的世界与现实世界的距离是广告图像戏剧性叙事的空间所在。广告必须取信于人，而"它的真实性并不取决于它的许诺是否兑现，而是取决于广告推销的幻想同观赏者——买主的幻想之间的关系。广告主要不是作用于现实而是作用于幻想"[2]。但最终还是作用于

---

[1] ［美］W. J. T. 米歇尔：《图像学》，陈永国译，北京大学出版社2012年版，第46页。
[2] ［英］约翰·伯格：《观看之道》，戴行钺译，广西师范大学出版社2015年版，第209页。

现实的，所以，"挖掘产品与生俱来的戏剧性"和广告图像的戏剧性叙事之间是有差异的，而差异本身也是构成戏剧性的一部分。

广告图像是包含一切的泛图像（包括静态图像和动态图像），其戏剧性叙事亦非纯戏剧性表达，更多是强调广告图像的综合体——即景观社会、音景、言说、空间、呈现等的综合性、立体性、延展性和整合性的运用。当"世界被把握为图像了"之后，广告所要做的其实就是怎样利用图像，戏剧性叙事也只不过是为了更好地传递广告信息而已。

二 广告图像、话语与社会

话语的变化方式与使用是与社会的变迁及广泛的社会文化演进过程相联系的。话语是指人们口头说出或者书写（文本）出来的语言及其延伸部分，但在广告的文本中，我们需要将话语概念加以延伸使之能够覆盖到包括视觉形象的符号形态以及作为广告文案和广告影像相结合的脚本。这样，我们所看到的广告图像其实是一个广告文本、一个广告话语实践和一个广告社会实践的综合体。"话语不仅反映和描述社会实体与社会关系，话语还建造或'构成'社会实体和社会关系；不同的话语以不同的方式构建各种至关重要的实体，并以不同的方式将人们置于社会主体的地位，正是话语的这些社会作用才是话语分析关注的焦点。另一个关注点是历史变化：不同的话语如何在不同的社会条件下结合起来，以建造一个新的、复杂的话语。"[1] 广告图像与话语在不同类型社会环境下的使用也各不相同，但无可争辩的是社会环境类型会影响广告图像与话语，反过来广告图像与话语也会影响所在的社会环境类型。

（一）关于话语的社会理论

从广告传播的角度来说，话语是一种社会经济实践方式。有什么样的社会经济基础，就会有什么样的广告话语形式与之相对应，反之，

---

[1] ［英］诺曼·费尔克拉夫：《话语与社会变迁》，殷晓蓉译，华夏出版社2003年版，第3页。

广告话语也会作用于社会经济发展。需要指出的是，我们这里涉及的相关话语理论与实践只涉及与广告话语有关的话语理论与实践，并不追求面面俱到。

话语作为社会生活的要素，是社会关系、社会变迁、社会结构、权力、意识形态、社会身份、知识体系和信仰体系等的重要方面。英国语言学者诺曼·费尔克拉夫（Norman Fairclough）在社会结构、社会实践、社会事件三个社会分析层面，从文本、话语实践和社会实践三个向度范围，在社会的、文化的、变化的关系之中来分析话语。"社会结构是最抽象的层面，也是社会最普遍、最具有持久性的特征。社会事件是指实际所发生的事情。社会实践是社会结构和社会事件之间的中介。社会实践是在社会具体领域行事或事件发生的方式，是与具体的社会机构或社会组织相关的习惯性的、仪式化或制度化（institutionalized）的行为方式，是在社会生活特定领域选择某些结构性可能而排除其他可能的控制方式，也是在一定时期内保持这种选择的控制方式。"[1] 费尔克拉夫认为："一方面，在最广泛的意义和所有层次上，话语是被社会结构所构成的，并受到社会结构的限制，受制于社会层次上的阶级和其他关系，受制于诸如法律或教育等特殊机构所持有的关系，受制于分类系统，受制于各种规范和各种习俗——它们既有话语的性质，又有非话语的性质，等等。……另一方面，话语在社会意义上是建构性的。……话语有助于社会结构所有方面——这些方面直接或间接地构成或限制话语——的建构：它本身的规范和习俗及其背后的关系、身份和机构。话语不仅是表现世界的实践，而且是在意义方面说明世界、组织世界、建构世界。"[2] 话语不仅要与"社会机构或社会组织相关的习惯性的、仪式化或制度化行为方式"相适应，而且受制于"规范和习俗及其背后的关系、身份和机构"。话语由社会结构构成，受社会结构及其他社会条件限制，而社会结构和社会条

---

[1] 纪卫宁：《语类与社会变迁》，光明日报出版社2017年版，第42页。
[2] ［英］诺曼·费尔克拉夫：《话语与社会变迁》，殷晓蓉译，华夏出版社2003年版，第59—60页。

件则构成了话语秩序。费尔克拉夫把话语秩序分为两大类:"区域性的话语秩序和社会性的话语秩序。区域性的话语秩序是一个社会机构或领域的所有话语实践以及它们之间所存在的各种关系(如互补关系,互含关系/排斥关系,对立关系),而社会性的话语秩序包含了不同的区域性话语秩序以及它们之间的各类关系(如家庭话语秩序和教育话语秩序之间的关系)。"① 话语秩序决定了我们的话语结构、语类及说话风格等,规约了我们什么可以说,什么不可以说,是社会秩序在话语方面的表现,在话语实践中以"文本"的方式来表达。区域性话语秩序和社会性话语秩序既有自己的界限,有时也混杂在一起,不是固定不变、泾渭分明的,而是开放的、融合的、不断变化的,且变化的方式与社会变化的方向是一致的。费尔克拉夫认为,话语建构效果主要体现在社会身份、社会关系、知识体系和信仰体系三个效果方面,且与话语的"身份"功能、"关系"功能和"观念"功能相对应。他指出:"身份功能(identity function)关涉话语社会身份得以在话语中确立的方式,关系功能(relational function)关涉话语参与者之间的社会关系如何制定和协商,观念功能(ideational function)关涉文本说明这个世界及其过程、实体和关系的途径。"② 三种建构效果和三种功能的共存和相互作用,关系到信息的提供、展示、强调等诸多方面,也关系到信息主题的选择以及社会情景的再造和对社会本身的改变等问题。在当下移动化生活、数据化生活、智能化生活、本地化生活的时代背景下,话语建构效果依然与社会身份、社会关系、知识体系和信仰体系三个效果方面息息相关,而且在很多时候会介入到我们话语的方方面面,在政治、经济、文化、意识形态等方面左右我们的话语秩序、话语效果和话语权力。

费尔克拉夫指出,社会的话语与社会变化的三种主要趋势是"话语的'民主化'、话语的'商品化'、话语的'技术化'"③。在论述到

---

① 纪卫宁:《语类与社会变迁》,光明日报出版社2017年版,第44页。
② [英]诺曼·费尔克拉夫:《话语与社会变迁》,殷晓蓉译,华夏出版社2003年版,第60页。
③ [英]诺曼·费尔克拉夫:《话语与社会变迁》,殷晓蓉译,华夏出版社2003年版,第186页。

话语的"商品化"趋势时，费尔克拉夫认为，教育话语商品化的话语秩序被广告文类殖民化，"在一般意义上，当代商品广告有语言和视觉图像的混合构成，其趋势是图像变得越来越突出。……广告是一种绝妙的'策略的'话语……生产者、产品和消费者以一种生活风格被结合为共同的参与者，是一个消费的共同体，这正是广告所要建造和模仿的东西。广告商从视觉图像中获得的东西是：它们在模仿生活风格方面的、使人能够产生美好回忆的能力，后者一般来说比语言能力更加有力和直接。一个视觉图像如果发生作用的话，就能够同时创造一个世界，这是一个潜在的消费者、生产者和产品可以共同居住的世界，这事发生于一个读者开始阅读（或一个观众开始倾听）广告语言之前"[1]。话语的商品化趋势是和消费社会的形成紧密联系的，而视觉图像变得越来越突出更是在视觉文化蓬勃发展之下"图像转向"的现实表现。这不仅是社会经济发展变迁的必然结果，也是现代科技发展的必然选择，即是费尔克拉夫所说的那样：广告是话语技术的典型例证。就像福柯认为权力技术分析可以延伸到话语上面，麦克卢汉认为，传播技术可以延伸人体一样，话语的技术化也是社会变迁、话语实践和人际意义等方面的延伸。话语的民主化、商品化、技术化彼此之间不是绝对的，而是彼此影响，有时甚至是相互包含的。话语的民主化、商品化、技术化受社会、经济、文化等发展程度的影响，反之亦然。广告图像的民主化、商品化、技术化受社会、经济、文化等发展程度的影响更大，在消费社会，广告话语的图像、文字与声音等表现形态在原有的规范、习俗、仪式等的影响下既延续了原有的话语秩序，但又会在某种偶然或必然的时候创造新的话语秩序，从而影响整个社会的话语变迁。

相比费尔克拉夫从宏观的社会变迁层面来讨论话语，福柯则主要从微观的社会制度方面来讨论话语，受制于知识—权力的共生关系，导致其话语分析与社会实践之间的联系不是很紧密，所以福柯的话语

---

[1] ［英］诺曼·费尔克拉夫：《话语与社会变迁》，殷晓蓉译，华夏出版社2003年版，第195—196页。

主要是指狭义的"话语",转向后结构主义,是对结构主义语言学的语言和言语二元对立的否定和突破。福柯著有《词与物》《疯癫与文明》《话语的秩序》《知识考古学》《权力系谱学》《规训与惩罚：监狱的产生》等著作,而他话语理论的奠基之作则是《知识考古学》。福柯在从结构主义思想中汲取营养但又颠覆了结构主义话语体系,他反对人类中心论观点,推动了人们从语言科学到社会科学认知世界的转变,并在此基础上建构了他的知识话语、权力话语和生命话语三个维度的话语理论。福柯的话语理论"站在社会学的立场揭示了语言是如何构成社会事物之间的关系、物与物之间的关系是如何被语言建构起来的,又是怎样在语言的控制下存在、分裂和变异的,福柯称之为话语/实践。在话语/实践中,福柯高度关注的是权力问题,随着权力作用形式和特点的不同,福柯的话语理论也有所差异。"[1] 具体而言,福柯的话语理论体现在以下几方面。

一是话语就是陈述的整体,陈述是话语的原子。福柯话语概念是建立在陈述的基础上的,话语构成的分析就是对陈述的分析。那么什么是陈述呢？福柯认为："我们将把这一符号整体所特有的存在方式称为陈述：这种存在方式使陈述有别于一系列的痕迹,有别于某个实体上的一连串记号,有别于人为的任意一样东西；这种方式使陈述同某一对象的范围发生关系,使它为每一个可能的主体保留一个确定的位置,使它置于其他的词语性能之中,总之,它被赋予某种可重复的物质性。至于话语这个术语,我们在此从各种不同的意义上使用了及至滥用了它,我们现在能够理解它之所以模棱两可的理由：它以最一般和最不确定的方式表示词语性能的整体；因此我们曾把话语理解为事实上是从符号的整体产生出来的（可能是全部的）东西。然而,我们也曾把它理解为表达行为整体、一系列的句子或者命题。总之,就是下面的意义最终被接受了（前面的意义作为它的背景）——话语是由符号序列的整体构成的,前提是这些符号序列是陈述,就是说,我

---

[1] 李军林：《马克思主义在中国的早期传播及其话语体系的初步建构》,学习出版社2013年版,第63页。

们能够确定它们的特殊的存在方式。"① 陈述实证性的三个特性"稀少性（陈述是一个唯一的事件，虽然是可以在不同的情况下被复述的），外在性（在表达行为中，而不是在某个主体的'内部性'中掌握陈述，这一点在分析中很重要），兼职作用（一个陈述的产生及其普及的形成都是建立在由它而联想到的其他的表达方式的基础上的）。"② 去揭示话语构成，从而在话语实践中完成对话语分析的定位。话语建构、限定和产生知识的对象是以陈述的方式进行的，并排除了其他非知识的因素。其实，福柯陈述的属性就是"知识"的属性，了解和掌握陈述就等于掌握了知识，就会知道怎么说话、怎么思考、怎么去分析话语以及怎么发挥权威。广告图像在社会实践中既有其特殊性，也有其独特性。特殊性在于它是面向大众消费者的，当广告图像与消费者发生关系时，不同的消费者对广告图像信息的接收方式、接受多少、理解程度是不一样的，但作为广告图像的创意者来说，其"稀少性""外在性"和"兼职作用"却往往一个不落甚至还会隐喻更多的东西，而这其中的关键就在于创意对广告及其相关"知识"的掌握程度。

二是话语主体建构。福柯认为，话语中的主体是受限制的，跟知识和权力密切相关。"谁在说话？在所有说话个体的总体中，谁有充分理由使用这种类型的语言？谁是这种语言的拥有者？谁从这个拥有者那里接受他的特殊性及其特权地位？……主体的位置也同样是由它相对于对象的各种不同范围或群体有可能占据的处境所确定：从某种明显或不明显的提问界限来看，它是提问的主体，从某种信息的程序来看，它是听的主体；而从典型特征的一览表来看，它则是看的主体，从描述典型看，它是记录的主体。主体位处最佳的感觉距离上。"③ 话语受说话主体的影响，主体的身份、位置及其占据或接受的立场决定

---

① ［法］米歇尔·福柯：《知识考古学》，谢强、马月译，生活·读书·新知三联书店2007年版，第117—118页。
② ［法］埃利亚、［法］萨尔法蒂：《话语分析基础知识》，曲辰译，天津人民出版社2006年版，第118页。
③ ［法］米歇尔·福柯：《知识考古学》，谢强、马月译，生活·读书·新知三联书店2007年版，第54—56页。

了其使用的话语,主体在实际上对话语传播具有相对的控制权。福柯在主体的看法上既批判现象学和存在主义,也不认同结构主义和后现代主义,认为"主体是由社会规则建构的"[1],是一种知识/权力/自我体系下的主体思想。福柯认为主体可以形塑自我,把自我以及生活形塑成艺术对象或艺术品,提倡用"自我技术""自我关怀"进行"自我塑造"以实现"自我伦理",这种行为准则对广告人及广告创作来说同样重要,具有很好的指导借鉴意义。广告及其图像说什么?跟消费者、广告主及其选择的媒介平台有很大的关系,站的角度不一样,说话的方式及其表达的内容就会有很大的区别,同样受到身份、位置及其占据或接受的立场限制,从某种程度上说,依然逃脱不了知识/权力/自我体系的框架范畴。

三是权力话语观。福柯在《话语的秩序》中说:"话语即权力。"我们这里所说的话语其实包括福柯话语的广义和狭义两个方面,既是"文化生活的所有形式和范畴",也是具体的"语言的形式"。具体而言主要体现在以下几个方面:一是权力无处不在。权力不仅体现在话语、知识、制度及身份之中,而且"深深地、巧妙地渗透在整个社会网络中"[2]。这就意味着包括广告图像在内的所有说话主体,不是想说什么就说什么,也不是想说什么就能传达什么,而是跟整个社会网络各方面的权力息息相关,尤其是话语权力。二是权力与话语是相互制约的。福柯说:"必须把话语看作是一系列的事件,看作是一种政治事件:通过这些政治事件才得以运载着政权,并由政权又反过来控制着话语本身。"[3]权力赋予话语,话语也产生权力:说什么、怎么说、通过什么渠道、对谁说和产生什么效果,很大程度上受到权力和话语的双重制约。对广告话语来说,还要受到相关法律的制约,必须遵守相关法律和法规。权力对话语的控制主要有四个原则:仪式原则、社团原则、思想原则和社会

---

[1] 周穗明:《当代西方政治哲学》,江苏人民出版社 2016 年版,第 174 页。
[2] [法]米歇尔·福柯:《知识分子与权力》,载《杜小真编选福柯集》,上海远东出版社 1998 年版,第 206 页。
[3] 参见[美]斯蒂文·小约翰《传播理论》,陈德民、叶晓辉译,中国社会科学出版社 1999 年版,第 417 页。

占有原则。所以，对话语主体（对广告主及广告人来说尤其如此）来说，就要在一定素养的基础上掌握话语技巧，找对人，说对话，做对事。三是权力对话语的排斥。首先是禁律原则。"我们没有谈论一切的自由，我们不可能谈论我们时时处处热衷的一切，一言以蔽之，恰恰是任何人都不可能谈论任何事。禁律的三种类型——客体的禁忌、仪式的礼仪、说话主体特许的或唯一的权力——在纷繁复杂、永远变化的网络里彼此交叉，互相制约。"[1] 人们不能随意地想说什么就说什么，场合、身份、对象等决定着说话的方式。其次是划分和拒绝原则。在理性和癫狂的对立中，理性与非理性的话语的依据是看该话语是否符合某一结构规则标准，但二者的话语不会被同等对待。最后是真理意志原则。要通过区分真与假来赋予话语真理和意义，也是权力对非权力话语进行排斥的最佳方式。理性话语（真理）告诉我们不在于话语是什么或者它做了什么，而在于它说了什么。掌握权力的人应该按照一定的礼仪行为提供正确的话语。对广告而言，不提供正确的包括广告图像在内的话语就是对消费者的欺骗，就是虚假广告的某种形式，是要受到法律惩处的。四是权力对话语的精选。这是话语的内在控制功能对话语的限定和控制，主要体现在三个方面：首先是评论原则。主要指社会上存在叙述或某种类型的文本及其他类型的文本，评论通过双重的、相互联系的角色为文本打上同一性的特征。其次是净化原则或作者原则。"是关于'作者'的概念，当然，这不是写作文本的个人，而是'一组作品的统一原则、意义来源和融贯焦点'。"[2] 通过"作者"来为作品打上同一性的标签，它是话语的一种功能，表现了一些话语在社会中的存在、传播和运作的特性。最后是学科原则。"学科构成了话语生产中的控制系统，它通过对规则的永恒激发这种同一性形式，固定了它的边界。"[3] 相比较评论原则和作者原则，学科原则对话语的

---

[1] ［英］阿兰·谢里登：《求真意志——密歇尔·福柯的心路历程》，尚志英、许林译，上海人民出版社1997年版，第160页。

[2] ［英］阿兰·谢里登：《求真意志——密歇尔·福柯的心路历程》，尚志英、许林译，上海人民出版社1997年版，第164页。

[3] 转自汪民安《福柯的界线》，河南大学出版社2018年版，第153页。

第一章　广告图像、话语与社会

限制就比较灵活，但依然有其自身的禁忌和排斥，话语的权力是有限的。权力对话语的精选对广告图像有很大的借鉴意义，至少将这三个原则利用好不会犯低级错误，不会想当然地去进行创意和表现。

（二）广告语—图叙事①

"论社会影响，广告可以与由来已久的机构（如学校、教堂）相比，它统治了媒介，对大众标准的形式有巨大的影响，它是很有限几个起着社会控制作用的机构中货真价实的一个。"② 广告话语的形态主要包括广告图像、广告文字和广告声音。有什么样的社会形态、社会环境就有什么样的广告话语与之相适应。广告对媒介的统治显然发生在商业社会，对远古时期或者非商业社会的原始社会、奴隶社会或者封建社会来说，广告只不过是社会形态的一部分而已，尤其是农耕占主导地位的社会形态。

在人类文明的发展与传承过程中，语言叙事与图像叙事成为既传统又现代的叙事方式。在相当长的一段时间，语言叙事与图像叙事在对信息的传播上有各自或共同的意义空间，各司其职、相得益彰、水乳交融。而随着信息技术的发展，信息爆炸时代的到来，人们对信息的注意力变得挑剔且有限，从而打破了语言叙事与图像叙事的平衡，图像叙事在视觉时代超越了原有的表意边界，拓展了生存空间，我们进入"图像时代"。但这并不等于说语言叙事从此就会被边缘化，或者会与图像叙事相对立。相反，我们认为，二者真正有机结合、相互映衬的共生状态才是可持续发展的王道，广告传播亦是如此。

1. 广告传播的"语—图"叙事概说

如果把符号比喻成一枚硬币的话，语言与图像就是硬币的两面，构成了广告符号传播的主体。广告是伴随着人类信息传播而产生的，是既用语言又用图像叙事的符号化活动，而在文字出现之前，包括广告在内的信息传播主要就是语言（听觉）和图像（视觉），故在"文

---

① 参见周子渊《广告传播的"语—图"叙事解析》，《编辑之友》2017年第5期。
② [美] 梅尔文·I. 德弗勒等：《大众传播通论》，颜建军等译，华夏出版社1989年版，第471页。

字出现之前的口传时代，'语—图'关系的体态表现为'语图一体'，'以图言说'是其主要特点。"①

广告是一种文化现象，是"一种最刺激、最艰巨的文学形式，它是最难掌握、最具各种离奇古怪的可能的形式"②，是一种信息交流的社会现象。包括原始岩画、图腾等在内的原始图像，我们可以看作人类有意识的"广而告之"行为，采用"以图言说"的方式表现自然现象、天气变化、狩猎、战争等原始广告现象，而甲骨文中表现禁酒、征兵、天气等内容的社会类广告行为，亦是"语图一体"的明显例证。在一定范围内，从原始图像到图画文字，图像叙事的表意空间形成，到图画文字成熟阶段，图像叙事基本具备了语句（言）的意义，"语图叙事"式的"以图言说"在一定程度上具备了语言叙事的功能，成为比较常见的存在方式。罗兰·巴特认为："语言的社会规约方面和价值系统方面是有联系的，因为语言是一种契约性的价值系统在广告（部分地是任意的，或者，更准确地说，是无理据的），它能抵制来自个人的任意篡改，因此是种社会规约。"③所以，从人类早期的广告活动开始，广告崇拜产生的最核心因素不是传递的信息本身，而是对"社会规约方面和价值系统方面"的影响，原始的图腾崇拜如此，新媒介下的广告形态亦然。

从口传时代到商品经济兴起的相当长一段时间内，在广告发展历程中，语言叙事与图像叙事交织在一起，"语图一体"的表征明显。语言叙事的目的是引起注意，说明意图明显；图像叙事则更直观地引起人们的兴趣，从而促成行为的发生。在这一点上，古代的酒帜、酒幌、酒幡和现代的酒吧、酒店、酒楼的一些招牌、招贴，从某种程度上来说，都是"以图言说"的典型方式，都凸显了AIDMA的广告法则。文字的出现，语言叙事逐渐成为主体，图像叙事成为补充。但在

---

① 赵宪章：《文学和图像关系研究中的若干问题》，《江海学刊》2010年第1期。
② [美]詹姆斯·特威切尔：《美国的广告》，屈晓丽译，江苏人民出版社2006年版，第19页。
③ [法]罗兰·巴特：《符号学原理》，黄天源译，广西民族出版社1992年版，第2—3页。

第一章 广告图像、话语与社会

很多时候,广告传播的"语—图"叙事则表现为"语图合体""语图互文""语图互仿"等特征。我国现存最早的印刷广告北宋时期济南刘家功夫针铺广告铜版(图1-6①),以语言叙事为主,图像叙事成为补充,整个广告画面布局合理、图文并茂。在语言叙事方面,广告文本不仅具备了现代广告的标题、正文、商标等元素,而且以寥寥数语对产品材质及其独特防伪标记作了说明,体现了话语叙事的描述性、简洁性和明了性;在图像叙事方面,"玉兔抱杵捣药"的图像,使整个广告画面产生强烈的视觉冲击力,形成直接的感知,广告效果明显。被认为可能是目前世界上最早的文字广告——古埃及寻找逃奴的广告:"男奴隶西姆,从善良的织布匠哈普家逃走了。首都特贝一切善良的市民们,谁能把他找回来的话,有赏。西姆是希持族,身高5英尺2英寸,红脸,茶色眼珠。若谁能提供他的下落,就赏给半个金币;如果谁能把他带回织布匠哈普的店铺来,就赏给一个金币。技艺高超的织巾匠哈普总是应诸君的要求织出最好的布匹来。"② 这则文字广告不仅用语言勾勒出一幅逃奴的图像,同时还宣传了自身的形象,体现了"语图合体""语图互仿"的特征,与中国"诗中有画"的意境如出一辙。

早期以约翰·肯尼迪为代表的"广告是印在纸上的推销术"的广告理论主张,就认为广告不一定非要十分漂亮和非常悦耳,一般的图片、上口的诗歌都不重要,重要的是讲清为什么值得花钱买某种产品。拉斯克尔则拒绝雇佣"美术设计指导",只是到后来因为有图的文案比较有利于销售才改变主意。③ 在消费社会早期的广告,其核心是"推销",从"硬推销""软推销"到"USP"都是如此,语言叙事是主旋律,以"说什么"为主,图像叙事是在市场的检验之下,特别是在语言叙事的"有限效果"的情况下,才成为广告吸引注意的必然选择。

到20世纪60年代,在大卫·奥格威、威廉·伯恩巴克、李奥·贝纳等人的推动下,促使广告传播从单纯的关注诉求即"说什么",

---

① 杨海军:《中外广告史新编》,复旦大学出版社2009年版,第49页。
② 文春英:《外国广告发展史》,中国传媒大学出版社2006年版,第9页。
③ 张金海:《20世纪广告传播理论研究》,武汉大学出版社2002年版,第26—27页。

广告图像研究

图1-6　济南刘家功夫针铺广告

走向全面创意即"说什么"和"怎么说",更加注重广告传播的语言叙事和图像叙事在广告诉求方面的有效性:突出形象,注重想象和联想。奥格威认为"读者阅读标题的概率是文案的五倍","以写故事的形态来写文案","图片所要表现的主题最重要","最能帮得上忙的,是能引起读者好奇心的照片,让他一看到照片便会说:'到底怎么回事?'然后他就会看完文案探个究竟"[1]。他给哈撒韦衬衫、劳斯莱斯所做的广告,无不体现了将语言叙事与图像叙事有机结合在一起,注重二者的互补、相互映衬和"语图合体"式的引起注意,以提高广告的传播效果。自此开始,20世纪70年代的定位理论,80年代的CIS理论,90年代的整合营销传播理论到21世纪的新型广告理论,广告传播开启了传播的"图像转向"。

---

[1] [美]大卫·奥格威:《欧格威谈广告》,洪良浩、官如玉译,台湾英文杂志社1984年版,第71—81页。

2. 广告传播"语—图叙事"的"图像转向"

图像转向的提出与20世纪60年代产生的消费文化有着内在关联，亦与20世纪80年代以来兴起的视觉文化研究息息相关。图像转向在人文学科和公共文化的领域里发生，就广告传播而言，既是关于视觉的焦虑，也是广告传播本身的需要——故事叙事的需要。消费社会是一种视觉文化占主导地位的社会，脱离了以语言叙事为中心的理性主义形态，进入以形象为中心的图像叙事的感性主义状态，导致商品竞争在表现上更突出形象，说白了就是注意力的竞争。因此，越来越多的企业为了吸引注意力，在商品包装和广告传播上的视觉因素远远超过了商品的实际功能与使用价值，广告传播的语言叙事与图像叙事发生了渐变。

居伊·德波认为在景象的社会中，商品即形象，形象即商品。让·鲍德里亚则在此基础上把商品视为符号，认为消费就是符号交换、就是消费符号，更注重象征。认为"广告最重要的是被消费，而不是指导消费。"[1] 广告就是符号交换、符号意义的消费。而就广告所起的作用来说，麦克卢汉也认为："图像革命使我们的文化从个体理想转向整体形象。实际上这是说，照片和电视诱使我们脱离文字的和个人的'观点'，使我们进入群体图像的、无所不包的世界。"[2] 而且"图片广告里的文字，也不能仅从字面表述上去考虑，而要被当作模拟日常心理病理的特性的角度去考虑。在照片的时代，语言带有图画或图像的特性，它的'意思'很少归属于语义的世界，一点也不归属于字母的圈子。"[3] 所以，在消费社会，作为产品导向的广告信息传播，在吸引注意及促成行动方面，无论是语言叙事还是图像叙事，都不可避免被"焦虑化"，这种焦虑从某种程度上也提升了图像转向的加速度。所以，在广告传播过程中，特别是在视觉文化时代，图像中充满了"文

---

[1] [法]尚·布希亚：《物体系》，林志明译，上海人民出版社2001年版，第195页。
[2] [加]马歇尔·麦克卢汉：《理解媒介——论人的延伸》，何道宽译，商务印书馆2000年版，第286页。
[3] [加]马歇尔·麦克卢汉：《理解媒介——论人的延伸》，何道宽译，商务印书馆2000年版，第247页。

本性"和"话语",而对形象的恐惧,担心"形象的力量"最终甚至能捣毁它们的造物主和操控者的焦虑①,也正是这样的焦虑,使人们在广告表现过程中更注重图像内在的"语图互文""语图互涉",以达到最佳广告效果。

故事叙事是广告传播的本质。在消费社会,技术(包括视觉技术)的发展使广告进入到图像化的复制时代。在新媒介时代,广告图像的大规模复制和大规模传播成为常态,刺激着广告创意以故事神话的话语符号形式以适应消费者、市场、媒介和广告主,怎样讲品牌故事和讲怎样的品牌故事成为广告图像在呈现过程中的主要内容。所以,广告传播的"视觉读写"既不能完全用图像叙事来理解,也不能完全用语言叙事来理解,而是"语图互仿""语图互涉"式的故事陈述,或者说先是语言叙事(脚本),后是图像叙事(广告作品,当然也包括有声语言)。这也就是米歇尔"图像转向"的落脚点——"互动"。广告是一种"泛文本"的叙事,是一种社会象征行为。广告传播不管是在"拟态环境"下,还是在"挖掘产品与生俱来的戏剧性"的过程中,都将"可视的和可言的"纳入其中,与消费者形成"互动","互动"效果的好坏,直接关系到广告叙事的方式——语言叙事、图像叙事还是二者的合体。只不过在视觉文化的转向中,特别是在移动互联网时代,图像叙事更易于被人们理解和接受而已。

"互动"是图像与对象之间的一种相互依存关系,缺乏对象,图像也就失去了存在的环境和意义。广告传播语图叙事的"在场"与否、"可视"与否、"可名"与否、"可悦"与否、"可见"与否,不是单独呈现的,而是社会系统的一部分,是归属于社会群体的,是社会文化在视觉文化时代体现其互动性、虚拟性、象征性和实用性的一部分。故广告传播的语图叙事既是叙事也是说理,既是实指也是虚指,既是符号也是象征,既体现能指也体现所指。这也是广告故事叙事的一部分,既低俗又高雅,既具有戏剧性又具备游戏特质,既具吸引力

---

① [美] W. J. T. 米歇尔:《图像理论》,陈永国、胡文征译,北京大学出版社2006年版,第5—6页。

又具表现力，既能打动人也能被人理解。在大数据环境下，图像在广告传播互动中，既不会压抑形象也不会压抑语言，因为"数据可视化技术，可以通过图像在逻辑思维的基础上进一步激发人的形象思维和空间想象能力，吸引、帮助用户洞察数据之间隐藏的关系和规律"①。数据图像化、图像数据化的互动成为广告传播及广告效果研究的重要手段，消费者所生产的行为、意义、体验、形象、符号，等等，都在互动中留下了印记（数据），我们在挖掘印记（数据）的基础上，结合"人的形象思维和空间想象能力"来进行广告叙事。

玄纳特认为在广告表现中："规则一：表现你说的东西，说你表现的东西！规则二：不要重复图片已表现的东西，不要表现文字已说出的东西。……两条规则归纳在一起，其意义无外乎是：在文字和图片之间建构张力（规则一），但不能互相矛盾（规则二）。"② 充分体现了广告传播的语图一体、语图互仿、语图互文等特征。图文之间的张力是广告创意的精妙所在，是互动过程中的"星星之火"，关系到认知、文化、精神、想象、意识、形象、语言、艺术，等等，是在"视觉、机器、制度、话语、身体和比喻之间复杂的互动"基础之上的表现形式。所以，广告传播的"图像转向"只是广告表现的存在方式发生了变化，是与消费者"互动"的结果，这种"互动"既是消费社会视觉文化的一部分，也是消费者作为"生活者"的取舍转向，消费者才是终结者。

3. 广告传播的语—图叙事评判

广告传播的语—图叙事经历了不同阶段，传播的意义越来越复杂，可以说是"从简单地介绍商品转向了一种意义结构的建构"③。但在整个广告语—图传播建构过程中，存在着这样或者那样的偏颇，值得我们探讨和深思。在当下，文化精神向消费主义价值靠拢，所以在视觉文化转向中，消费文化既是催化剂也是兴奋剂：一方面，它加速了图像叙事在广告传播的主导地位，使话语叙事进一步边缘化；另一方面，

---

① 涂子沛：《大数据》，广西师范大学出版社2012年版，第102页。
② 许正林：《西方广告学经典著作导读》，郑州大学出版社2009年版，第100页。
③ 周宪：《视觉文化的消费社会学解析》，《社会学研究》2004年第5期。

在过度服用兴奋剂之后，广告传播的边界被进一步放大，视觉泛滥，注意力被消解。

马克思把生产关系的物化及物支配人的经济现象和人们对商品的神秘观念，称为商品拜物教。广告拜物教就是在消费主义背景下的人与人的关系表现为物与物的关系的背景下产生的，是催生广告图像叙事的诱因之一。正如费瑟斯通指出的那样：广告不仅在利用、转变或替代传统的高雅文化，以促进商品的消费和加深大众蒙骗，而且注意力放到了商品的象征层面。[①] 广告是传媒拜物教的"所指"，它区隔了商品的使用价值与交换价值，将商品符号与消费欲望作为吸纳消费者的招魂术。[②] 这种现象在广告语—图叙事过程中屡见不鲜，如果不加控制，广告就会走向虚假，就是欺骗。

从某种程度上说，广告能够反映我们整个社会的全部信息。在社会焦虑、文化焦虑、视觉焦虑的背景下，广告语—图叙事迷失了广告的原本意义。从文化的观点看，广告语—图叙事将人们的纵向思维与横向思维连接到了一起，从而更易于利用原型创造广告神话；从消费社会的角度来看，广告语—图叙事则更倾向于刻板化（如女性形象的使用）、性、形象和广告崇拜。的确，视觉文化背景下的广告叙事则更倾向图像叙事，正如约翰·伯格在《观看之道》中认为：图像更加易于被重组和改造，披上虚假、梦幻的视觉外衣来误导受众接收"偏离现实的梦境"，面对再造后的广告图像，受众不假思索、易于接收，从而被消费、商业所操纵，实现商业唯利是图的目的。[③] 此外，加尔布雷斯、马尔库塞、豪格、鲍德里亚等从经济学、社会学、文化学、商品美学、伦理学等方面就广告所产生的负面影响做出了批判。归纳到具体上来说，就是要求广告不管采用哪种叙事方式，不管是语言叙事也好，还是图像叙事也罢，都应该回归到其本质上——真实信息传播上来，而

[①] ［英］迈克·费瑟斯通：《消解文化》，杨渝东译，北京大学出版社2009年版，第25页。
[②] ［英］迈克·费瑟斯通：《消费文化与后现代主义》，刘精明译，译林出版社2000年版，第126页。
[③] 董德丽：《真实的立场：约翰·伯格的广告图像批评》，《装饰》2014年第9期。

且要尊重消费者，履行社会责任。

"广告艺术家趋于把广告演进为一种整体的图像。整体图像不是专门的切割成分或专门的侧面图像，而是一种统一而浓缩的形象。"①而"自从电视来临之后，广告文字的伴生作用和潜在作用，正如诗的'意义'对诗的关系，歌词对歌曲的关系一样是伴生的和潜在的。"②不可否认，"视觉符号"传递的信息一般比"语言符号"更加立体、直观、丰富和形象。在移动互联网时代，这一特性表现得有过之而无不及。罗兰·巴特认为："如果图像包含着符号，那么我们就可以肯定，在广告方面，这些符号是完整的，并且是为了获得最好的读解来组成的：广告图像是坦率的，或者至少是夸张性的。"并用"语言学讯息、编码的肖像讯息、非编码的肖像讯息"③来分析广告图像。从这些论断中我们可以看出：第一，在现代广告叙事中，图像被商品化了，更注重整体图像的叙事，更注重突出形象；第二，即使在图像叙事占主导地位的境况下，语言叙事（文字）也是伴生的、潜在的；第三，即使广告全部采用图像叙事方式，但在分析和传递意义的过程中话语叙事也不可或缺。

其实，在消费社会语言和图像都被商品化了，而从人的全面发展来看，我们的必需品是文化而非单纯的广告。所以，在广告语—图叙事过程中，打造广告文化生态体系是终极目标所在，而在一个阶段（可能是相当长的一个阶段）是语言叙事占主导地位还是图像叙事占主导地位并不是问题，问题的所在是这种叙事方式能否在为终极目标作努力的同时，实现广告主、广告公司、媒介、社会和公众的共赢。视觉文化时代，图像叙事虽然占据了主导地位，但语言叙事的伴生和潜在作用不容小觑，而且在很多时候还处于画龙点睛之地，故我们认为，在任何一个时期，都不存在所谓的图文战争，只不过是为了更好

---

① ［加］马歇尔·麦克卢汉：《人的延伸：媒介通论》，何道宽译，四川人民出版社1992年版，第262页。
② ［加］马歇尔·麦克卢汉：《人的延伸：媒介通论》，何道宽译，四川人民出版社1992年版，第268页。
③ ［法］玛蒂娜·乔丽：《图像分析》，怀宇译，天津人民出版社2012年版，第73—74页。

的广告效果而已。

马克思说:"一切固定的古老的关系以及与之相适应的素被尊崇的观念和见解都被消除了,一切新形成的关系等不到固定下来就陈旧了。一切固定的东西都烟消云散了,一切神圣的东西都被亵渎了。人们终于不得不用冷静的眼光来看他们的生活地位、他们的相互关系。"[1] 广告传播的"语—图"叙事正是这种描述的真实写照。

广告是艺术也是科学。广告传播采用语言叙事、图像叙事还是语图叙事的方式,既是广告效果导向,更是社会认知和社会文化使然。广告需要艺术的夸张也需要科学的严谨,这就决定了广告传播的方式是多元的,所谓语图一体、语图互文、语图互涉、语图互仿等,形式而已。

---

[1] [德] 马克思、[德] 恩格斯:《马克思恩格斯选集》(第1卷),人民出版社1995年版,第254页。

第二章　广告图像、艺术理论及哲学思辨

广告是科学也是艺术。广告图像的历史既是广告自身发展的历史，也是艺术发展史在广告表现上的时代体现。广告及其图像要想科学、艺术地去表现商品，从而吸引观者的注意、激发兴趣、欲望、记忆、搜索乃至引起消费者的行动，最后还分享其所得，就不得不考究如何在广告中科学地运用艺术，而且很有必要上升到哲学的层面。如此，我们才能更好地理解广告图像。

西方系统性的艺术思想离不开柏拉图、亚里士多德、康德、黑格尔、海德格尔等哲学家和西塞罗（Cicero）、昆体良（Quintilian）等修辞学家的观点。如柏拉图认为"艺术即模仿"；亚里士多德认为"艺术即认识"；康德认为"艺术即可传递的快感"；黑格尔认为"艺术即理想"；海德格尔认为"艺术即真理"；叔本华认为"艺术即展现"；等等。从我们前面关于艺术的图像里柏拉图和亚里士多德的一些关于艺术的言论中，也可以看出艺术和知识的关系，而这种关系奠定了关于"什么是艺术的"基础——模仿和再现。而人对美的追求和渴望，则将我们引向对真、善、美的理解，从而推动哲学、美学、艺术学及相关学科的发展。我们在这里不是讨论什么是艺术，什么不是艺术，只讨论与广告及其图像相关的艺术及其图像，将从自然的、文化的和创造性的三个层面来探讨有关艺术、艺术哲学与广告及其图像的关系，三者分别对应的是与客观自然世界的关系、人与人（人与物）的关系和社会政治关系。

第一节　艺术自然(功能)与广告图像

从原始图腾开始,"艺术"就在图像中展现,尽管有些辨识度较低,但在考古学家的考证下、在艺术史家的辨识下,依然向我们证实了当时人们对美好事物的留恋或向往。不管是宁夏贺兰山岩画、三星堆铭刻图像还是阿尔塔米拉(Altamira)、拉斯科思(Lascaux)洞穴中的石器时代壁画,都是通过形象的图像来模仿或再现当时原始的生活状态,我们很难说这些图像没有艺术气息。当然,我们在很多时候难以认定一幅图像到底是艺术还是涂鸦,然而,这并不妨碍人们对艺术的追求和理解,更不妨碍现代人们对广告的表现,因为我们的主体意识在一般思维或者艺术思维、科学思维中往往发挥着更为自由、更为灵活、更具针对性的审美作用。正因为如此,我们才能够更好地把握和理解象征主义、存在与虚无、缺席和在场、结构主义、抽象派、超现实主义、符号学等艺术形式,让我们不断地思考到底什么才是艺术及其本质,从而提升我们的艺术表现力、见解力、审美力以及其他。

一　从模仿到再现

前面我们提到模仿论认为艺术起源于人类对自然世界或现实世界的模仿。而模仿是人的本能,是人类遗传基因在进化之中选择的结果。"艺术源于本能。在理性的引导下,具有创造性的、自然而然形成的习惯逐渐孕育了本能,并将本能培养成了艺术。意识贯穿于艺术的形成过程;某种躁动不安的情绪或欲望,以及对所求目标多少有些明确的观念,常常先于艺术完整组织结构的形成……在艺术中,需求导致发现,观念产生作品。"[1] 本能的艺术反映了人的需求,它将某种躁动不安的情绪或欲望以及对所求目标做了最原始的呈现——模仿。人类

---

[1] [美] 乔治·桑塔亚纳:《艺术中的理性》,张旭春译,北京大学出版社2014年版,第3页。

早期的模仿并不带有功利性，就是将某种感觉、知觉进行完美化和现实化展示，生发点就是需求，从而导致发现，将感觉、知觉进行完美化和现实化的过程产生艺术作品。而当理性介入到这种模仿之中时，目的性就产生了。

广告及其图像中的模仿无处不在。模仿在广告传播中具有明显的目的性和功利性，这时的模仿早已经不是对某种艺术或者模型或者竞争对手的广告形式进行的简单重复，而是用新的形式、新的媒介、新的时间节点、新的技术手段来再现某种对消费者来说"有用的"广告形式，并赋予其一样或者不一样的功能。在中西方广告的现实创作中，还有一种被称为"戏仿"的模仿方式，这种方式是建立在消费者对广告文化、广告符号熟识的基础之上，"广告戏仿是媒体的自我指涉的衍生品，引用的是特定的一个或者一种类型的广告"[①]。这种戏仿广告的形式主要是直接恶搞竞争对手或其广告符号、广告图像的广告，在西方比较常见，在我们国家则比较少用。而当这样的商品图像充斥我们的生活时，大众化、消费性、目的性和功利性就将艺术世俗化了。但也正是在这种世俗化之中，模仿在广告中不仅表现出其具有相似性，而且还有独特价值。同样，在广告中用来模仿的艺术作品，不仅具有艺术表现力和感染力，也具有商品性和价值增值，而艺术的商品化也是其世俗化的表现之一。所以，艺术与广告在模仿上具有很强的相似性，都不是简单的重复或者再现，而是"尽管与其摹仿的事物相似并再现了这个事物，摹仿却是依赖于一种完全不同的媒介，从而使摹仿本身具有独特的个性和独特的效果。摹仿绝非相似，其根本目的也不是追求一种空洞而呆板的相似性，在再现实物形式的过程中，摹仿怀抱着一种新的目的，使用的是一种新的媒介材料，因此，摹仿不仅具有表现价值，还具有思想价值。"[②] 所以，无论是在艺术上还是在广告上，模仿绝对

[①] ［美］戈德曼·帕普森：《符号战争：广告叙事与图像解读》，王润柳译，湖南美术出版社2018年版，第38页。

[②] ［美］乔治·桑塔亚纳：《艺术中的理性》，张旭春译，北京大学出版社2014年版，第133页。

不是亦步亦趋的追求形似,而是要将自己所表达的意思融入其中,通过再现模仿之物的形象,传播创作者的精神要义。模仿刺激艺术家和广告人用心灵去进行理想的表现是一样的,因为"当引起摹仿的刺激因素并不具有普遍的趋同性、当它刺激的仅仅只是人的某一种(而非全部)感官、当它激发的仅仅是手或眼睛对客体的追溯行为——在这种情况下,(人的摹仿)反应就绝对是认知性的。它构成了(人们)对事实的观察、对事物结构的了解,以及由此产生的对专业知识的掌握。"① 这种专业知识的掌握让艺术家和广告人都能够更好地将所学应用到新的表现形式之中去,系统性地调动我们的各种感官,让模仿内化为本能。这样,我们对所再现或表现的事物的重构能力和行之有效的思想能力会得到提升,从而达到创新的目的。在这种艺术—广告建构中,广告图像和载体被融入需要传播的信息,而信息必须符合广告图像、载体逻辑、媒介形式和商品属性,然后才会被有效传播。

"柏拉图不否认模仿具有的魅力和娱乐价值,他质疑的是模仿服务于追求真理的能力。最好的情况是模仿的图像通过强调外表而使我们的注意力从本质的东西上移开;最糟的情况是它将头脑引向恰恰错误的方向,谎话连篇。"② 柏拉图的模仿是建立在知识基础之上的,认为模仿的艺术家(他认为艺术家就是模仿者)的知识在本质上是错误的,如前文提到的柏拉图关于"床"的论述,画家的"床"就是艺术图像,就是模仿(严格来说是对模仿品的模仿)。但对于广告及其图像来说,图像的魅力和娱乐性从某种程度上说就是广告吸引注意的关键所在,虽然广告图像也有让消费者的注意力从广告表现的本质或者产品的本质上移开的功能,但如果广告及其图像将消费者的目光引向错误的方向,一样是不可饶恕的。很多虚假广告的产生除了商家自身的原因之外,这个错误的导向也是其中之一,是广告法所禁止的。

---

① [美]乔治·桑塔亚纳:《艺术中的理性》,张旭春译,北京大学出版社2014年版,第134页。
② [美]罗伯特·威廉姆斯:《艺术理论》(第二版),许春阳等译,北京大学出版社2009年版,第14页。

第二章 广告图像、艺术理论及哲学思辨

亚里士多德也认为,艺术是对自然的模仿。他认为,模仿是人的天然本能和认知的模式,强调了经验的重要性,并将艺术与知识联系在一起。在柏拉图的艺术哲学中,美是艺术模仿的基础,是事物真实的本质。亚里士多德认为,美的主要形式是秩序、对称和差异,用数学在一定程度上可以证明。哲学家普罗提诺则认为:"首先,艺术是模仿;其次,美可以简化为各部分和谐的布置——比例或对称。"[①] 他们的这些论点在广告及其图像上同样适用,广告表现对消费者的吸引力乃至最终的行动力,与创作者的经验和知识以及对美的理解息息相关。我们知道,真实是广告的生命,但在表现产品的时候,为了表现"真实",我们在用广告及其图像来讲产品故事之时需要有秩序、对称和差异,需要广告图像各组成元素的和谐布置,广告效果的有效性要靠创作行为和某些外在标准的关系来衡量,这一点与亚里士多德对艺术模仿自然的看法几乎是一致的。在《木马沉思录》中,贡布里希认为,"再现"源于用特殊的材料创造代用品,他认为"所有的艺术都是'制像',而所有的制像都植根于替代物的创造。……把物像看做我们现代词义上的'再现'这种观念的形成就可说隐含着那种功能的变化。一个物象的存在无需本身有什么独特之处,它可以指示它以外的某种东西,从而成为视觉经验的记录,而不是替代物的创造;一旦我们对此有大体上的理解,就可以泰然无事地逾越那些原始艺术的基本规则。"[②] 需要指出的是,广告图像中的模仿与艺术、艺术哲学之中的模仿不完全一致:对艺术及艺术作品、对非广告领域的行为方式或表现手法的模仿可以称为创新性模仿;对过去或当下成功的广告形式或广告表现的模仿则可称为跟随性模仿或竞争性模仿;对体裁变异的复制、混杂、恶搞式的模仿称为戏仿。所以,广告图像更多的其实是"再现",是"将不同的符号组合起来,表达复杂而抽象的概念,使之

[①] [美]罗伯特·威廉姆斯:《艺术理论》(第二版),许春阳等译,北京大学出版社2009年版,第28页。
[②] [英]E. H. 贡布里希:《木马沉思录》,徐一维译,北京大学出版社1991年版,第16—17页。

令人明了且有意义的一种实践活动。而此制造意义的实践（sense-making practice）也是一种基本的认识过程。"[1] 广告图像虽然可以不见全貌来激发观者的想象，可以在其中指示产品以外的某种东西，如地位、身份或者向往的生活等等来激发观者的想象"空间"，但广告图像的存在需要有其独特之处——独特的销售说辞或者产品与生俱有的戏剧性。将广告图像作为"再现"来看，一方面，它强迫广告人将广告图像中的人和物看成它所"意指"的想象的现实，从而注重想象世界的"空间合理化"；另一方面，一旦广告图像被看作现实的再现，就创造出来一种新的环境，使广告图像所创造的概念对消费者起作用，从而将广告图像的"唤起性"作用发挥到最大限度。因为单纯的模仿在广告及其图像中容易造成混乱，会消减广告符号、广告风格的价值，也会消磨掉消费者的注意、兴趣和审美，最终起不到广告的作用。所以，我们鼓励创新式模仿，创造有效的广告图像符号、风格，革新广告图像的传统表现方式，打破原有的广告图像创意边界，推出与众不同的广告。

现代广告（包括直播带货）有很多展示产品的生产过程或者制造工艺的广告形式，其目的就在于让消费者看到企业或产品的每一个瞬间都是真实的，而不是像照片那样再现某一瞬间的真实，这种形式颠覆了那种"真实的图像能够而且应该仅仅表现我们在某一瞬间实际上所能见到的东西"[2] 的传统观点。这是现代科技的发展决定的，可以将所有的真实图像进行无间断的呈现，而且还可以反复、无限次、大规模地进行重复和复制。这种所见即所得，所得即所见的图像呈现方式要求我们要在更加艺术的基础上向消费者传播我们的广告，否则很可能会弄巧成拙。在这一点上，现代技术将时间艺术和空间艺术、连续性艺术和同时性艺术进行了无缝融合，而且在无线互联网、智能技术支撑下，媒介将时空在压缩的同时又进行了无限延伸。这样，在克

---

[1] ［英］利萨·泰勒、安德鲁·威利斯：《大众传播媒体新论》，简妙如等译，韦伯文化事业出版社1999年版，第52页。

[2] ［英］E. H. 贡布里希：《图像与眼睛》，范景中等译，广西美术出版社2016年版，第43页。

服了时空的限制下，广告图像可以长期保存和跨时空传播，从某种程度上来说，就更要求我们创作的广告要有高水准。当然，平面广告图像的"瞬间"真实"再现"，在延续传统图像意义的同时，也加入了新的内涵，就是在技术的支撑下，静止的广告图像符号也可以再现活动的瞬间，甚至可以再现任何时间中发生的运动。所以，贡布里希认为"再现艺术一开始就旨在指明意义而不是表现自然，而且如果艺术偏离了这一锚定［原则］，它就得放弃［表现］时间和空间。"① 而艺术的再现在一定程度上是生活的反映。广告图像在再现上更多的是将自然与意义相结合的再现，而且这种再现具有表现性和表演性，且在形式和内容上都充分利用时间和空间，将广告的产品充分向消费者表现，形成有效传播。所以，图像与图像所传递的内容是两回事，我们不能混为一体，但不管是图像还是图像所传递的内容，吸引注意都是广告图像及其内容的首要目的。如图2-1②。

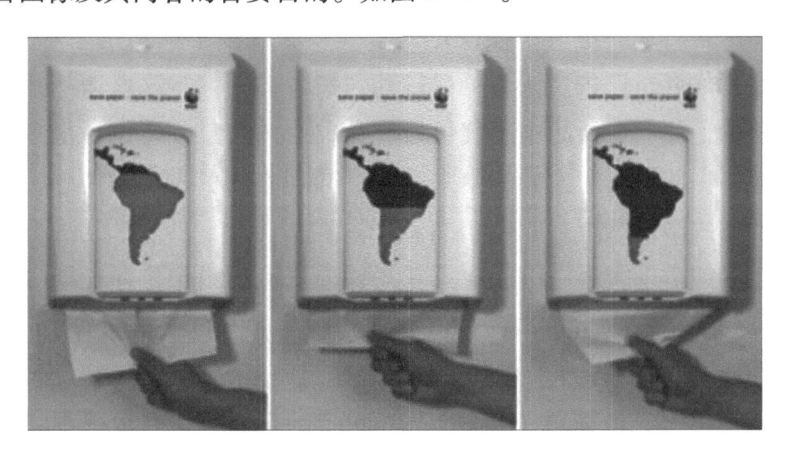

图2-1 拯救地球之节约用纸篇

这幅节约用纸，拯救地球的公益广告图像，将日常生活中常见的现象用艺术的方式再现出来，让人们日常的习惯动作有了新的意义。这里面没有豪言壮语，也没有抽象、晦涩的艺术表现手法，只是简单

---

① ［英］E. H. 贡布里希：《图像与眼睛》，范景中等译，广西美术出版社2016年版，第49页。
② 图片来源：http：//www.360doc.com/content/15/0912/19/26715431_ 498721451. shtml.

的艺术处理就再现出地球在我们日常司空见惯的行为之中所承受的灾难，使人一目了然。

再现不一定都是艺术，艺术也不一定都是再现性的，但艺术之中再现的人的动作、姿态、仪式等，是艺术家现实捕捉能力在艺术作品上的展现，就像贡布里希在《艺术与错觉》里指出的那样："画家的起点绝不可能是对自然的观察和模仿；一切艺术都是所谓的概念艺术，即对一种语汇的掌握；甚至最自然主义的艺术一般也都以我所说的某个'图式'为起点，接着是对这个'图式'进行修正和调整，直到使它看上去与可见世界匹配。"[①] 广告图像也是一样，广告人的起点也绝对不可能是对自然、对社会、对他者的观察和模仿，广告图像从某种程度上来说都是再现，广告表现有其自身的表达范式，广告人需要在创作过程、测试及传播实践中不断去修正、调整和完善自己的创作，以达到与广告主、媒介、消费者乃至整个社会环境相匹配。在这个过程中，广告再现的绝对不仅仅是艺术（或者说根本就不是艺术），但一定是创作者、广告主认为可以打动消费者的图像，这就离不开对艺术手法的运用；传播的也不仅仅是产品的有效信息，还包括很多复杂的情感——能够引起人们产生共鸣的、同理心的、占有的情感，用最简单的方式激发欲望并驱动消费者采取购买行动。"艺术无法再现点头，也不能再现握手……创造具有某种逼真性的图像是在长期的试错［trial and error］过程中取得的。我认为，'制作先于匹配'［making comes before matching］。艺术并不始于先观察现实然后尽力匹配现实，而是始于构作'最简单的模式'［minimum model］，并根据观者的反应对之逐渐加以修饰，直到它们与所期望的印象相'匹配'。在这个过程中，艺术所缺乏的手段得靠别的手段来补偿，直到图像达到人们对它的要求。"[②] 如果只引用这一段的话，贡布里希的这种看法值得商榷，虽然它主要针对的是绘画艺术，但只要我们把《西方艺术中的动作和表现》这一部分完整理解，就会知道艺术中的动作和表现还需

---

① ［英］E. H. 贡布里希：《图像与眼睛》，范景中等译，广西美术出版社2016年版，第67页。
② ［英］E. H. 贡布里希：《图像与眼睛》，范景中等译，广西美术出版社2016年版，第76页。

要其他的元素、变量、功能来辅助，用以补偿艺术手法的局限。而广告图像（特别是视频类广告图像）却不尽然，广告图像既可以再现点头，也可以再现握手，必须要求广告创作者"先观察现实然后尽力匹配现实"，而且在必要的时候还会加入声音，以更好的广告形态去吸引消费者的注意。如图 2－2[1]。虽然也需要借用其他元素、变量、功能来辅助，但相比较高雅的艺术来说，广告图像的表现要简单粗暴得多。

这两幅广告图像分别为宝洁公司集团名下潘婷和海飞丝的平面广告海报。潘婷广告词为"时光修护，逆转秀发衰老"；海飞丝的广告词为"头部和肩部视角"。

图 2－2　宝洁蒙娜丽莎广告

《蒙娜丽莎》是文艺复兴时期意大利画家达·芬奇创作的油画，这幅非常著名的油画可以说是广告图像的常客。达·芬奇在《芬奇论绘画》中认为："绘画能比语言文字更真实更准确地将自然万象表现给我们的知觉……鄙视绘画的人，既不爱哲学，也不爱自然。绘画是自然界一切可见事物的唯一的模仿者。"[2] 广告图像在嫁接或者模仿艺术作品时，不但不能藐视绘画，而且还要"以精深而富于哲理的态度"去考虑这样的模仿或者表现是否合理，能否将产品的功能再现给

---

[1] 图片来源：https：//www.canva.cn/learn/hairdressing-poster-monalisa/.
[2] ［意］列奥纳多·达·芬奇：《芬奇论绘画》，戴勉编译，人民美术出版社 1981 年版，第 17 页。

消费者，在这种典型的艺术符号中，能否在赋予广告图像新的内涵、价值的同时，有效传达广告信息。

在贡布里希看来，艺术家的作品"是真实的写真，是自然的符号，又叫作'图像'符号，而不是约定俗成的东西。"[①] 艺术是具有创造性的，不是人云亦云，不是约定俗成，它有自己的符号和语言。而艺术的表现手段就比较丰富，表现工具多样且无限制，但"艺术活动的进行离不开一种受技术和传统图式控制、有明显结构的风格，再现才能不仅成为信息工具，而且成为表现工具"[②]。因为技术和传统图式控制、有明显结构的风格往往会改变信息的传播和接收方式，往往会推进或者左右某种变革的发生，只有充分利用，才有可能成为信息工具和表现工具，而工具是用来使用的，关键在于如何、怎样使用而已。广告图像不也是对产品的写真吗?! 不落窠臼、不因循守旧、推陈出新不正是广告创意的要求。这不也正是李奥·贝纳所说的"伸手摘星，即使徒劳无功，亦不致一手污泥"的摘星理念、"在意料之外，又在情理之中"的创意追求、"我从未见过，在任何真正伟大广告诞生的过程中，没有一点疑惑、没有堆满的字纸篓、没有殚精竭虑、没有对自我的恼怒和诅咒。如果你并不拥有十足的创造力，丰富的想象力，对万事万物也没有太多的好奇和疑问，那么，我劝你最后离广告这行远一点。"[③] 的好奇、求知和一丝不苟精神相一致吗？当信息的传受方式发生改变后，我们必须要更好的把握信息工具和表现工具才能有好的传播效果，否则一切都是徒劳。经典的广告图像也不是约定俗成的，它有自己的使命和独特价值，它能够使人们对广告产生崇拜和迷恋，也容易使广告人和广告主更加积极地追求图像的创意，以便更好地利用广告图像去说服消费者，虽然说服的过程很艰难。贡布里希接着说："在研究再现语言的发展时，我们也许已看出一些其他等效关系语言的分节方式。确实，艺术语言的真正奇迹并不是它能帮助艺术家创造

---

① ［英］E. H. 贡布里希：《艺术与错觉》，林夕等译，浙江摄影出版社1987年版，第437页。
② ［英］E. H. 贡布里希：《艺术与错觉》，林夕等译，浙江摄影出版社1987年版，第457页。
③ 转自郜明《广告学原理与实务》，上海人民美术出版社2014年版，第29页。

真实错觉；而是在一个伟大的艺术家手中，物像具有了半透明性。在教我们重新观看可见世界时，伟大的艺术家给予我们仿佛已洞察不可见的内心王国错觉——只要我们能像非洛斯特拉托斯所说的，知道怎样使用我们的眼睛。"[1] 广告之所以既是科学又是艺术，不亦是广告人在运用广告语言时，既要让广告者自身有一双洞察的眼睛，更要让消费者洞察到广告信息的核心所在；科学的成分在于如何有效地运用心理学、艺术学、传播学、符号学、社会学及相关学科，艺术的成分在于如何让真实的错觉正确的在信息传受的双方同样发生。只不过对广告人和消费者来说，广告人知道真实的错觉是什么，而消费者感受到的就是错觉。万宝路香烟成功由女士香烟转为男士香烟就是最典型的例子：艺术的表现、科学的定位和对消费者内心的洞察。我们在创作广告图像时，需要考虑到图像的内容层面，也需要考虑到广告图像在与消费者交流之中的无声交流层面，不能造成话语的冲突，除非这种冲突能够更好地引起消费者的注意或者态度转变。否则，我们应该在表现广告图像的上下语境、场域和相关要素的关系处理上进行必要的处理。如图 2 - 3[2]。虽然我们现在不提倡吸烟，但这并不妨碍当时这个广告的成功与经典。

二 从视觉再现到广告表现

在艺术视角上，视觉再现（visual representation）是客观事物在艺术作品中的视觉呈现。在社会层面，视觉再现对我们研究视觉符号的编码、意义生成、传播，探寻视觉符号如何表现现实、视觉行为的意义以及观者如何理解图像等有重要帮助和现实意义。技术的发展、社会的转型、景象的堆积、消费社会的进一步发展、视觉的泛滥，等等，让艺术家的眼睛无处安放，力不从心。"在这个现代主义的全球化框架内，即 19 世纪中期，摄影扮演了一个至关重要的角色：生产适应新

---

[1] [英] E. H. 贡布里希：《艺术与错觉》，林夕等译，浙江摄影出版社 1987 年版，第 472 页。
[2] 图片来源：https://www.cnad.com/show/19/276963.html。

图 2-3　万宝路香烟广告

时代的可视性。与其说表现新事物，不如说是以新的方式来表现事物。因为可视性并非简单地指向物品、物体或是微妙的质，它意味着观看事物的方式，即视觉和视觉表现，包含着透明与不透明之间、见与未见之间的调配。如果摄影能够制造现代化的可视性，那是因为它的视觉方式与现代化的一些大原则发生了共鸣，那是因为它在现代化的方向中重新定义了视觉条件：视觉方式与焦点、理性、对象、目的暨内在性。"[1] 我们知道，这里的所谓"可视性"指的是图像的可视性，这在柏拉图和亚里士多德那里并不常见。因为长期以来，视觉仅仅是技术性、艺术性的活动，但随着各方面的发展，视觉不仅仅是技术性、

---

[1] ［法］安德列·胡耶：《摄影：从文献到当代艺术》，袁燕舞译，浙江摄影出版社 2018 年版，第 30 页。

第二章 广告图像、艺术理论及哲学思辨

艺术性的了,它也是社会的、文化性、哲学性的并成为人们把握现实及他者的方式。摄影乃至现代科技的发展对艺术、观看以及可视性等提出了挑战和机遇:它为人们提供了在现实世界无法看到的东西、改变和创造了新的观看方法、创造着新的可视性、再现了更多的视觉可能性,使视觉叙事成为现实。虽然广告人还在面临不知道哪一半广告费被浪费的现实,但不可否认的是,随着技术的进步和对广告、对人的理解,这种浪费变得越来越小,广告图像的形式及塑造的形象越来越丰富,诸如原生广告、场景广告等新的广告方式越来越接近自然和融入现实,广告的边界变得越来越模糊但也越来越清晰。

"视觉是一种积极的探索,它是有高度选择性的,不仅对那些能够吸引它的事物进行选择,而且对看到的任何一种事物进行选择。"[1] 人的注意、理解和记忆也是具有高度选择性的,说"观看"在于捕捉细节和发现特征毫不为过。所以,视觉再现与表现主题之间出现并流现象就顺理成章了。因为视觉、感觉、触觉、听觉等任何一种感觉都无法单独表现或者断言任何事物的客观性、意义的单纯性和表现的确定性。布列逊"将视觉再现作为社会和话语施动者(discursive agents)的产物——而不是孤立的艺术玩家在与世隔绝的美学空间中熟练处理规范化形式的产物"[2] 是有道理的,因为视觉、视觉再现不仅仅是艺术家的、光学的,它也是社会的、文化的和大众的。商品景观的堆积、体现心灵之眼的人的身体激起的欲望的多元、对艺术创作和理解的分化,等等,使得再现效果已经被弱化甚至被忽略,隐藏在视觉再现下的艺术、表现乃至传统,在所见即所得、所得即所见的视觉景观中消解,包括广告图像在内的所有事物都需要争夺注意力才会被关注。"从一件复杂的事物身上选择的几个突出的标记或特征,还能够唤起人们对这一复杂事物的回忆。事实上,这些突出的标志不仅足以使人把事物识别出来,而且能够传达一种生动的印象,使人觉得这就是那

---

[1] [美]鲁道夫·阿恩海姆:《艺术与视知觉》,滕守尧、朱疆源译,四川人民出版社1998年版,第49页。
[2] [英]诺曼·布列逊:《视觉与绘画》,郭杨等译,浙江摄影出版社2004年版,第xv页。

个真实事物的完整形象。这种透过少数几个突出的知觉特征见出事物全貌的能力，在动物的原始遗传反应中表现得尤为突出。"① 作为高级动物的人，在现代社会中的知觉反应与动物的原始遗传反应几乎没有什么不同。在广告的时代，我们一睁开眼，它就会出现在我们眼前；我们不用仔细倾听，它就会钻入我们的耳朵；我们伸手触摸，它就在指尖流淌；我们轻轻呼吸，它就在空气之中随之而来；我们叭砸一下嘴巴，它就能让我们品尝到商业的味道。但真正让我们注意的、留下印象的有几个呢？无孔不入的广告在缺少注意域的消费者面前，在没有突出的标记或特征的情况下，在没有塑造真实事物的完整形象场域中，广告传递的欲望和信息就被我们屏蔽了，而这种屏蔽也是我们的"原始遗传反应"。

W. J. T. 米歇尔在《图像理论》中认为："语言的再现不能像视觉那样再现它的客体——即不能将客体呈现在眼前。它可以指涉一个客体，描写它，联想它的意义，但却不能像图像那样把客体的视觉面貌呈现给我们。"② 我们知道，米歇尔把"文字构成的图像"称为"视觉再现之语言再现"。但在现代的广告图像中，这种情况越来越少见，特别是电视广告、电影广告、短视频广告等电子广告形式，都是将声音再现、语言再现和视觉再现有机地结合在一起的。在这类广告图像之中，声音、语言都是服务于视觉的，能够将视觉再现之语言再现的最狭隘意义变为现实，"即'给无声的艺术客体以声音'或提供'一件艺术品的修辞描述'，已经让位于更普遍的应用，包括'意在把人、地点、图画等呈现给心眼的固定描写'。也可以像穆里·克里格那样把视觉再现之语言再现进一步概括为一般'原则'，作为他所说的'净化时刻'的语言审美化的典范"③。这样，广告图像不仅能够有效实现视觉再现、语言再现和声音再现，而且还将静止、形状、封闭和

---

① ［美］鲁道夫·阿恩海姆：《艺术与视知觉》，滕守尧、朱疆源译，四川人民出版社1998年版，第50页。
② ［美］W. J. T. 米歇尔：《图像理论》，陈永国、胡文征译，北京大学出版社2006年版，第138—139页。
③ ［美］W. J. T. 米歇尔：《图像理论》，陈永国、胡文征译，北京大学出版社2006年版，第140页。

沉默的在场与不在场、可名与可悦、可见与不可见等都付诸实施,其目的就是要激起消费者的欲望。在这时候,如果不能够很好地洞察消费心理,不能够科学、艺术地表现商品,不能够在恰当的时刻再现或表现,很可能就会将消费者的欲望变为恐惧和厌恶,从而抵制广告及其传播的任何信息。这其实也是被广告淹没的现代社会人们的真实写照:一个自动选择、主动过滤、慎重冷淡、焦虑反感的信息免疫者。即使现代广告图像有效解决了"人们熟悉的符号学的对立因素:象征的和图像的再现、习俗的和自然的符号、时间的和空间的模式、视觉的和听觉的媒介。"[1] 这些问题,人们也不可能成为"中弹即倒"的受众了,想通过想象或隐喻克服视觉再现之语言再现的不可能性变得不可能(但这并不影响我们在广告中运用想象和隐喻),因为在长期的信息轰炸经历中,消费者已经产生了信息"抗体",具备了信息"耐药性"。所以,常规的广告形式再也不能够有效激发消费者的欲望了,我们必须塑造新的形象(或者给形象注入新的元素),运用好"视觉的、造型的或'空间的'艺术",创造出表现力更强的广告,否则,再艺术的广告图像也只能望"众"兴叹。

克罗齐认为,表现与直觉不可分离,直觉和表现是统一的,他说"每一个真直觉或表象同时也是表现。没有在表现中对象化了的东西就不是直觉或表象,就还只是感受和自然的事实。心灵只有借造作、赋形、表现才能直觉。若把直觉与表现分开,就永没有办法把它们再联合起来。直觉的活动能表现所直觉的形象,才能掌握那些形象。"[2] 桑塔耶纳说:"可以用'表现力'这个名词表示一件东西所具有的一切暗示能力;用'表现'这个名词表示表现力所促成的事物的审美变化。因此,表现力是经验赋予任何一个形象来唤起心中另一些形象的一种能力;这种表现力就成为一种审美价值,也就是说,成为表现。"[3] 他认

---

[1] [美]W. J. T. 米歇尔:《图像理论》,陈永国、胡文征译,北京大学出版社 2006 年版,第 143 页。
[2] [意]克罗齐:《美学原理》,朱光潜译,商务印书馆 2017 年版,第 9 页。
[3] [美]乔治·桑塔耶纳:《美感》,缪灵珠译,中国社会科学出版社 1982 年版,第 134 页。

为，没有这种"表现"也就没有艺术客观化的快感，也就没有艺术的审美价值。苏珊·朗格认为："能够对各种艺术都大体适用或基本适用的特征是很少的，然而它们却是一些具有决定性的特征，因为通过它们就可以确定什么是艺术，什么是非艺术。'表现性'（在其确定的意义上说来）是所有种类的艺术的共同特征。……一件艺术品就是一件表现性的形式，这种创造出来的形式是供我们的感官去知觉或供我们想象的，而它所表现的东西就是人类的情感。"① 她认为有意味的形式就是表现性形式，亦即她所说的符号。与科林伍德所说的"艺术就是情感的表现"（所谓表现就是想象性表现）的不同之处在于她否认了科林伍德关于感情自我性和非自觉性的观点，她说："艺术品表现的是关于生命、情感和内在现实的概念，它既不是一种自我吐露，又不是一种凝固的'个性'，而是一种较为发达的隐喻或一种非推理性的符号，它表现的是语言无法表达的东西——意识本身的逻辑。"② 表现和再现是区分现代艺术和传统艺术的重要标志，表现一开始就是相对于再现而提出来的，是人的主观精神（内心世界）活动方面的呈现（艺术表现主要侧重于审美表现），而表现性就是艺术家内心情感、情绪、幻想等的表达和呈现。我们要知道的是，再现和表现、再现性和表现性并不是绝对对立的，有时候可以统一起来进行认知和运用，只要运用得当，它们的价值都可以在艺术和广告图像之中得到体现。表现性图像具有十分明显的个人情感、情绪和幻想等因素，但在广告图像中需要我们将个人情感、情绪和幻想等转化为公共情感、情绪和幻想等表现出来，只有这样的广告图像才可能引起受众的注意，才会被他们讨论；也只有这样的广告图像，才可能被社会传播，在更大范围内获得社会的认同。这样的广告图像才能够表现它想表现的内容和意义，才能够获得应该获得的经济效益和社会效益。

严格来说，艺术指导在广告中的作用体现发生在"第二次世界大战"之后。一方面，艺术指导与广告文案撰稿人都认识到视觉表现和文

---

① ［美］苏珊·朗格：《艺术问题》，滕守尧译，南京出版社2006年版，第18页。
② ［美］苏珊·朗格：《艺术问题》，滕守尧译，南京出版社2006年版，第30页。

第二章 广告图像、艺术理论及哲学思辨

字表现在广告图像中同等重要、不可分割；另一方面，由广告大师伯恩巴克发起的"创意革命"将艺术表现与广告表现紧密结合在一起，形成引人瞩目的广告图像设计和鲜活的广告视觉表现。到 20 世纪 60 年代大卫·奥格威提出"形象的广告"后，广告表现从绘画、雕塑、表演等艺术之中不断汲取表现方式和技巧，使广告逐渐成为一门边缘性、综合性、跨学科的现代学科。广告表现是将广告创意的主题、观念或意图，用图像编码的艺术形式将信息进行传播的过程。是将广告图像的视觉再现、视觉再现之语言再现、声音再现结合在一起的综合广告表达形式。广告表现不仅涉及表现企业和产品的"生命、情感和内在现实的概念"，而且还涉及社会环境、经济状况、人口属性、技术要素、消费者的审美等一系列因素。广告图像表现的不仅是创意人的直觉，同时也是企业或品牌相关人员的直觉，当然也包括消费者的直觉。这种直觉的表现首先是建立在对产品的独特性把握上，其次是在对消费者的洞察上，再次是对整体市场的分析上，最后是对整体知识的融合上。这样，只有将独特性、人性、商性和知性有机把控，才能够在广告图像上对产品做最好的表现。

就现代商品广告来说，图像的作用不仅是表现商品，更是通过商品与图像、媒体和场域的结合来影响消费者、竞争者和商品自身。在人们整体文化素养提升的背景下，广告图像的常规表现已经激起了消费者的反感情绪，广告文化和消费社会的商品文化遇到了前所未有的危机。在虚拟与现实的界限越来越模糊的当下，广告图像在被动接受和主动发挥作用之间摇摆，图像既不能过分表现商品的"真实"，也不能过分强调社会表象。但在很多时候，针对不同的广告商品，广告表现采取"超现实"的虚幻世界也时有发生，就像鲍德里亚所说的那样——对真实的编码就是在模仿真实自身。而"具有自我意识的超现实广告通过技术性的调整，对现实主义的编码和关注媒介现实主义的符码，批判性地'承认'了'超现实'的普遍领域。通过这些编码策略，广告将对消费主义的批判作为掩饰有关需求及其满足方式的问题的手段加以接纳。反思性地面对批判，使广告人能向观众'说'：它们把他们看做聪明的消费者，既能作出自己的选择，也能在他们发现诡计时认识

到其中的花招。"① 广告进入到图像阶段，更强调商品美学的表现，更强调场景的运用，当然也更强调图像在真实与虚构中的转换。

在大数据技术支持下，广告图像似乎能够更精确地击中消费者的内心，在表现方面也越来越直指消费者的欲望和预期意义。如在移动互联网支撑下的视频直播广告，图像是现实的直接复制，但也正像费斯克所说的那样"现实主义不仅是现实的复制，它创造它的意义——现实主义的本质就是它能以这样一种方式来复制现实，以使现实变得更容易理解。"② 这种将商品完美表现的广告图像形式跟西方电视刚出现时的情景是多么的相像——现实主义的叙事和图像语码。将现实生活的图像和消费者看到的瞬间现实图像完美地结合，顺利地将观者带入图像的世界——直播带货现象应运而生。这种将艺术上的现实主义（对自然和现实生活的描绘和体现）嫁接到广告上的表现手法，在现代直播广告、电视购物广告和短视频广告的应用上得到了很好的体现，广告图像信息和观者所见信息都指向现实的生活——一种向往的即时可见、可得的并且可在虚拟与现实之间转换的"真实"状态。不可否认的是，这些广告图像都具有一定的表演性（或展演性），或多或少的将生活场景艺术化、文化化或者理想化了，而且还有不少针对孩子的广告推送将现实主义和反思性结合在一起，将日常生活经验图像展示给观众，使观众在观看这些表象图像中按照展示者或表演者的意图行事。

罗伯特·古德曼和史蒂芬·帕普森认为，电视广告图像是"超现实"的图像编码。"超现实的编码暗含了一种非中介现实的意义，但总是要通过中介化的符码系统来表现。技术提升了作为符号系统的实质。技术的符号学支配了这些广告文本的阅读。"③ 这种认识可以推广

---

① ［美］罗伯特·古德曼、［美］史蒂芬·帕普森：《超符码化时代的广告》，彭海涛、邓天颖译，载吴琼等编《形象的修辞：广告与当代社会理论》，中国人民大学出版社2005年版，第118页。

② ［美］罗伯特·古德曼、［美］史蒂芬·帕普森：《超符码化时代的广告》，中国人民大学出版社2005年版，第119页。

③ ［美］罗伯特·古德曼、［美］史蒂芬·帕普森：《超符码化时代的广告》，中国人民大学出版社2005年版，第125—126页。

第二章 广告图像、艺术理论及哲学思辨

到现在的一切视频类广告图像之中——将产品非中心化现象而创造的、有关产品强烈的现实主义意义展示给消费者。虽然现在很多直播广告图像与传统的广告图像表现手法不一样,比如非专业化、非传统的摄像、解说,并在无意中违背了对称、平衡、协调、秩序、和谐和恰当的媒介符码原则,但却往往在主播独特的语言、动作等表现中深受大众欢迎,从而产生良好的广告效果。同时,20世纪后半期人们认知的"图像越具有颗粒感,它所指代的就越真实""色彩越是饱和,意指就越具有梦幻色彩"[1]的观点在现代广告图像中依然具有借鉴和参考价值,它能够让我们更好地理解消费者、产品和广告图像之间的关系。同时,这些观点在现代平面广告图像和动态广告图像中,在很多时候依然在起作用。

广告图像在表现方面不能够单纯依靠形式去吸引消费者注意,更多的或者更主要的需要靠图像的内容发生作用,只有在形式与内容完美结合的情况下,图像艺术的表现性才会在广告图像中得到充分体现,广告才会更具感染力和渲染性。广告图像的表现性与作为艺术(或艺术品)的表现性是不一样的,艺术(或艺术品)在很多时候并不是为了美而去表现,而是在展示形态、隐喻形象、表达思想、炫示技艺等来表现,其目的并不在于观者是否会接收到其表现的信息,而在于艺术(或艺术品)的创作者是否觉得自己准确表现了自己的某种意愿或象征。广告图像的表现性则目的明确,图像在展示形态、隐喻形象、表达思想、炫示技艺等方面都是围绕商品信息的有效传递而设定的。在这个表现过程中,广告图像将现实、场景、幻象、表象等集合在一起,形成对消费者的裹挟式、混杂式的传播态势。而且,广告图像创意人个人的情感是要服务于商品特性、媒介特性和消费者的,一切有关艺术方面的要求都要以最终信息的有效传播为目的,任何形式的隐喻、象征、夸张、抽象等等都要为广告图像的主题服务,而不是其他。

---

[1] [美]罗伯特·古德曼、[美]史蒂芬·帕普森:《超符码化时代的广告》,中国人民大学出版社2005年版,第128页。

第二节　社会/文化关系与广告图像

我们这里讨论的艺术与广告图像的社会/文化关系，主要对应的是人与人、人与物的关系。广告已经渗透到了整个社会的骨髓当中，是复合社会建构不可分割的一部分，它巧妙结合视觉景观的欲望、暗合了消费社会的特质和现代人的发展属性，应用了一系列以前专属社会学、经济学、符号学、文化学、伦理学等领域的系列成果，成为最具对话与互动的信息传播工具。

一　自我、他者与广告图像

海德格尔认为："艺术家是作品的本源，作品是艺术家的本源。彼此不可或缺。但任何一方都不能全部包含了另一方。"[1] 艺术即真理自动设置入作品，作品是对物的普遍本质的再现，这是人追寻物的现实性、真实性和有用性的结果，并在此基础上建构了人与物之间的关系。这种关系在广告图像中经常会被广告人呈现，但在呈现过程中，广告人利用的往往是"存在者虽然显现出来，但它显现的不是自身而是它物。"[2] 广告人如此操作有两个目的：一是在广告中确实把产品的现实性、真实性和有用性告诉给了消费者；二是利用这种遮蔽的伪装以产生假象迷惑，让消费者乐意为自己的意愿买单。即海德格尔所说的"这种遮蔽是一种伪装（Verstellen）。倘若存在者并不伪装存在者，我们又怎么会在存在者那里看错和搞错，我们又怎样会误入歧途，晕头转向，尤其是如此狂妄自大呢？存在者能够以假象迷惑，这就决定了我们会有差错误

---

[1] ［德］马丁·海德格尔：《林中路（修订本）》，孙周兴译，上海译文出版社2008年版，第1页。
[2] ［德］马丁·海德格尔：《林中路（修订本）》，孙周兴译，上海译文出版社2008年版，第35页。

会，而非相反。"① 只不过在广告图像中广告人将差错转嫁给了消费者而已。也正是这样，人们在人与人的关系之间、人与物的关系之间，在社会/文化关系中产生了对自我与他者的认识，广告图像只不过是在这些关系之中对它们进行有效利用而已。

（一）自我与广告图像

1. 基于社会属性的自我与广告图像

米德的自我理论是与传播心理、社会交流联系在一起的。"自我是逐步发展的，它并非与生俱来，而是在社会经验与活动的过程中产生的，即是作为个体与那整个过程的关系及与该过程中其他个体的关系的结果发展起来的。"② 米德的自我概念是建立在他的关系的、进化论的、实用主义的社会学思想之上的，所以他认为，自我身份和自我意识的找寻需要"涉及特定的人或个体所参与的社会行动或活动过程"[③]，是具有社会属性的，自我意识是个体从间接经验或自身所属群体的一般观点之中获得的，个体只有在对自身采取客观的、不带任何感情色彩的态度之中才能获得。自我结构本质上是一种社会结构，是在与他者"在表意符号意义上的交流"之中产生的。"自我"在参与社会过程中呈现出不同的"自我"，不同的"自我"在与他者交流、对自身做出反应和社会互动中形成统一的"自我"结构。但这个统一的"自我"有可能分裂为两个不同的"自我"——"客我"和"主我"。"'主我'是有机体对他人态度的反应；'客我'是有机体自己采取的有组织的一组他人态度。他人的态度构成了有组织的'客我'，然后有机体作为一个'主我'对之作出反应。"④ "客我"是指通过角色扮演而形成的社会中的自我，"主我"是指并非作为意识对象的独立个体。威廉·詹姆斯建

---

① [德] 马丁·海德格尔：《林中路（修订本）》，孙周兴译，上海译文出版社2008年版，第35页。
② [美] 乔治·米德：《心灵、自我与社会》，赵月瑟译，上海译文出版社1997年版，第120页。
③ [美] 乔治·米德：《心灵、自我与社会》，赵月瑟译，上海译文出版社1997年版，第122页。
④ [美] 乔治·米德：《心灵、自我与社会》，赵月瑟译，上海译文出版社1997年版，第155页。

议:"用主我来指代自我中积极地知觉、思考部分,用宾我(即客我,笔者注)来指代自我中被注意、思考或知觉的客体。"①"主我"既召唤、影响"客我",又对"客我"做出响应和反应。它们共同构成一个出现在社会经验中的人。在认知领域,"自我"就是"自我意识",也具有社会属性。社会过程的结构性和统一性会反映到"自我"的结构性和统一性上,"客我"和"主我"会与社会过程中的不同侧面(即不同社会群体)相对应。而"寻求一种表达方式,以在其他人那里引起在他自身发生的那种情绪,这不仅是演员的任务,也是艺术家的任务。"② 在广告图像中,信息不仅需要与消费者"在表意符号意义上的交流",将图像中自己感受到的情绪传递给消费者,还需要与消费者、与社会进行互动并对自身做出反应,唯有如此,才能够与消费者、与社会形成结构性和统一性的"自我",从而达到传播信息的目的。作为广告图像的创意者,一定要知道我们在说什么、怎么说和在什么媒体上说,要在实践中把握我们自己怎么看这个作品,是怎样的感受,因为我们自身引起的他人态度和反应会控制我们实际在说什么和怎么说,这种反应作用在我们身上应该是一样的,这直接决定着接下来我们应该在广告图像中说什么。为了更好地吸引消费者注意,使他们与广告图像有更好的交流,就必须在广告图像中设计特殊的符号(如商标、特写或特殊语言等)以激发消费者的反应——就像符号对人的自我引起它在其他个体身上引起的反应一样。但"米德忽视了原始的自我关系与反思的自我关系之间的区别。原始的自我关系为从以有声姿态为中介的交往到真正的语言交往的转变开辟了道路,而反思的自我关系只是在对话当中确立起来的,因此,它已经把语言交往当作了前提。"③ 因为反思的自我关系才揭示客体自我的想象领域。这一点对我们在广告图像中利用自我理论至关重要,否则我们的图像诉求

---

① [美]乔纳森·布朗:《自我》,陈浩莺等译,人民邮电出版社2004年版,第2页。
② [美]乔治·米德:《心灵、自我与社会》,赵月瑟译,上海译文出版社1997年版,第131页。
③ [德]于尔根·哈贝马斯:《后形而上学思想》,曹卫东、付德根译,译林出版社2012年版,第199页。

可能搞错对象。广告人是需要不断进行反思的，这种反思并不仅仅局限于图像的传播效果有多大，还包括对人、人性及广告图像所在社会经济环境的反思，是我们在经历之后、看清楚是什么和为什么之后对自我建构过程和广告图像传播建构过程的反思。在哈贝马斯看来，"在自我理解中，自我意识不是表现为认识主体的自我关系，而是表现为一个能够负起责任的人在道德方面的自我估价"[①]。进一步，个体的自我意识或者自我表现需要在现实中与其他参与者互动确认，是扎根于"主体间性的承认关系中"的，是自我和他者的共同力量中才得以保持住的。从广告及其图像的发展历程来看，广告人的道德水准或者在道德方面的自我估价在广告创作中至关重要，广告人在广告图像传播上的道德要求同样是自律和他律的结果。

交流是人与社会互动的基础。个人从生活的社会传播环境和社会交往中获得知识和刺激，奠定了我们的基本观念、基本看法和愿望。库利认为："'社会'和'个人'并不代表两个事物，而只是表示同一事物的个体方面和集体方面。……任何社会或群体都是众多个人的集体表现，所以任何个人都应被视为社会群体的特殊性表现，他没有独立的存在，作为其中一名成员的个人由于生命中的遗传和社会因素，与社会整体紧密相连。把他与社会脱离开来考虑和把社会与个人脱离开来考虑同样是荒诞的。"[②] 个人脱离不开社会，社会是由个人组成，自我是在社会中形成的自我，自我的特殊性和社会的特殊性既有同一性，又有差异性。所以，我们在广告图像中所传播的信息乃至企业或商品的美学层面、价值层面、价值观层面、哲学层面等，都不能无中生有、颠倒黑白，因为在当代社会，广告已经成为社会、文化不可分割的组成部分，广告图像已经渗透到了社会和个人的方方面面，不可或缺，成为影响个人和社会的重要因素。所以，在创作广告图像的过程中，既要关切到个

---

① [德] 于尔根·哈贝马斯：《后形而上学思想》，曹卫东、付德根译，译林出版社2012年版，第189页。
② [美] 查尔斯·霍顿·库利：《人类本性与社会秩序》，包凡一、王湲译，华夏出版社1989年版，第23—24页。

广告图像研究

人,也要关切到社会;既需要与自己交流,更需要与社会交流;既需要表现特殊性,也需要表现普世性,从整体来考虑广告的传播效果。

在库利看来,"自我感觉和有目的的活动之间的相互关系可以通过观察任何创造性活动的过程而清楚地看到"[1]。艺术作品是这样,文学作品也是这样。那么,在广告图像中也应该是这样,创作有创意、有吸引力并受到人们赞美的广告图像是自我的本能,并在与他人的交往刺激下形成自我的特点。广告图像中的"自我"与日常社会中的"自我"最大的不同应该是将自我对对象的占有扩大到整个广告图像接受者之中,形成共同占有欲。自我感觉和有目的的活动是与社会和他者相联系的,这种社会自我被库利称为"镜中我"——人们彼此都是一面镜子映照着对方。[2] 在广告图像中,我们不仅要利用好镜中我(们),还要充分考虑到镜前我(们)和镜前他(们),考虑到我眼中的形象与他眼中的形象的差异,将自我感觉与他人对图像形象的判断相结合,向消费者展现出既符合产品自身,又符合他者需要的特殊信息形象。在这个过程中,我们需要克服对自我认知、对他者认知、对社会认知的刻板印象或自我感觉,特别是自我认为对任何事物认知得足够多,从而陷入自我感觉、他者感觉或社会感觉的幻觉之中,让幻觉给奴役了,并将认知的自傲感、感官的体验和感觉的结合确信地设定到广告图像、自我和他者之中,向接触到广告图像的每个人或者物传递这种幻觉和相关信息,但事实上我们什么都不是,很可能他人也不会这么想,因为我、我们都拒绝被设定。

广告图像面对的是"群体自我"和"群体他者"。把推己及人的感觉、观念、意志、意愿或意见等来进行表达或表现,形成某种共同的感觉、观念、意志、意愿或意见等来影响、暗示或者说服"我们""他们"来采取某种行动,从而达到传播广告信息的目的。对广告人

---

[1] [美]查尔斯·霍顿·库利:《人类本性与社会秩序》,包凡一、王湲译,华夏出版社1989年版,第114页。

[2] [美]查尔斯·霍顿·库利:《人类本性与社会秩序》,包凡一、王湲译,华夏出版社1989年版,第118页。

来说，要科学、清醒地认识到社会性"群体自我"和"群体他者"与在广告图像中所表现出的"群体自我"和"群体他者"异同，要在广告图像中克服自我中的自私因素，充分利用好每一个自我、他者、群体自我和群体他者都会在实践中追求自我的本性，认识到每个个体在形成自我时的约束因素、动机因素并将这些因素合理地运用到广告图像传播之中。正像库利所说的那样"要是艺术家相信在别人眼里，他们的艺术作品如果没有任何价值，那么他们几乎就不会再把艺术作品拿出来。他藏起他准备进一步纯化或完善的作品，要使它完美地表现出自己并且最终对世界也更有价值。"[1] 这种思想在广告图像创作中也同样适用，如果你创意的广告图像表现不能够为企业、产品或者消费者带有某种有用性或者价值，那么我们就应该将其进一步纯化和完善，使之能够更完美地表现企业、商品或者消费者的利益，让每个利益相关者都能够从中获得自己需要获得或者想要获得的价值。让消费者对广告图像感兴趣就像我们都喜欢别人对自己的话或者行为感兴趣一样，需要保证作品有明显的特点和风格，需要有敬畏心、自尊心、荣誉感和崇高感，这样才能够更好地让作品发光——是人们渴望的更好的我们，是生活创造出的最好的我们，是社会锻造出的最好的我们。

广告及其图像是否有用，就看能否有效击中消费者现实的和潜在的需求。在商品文化极度发展的当下，人们对包括广告在内的审美体验、审美享受上升到一个新的高度。而审美体验、审美享受又是一个极端自我的客观化意志活动，"决定性的东西是一种内心活动、一种内在生命、一种内在的自我实现"[2]。我们经常说言为心声，图像难道就不是吗？人们表现出来的一切外在的行为，从根本上来说都是其内心的某种呈现和需求，只不过西方大多数时候称为欲望，而我们大多数称为心声而已。我们每个人都在天然的自我实现活动与外界干涉下的自我冲突之间形成了审美享受、审美体验，这就构成了我们对美和

---

[1] [美] 查尔斯·霍顿·库利：《人类本性与社会秩序》，包凡一、王湲译，华夏出版社1989年版，第145—146页。

[2] [德] W. 沃林格：《抽象与移情》，王才勇译，辽宁人民出版社1987年版，第5页。

丑的认知，就是移情。沃林格指出，"艺术意志"是所有艺术现象中最深层、最内在的本质，是人们潜在的内心要求。而且李格尔认为："这种要求是完全独立于客体对象和艺术创作方式的，它自为地产生并表现为形式意志。这种内心要求是一切艺术创作活动的最初的契机，而且，每部艺术作品就其最内在的本质来看，都只是这种先验地存在的绝对艺术意志的客观化。"[①] 消费者内心最潜在的需求肯定不是某种固化商品，因为艺术意志先于艺术作品而产生；广告图像在借鉴艺术表现时不是随意的，更不是个人或企业的自私表现，而是要与艺术一样需要自律，需要表现人类精神；任何一类广告图像都应该有自己的风格，是有明确目的性的"意志"的产物，而不能简单地模仿竞争对手或者某种其他现象。在潘诺夫斯基看来："美学的任务——超越了历史理解、形式分析和内容解释——是要利用艺术意志，而艺术意志是体现于艺术现象之中的，而且是它们所有风格特性的基础。我们确实发现，艺术意志必然仅能表示某一件艺术作品的内在含义，故同样确定的是，美学的任务是要建立范畴，它是先验地有效的，像因果性一样，能被运用于语言学所表述的判断，作为规定它们为认识论之一部分的性质的一个标准，而且在某种程度上能被运用于作为一种标准来研究的艺术作品，根据这一标准，可以判定艺术作品的内在含义。"[②] 这对我们创作广告图像、使用广告图像也具有同样的参考和借鉴意义，虽然广告不仅仅是艺术，广告图像是既需要在自我的层面"深入表层之下去觉察艺术意志、在现象中寻求内在意义的努力"，又需要在他者的层面将稳定与变化、统一与差异、自律与他律等等结合在一起，为企业做更适合的、更具竞争力的、更让人有感觉的广告。

李格尔在《风格问题》中将艺术作品看作是一种明确的、有目的性的"艺术意志"的产物，其目的是反对艺术风格的变迁是由材料、技术与历史条件等决定的物质主义观点。为了更好地利用和改造艺术意志概念，潘诺夫斯基在李格尔的基础上认为，用艺术意志"这个概

---

① [德] W. 沃林格：《抽象与移情》，王才勇译，辽宁人民出版社1987年版，第10页。
② [美] 欧文·潘诺夫斯基：《艺术意志的概念》，陈平译，《世界美术》2000年第1期。

念表示创造力——既是形式的创造力又是内容的创造力——的总和或统一性,它从内部将作品组织起来。……艺术意志的概念,或许是运用于现代艺术理论研究的所有概念中最适时的概念,它并非没有危险,这种危险在很大程度上是由它强调了心理学上的意志(volition)而造成的。这种强调当然可解释为是对 19 世纪晚期流行的种种所谓'必然性'理论的抗议。因此我认为,艺术意志与艺术意图(artistic intention)的概念同是共通的而且是平行的,要从方法论上对这两个概念作同样多的讨论,后者在习惯上似不同于前者,即在运用方式上是不同的。我们运用'艺术意志'的表达方式,主要是在谈论总体的艺术现象,谈论一个时期,一个种族或一个社区的艺术作品,而'艺术意图'这一表达法一般用来概括个别艺术作品的特点。"① 或者在创作广告图像时,往往会讨论一个时期、一个种族或一个社区的广告图像,与艺术意志一样。"一方面是一种有着独立目的趋向的形式意志,并与人的特定的心理性感觉如触觉和视觉有关,另一方面它又植根深厚,与世界观联系在一起,艺术意志或多或少地与特定时代的文化或文明发生关联,呈现为一种人类一般精神意义上的自觉和目的的趋向。"② 任何形式的广告图像都不是我们想怎样表现就怎样表现,想说什么就说什么,它是受多种因素制约的,不仅仅是自我或他者,还有社会、政治、经济和文化等多重因素,是将自我心理与大众心理相结合的、明确的、有目的性的传播活动。

"艺术家通过选择其所要突出表现的那些特征,就可以在某种程度上控制我们观看或者倾听这个艺术作品的方式,并且控制我们对它作出的反应方式。"③ 其实这不是艺术家所独有的特性,而是每一位传播者在现实中的必然抉择。艺术品也好,广告图像也罢,都是作为某种思想或信息交流的工具,是在自然与精神之间被人们捕捉的内在联

---

① [美]欧文·潘诺夫斯基:《艺术意志的概念》,陈平译,《世界美术》2000 年第 1 期。
② 张坚:《艺术意志,传承与变革》,《新美术》2001 年第 2 期。
③ [英]安妮·谢泼德:《美学:艺术哲学引论》,艾彦译,辽宁教育出版社 1998 年版,第 138 页。

系，是对自我和他者的表现和揭示。广告图像突出表现的那些特征，不一定就是产品的最主要的功能或特性，但一定是最受消费者喜欢的或希望获得的，它在现实中和潜意识里都影响着观众的消费选择，虽然他们不一定按照广告图像所呈现的方式行事。

人的自我意义与人的主观性的意义是跨越种族和国界的，是艺术家创作艺术作品时、广告人创作广告图像时赖以依存的基础。对艺术家和广告人来说，自然、社会和一切其他可感知的元素都是他们汲取灵感的来源，然后通过各自的方式展现出各自的个性和风格，将事物的内在涵义通过艺术家和广告人的自我被不可思议地把握住了，并与他们的自我一起表现在作品之中。这就是为什么我们在看到一些艺术作品或者广告图像时有似曾相识的感觉的原因——人的主观性经验和客观性经验在创造性上的、有意识的表现。自我态度与社会共同体的态度在很多时候是正相关的，自我有从众性，也有权力欲和统治欲，既能根据自身的需要、心理等接纳他人的意见和建议，也能根据社会的要求作出应有的反应，在与社会及自然的互动中达到主我与客我的统一。但在现代生活当中，人们对包括社会转型在内的焦虑，对观看方式、生活方式、行为模式、交往模式等变化的高度参与，使人们生活在文明的火山上，不得不面临风险社会带来的系列挑战。而这也是场景广告、原生广告出现和发展的原因之———将广告与人们的生活融为一体。我就是生活中的我，就是场景中的我，也是社会中的我，更是文化意义上的我。

2. 基于文化属性的自我与广告图像

自我在社会上的种种表现，与其说是社会对个体的作用，不如说是各种文化下的自我表现。我们生活在一个广告文化渗透到每一个角落的社会，任何形式的广告和艺术都是文化的组成部分，但同时也是我们表达思想的媒介，让我们在交往、互动中形成对自己和对他人的看法，传递并接受彼此的信息。

"在通往自我的认识之路上，文化因素是第一个路标。"[①] 社会所

[①] [美]乔纳森·布朗：《自我》，陈浩莺等译，人民邮电出版社2004年版，第43页。

具有的特征是由这个社会所具有的文化塑造的，同时也塑造着自我的特征，影响着人们对自我的认识。"从某种意义上说，只要这种面具代表着我们已形成的自我概念，即代表我们力图充分体现的角色，那么，这种角色便是我们更真实的自我，即我们所希望努力达到的自我。"[1]虽然戈夫曼针对的是表演而说，但社会中的每个人又何尝不在表演之中?!而且每天都在装扮着多重角色。不否认很多时候面具的里面就是真实的自我，但真实的那个自我（主我）往往会在外界压力比较小甚至没有外界压力时才会真正呈现，大多数时候人们呈现的往往是客我——戴着面具的我。这种现象既是人的心理决定的，也是社会文化决定的。就像广告图像一样，无论是在创作的时候，还是传播的时候，都要受到各种因素的制约，呈现出来的往往是各种因素合力的结果，最原始的、最本初的那个"真"往往都在表现出这些表象之后，就像图像所具备的符号性质一样——可以被阐释、被表现，但不能被阅读。这里所说的阅读不是在说广告图像本身，而是图像所在的环境和所指涉的时代及其文化，它既是时代及其文化的再现也是时代及其文化的浓缩。我们知道弗洛伊德的三重自我学说：自我、超我和本我。与自我、超我和本我对应的则是意识、良知和无意识。他认为本我就是理想的自我，是自我认同的那部分，自我从本我发展而来；被我们舍弃或压抑的东西、被禁止的欲望和梦想就是本我；超我则是从小灌输给自我的道德价值观念，监督我们的情感和思想防止一些思想、期待和欲望不被接受。三者中自我最脆弱，本我最强势，要求得到满足，超我则受文化制约，凭借社会权威来压制本我。这些倒与尼采的看法相一致，不过弗洛伊德还是主要站在自我这一边，在精神分析的目标上与超我一起达到更高的目标来涵盖本我，以此来增强自我。从中我们也不难看出文化在自我形成中的重要作用，能更好地认识到在包括广告图像在内的自我体现有时候为什么会自相矛盾。

把艺术看作是模仿或者再现既是艺术理论也是艺术文化。古德曼

---

[1] [美]欧文·戈夫曼：《日常生活中的自我表演》，徐江敏译，云南人民出版社1988年版，第3页。

认为"科学的目的是知识，而审美的目的则是满足"①。在古德曼看来，模仿或者再现在艺术中不过是一种惯例，但我们却不能忽视由再现而引起的幻象的艺术手法，因为有效的再现是创造性的，而"审美'态度'是一刻不停的，是在探索着的，是在考察着的；因此，与其说这是一种态度，倒不如说，这是一种行为，亦即创造与再创造。"②获得知识还是获得满足既是一回事又是两回事：说是一回事是因为对学者而言，获得知识就是获得满足，获得满足也就是获得知识；对绝大多数普通人来说，就是两回事，特别是在对广告图像的态度上，从广告图像中获得知识和获得满足就表现得特别明显，而且绝大多数时候都不能画等号。审美经验或者审美态度所包含的愉悦、满足、欣喜、恐惧、悲伤甚至沮丧在广告传播中无处不在，这既是创意的一部分，更是文化的一部分。而且，模仿、再现、表现、表征等都可以融合到审美之中，都是美的性质，人们对美的对象的兴趣。

人是从自然人到社会人再最终到审美人的发展历史过程的。"艺术审美活动作为人类实践的精神超越层面，是一种创造性的、自由的、生成的活动。人的活动决定了人是社会现实存在物，同时又是自由的存在物，他不再局限于动物之域，也不像动物那样本能地、无意识地、不自由的适应自然。"③ 艺术审美是人对自我的超越，是人从自然人到社会人的原始本能推动力。个人的知识水平构成了社会的文化水平，同样，个人的审美水平也构成了社会的整体审美水准。无论在东西方，直到现代意义上的广告产生之前，都是以口头叫卖、旗帜、招牌、雕刻等传统形式表现广告的，而到了近现代之后，在艺术、文化、技术、政治、经济等的发展推动下，广告图像呈现前所未有的局面——模糊了广告与非广告的边界。在鲍德里亚后现代仿真世界的描绘中，他就认为，后现代仿真世界是在信息技术和商品生产的发展而导致了指意文化的胜利（triumph of signifying culture）的假设下发生的。这样，不

---

① ［美］尼尔森·古德曼：《艺术语言》，褚朔维译，光明日报出版社1990年版，第216页。
② ［美］尼尔森·古德曼：《艺术语言》，褚朔维译，光明日报出版社1990年版，第214页。
③ 王岳川：《艺术本体论》，上海三联书店分店出版1994年版，第37页。

第二章　广告图像、艺术理论及哲学思辨

断转换的文化记号就自然而然融入社会之中，使我们更易于从艺术和社会的角度来理解后现代人的自我意识和反思。因为从仿真社会理论来说，所有的事物都是再现，生活在社会上的我们看到的、听到的、接触到的其实都是幻象或是表演，艺术不可能超越生活来表现意义等。虽然鲍德里亚掉进了技术决定论的泥淖，但他所说的这些现象却在处处上演，并深刻地影响着广告图像的创意和表达。

在当代社会，"艺术与日常生活之间的界限被消解了，高雅文化与大众文化之间层次分明的差异消弥了；人们沉溺于折中主义与符码混合之繁杂风格之中；赝品、东拼西凑的大杂烩、反讽、戏谑充斥于市，对文化表面的'无深度'感到欢欣鼓舞；艺术生产者的原创性特征衰微了；还有，仅存的一个假设：艺术不过是重复"[①]。这既是费瑟斯通所说的有关艺术的后现代主义的特征，也是其"日常生活审美化"的主要观点。一切都可能是艺术，而且达达主义、先锋派、超现实主义等许多策略和艺术技巧都被广告和媒介所吸收。无数广告图像堆积而形成的景观一方面将产品的主要使用价值消解，而抽象的交换价值、次级使用价值、代用功能则被凸显；另一方面大量梦幻般的、不断激发着人们欲望的、现实审美幻觉化和非现实化的广告图像涌现。当人们"既关注审美消费的生活，又关注如何把生活融入（以及把生活塑造为）艺术与知识反文化的审美愉悦之整体中的双重性，应该与一般意义上的大众消费、对新品味与新感觉的追求、对标新立异的生活方式的建构（它构成了消费文化之核心）联系起来"[②] 时，人们就能够比较清楚地认识到以审美的形式呈现日常生活的意义——艺术、文化、审美融入商品消费和日常生活之中，几乎把触角伸到我们生活中的每一个角落。当我们评价一个人的身份、地位开始以生活方式、行为方式、消费方式和文化品位为主要依据时，我们就不知不觉陷

[①] [英] 迈克·费瑟斯通：《消费文化与后现代主义》，刘精明译，译林出版社2000年版，第11页。

[②] [英] 迈克·费瑟斯通：《消费文化与后现代主义》，刘精明译，译林出版社2000年版，第97—98页。

入媒介和消费设置的迷雾之中而不自觉，符号和图像成为我们生活的主宰。

在这种文化、思维碰撞中，丹尼尔·贝尔指出，在极端虚无主义形势下，自我意识不仅能够摧毁自己的过去和控制自己的未来，而且也必将摧毁虚无主义本身。"运动感和变化感——人对世界感知方式的剧变——确立了人们赖以判断自我感觉和经验的生动而崭新的形式。较为微妙的是，对于变化的感受却在人的精神世界引起了一场更为深刻的危机，即对空虚的恐惧。……如果审美体验本身就足以证实生活的意义，那么道德就会搁置起来，欲望也就没有任何限制了。在这种探索自我与感知关系的活动中，任何事情便都成为可能。"① 过犹不及，当广告图像无止境地复制商品世界、各种艺术或者历史的景观不断地重现、快餐式的流行不断转换着时尚外衣、审美即时与虚空的混杂等不断呈现时，我们就会变得无所适从，就会产生对空虚的恐惧。而"文化观念方面的变革具有内在性和自决性，因为它是依照文化传统内部起作用的逻辑发展而来的。在这层意义上，新观念和新形式源起自某种与旧观念、旧形式的对话和对抗。但文化实践和生活方式的变革必然与社会结构互相影响，因为艺术作品、饰物、唱片、电影和戏剧都在市场上买卖。而市场是社会结构和文化互相交汇的地方。整个文化的变革，特别是新生活方式的出现之所以成为可能，不但因为人的感觉方式发生了变化，而且因为社会结构本身也有所改变。"② 广告文化是随社会文化变革而改变的，文化实践、生活方式与社会结构互相影响的结果是广告图像呈现的多样化、混杂化和即时化。这其中既有艺术、文化等对人的影响和塑造，也有社会、经济、技术等的发展与变革所造成的兴奋、激情、焦虑、紧张或者无奈所引起的各种反应和感觉方式的变化。不可否认，大众文化的生产、媒介的延伸和人

---

① ［美］丹尼尔·贝尔：《资本主义文化矛盾》，赵一凡等译，生活·读书·新知三联书店1989年版，第96—97页。
② ［美］丹尼尔·贝尔：《资本主义文化矛盾》，赵一凡等译，生活·读书·新知三联书店1989年版，第101—102页。

第二章 广告图像、艺术理论及哲学思辨

人都是自媒体的现实虽然在一定程度上会导致人们艺术鉴赏力、审美综合水准的下降，但也导致了那种单纯模仿他人作品或者表演的情况的降低，人们信息来源的多元化和丰富性的提升，等等。而当现代艺术越来越与商业结合在一起的时候，艺术创造的变化越来越与文化的转换相一致了，也越来越与个体的感觉、审美、孤独、焦虑、迷茫或不安相吻合，而这些现象在广告图像中几乎无处不在。

人的社会化、审美化的过程是社会的，但其内容是文化的。艺术的本质是人对世界的理解和对自我的理解，而创造是人的内在本质驱动的力量的展现，也是艺术创作所遵守的规律。艺术的出现和不断发展，将人从尘俗中一步步带出并一步步提升其审美。"所以我们说，艺术创造所生成的世界是人类用来标示自己生命形式和生存状态的象征世界，是人类生命意识的自由表现。"[①] 而艺术创造所生成的世界在于人们的接受和理解，没有接受和理解就没有对艺术生命的理解和对自我存在意义的领悟。德国艺术心理学家瓦尔特·舒里安认为，人们喜欢艺术的原因是因为艺术的自我指涉。他指出在审美观念和判断上来说，"自我指涉意味着精神关联、意味着探究以及内容（主题）要素在欣赏和评价艺术中起到重要作用"[②]。艺术的这种自我指涉现象其实是艺术从模仿到再现（或者表征）到表现的认知过程的体现和深入，是自古至今都存在的。心理暗示指引着我们在艺术感知、触摸、观看、审视和评判上与我们自身的行为、审美的过程以及文化的发展联系在一起，使我们在研究与审视周围环境时能寻找和我们需要、愿望相关的线索，从而对其进行关注并欣赏。这种刺激—反应往往发生在搜索和探测之后的内心需求，通常是个体内心的自我指涉反应，其内容可以是情节、故事、场景，也可以是某种暗示。个人不断自我指涉的过程也就是一个不断自我了解的过程，将周围的事物与自我相关

[①] 公木：《公木文集》（第3卷），吉林大学出版社2001年版，第834页。
[②] ［德］瓦尔特·舒里安：《人们为何喜欢艺术——自我指涉：关于艺术的心理层面》，载《2005·第二届中国北京国际美术双年展学术研讨会文献集》，人民美术出版社2006年版，第400—401页。

联，在自尊、自我适应、自我审视中不断在与包括艺术在内的接触中进行自我完善。广告图像在创作和消费者在观看时，图像的自我指涉几乎无处不在。广告图像为消费者提供什么样的内容情节、讲什么样的故事和怎样讲故事、如何展示商品生产活动在日常生活中的场景以及暗示能够为消费者提供什么好处等等，都会吸引消费者注意到广告图像的存在并使其产生浓厚的兴趣。而且会激发消费者的自我观察——是否想要、是否采取购买行动。这一展示—观看过程是广告图像与消费者的精神和物质现实需要和瞬间的行为相适应的，也是与广告法则 AIDMA、AISAS 等相符合的，虽然会受到文化、社会、经济、空间、气候等因素的影响，但自我指涉不管是在艺术中还是在现代的广告图像中都真实发生。需要强调的是，艺术和广告图像的自我指涉是指符号与现实之间的关系，并不是符号的能指与所指之间的关系，也与前面我们所说的自我不同，但这并不妨碍将艺术的自我指涉与广告图像及社会自我相联系。虽然广告图像营造的是"超现实"陈述，但它不能够脱离现实而真正实现"超现实"，只能制造幻象。广告图像是将"今日全部的日常现实——政治的、社会的、历史的、经济的——都开始融进超现实主义的仿真维度。我们已经生活在一个无处不有的对现实的'审美幻觉'之中。"[1] 特别是在虚拟生活现实化、现实生活虚拟化以及场景广告之中，我们已经分不清现实与虚拟的界限，虽然从某种程度上加深了对信息捕捉和理解的难度，但对广告图像在自我指涉方面的认知提升却从没停滞，而且还进一步将广告及其图像带入幻想和想象的领域，并在与其他相关的认知中相互作用、螺旋上升，推动着广告及其图像的发展。

为了说明图像的自我指涉问题，米歇尔提出了元图像的概念。元图像是"指向自身或指向其他图像的图像，用来表明什么是图像的图像。"[2]

---

[1] [英]迈克·费瑟斯通:《消费文化与后现代主义》，刘精明译，译林出版社 2000 年版，第 101 页。
[2] [美] W. J. T. 米歇尔:《图像理论》，陈永国、胡文征译，北京大学出版社 2006 年版，第 26 页。

并指出"图像的自我指涉开始于艺术制度之外,贯穿于现代主义的全部争论。"① 为了不依赖艺术、语言或是图像再现的语言再现而建立关于图像反映自身的二级话语,米歇尔通过四幅图像来说明图像的指涉问题。第一幅是根据索尔·斯坦伯格的《螺旋》(1964,见图2-4②)来说明图像的自我指涉,是再现自身的图像。图像中没有绘画式的再现或者模仿,不是由图像再现的世界,就是通过图像生产而存在的世界,我们生存其中。所以,我们生活在一个形象的世界里,图像之外一无所有。这是具有严格意义上的元图像。第二幅是阿兰的漫画《埃及写生课》(见图2-5③),以此为代表来指涉这一类图像,是再现图像的图像。贡布里希借用《埃及写生课》论证了图像的再现历史,"认为它提供了解决艺术史上'风格之谜'的钥匙,这个令人迷惑的事

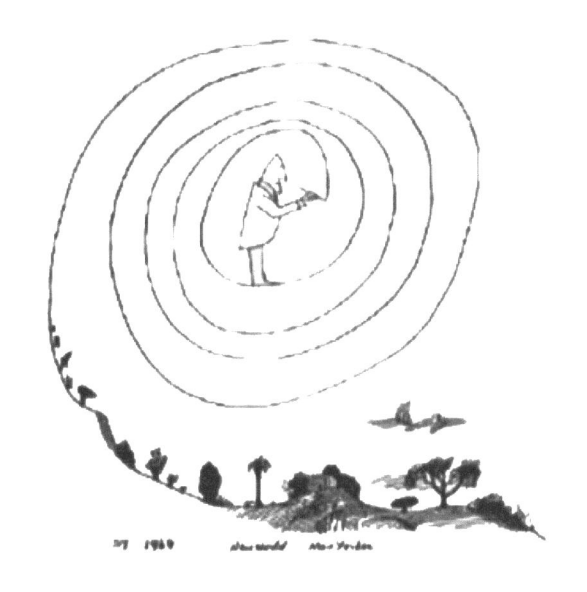

图2-4 《螺旋》

---

① [美] W. J. T. 米歇尔:《图像理论》,陈永国、胡文征译,北京大学出版社2006年版,第27页。
② [美] W. J. T. 米歇尔:《图像理论》,陈永国、胡文征译,北京大学出版社2006年版,第30页。
③ [美] W. J. T. 米歇尔:《图像理论》,陈永国、胡文征译,北京大学出版社2006年版,第33页。

图 2-5 《埃及写生课》

实是，描绘世界的方式在不同时间和不同地点均有不同"①。其实，我们与埃及人一样，无论在心理上还是在艺术上都不存在"纯真之眼"，都跳不出传统的窠臼，落入其中。画其所知还是画其所见，处于矛盾对立之中却又相互需要、赋予活力，韩丛耀教授称其为"已知非所见"②。第三幅是《鸭—兔》图（见图2-6③），代表图像的"多元稳定性"。就是在一幅图像中根据不同的视觉参考对象可以看到两个截然不同的形象，多元、暧昧且稳定，形成"躲猫猫"的相互转换效果，在"时—空""图—底""主—客"之间形成"看与看见"的游戏，而这些都与观者的"野性思维"、过路仪式、阈限和过门等视觉经验有关。与前两幅图像自我指涉不同的是，《鸭—兔》图这类"辩证的形象"则涉及语境的自我指涉图像，这种形象是图像"推演自我认识的手段，

---

① ［美］W. J. T. 米歇尔：《图像理论》，陈永国、胡文征译，北京大学出版社2006年版，第34页。
② 韩丛耀：《中华图像文化史：图像论》，中国摄影出版社2017年版，第352页。
③ ［美］W. J. T. 米歇尔：《图像理论》，陈永国、胡文征译，北京大学出版社2006年版，第36页。

Do you see a duck or a rabbit, or either? (From Harper's Weekly, originally in Fliegende Blätter)

图 2-6 《鸭—兔》

是观者的一种镜像"①。米歇尔认为，这种多元稳定形象揭示了"心眼"的在场，可以阐释图像及看到图像的不同方面，"心眼"则反映自己的个性，眼睛的选择性观看使我们发现了一些东西却没发现看见迷惑的整个经过，是视觉领域的隐喻性。因此，米歇尔说："图像的自我指涉不完全是区别某些图像的形式的内在特征，而是实用的功能特征，是使用和语境的问题。"② 元图像主要就是呈现图像的自我指涉、自我认知、自觉，图像能够被人格化，在于其具有人格和生命特征："它们同时展示着实质的身体与虚拟的身体，它们跟我们对话，有时是字面义的，有时是比喻义的，抑或跨越了语言所无法逾越的鸿沟，回头无声地凝视着我们。"③ 所有这些都涉及图像在文化领域中的地位，而且图像指涉这种现象在文化、科技、哲学、艺术等中广泛存在。

---

① ［美］W. J. T. 米歇尔：《图像理论》，陈永国、胡文征译，北京大学出版社 2006 年版，第 38 页。
② ［美］W. J. T. 米歇尔：《图像理论》，陈永国、胡文征译，北京大学出版社 2006 年版，第 45 页。
③ 转自黎潇逸《从米歇尔的"元图像"到南希的"自主"》，《文艺评论》2019 年第 4 期。

第四幅是《宫娥图》（如图2-7①），是元—元图像的典型。米歇尔认为"《宫娥图》的形式结构是图像自我指涉的一个百科全书式的迷宫，代表了观者、生产者和再现客体或模特儿之间的互动，那是一个复杂的交换和替代循环。"② 米歇尔指出，《宫娥图》也用再现的自我认识，通过与权力和再现有关的观者身份追问来激活观者的自我认识。福柯指出，在观看《宫娥图》这幅图画时，看与被看、主体与客体、目击者和模特都在无止境颠覆自己的角色。"也许在这个画面上，正如画面上的所有再现一样，所见之物的明显本质，即其深刻的不可视性，是与观看之人的不可视性分不开的——尽管有所有那些镜子、反射、模仿和肖像。在场景的周围是所有的符号和连续的再现形式；

图2-7 《宫娥图》

---

① 图片来源：https：//www.sohu.com/a/258152704_283183.
② ［美］W. J. T. 米歇尔：《图像理论》，陈永国、胡文征译，北京大学出版社2006年版，第48页。

但再现与模特儿和主权、与作者和接受奉献的观者的双重关系，必然受到了干扰。没有剩余的呈现是绝不可能的，甚至把自身作为景观的再现也如此。在贯穿画面的深度中挖掘出虚构的隐蔽处，将其投射在自身面前，形象的纯粹语言表达不可能完整地呈现正在作画的大师和被描画的王权。"① 福柯说，这是"古典再现的再现"，但其自反性却是指向自身绘画种类的，虽然不是严格的自动指涉和自我构成的，但"对自己的视觉/想象领域及其外观和意义的主宰归于自我，我们是现代观者，是我们私下的'精神王国'的统治者"②。

贡布里希说："如果说我们是在产品中消费产品，我们在广告中，则是消费它的意义。"③ 广告图像可以充分利用图像的自我指涉现象来进行广告传播，对此类广告我们可以称为元广告——广告的广告。一类是通过广告语言的自我指涉，如图2-8、图2-9。

图2-8 网易严选

这类广告通过广告语言的自我指涉，让消费者从表面看来有悖常理的基础上去关注广告自身。这类广告可以激发消费者的求知欲、创

---

① 福柯：《宫娥图》，陈永国译，http://www.360doc.com/content/15/0224/00/17132703_450549697.shtml.

② [美] W. J. T. 米歇尔：《图像理论》，陈永国、胡文征译，北京大学出版社2006年版，第52页.

③ [法] 尚·布希亚：《物体系》，林志明译，上海人民出版社2001年版，第203页.

图 2-9　新飞冰箱

造性思维和对现有知识的反思，否定的说辞也让消费者的思维触角伸得更长更远。一类是广告商或媒体关于业务广告的广告。如图 2-10。张默闻策划集团本身就从事广告策划、设计，然后又通过在其他媒介上做广告，告诉客户自己做过什么案例来进行自我指涉，从而让其公司客户和潜在客户从多方面来了解该集团，从而增加其竞争力。而且业内人士都知道"北有叶茂中，南有张默闻"的说法，两家策划公司的很多形象广告都很像，他们在自我指涉和相互指涉中获得了巨大的广告效益。像这类的广告很多，比如说各类媒介的自我形象广告、户外媒体牌的招租广告等等，都是这类广告。一类是杂志或电影海报等的集合广告形式。如图 2-11[①]。在同一幅广告图像中为多部影片做广告，使它们彼此成为对方广告的同时也为影院或者广告节作了广告宣传，形成具有积聚性的广告表现形式。

布尔迪厄指出："艺术品及价值的生产者不是艺术家，而是作为信仰的空间的生产场，信仰的空间通过生产对艺术家创造能力的信仰，来生产作为偶像的艺术品的价值。因为艺术品要作为有价值的象征物存在，只有被人熟悉或得到承认，也就是在社会意义上被有审美素养和

---

① 图片来源：图 2-8：网易严选——https：//www.163.com/dy/article/F6DATG9L0518BCM3.html；图 2-9：新飞冰箱——http：//zixun.m.jia.com/zixun/article/342411.html；图 2-10：张默闻策划集团平面广告——http：//www.zhangmowen.com/；图 2-11：电影海报平面广告——https：//www.16pic.com/vector/pic_6063379.html.

能力的公众作为艺术品加以制度化，审美素养和能力对于了解和认可艺术品是必不可少的，作品科学不仅以作品的物质生产而且以作品价值也就是对作品价值信仰的生产为目标。"① 对广告图像来说也是如此。近年来，我国独具特色的广告文化正在形成并走向海外，人们对广告的态度、对广告的理解正在发生变化。但广告到底是什么，图像该怎样创作和使用等终极之问也在激荡着广告人、媒介和大众，不管是超现实也好、仿像也罢，还是场景广告、原生广告等，都在以不同的方式、不同的层面、不同的技术探索着广告的本质。而这一切，都离不开他者。

图 2-10　张默闻策划集团平面广告

图 2-11　电影海报平面广告

---

① ［法］皮埃尔·布迪厄：《艺术的法则》，刘晖译，中央编译出版社 2001 年版，第 276 页。

（二）他者与广告图像

他者是相对于自我而言的，是指自我以外的一切人与事物。他者的存在对自我意识的意识存在是必不可少的，笛卡尔说，"我思故我在"，而消费者则是"我买故我在"，他者的显现是因为在与我们相遇中保持了他的人为性的特征。笛卡尔的"我"是"大我"而不是孤立的"小我"。"我思"是"我们"的思维，他虽然没有注意到自我与他者的关系问题，但他在《沉思集》里说"我"不是用眼睛看到"他者"而是用心灵判断"他者"。而广告图像他者化是现代广告的一大特征：就是通过让人梦想、崇尚、厌恶、恐惧或者困惑、向往的方式，超真实地向消费者展示超现实、虚幻的甚至陌生的生活方式、场景等来唤醒或者置换"他者"与"自我"的位置，从而起到广告效果。

现代德国艺术理论家阿多诺认为："艺术作品不能依然满足于古典主义所特有的那种模糊和抽象的普遍性。它们取决于世界性离异（diremption），也就是说，具体的历史情境——即艺术的他者（art's other）——是它们的条件。艺术作品的社会真实性取决于它们是否正视这一具体的内容，是否将此内容同化为自己的东西。它们的形式律就其作用而言不是掩盖分裂，而是考虑如何赋予它以形状。"[1] 艺术不可能不受他者的影响而存在，艺术所处的外界状况决定了艺术的存在方式。社会是艺术的本源，艺术品象征着社会，而且表现社会越深刻，越能反映社会的指向和特征。艺术品表现的瞬间和广告图像所表现的瞬间是一致的：都不是对现实材料的还原，而是一种复杂的中介现象。广告图像则更是受外界的影响而不断进行调整的，广告图像不是对外界事物的简单模仿、再现、表征或者反映，更多的则是将广告图像自身与社会既存现实相疏离的、不同于现实的异在或超现实的方式来表现广告的意图。异在或者超现实都超越了经验现实，它们虽然源于现实却已经摆脱了对现实的依赖而上升到精神层面，成为文化或者审美

---

[1] ［德］西奥多·阿多诺：《美学理论》，王柯平译，四川人民出版社1998年版，第395—396页。

第二章　广告图像、艺术理论及哲学思辨

的事物。广告图像中不现实和不存在的异在事物或者超现实不是独立于社会现实之外的，而是与社会现实及他者的关系密切，都是实存社会和他者的反映。就像阿多诺所说那样："艺术中不现实和不存在的契机并非独立于存在物，尽管它是由某种独断的意志虚构而成。更确切地说，不现实的契机是从存在要素之间的量性关系中产生的一种结构，这些关系反过来又是对不完善的现状、局限、矛盾及其潜力的一种反应和回响。"① 但广告图像中的不现实的契机往往是由消费者决定的，消费者和广告图像互为他者，但广告效果却是在广告图像与消费者自我和他者相同一中实现的，并契合各自的向心力——与世界形成反差而与世界相类似。

黑格尔在《精神现象学》中用奴隶主—奴隶的关系来试图证明自我与他者之间矛盾又相互依存的关系，没有他者也就没有自我意识，也就无法认知自己。海德格尔在《存在与时间》中认为，世界总是我与他人共同分有的世界。"此在的世界是共同世界。'在之中'就是与他人共同存在。他人的在世界之内的自在存在就是共同此在。"② 他人是从周围世界来照面的，此在是在与他人无涉的情形中存在着，且与包括我在内的世界共处、同在。我和他人都是在周围世界中被开放的存在者，而且不管你愿意不愿意，在乎不在乎他人的存在，我们都会以共在的方式存在，并共同构成了这个世界。所以，"把自己对自己本身的存在投射'到一个他人之中'去。他人就是自我的一个复本"③。萨特在《存在与虚无》中认为："他人是我和我本身之间不可缺少的中介：我对我自己感到羞耻，因为我向他人显现。而且，通过他人的显现本身，我才能像对一个对象做判断那样对我本身作判断，因为我正是作为对象对他人显现的。……他人不只是向我揭示了我是什么：他还在一种可以支持一些新的质定的新的

---

① ［德］西奥多·阿多诺：《美学理论》，王柯平译，四川人民出版社1998年版，第12页。
② ［德］马丁·海德格尔：《存在与时间》，陈嘉映等译，生活·读书·新知三联书店2014年版，第138页。
③ ［德］马丁·海德格尔：《存在与时间》，陈嘉映等译，生活·读书·新知三联书店2014年版，第145页。

存在类型上构成了我。"① 在他人存在这个问题上,海德格尔和萨特的看法基本上是一致的,所不同的是,萨特认为,他者的"注视"塑造了我的形象,我是"被注视的存在",从而寻求自己的定位。

不可否认的是,在自我与他者的对立统一关系中,二者的地位并不对等,他者往往处于被动、从属、边缘化境地,在话语权中处于劣势甚至失去话语权。萨特的我与他人的关系不是简单的物我关系或自我与他者的关系,他人有自己的看法和观点,并以自己的方式观察着世界、表现着世界,自我与他者是有差异性的。"'自我'与'他者'间的差异性刺激是引起认知反应的主导因素,异质文化彼此互动过程中发生的冲突与碰撞也正是带来进一步深入认知的契机,是促使认知结构发生改变乃至重构的可能动力。"② 所以,不管是在艺术、哲学、文学或者其他领域,他者都会对我或我们的认知造成或多或少的影响,而且这种影响无处不在。更进一步地,在自我与他者的关系体系中,角色的定位不是一成不变的,在一定的条件环境中具有互换性。所以,不管是自我还是他者,设身处地、感同身受对彼此都很重要。在广告图像中,他者的眼光、他者的注视或者广告图像在他者身上的反应都影响着广告图像的表现方式、媒介选择和场景建构,广告图像与消费者的互动的频率往往会决定图像在媒介上的表现时间和表现方式。这一点与艺术中和社会中的他者作用并不一样,与广告公司在广告主、媒介中的地位略有相似——主动的被动和被动的主动。无论是平面、电视或者视频广告图像,一方面需要像海德格尔所说的艺术品那样自己来表现自己,在固守自身形象的基础上冲向外部世界;另一方面,要将广告图像的功能与他者(主要指消费者和竞争对手)的行为和反应相结合,建构动态协调机制,使广告图像在自身的行为方式中与周围的环境相调适。正像布雷德坎普所说那样:"是什么力量使图像具

---

① [法]萨特:《存在与虚无》,陈宣良等译,生活·读书·新知三联书店2014年版,第283页。
② 谭旭虎:《镜像与自我:史景迁的中国形象建构研究》,上海人民出版社2017年版,第1页。

第二章 广告图像、艺术理论及哲学思辨

有一种能力,并能够在被观赏或者触摸时从隐藏的状态跳跃到感觉、思考以及行动等外部行为的世界里。考虑到这个问题的含义,就应该把图像行为理解为对观赏者的感受、思考以及行动所做出的反应。这种反应产生于图像的力量,也产生于图像与其对面的观赏者、触摸者乃至倾听者之间的相互作用。"[1] 广告图像发生作用是因为广告图像所创造的、给人以生气和活力的感觉。这种感觉或者说创意是通过对图像的布局、安排及对媒介的选择所产生的,是借助图像的组成要素在消费者心目中产生某种感觉的共鸣而激发的,是图像借助他者对自身的反射结果和相互作用而产生出来的。

艺术及其哲学都是通过关注他者而回归自身的。艺术心理学认为,艺术家和观者的相互作用、相互影响才会激发或者唤起艺术作品的美之所在。福柯在《词与物》中认为,"话语"霸权消除的同时解放了"物",也即解放了"图像"。这样,图像逐渐取代语言并进而在技术的支持下形成霸权,感性逐渐逾越理性进而使自我和他者更关注表象,解放取代控制进而使超现实更具市场,图像、躯体和欲望正从边缘走向中心。单纯的言说早已经不能够使消费者接纳广告商品,广告图像所建构的景观或者广告景观所形成的图像成为时代的宠儿。消费者作为广告图像观看中的他者,如果在广告图像中找不到自我认同的价值或者某种情感体验、意义共鸣或者强烈的占有欲的话,就很难说服自己采取购买行为。所以,任何广告图像都不可能将他者排除在广告创意之外,更进一步的是广告图像本身也是他者,是广告创意人员的他者,也是观者的他者,这就是前文所说的中介,广告图像就是自我与他者的中介,而且还是中介的中介。这就要求我们在创作广告之时要在图像中给消费者留下更多可以想象的东西、更多可以模仿的东西、更多可以做的事情,把消费者带入图像所创造的场景之中,使他们留恋、向往、激动和悸动,从而服从广告的安排。就他者而言,广告图像与广告人、消费者是互为主体和客体的中介关系。相对于广告图像

---

[1] [德]霍斯特·布雷德坎普:《图像行为理论》,宁瑛、钟长盛译,译林出版社2016年版,第40—41页。

而言，消费者这个客体需要优先考虑；相对广告人而言，广告图像和消费者这两个客体需要优先考虑。如果说广告人这个主体创造了广告图像和分析了广告图像的主要接受者这些客体的话，与通常我们所说的主体—客体关系相比较，广告人不仅创造了客体，而且还观看客体、洞察客体，并对客体的反应做积极的、即时的回应和调整，因为客体的现实性需要和对广告图像的反应决定了广告人这个主体的价值。在这个关系之中，起基础性作用的还是广告图像创意制作者这个主体，因为离开这个意识主体，广告图像这个中介也就不存在，消费者也就不能直接与之发生关系了，但这种情况在消费社会基本不会发生。

"无论如何，他者的体验对我来说并不是乌有，因为我是相信他者的——而且这个体验和我自己是相关的，因为它作为投射于我的他者眼光而存在着。"[1] 对广告图像来说，他者的眼光或者体验都要化入广告图像所营造的诱惑、幻象或者超现实中去。当广告已经融入我们生活的方方面面时，它就是一个中介工具而已。但这个中介工具却左右着我们的思维、我们的判断和我们的选择，是我们所创造的他者，反过来又影响着我们对他的再创造。我们所看到的广告图像主要包括产品、环境和人物三个符号要素。广告图像所展示或表现的意义尽管有这三者直接显现出来的部分，但更多的是通过彼此之间微小细节的相互映衬、象征和想象而形成的。当广告图像中文本的叙事、声音的叙事和图像的叙事相互激荡和叠加成为新的广告图像之时，就会让我们分不清自我和他者，我就是他，他即是我。我们知道，艺术史的核心之一就是图像本身包含并产生语言性，但因为我们往往从视觉的层面来解读图像，所以很多人往往会不自觉忽视图像本身的话语性而过多从象征层面来解读图像。在广告图像中，往往也会呈现"真实不是在其展示之处被发现，只藏于可见层面之下，而它一旦在那里被发现，它就是真实"[2]。因为广告

---

[1] ［法］莫里斯·梅洛-庞蒂：《可见的与不可见的》，罗国祥译，商务印书馆2016年版，第20—21页。

[2] ［英］诺曼·布列逊：《视觉与绘画：注视的逻辑》，郭杨等译，浙江摄影出版社2004年版，第65页。

第二章 广告图像、艺术理论及哲学思辨

图像的表象几乎都是超真实、都是幻象,而真实都在这些表象、幻象之下,是基于真实的超真实现象。但广告图像对消费者来说,每个瞬间都是吸引,都会存在于观者的注视或想象之中,而当消费者注意到(或凝视)广告图像之时,广告图像才是相对于他者的存在,而且是专为观者而存在的。广告图像在有意展示自身的创作意图时与绘画是一致的,就是创作者都有意将自己及其意图展示在他者面前,他们在用自己的专业知识对图像做描绘,并以此来提供对观者观看图像时的某种满足。所以,他者看到的图像元素或虚假或真实就是他希望看到的,图像吸引眼睛或者说吸引注意力的目的就达到了,因为他者总会在图像中看到点什么。

拉康认为:"在既模糊又准确,且仅仅关系着作品的成功的方面说,弗洛伊德声称,如果一种欲望的创造——其在画家的层面是纯粹的——具有商业的价值——一种同时可称作次要的东西的满足感——那是因为其效果对社会具有某种效益,因为社会方面总处于它的影响之下。广义地说,有人可能会认为作品可以使人平静,给人以安慰,至少有些人是靠其欲望表现而活。但是,为了使人们获得这样的满足,还必须有其他的效用,亦即'他们'对静观的欲望在其中找到了满足感。"[①] 广告图像从来都是既模糊又准确的,其商业价值就在于为企业提供有效的传播——在消费者获得某种满足感、激发某种欲望的情况下。和艺术一样,广告图像也具有欺骗性,但不是欺骗心灵的战斗,而是吸引他者注意并引诱购买的战斗,是要让消费者在冲动的欲望下或者在静观的欲望下采取购物的行动。广告图像在社会文化的规约下发挥着与超真实、幻象和图像符码象征功能相适应的作用,而这些奇妙的组合促进了销售。拉康的"理想自我"(ideal-ego)或"自我理想"(ego-ideal)都有赖于镜前的观看,其中自我理想形成于象征界的他者认同。所以,"在主体对镜像的观看中,不仅有属于想象界的自恋性认同,还有属于象征界的他者认同。前者形成的是理想自我,后者形成的是自我理想;前者是对

---

① [法]雅克·拉康:《论凝视作为小对形》,吴琼译,载《视觉文化的奇观:视觉文化总论》,中国人民大学出版社2005年版,第52页。

自己或与自己相似的他人形象的看,后者则是以他者的目光来看自己,按照他人指给自己的理想形象来看自己,以使自己成为令人满意的、值得爱的对象"[1]。这种涉及主体间性的观看在广告及其图像中无处不在,从广告图像设计创意阶段起一直到广告的投放结束,都离不开对他者意图的推测与判定,虽然我们不能够直接地判断出到底是谁在某个地方看,但广告图像一定是被观看的对象。正是由于他者的眼光,所以需要我们对广告及其图像精益求精,这既是广告的价值所在,也是广告人自身的价值体现。广告图像效果的有效与否是通过他者谈论广告图像而判定的,需要我们给予他者"我"的位置或待遇,这样才能够真实地了解他者对待广告的态度。所以,拉康在《精神分析的四个基本概念》里不仅强调了凝视的他者性(因为凝视可视为"他者在场"),而且强调了"眼睛"(即观看)的差异性。但"眼睛"仅从某一个视点观来看,即拉康所说的凝视和眼睛的分裂。这就告诉我们,如果想使一则广告取得成功,就必须要考虑到主体和客体的方方面面的偶然因素和必然因素,是广告图像在物与物、物与人、人与物之间的观看或者凝视中把广告图像的意向性呈现给消费者、广告人和媒介。

二 身体与广告图像

柏拉图将灵魂与身体对立起来,笛卡尔将意识与身体对立起来,弗洛伊德将身体作为欲望的主体和对象,马克思说身体是劳动的身体,福柯则认为身体是权力(尼采认为,身体是权力的身体)斗争的场所、被规训的对象,维特根斯坦说,身体是灵魂最好的画图,而梅洛-庞蒂却认为,身体是物质和意识的结合,是主体联结世界,进而理解世界和自我的本源。而在艺术上,自达·芬奇开始,身体就被分割为骨骼、肌肉以及器官等被"描述",在身体这个整体秩序空间中呈现。特纳说:"身体形象在通俗文化与消费文化的突出地位及其无所不在就是

---

[1] 吴琼:《他者的凝视——拉康的"凝视"理论》,《文艺研究》2010 年第 4 期。

身体（尤其是其繁衍能力）与社会的经济和政治结构相分离所产生的文化后果。对快感、欲望、差异与游戏等当代消费主义特点的强调，是一些相关过程即后工业主义、后福特主义与后现代主义造成的文化环境的组成部分。"[1] 当身体成为消费的身体、欲望的身体、快感的身体等时，身体已经与广告紧密联系在一起，成为广告图像不可分割的组成部分，当然更是通俗文化和消费文化的共同作用。

身体是多维度的、多学科的、多层次的社会政治经济文化现象，身体的历史不仅是自然、社会和文化的，也是建构世界的原型。不可否认的是，哲学层面往往是忽视身体的，优先的是心灵和精神，认为身体是对心灵和精神的羁绊。"与哲学家不同，艺术家一直深爱身体、崇拜身体、敬畏身体。他们认识到，我们的身体表达可以强烈而精确地展示心灵生活；他们已经证明：信念、欲望和感情的最精微、最细微的差别，无不可以通过我们手指的姿态或面部表情显示出来。但是，艺术家在将其对于人类身体之爱偶像化的时候，却通常偏爱把身体描绘为吸引其他人意识的对象。其实，身体主体自己的身体化自我具有探询意识，身体正是对这种意识的精彩表达。而艺术家却忽略了这种身体描绘。"[2] 其实，这种说法也说明"身体的地位是一种文化事实"[3]，不管它是在哲学还是在艺术那里。约翰·奥尼尔将现代社会的身体分为世界身体、社会身体、政治身体、消费身体和医学身体五类，除医学身体说的是肉身之体这个基础层面外，其余均与文化、环境息息相关，只不过彼此的侧重点不一样而已。

（一）知觉的身体与广告图像

"物质世界和存于其中的我们的身体常常是在知觉中存在的。作为具体自在存在的意识本身和在其中被意识的，即被知觉的存在，如

---

[1] ［英］布莱恩·特纳：《身体与社会》，马海良、赵国新译，春风文艺出版社2000年版，第2页。

[2] ［美］理查德·舒斯特曼：《身体意识与身体美学》，程相占译，商务印书馆2011年版，前言第2页。

[3] ［法］让·鲍德里亚：《消费社会》，刘成富、全志钢译，南京大学出版社2014年版，第121页。

何并且怎能被分离开来呢？后者是作为与意识'对立'和作为'自在自为'的存在。"① 胡塞尔说"身体是所有感知的媒介"，我们能够观看、触摸、倾听或者感知一切事物，就在于我们身体知觉的敏感性。苏珊·朗格说艺术既是形成人类洞察力的手段也是人类洞察力的产物，她说："我认为，对艺术意味（或表现性）的知觉就是一种直觉，艺术品的意味——它的本质的或艺术的意味——是永远也不能通过推理性的语言表达出来的。"② 艺术知觉作为一种直觉，是由身体感觉决定的，是被身体感知的。我们的身体体验是我们感知和行为的直接来源，也是吸引、转移或分散我们注意力的直接来源。麦克卢汉说："媒介即人的延伸"，"一切媒介均是感官的延伸，感官同样是我们身体能量上'固持的电荷'。人的感觉也形成了每个人的知觉和经验"③。技术的发展影响和改变的是人的感官比率和感知模式，而在现实中我们需要用多种感官去感知世界，故"'接触'并不只是肌肤的感觉，而是几种感官的相互作用；'保持接触'或'与人接触'是多种感官有效交会的问题，是视觉转换成声觉，声觉又转换成动觉、味觉和嗅觉的问题"④。技术改变了我们的思维、生活和工作模式，我们的接触模式、感知模式和评价模式当然也会随之改变。艺术能够预见未来社会和技术发展，艺术家作为"人类的触须"（埃兹拉·庞德）是具有整体意识的人，通过其艺术来矫正人们感知的比率，将技术发展所带来的影响降到最低。

当静态图像向动态图像过渡后，麦克卢汉说："图画似的消费时代已经死亡，图像时代已经来临……我们则进入我们的第一个艺术生产取向的深度介入的时代。"⑤ 当图像能够充分表现我们的世界，艺术

---

① [德] 胡塞尔：《纯粹现象学通论》（第1卷），商务印书馆2017年版，第130页。
② [美] 苏珊·朗格：《艺术问题》，滕守尧、朱疆源译，中国社会科学出版社1983年版，第62页。
③ [加] 马歇尔·麦克卢汉：《理解媒介：论人的延伸》，何道宽译，译林出版社2011年版，第33页。
④ [加] 马歇尔·麦克卢汉：《理解媒介：论人的延伸》，何道宽译，译林出版社2011年版，第81页。
⑤ [加] 马歇尔·麦克卢汉：《理解媒介：论人的延伸》，何道宽译，译林出版社2011年版，第193页。

家就会更侧重于表现创造性过程，以吸引观者的参与和介入，艺术也从外在匹配转向内部建构，以此来帮助人们获得洞察力的同时来建构我们自己的形象和世界。这就是为什么广告图像的变革和形象表现总是在引领或左右人们的思维的一个重要方面，广告人的艺术的气质、技术的敏锐和知觉的敏感使得他们能够较早地感知到市场的变化和社会的文化的潮流走势，在自我意识的自觉与能动的驱使下，略带自我苛求式的使命感是他们不断在广告图像中去表现和捕捉消费者内心潜在的需求趋势，从而使广告在复杂的媒介网络、庞杂的信息海洋、有限的消费者注意中引人注目。所以，广告图像需要在任何一个消费者接触点上充分调动和延伸观者的任何一种感觉方式，从而将延伸的身体深度介入到广告信息之中，最终说服消费者忠于自己"诚实"的身体选择。

我们的知觉和感觉经验的终极决定因素并不取决于外部刺激因素，而是取决于我们身体，取决于我们身体感官的构成与功能。但我们的知觉会在外部刺激和内部重构中重新定位，使之适应文化变迁、技术变革、生活变化和审美流变。广告图像的变革从某种程度上说是与我们知觉的变化一致的，它是知觉革命变化的产物之一，也是资本动态逻辑在知觉结构中变化的体现，更是我们注意力在广告图像上被规训的体现。在历史上的任何一个时期，注意力都没有像今天这样被人们所重视，即使我们熟知的 AIDMA 法则，虽然将注意（Attention）放在第一位，并且从提出的 1898 年至今已有 120 余年，但重视程度也不及现在这般："在艺术与人文学科的体制性话语和实践的广泛范围内，注意力已经成为知觉真实得以被组织和建构出来的文本与技术的稠密网络的一部分。正是通过注意力的新律令，感知中的身体才得以展开，变得富有成效，充满了秩序感，不管他是作为学生、工人，还是作为一个消费者。"[①] 显然，广告图像在传播中贯彻了这些新老律令，在吸引注意力的基础上将观者（主要是目标消费者）与图像的关系呈现出

---

① ［美］乔纳森·克拉里：《知觉的悬置》，沈语冰、贺玉高译，江苏凤凰美术出版社 2017 年版，第 19 页。

一种理想状态。在这种状态中，广告图像所要做的就是将观者知觉中排斥图像吸引注意力的部分尽可能剔除或者降至最低，而使选择注意广告图像的部分更加强化。所以，广告图像在汲取艺术作品的元素或艺术家创作艺术的技巧时，必须将直觉的意识、有意注意和无意注意的知觉、图像刺激量的多少等与广告产品、服务等相结合在一起，将消费者的选择性注意、选择性理解、选择性记忆与广告图像中的隐喻、象征等形成共通的意义空间，将广告图像清晰的信息范围与消费者注意力的聚焦有效对接，从而调动消费者知觉的每个部分，达成广告效果。

广告图像持续受到社会、文化、艺术、科技、经济等各方面的压力，需要不断与消费者的需要、动机、欲望甚至潜意识来对接和调整，并以此为基础来调整自身的表达和表现，从而塑造一个被接受并愿意去传播和展示的形象。图像转向"使我们脱离文字的和个人的'观点'，使我们进入群体图像、无所不包的世界。这的确是广告所起的作用。它表现的既不是个人的观点，也不是一种风光，而是给人提供一种生活方式：要么就是人人都予以接受，要么就是谁也不接受。"[①]现实中虽然没有这么绝对，但广告图像的确不是为了个人而表现的，它刺激的是群体的需要和欲望，是群体身体的必然反应。而人的欲望方式、需求方式是与社会经济生产方式相适应的，是一套社会关系，它必须符合社会关系对与之相适应的要素的要求。所以，广告图像在适应社会关系的基础上，要想方设法地充分表达企业、产品或者服务的感觉、特征、诉求甚至是情感，要在保持图像特色的基础上来传递广告信息。

我们在广告图像中能够自如地运用我们的身体，就在于我们所具有的身体意识、身体意象和身体审美。在梅洛-庞蒂看来，世界就是一个现象场域，"只有当世界是一个景象，身体本身是一个无偏向的精神可以认识的机械装置时，纯粹的性质（quale）才能呈现给我们。

---

① ［加］马歇尔·麦克卢汉：《理解媒介：论人的延伸》，何道宽译，译林出版社2011年版，第262页。

相反，感知赋予性质以一种生命意义，并首先在其为我们、为我们的身体这个有重量物体的意义中把握性质，由此可以得出，感知始终在参照身体"①。身体是参与到社会环境中去的，是与外界环境互动的介质且要融入环境之中。而对身体与知觉意识关系的认知，在《知觉现象学》中是从意识—客体的区分出发的，在《可见的与不可见的》中认识到"事物是我的身体的延伸，我的身体是世界的延伸，通过这种延伸，世界就在我的周围……使得身体不是经验事实，并使身体有了本体论意义。"② 是从本体论/存在论的角度认识的。在触—被触、看—被看的身体经验中、在触之不可触的，见之不可见的，意识之无意识中认识到身体是可感存在的。因此，庞蒂说："肉身是镜子现象，镜子是我与我的身体关系的延伸。镜子事物的一个图像（Bild）的实现，我—我的影子的关系＝（语词的）本质（Wesen）的实现：事物的本质的取出，存在的薄皮或其'显象'的取出——自触、自看，就是从自我中取得这样的镜像片断。也就是说，显象和存在的分裂——这种分裂已经在触中发生（触与被触的二元性），它和镜子（自恋）一起，只是更加深了对自我的依恋。不是将我之中对世界的视觉反射理解为事物—我的身体的内—客体关系，而是理解为影子—身体的关系，理解为词语本质的共同体，因此，最终理解为'相似'现象、超越。"③ 梅洛-庞蒂的这种身体意识离不开身体的知觉，在《知觉现象学》中他认为，如果某种刺激、兴奋与身体的感觉器官"不协调"时，这种刺激、兴奋就不会被身体感知。这种身体的体验是一种"表现"和"心理事实"，是引起我们身体意识的"物体"。从这个角度就很容易理解广告图像中有关身体意识方面的运用了，如图2-12④：穿

---

① ［法］莫里斯·梅洛-庞蒂：《知觉现象学》，姜志辉译，商务印书馆2001年版，第81—82页。
② ［法］莫里斯·梅洛-庞蒂：《可见的与不可见的》，罗国祥译，商务印书馆2016年版，第325—326页。
③ ［法］莫里斯·梅洛-庞蒂：《可见的与不可见的》，罗国祥译，商务印书馆2016年版，第326—327页。
④ 图片来源：http://news.sohu.com/a/692448243_120163343.

哈撒韦衬衫的男人。

图 2-12　穿哈撒韦衬衫的男人

这是大卫·奥格威被世人奉为经典的广告——美国哈撒韦衬衫广告。奥格威认为，广告的目的就是销售，否则就不需要做广告。他说"不要司空见惯的画面。如果希望观众注意广告，就要让他们看一些从没见过的东西。观众已经厌烦了夕阳西下时，一家人其乐融融地围坐在餐桌旁的镜头。"① 在奥格威看来，很多广告人构思都是文字而往往忽略广告插图（也就是广告图像或图像与文字组合起来的广告图像），但插图与文字是同等重要的。奥格威说："插图的主题比做插图的技巧更为重要。在整个广告领域里，实质总是比形式重要。拍摄一

---

① ［美］大卫·奥格威：《奥格威谈广告》，曾晶译，机械工业出版社2003年版，第112页。

第二章　广告图像、艺术理论及哲学思辨

幅照片最重要的是好的创意和主题,并不需要天才来按快门。"[1] 他认为,那些摄影获奖的作品,虽然表现出敏感、精致细腻而且构图美妙,但用在广告上并没有效果。广告图像是要能激起好奇心的、具有"故事诉求"元素的、令人印象深刻的图像。所以,当他接到哈撒韦衬衫广告业务时,就决心要创作一套比扬罗必凯公司为箭牌衬衫(Arrow Shirts)所创作的经典之作更好的广告。虽然哈撒韦的广告预算仅有3万美元,而箭牌衬衫的广告费却是200万美元。奥格威说:"从鲁道夫那里学到,'故事诉求'的一剂猛药会使读者停步动心,我想了18种方法来把这种有魔力的佐料掺进广告里去。第18种就是给模特戴上一只眼罩。最初我们否定了这个方案而赞成另外一个被认为更好一些的想法,但在去摄影棚的路上,我钻进一家药店花一块五买了一只眼罩。它到底为什么会那么成功,我大概永远也不会明白。但它使哈撒韦衬衣在过了116年默默无闻的日子之后一下子走红起来。迄今为止,以这样快的速度这样低的广告预算建立起一个全国性品牌这还是绝无仅有的一例。世界各地的报纸都刊登谈论它的文章,它成了抄袭的对象。几十个厂家把这个创意用到他们的广告上,仅在丹麦我就见过5种不同的版本。"[2] 从图2-12中我们可以看出,这幅图像具有奥格威所说的能激起好奇心、吸引注意、具有"故事诉求"元素、令人印象深刻的图像的所有特征。而且它就是一幅经过创意、设计后拍摄的真实照片,因为奥格威认为照片比绘画更能促销,"照片能吸引更多的读者;能传递更多的欲望诉求;能让人更好地记住;能吸引更多的回单;能售出更多的商品。照片代表真实,绘画代表的是想像;想像受人信任的程度要低一些。……抽象艺术在广告中不能起到迅速简明地传递信息的作用"[3]。奥格威广告图像中所涉及的身体绝大部分都是比较完整

---

[1] [美]大卫·奥格威:《一个广告人的自白》,林桦译,中国物价出版社2003年版,第135页。

[2] [美]大卫·奥格威:《一个广告人的自白》,林桦译,中国物价出版社2003年版,第136页。

[3] [美]大卫·奥格威:《一个广告人的自白》,林桦译,中国物价出版社2003年版,第138—139页。

的，因为他明确反对对身体的局部进行特写，特别是"人脸的局部特写"，他主张使用简洁的图像，反对在广告图像中使用抽象的美学原则。不仅如此，他还认为，广告图像要与媒介相适应，针对不同的媒介应有不同的创意设计，要让广告看起来不像广告，与媒介相关内容融为一体（这有点像我们现在所说的原生广告），等等。

我们再看 TYLENOL 克林顿篇药品广告图像（如图 2-13[①]）。巴西的 TYLENOL 广告巧妙地利用了克林顿"拉链门"事件进行创意，轻松夺得当年的戛纳国际广告赛平面广告金奖。这显然是一张特写，左边是克林顿大幅图像，神情忧郁，眼神弥散，眉头紧锁，额头上则是莱温斯基喜笑颜开的小幅头像照片，形成鲜明对比。右边上面是 TYLENOL 药瓶，下面则是 TYLENOL 广告词"强力止疼，专治剧烈头痛"。整个画面充满了戏剧性的矛盾冲突，我们能够从人物的表情中意识到事情对其造成的困扰，与奥格威反对的特写观点恰恰相反，不仅取得了很好的广告效果，而且突出了人物的"表现"和"心理事实"，是典型的运用身体意识来进行广告的图像代表。这两则广告图像都突出了身体为语言提供条件的意识，都突出了身体的表现性，成为吸引注意力的主要来源。图 2-12 充分体现了社会身体的属性和社会对身体的控制，但奥格威在广告图像中充分利用了社会对身体理智性的和交感性的（consensually）作用，用戴一只眼罩的方式颠覆了人们的传统广告认知，将交往身体和生理身体统一起来，使社会公众对身体的态度、功能和关系发生兴趣并得到认可，从而去追捧图像广告的产品。图 2-13 则主要突出了政治身体，"政治身体是我们政治生命中的基本结构，它为那种处于深刻的社会结构性危机、饥饿以及异化的时代中的终极追求提出了基础：在这样一个时代里，人们深感有必要重新恢复政治权威和社会共识之间的那种首要性联系"[②]。这则广告图像充分利用了生理政治身体（bio-boby political）中对生育繁衍等问

---

① 图片来源：http://www.chinaadren.com/html/file/2005-3-4/2005342341573401.html.
② ［美］约翰·奥尼尔：《身体形态：现代社会的五种身体》，张旭春译，春风文艺出版社 1999 年版，第 61—62 页。

题的搜集、好奇和力比多政治身体（libidinal body politic）所代表的欲望层面，如爱和幸福等。将作为政治人物克林顿的具有政治象征的身体与"拉链门"事件爆发后人们对其家庭、经济和个人义务之间联系在一起，从而形成巨大的想象和联想空间，吸引人们主动去探究事件的"真相"，并成功将之变为消费的身体，形成广告传播力。

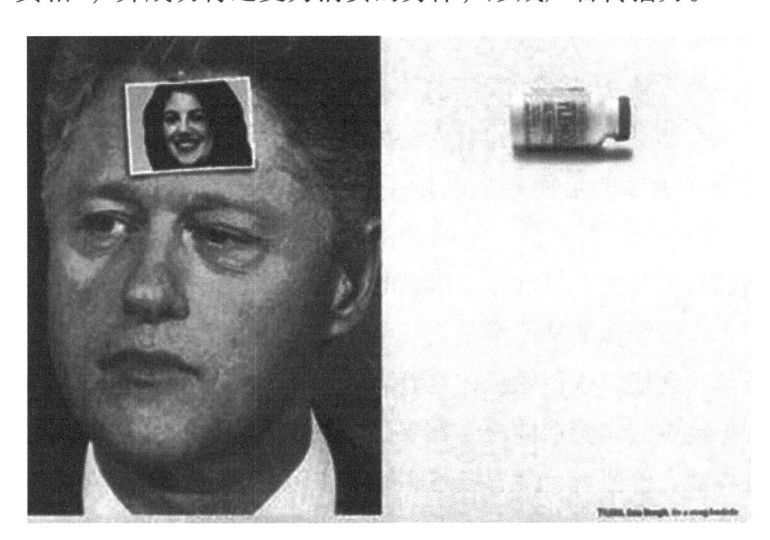

图 2-13　TYLENOL 克林顿篇

马克·勒伯认为，身体意象"是一个我们投注视线的表面，以至于我于其上成形（找到身体）；在艺术中，身体的意象，那困顿着你我的身体，是一属于人类可怖激情的猎食品。"[1] 身体意象在艺术家那里经常会出现偏颇——通常偏爱把身体描绘为吸引其他人意识的对象，从而传播了欺骗性、误导性的身体意象。所以，身体最突出的负面身体意象是"被视为心灵之牢笼、令人丧志之玩物、罪恶之源、堕落之根"[2]。所以，我们的身体既是我们熟知的也是我们陌生的，时空在改变、社会经济文化等都在变化，身体也在变化，由内在到表象、外表

---

[1] ［法］马克·勒伯：《身体意象》，汤皇珍译，春风文艺出版社1999年版，第4页。
[2] ［美］理查德·舒斯特曼：《身体意识与身体美学》，程相占译，商务印书馆2011年版，前言第1页。

到形式。如果说艺术的身体是由"身体"到"身体",是艺术家到艺术作品间的博弈的话,那么,广告图像中的身体则是由"身体的身体"到"身体",是"元—元身体"到"元身体"的演绎。这里的元—元身体主要指的是被规范和约束的广告模特(泛指代言人)的身体,元身体是广告模特作为日常行为中消费的身体。广告图像中的身体及其意象都不是在偶然状态下(虽然不排除偶然状态)确定下来的,都是经过精心设计和表演的,图像中的身体所传递的意象既是敞开的、隐喻的,也是分散的、模糊的,是在竭力剔除艺术身体偏颇等不良吸引和传播的负面效果基础上形成的。所以,广告图像中这个"身体的身体"说到底是一个消费的、欲望的和追求的身体,是消费者渴望拥有的身体,也是传递信息的中介身体。

作为广告图像的身体意象之"身体"是充满意义的、象征的、欲望的身体。现代广告图像身体之意象、象征和欲望都是广告文化的一部分,是经过文化塑造的,是在文化、社会习俗、生活理想、经济态势、世界观、价值观、意识形态等综合作用下塑造的结果。图2-14[①]是 Bookdealers 的平面广告图像,广告词"读什么你就是什么"很鲜明地将广告主题进行了阐释,即读了与广告图像中人物有关的书,你就可能成为他们。这是该系列广告图像中的一幅,其余人物是拳王阿里、梦露和马丁·路德·金。广告图像中的人物选择都不是无意选择,图像创意更不是无意之作,既突出了原型人物,又表现了面具之下的眼睛。如果说人物面具代表的是人们所向往或者说所尊崇的圣像的话,那么眼睛所代表的就是身体的真实反应,突出了渴望和向往的身体意象。无论在东西方,人们对圣人、圣像的尊崇都是一样的,人们都愿意为圣人或者圣像的"那令人眩晕且难以置信的瞬间,在那一刻历史为之变色"[②]。人们在广告图像中看见的是我们想象中成功者(圣人或者圣像)的样子,他们身体上在无形中散发出来的光环屏蔽了人们对

[①] 图片来源:http://www.360doc.com/content/12/0330/01/3233254_199143748.shtml.

[②] [法]乔治·维加埃罗:《身体的历史》(卷一),张竝等译,华东师范大学出版社2013年版,第4页。

其缺点或缺陷的选择性忽略,将人们在日常生活中对身体的恐惧、厌恶、懦弱甚至原罪等都抛诸脑后。广告图像巧妙地利用了人们对表象的幻想而忽略掉了内在才是读书的意义,如此强烈的视觉游戏虽然突出了"看"的欲望,并将可见(被见)的身体和看的身体(眼睛)混合在一起,但却经不起推敲;虽然将眼睛"嵌入"到再现的人物身体,使身体意象双重增值,但现实却是在文化的背反中各行其是——精英文化和草根文化的权力与欲望相距甚远。这正如克蒙尼尼所说:"理想是画出一张没有清晰边界的画作。情况是不断增衍那些'装以筐子'者又再使其相互镶嵌,被递转的边界于是邀约视线亦不断违抗那些界限,如此一来,它们当中没有一个边界被确切叫停。"① 但理想是理想,现实是现实,广告图像中我们可感知的读书意象和幻想的读书意象没有明显的界限范畴,观者可以在这个混合空间中进行选择性想象,对广告图像来说就是胜利,是理想的现实胜利也是现实的理想欲望驱使。

图 2-14 Bookdealers 读什么你就是什么(爱因斯坦篇)

我们再看图 2-15②:只要薯条,不要奶奶。Findus 牌(Fraich Frites)薯条"只要薯条,不要奶奶"系列广告图像的成功之处就在于

---

① [法]马克·勒伯:《身体意象》,汤皇珍译,春风文艺出版社 1999 年版,第 67—68 页。
② 图片来源:http://www.ad-cn.net/read/1897.html.

广告图像研究

将本应该是和谐的祖孙关系对立起来,从而制造紧张氛围而突出产品的诱人属性。广告图像形象地再现了在薯条和奶奶之间进行选择的微妙关系,广告词"奶奶的薯条没有奶奶"(granny's fries without the granny)既隐喻了薯条和奶奶在孩子心目中的位置,又暗示了薯条的美味和诱惑。从孩子表情中我们不难看出,孩子对奶奶行为的些许不满,并从眼神中吐露出来,自然地表现出"当我们看或者听的时候,我们会无意识地调整眼睛和耳朵,也会下意识地转动头部和躯体"[1]的心理状态,从而激发观者的想象和联想并以此来突出广告产品的属性。通过将体验、价值和感觉相结合,我们赋予了广告图像中身体意象的象征性、隐喻甚至道德品质,使身体意象变得丰富、敏感和有意义——易于理解且富感染力和想象性。这幅广告图像还充分表现了个人世界的意义:奶奶的手势充分体现了对孙女的爱,孩子的表情则突出了在体验被限制或者被戏谑后的不满。在广告图像中,奶奶的手相对位置较低而且只出现了手的动作,暗示了隐私(深沉的爱)和低下(不是主要突出对象),而具有丰富表现性和感染力的孩子面部正面则意味着身体的体验,突出了对食物的渴望。紧绷的躯体、不满的眼神、被捏变形的脸蛋,既突出了对食物的拥有和体验,又突出了戏剧化的冲突,让人印象深刻。而强有力的身体体验和身体意义主要通过眼神来表达,身体意象的形成是建立在对身体的支配基础之上的,当孩子不能够自由支配自己的身体时,天然的、遗传的、文化的和习得的信息就会在脸、眼睛及躯体上体现出来,并向外界传递出鲜明的产品信息——薯条太好吃了。

图2-14和图2-15都突出了眼睛在广告图像中的象征作用。眼睛是心灵的窗户,海斯在《暴露真情的眼神》一书中说:"在人类所有的沟通信号中,眼神可能是最能说明问题、最准确的信号,因为眼睛是身体的焦点,瞳孔是单独地发生作用的。"[2] 眼睛、眼神和瞳孔都会随人的态度和情绪的变化而变化。图2-14的眼神显得比较平静,

---

[1] [美]理查德·舒斯特曼:《身体意识与身体美学》,程相占译,商务印书馆2011年版,第205页。

[2] [澳]阿伦·皮斯:《身体语言》,贾宗谊、卢爱君译,新华出版社2002年版,第135页。

图 2 - 15　只要薯条，不要奶奶

这跟读书的气质或者说服人们去读相关的书的态度是一致的；而图 2 - 15 的眼神生气且无奈，这与奶奶对其的约束息息相关，其眼神不仅能够引起人们的注意，而且能够使人们将视线或者想象转移到广告产品之中去，效果明显。两幅广告图像的眼神都将理性注意和感性注意相结合，通过身体（眼睛）将肉体活动和精神活动结合在一起，在现实世界与幻想世界的时空中穿梭，使观者能够在"聚焦"重点信息的同时，将有意注意和无意注意有机结合在一起，从而充分调动身体的知觉和知觉的身体，促成最终的购买行为。

广告图像是最讲究身体美学的图像形式之一。充满灵性的、知性的、想象的、诱惑的身体是我们感性欣赏、理性思考和创造性自我提升的场所，也是我们认识世界、感知万物、完善自我的桥梁。在广告图像中，身体往往在有意无意中传递我们的需要、注意、选择、习惯、兴趣、愉悦、厌恶等状态、感觉、知觉、能力和行为方式，并塑造着我们的精神生活。我们往往是在与外界交往、沟通、体验等过程中来提升自我、完善自我和审美自我。虽然"病态、物化与奴役是消费社会中身体的常态，身体参与到生产、流通与消费的过程之中，越来越隐去其在物质和精神层面的特殊性，泯然于消费品的汪洋之中。"[①] 日常生活

---

① 陆晔：《影像都市：视觉、空间与日常生活》，复旦大学出版社 2018 年版，第59页。

审美化和审美日常生活化的相互交织使我们的日常生活在追求品质的道路上狂奔，人们对美好生活的向往成为共识。人们总是想看到自己定义的图像及对身体的审美结果，而为了迎合观者的口味和审美，广告图像及图像中的身体美学会越来越向人们期待的样子发展，从而避免被消费者无视或者抛弃。反过来，广告图像中身体的审美也会影响到大众的审美，使人们将身体容貌修饰得跟代言明星或者流行文化描绘的身体的样子一样，以便符合社会标准或者引人注目，从而形成螺旋式相互影响的格局——广告文化与大众文化、世俗文化与精英文化的相互交织。

"通过改良一个人的身体来校准实际的感觉行为……身体美学对身体的复杂本体论结构有足够的认识，它认为，身体包括物质世界中的客体与指向物质世界的有意识的主体性。身体美学不仅仅关注身体的外在形式与表现，它也关注身体的活生生的体验。身体美学致力于改善我们对于感受的意识，因此，它能够更加清楚地洞察我们转瞬即逝的情绪与持续不变的态度。"[①] 舒斯特曼的这种看法简直就是为广告图像中的身体审美而说的，因为这关系到广告商品的销售量和市场占有率。广告图像中身体的形式与表现、感觉与意识，不仅能够在瞬间影响消费者的情绪、态度和行为，而且还会影响消费者的话题选择、生活体验和审美取向。特别是在现代大数据背景下，消费者的感性认识和理性认识、必然的或者偶然的行为等都是可知、可测、可用的，它能够帮助我们更好地运用、改善和预测消费者身体审美的趋势，使我们更好地从身体审美、身体感受的角度在广告图像中释放身体的自我感情、情感、注意力和意义，将身体的灵性与现实的、文化的、经验的、社会的等各方面的要求相结合，建构广告图像与消费者之间的交流和意义网络及场域，从而引领思想和行动。

图 2-16[②] 是可口可乐的形象广告"它就是夏天篇"。此广告图像充分表现了人体之美。整幅图像在身体与产品之间充分体现了控制、

---

① ［美］理查德·舒斯特曼：《身体意识与身体美学》，程相占译，商务印书馆2011年版，第34页。

② 图片来源：http：//roll.sohu.com/20160312/n440171050.shtml.

第二章　广告图像、艺术理论及哲学思辨

图 2-16　它就是夏天篇

组织和表现的恰到好处，将身体之美与商品之美，身体曲线与产品曲线相结合，相互之间的张力凸显了"诱惑"之源——夏天可以更美丽。可口可乐的瓶身是由具有"塑造了现代文明设计世界的形象"之称的雷蒙德·罗维设计的，其设计奉行的"流线、简单化"理念，即"由功用与简约彰显美丽"的理念在可口可乐瓶形上体现得淋漓尽致。他说："它的形状极具女性的魅力——这一特质在商品中有时会超越功能性。"而当其与具有完美身材的女模特一起时，观者的原始欲望和渴求被激发，这既是审美身体的激发，更是欲望身体的本能反应。此广告图像充分体现了广告对"身体和愉悦"的培养和利用，将身体经验和艺术手法植入到生活哲学之中，让人们努力从审美上、身体上、艺术上、生活中去释放自己的激情和感官体验，解放自己。这幅广告图像不同于那种赤裸裸的有关"性"的广告图像形式，它自然且审美、激情而内敛，散发的是青春阳光，表现的是盛夏的激情与商品所带来的极致享受的统一。虽然水珠、眼神、胸部等具有很强的隐喻，并刺激着消费者的感官，但无处不凸显出身体的健康与精神的阳光，让人感受到身体之美和商品之美的相得益彰。"在广告里，理想化的人物往往会在充满魅力的环境和社会情境中炫耀地享用消费物品，从而诱使人将自己投射其中。"① 广告制造了欲望并对欲望进行了有效控制，广告图像所散发出的满足某些需要和欲望的光芒，在社会文化需求结构和欲望结构的控制下，梦幻般地使大众相信通过广告、通过消费广告商品可以获得满足和幸福，可以实现梦想。当媒体所描绘的虚幻表象和广告文化所表现的虚幻表象相吻合时，个人的价值追求、行动目标甚至意识形态都会体现在具体的目标之上，对广告来说就是销售，对消费者来说就是购买。这样，"使用价值的抽象化、交换价值得以建立的前提条件，以及交换立场，都为相应的抽象化开辟了道路，使得它不仅在理论上站得住脚，而且可以利用"②。当有形之物被抽象成广延的（extensum quid）、灵活的（flexibile）、可变的（mutabile）意识之时，其内容就有可能具有欺骗性、魅惑性和伪装性，商品美学抽象为外表—包装—广告形象。此时，广告图像中人体和商品的感性和意义层面相分离，被作为交换价值而单独起作用，商品形象和身体创造出的整体形象吸引了消费者的目光，使得他们的想象、幻想等与实际身体和商品相脱离，让人们心甘情愿地掏钱购买被表现的交换价值的商品，从而实现销售变现的目的。

图 2-17 是希望工程公益广告图像"大眼睛"苏明娟篇。手握铅笔的小女孩苏明娟抬着头，一双又大又亮的眼睛充满了对知识的渴望，强烈的视觉冲击力即刻唤醒了人们内心的善意和爱，震撼人心。这幅广告图像画面干净、宁静，但却是思想和感受的中心，令人过目难忘、思绪万千、心潮起伏。就像詹姆斯所说的那样："这个被经验的世界，总是

---

① 转自董璐《伪造的需求和坦塔罗斯的幸福》，《南京社会科学》2012 年第 12 期。
② ［德］沃尔夫冈·弗里茨·豪格：《商品美学批判》，董璐译，北京大学出版社 2013 年版，第 48 页。

图 2-17　希望工程"大眼睛"苏明娟（解海龙摄）

以身体为中心，身体是视觉的中心、行动的中心、兴趣的中心。"[1] 观者的身体在凝视中追随了情绪的变化。我们感到震撼、震惊，是因为图像中的眼神就是我们梦想的折射，就是对知识、对未来的向往，这是一种纯粹直白的表达或事实。也正是这种纯粹性，它才将心底的渴望通过眼睛显现出来，才能够直击人心；也正是这种纯粹，才更具感染性、唤起性和专一性。这幅图像是及时抓拍的产物，没有经过身体的训练、没有化妆，也没有明示或暗示，更不是摆拍，但却折射出身体美学的丰富性、模糊性和精准性的统一。"使我们的身体体验的质量更加令人愉悦、更加丰富；使我们的身体感知变得更加敏锐而精确。"[2] 这跟杜威认为的"若不认真关注身体维度，精神生命无以得到理解或提升"[3] 是相一致的。

---

[1]　转自［美］理查德·舒斯特曼《情感与行动》，高砚平译，商务印书馆 2018 年版，第 52 页。

[2]　［美］理查德·舒斯特曼：《身体意识与身体美学》，程相占译，商务印书馆 2011 年版，第 43 页。

[3]　转自［美］理查德·舒斯特曼《情感与行动》，高砚平译，商务印书馆 2018 年版，第 55 页。

(二) 广告图像中的女性形象

当视觉时代来临之际，视觉上的图像表征和图像理解逐渐替代了部分语言表征和语言理解，视觉文化和视觉哲学成为人们观察与展示自身和世界的窗口。从视觉消费的角度来看，广告是社会的图像表征。广告人在洞察社会、文化、伦理、经济等一系列变化的基础上，选择用于广告表现的可用之物，建立商品、社会、媒介、消费与图像之间的关联。在消费行为中，通过视觉表征和图像处理来建构身份是一个重要的刺激性因素。[1] 广告在建构身份时将内在表现（如女性形象）与外在消费（主要指通过消费来生产其身份）相结合，形成一套复杂、互动的过程体系来达到广告的目的。在这一过程体系中，广告图像中的女性形象已成为视觉消费的重要组成部分。

1. 身体与女性：身体消费中的女性形象

莫里斯·梅洛-庞蒂认为："世界的问题，也可以从身体的问题开始，就在于一切均现成地存在着。"[2] 而"当一种交织在看与可见之间、在触摸和被触摸之间、在一只眼睛和另一只眼睛之间、在手与手之间形成时，当感觉者—可感者的火花擦亮时，当这一不会停止燃烧的火着起来，直至身体的如此偶然瓦解了任何偶然都不足以瓦解的东西时，人的身体就出现在那里了……"[3] 身体成为我们认知和感知世界的客观存在，成为我们认识自己和与外界沟通的桥梁。在接触与被接触、感知与被感知、洞察与被洞察中与世界交织在一起。身体的问题搞清楚了，也就搞清楚了人的问题，也就清楚了物我的关系，就不会在认识和感知世界时迷茫、不知所措，因为我们的身体"瓦解了任何偶然都不足以瓦解的东西"。这时，物即是我，我即是物，本质与实存、想象与实在、可见与不可见等都融为一体，身体消费成为必然。

在鲍德里亚看来，身体是最美的消费品，"身体之所以被重新占

---

[1] ［美］乔纳森·E. 谢勒德、［美］珍妮特·L. 伯格森：《隐秘的欲望：当代广告中的恋物癖、本体论和表征》，邓天颖译，载《形象的修辞》，中国人民大学出版社2005年版，第171页。

[2] ［法］莫里斯·梅洛-庞蒂：《作为表达和说话的身体》，参见朱立元、李钧编《二十世纪西方文论选》，高等教育出版社2003年版，第436页。

[3] ［法］莫里斯·梅洛-庞蒂：《眼与心》，杨大春译，商务印书馆2007年版，第38页。

有，依据的并不是主体的自主目标，而是一种娱乐及享乐主义效益的标准化原则、一种直接与一个生产及指导性消费的社会编码规则及标准相联系的工具约束"①。身体是客观存在的，观者和身体所形成的关系模式是事物关系组织模式及社会关系组织模式的反映。这种反映既是身体的也是文化的，既是社会的也是个人的，在相互延伸及交织的过程中将身体与消费联系在一起。当身体被公共化、符码化、物化、娱乐化，成为文化象征的身体、产业发展的身体、社会建构的身体、审美文化的身体和欲望隐喻的身体时，身体消费已经融入消费社会时代发展的血液之中，成为工业美学视域下功用主义的一部分。

波伏娃认为："一个人之为女人，与其说是'天生'的，不如说是'形成'的。没有任何生理上、心理上或经济上的定命，能决断女人在社会中的地位，而是人类文化之整体。"② 在消费社会"身体向美学/色情的交换价值蜕变的过程在触及女性时，也同样触及男性——然而占主导地位的依然是女性。"③ 可见，女性身体消费不具有历史事实或社会变迁上的偶然性，而是合乎逻辑、历史和文化的。人们"将美描述成通过使用商品就能实现的自我塑造目标，妇女被塑造成自身就是财产或商品的消费者。"④ 且成为消费社会的一部分。这样，无论是作为资本的身体实践还是作为偶像（或消费物品）的身体实践，都统一于社会关系之中，成为商业社会的一分子。而商品化正是消费社会的主要特征之一，所以，在视觉文化转向中，随着人们的精力、注意力越来越成为稀缺资源——身体，特别是女性的身体，已经成为一个有视觉吸引力的商品形象，成为广告视觉形象载体的一部分。这样，女性身体的功用性美丽、功用性色情、功用性快感等在广告图像中都成了一种消费隐喻，成为最美的消费品。

---

① [法] 让·鲍德里亚：《消费社会》，刘成富、全志刚译，南京大学出版社2014年版，第123—124页。
② [法] 西蒙·波娃：《第二性—女人》，桑竹影等译，湖南文艺出版社1986年版，第23页。
③ [法] 让·鲍德里亚：《消费社会》，刘成富、全志刚译，南京大学出版社2014年版，第129—130页。
④ [英] 西莉亚·卢瑞：《消费文化》，张萍译，南京大学出版社2003年版，第88页。

既然女性的地位是由历史、文化界定的，那么女性及其身体的解放、消费和展示也是合乎文化和历史逻辑的。约翰·伯格认为："女人的风度在于表达她对自己的看法，以及界定别人对待她的分寸。她的风度从姿态、声音、见解、表情、服饰、品位和选定的场合上体现出来——实际上，她所做的一切，无一不为她的风度增色。"① 这些"风度"在视觉消费语境下被表现得淋漓尽致，女性成了能够消费和被消费的主体，包括女性在内，人们有时模糊甚至忽略了女性被刻板、被消费、被剥削、被色情等需要"被解放"的处境，成为一种社会常态。造成这种"常态"的主要原因：一是身体的工具化属性、资本属性和功用性属性的综合作用；二是历史、文化与社会现实的驱使。而在消费社会，人们"由于注重身体的外形或身体的观赏价值，而不是实用价值/生产价值，视觉文化与身体文化就成为现代消费文化的两翼：在视觉文化中占据核心地位的是身体（特别是各种女性的玉照），而身体文化则是视觉化、图像化的。"② 这在现代广告图像中表现得尤为突出，广告图像也正是利用身体在视觉文化中的地位来吸引注意、展现形象、打造流行文化。在社会现实和消费文化的驱动下，广告图像将身体的工具化属性、资本属性和功用性属性发挥到极致，以致成为常态。在此背景下，人们往往忽略了在广告中对女性形象的滥用，在选择性注意、选择性理解、选择性记忆中将女性形象刻板化甚至色情化，以致将女性身体的工具化属性、资本属性和功用性属性等异化。

广告大师大卫·奥格威观察发现："女性消费者对女性形象代言人更加关注；同时要想吸引女性消费者，最好的办法是使用婴儿的照片，因为女性的母性心理对幼小孩子的关注度很高，这样可以吸引女性的注意。"③ 并提出了著名的广告表现"3B"原则（美女 Beautiful，婴儿 Baby，动物 Beast），美女则占首位。在视觉消费语境下，商品成

---

① ［英］约翰·伯格：《观看之道》，戴行钺译，广西师范大学出版社 2015 年版，第 62 页。
② 陶东风：《消费文化语境中的身体美学》，《马克思主义与现实》2010 年第 2 期。
③ ［美］大卫·奥格威：《一个广告人的自白》，林桦译，中国友谊出版公司 1995 年版，第 110 页。

为性别基因的编码，广告利用社会对不同性别的角色期待，使身体消费，特别是对女性身体及其形象的消费，通过广告图像更加多元、复杂和形象地向消费者展示。它一方面是男性生产、女性消费的二元结构论的反映；另一方面，它赋予了商品性别代言人的符号意义。① 当女性成了事实上消费和被消费的主体时，身体景观在强化女性形象消费的同时又往往忽视女性的性别，呈现矛盾而又复杂的综合体，就像我们所处的社会，越来越复杂、越来越多元，以致我们迷失其中而不自知，成为看与被看的主体。

在视觉消费语境下，女性身体成为认知、消费和观看的主体，也是认知、消费和观看的对象。当视觉、认知、历史、观看、消费等在女性身体上交织在一起时，人们的好奇心、求知欲、表现欲等进一步引发了我们对身体乃至社会的理解、认识和发展。这将进一步推动女性身体的物化、社会化、资本化、工具化和性欲化，成为一种新的膜拜和神圣过程的一部分，使我们进一步认识到女性身体在叙事、隐喻、表征、认知、形象、渴望、想象、符号等形成中的独特作用，并以此为依据来展开广告图像的创作，去粗取精、去伪存真，突出像胡塞尔说的那种"本质直观的作用"，并达到广告的效果。但在这个过程中，我们不能忽视女性作为独立个体的人格、精神和意义所在，更不能刻意地将女性形象完全工具化、资本化、功用化、物化甚至刻板化，如果不能做到这些，就会导致为了身体而身体，为了形象而形象的现象出现。如此，广告必将人而诛之、万劫不复。

2. 看与被看：视觉消费语境中的女性形象消费

从符号学与现象学的角度看，广告图像是存在于视觉文化与意义空间中的意义表征和符号、现象再现系统。广告图像中的女性形象总是通过各种方式作用于人们的有意注意和无意注意，并以此来激发欲望、想象和联想。"于是，女性把内在于她的'观察者'与'被观察者'，看作构成其女性身份的两个既有联系又是截然不同的因素。"② 成为看与

---

① 彭华民：《消费社会学新论》，北京师范大学出版社2011年版，第158页。
② ［英］约翰·伯格：《观看之道》，戴行钺译，广西师范大学出版社2015年版，第63页。

被看的主体。而看与被看并非绝对，我们都处于看与被看之中。

看与被看是有选择性的。在信息爆炸的视觉社会，选择性的看与被看成为我们注意、理解、记忆的常态。而广告图像中的女性形象则"必须使个体把自己当成物品，当成最美丽的物品，当成最珍贵的交换材料，以便使一种效益经济程式得以在与被解构了的身体、被解构了的性欲相适应的基础上建立起来。"① 身体（特别是女性身体）包裹着快感神话，成为广告图像吸引受众注意的最直接的体现。当身体的经济程式被启动时，身体的功用性、效益性就会被最大化。这时，女性形象在"被观察"过程中被物化、奴役、社会化、资本化、工具化和性欲化，成为"他者"。而如果我们"把身体定义为我的偶然性的必然性所获得的偶然形式"②，那么当我们在看到广告图像中的女性形象而获得视觉快感或者娱乐及享乐时，注意就成了必然，因为"注意力是意向地指向对象的"③。但在现实的看与被看过程中，我们往往会把有意注意与无意注意结合在一起，并且能够在我们的注意之中进行无缝转化。也正是如此，就越要求我们在广告图像中运用女性形象要充分创意、充分尊重和充分理解看与被看的实质。

广告图像中的女性形象处于被看的境地。这种无处不在、无时无刻地被看在消费社会已成为常态，具有不可把握的超越性，且在一定的时空里具有决定性。萨特认为："他人的注视通过世界达于我，不仅改造了我本身而且完全改变了世界。我在一个被注视的世界中注视。"④ 所以，广告图像中的女性形象是被"改造"了的女性形象。这种形象不仅要吸引注意，而且要激发快感——使人产生某种行动的快感。反过来，广告图像中的女性形象也在"看"观者，一旦广告图像

---

① ［法］让·鲍德里亚：《消费社会》，刘成富、全志刚译，南京大学出版社2014年版，第127—128页。
② ［法］萨特：《存在与虚无》（修订译本），陈宣良等译，生活·读书·新知三联书店2014年版，第384页。
③ ［法］萨特：《存在与虚无》（修订译本），陈宣良等译，生活·读书·新知三联书店2014年版，第338页。
④ ［法］萨特：《存在与虚无》（修订译本），陈宣良等译，生活·读书·新知三联书店2014年版，第338—339页。

第二章 广告图像、艺术理论及哲学思辨

被看、被注视,广告图像就将观者带入一个无距离的在场之内,让其体验到一个世界之外的另一个世界,以激发观者的注意或快感。广告图像的看是通过媒介、广告主、广告公司和广告人完成的,观者与图像彼此成为对象性的存在,而由于女人更能"发挥着与幻象本身及象征功能相适应的作用"[①],所以,广告图像中的女性形象被消费、被物化、社会化、资本化、工具化和性欲化也就顺理成章,成为广告表现的主要形式。通常我们会认为,处于被看境地的对象是被动的,但在广告图像之中,女性形象的运用却是主动的,她可以将观者的注意带入已经设定的场域,完成广告所赋予的使命。

人的所有的感觉都是广告争夺的对象,视觉首当其冲。在广告图像中,女性形象的运用对女性和性进行了区别认知:性是生物的、自然的;性别是文化的、历史的。对女性和性的持续不断地利用、维持和创造是广告图像中女性形象的最常见方式,因为她吸引注意、传递欲望。尽管我们在相当长的时间里倡导男女平等,但不可否认,直到今天,传媒对于女性的传播依然从属于男性的他者文化,广告也概莫能外。在视觉语境下的消费社会,广告图像不仅模仿现实,而且重构现实,甚至模糊了虚拟与现实的边界,它不仅传递了商业信息,而且传递并扩大了欲望的边界及表现形式,女性形象成为被消费、被物化、社会化、资本化、工具化和性欲化的载体。在广告法则 AIDMA 中,广告传递的欲望是促使消费者产生行动的重要环节,而欲望的产生则是因为消费者的注意,也就是观看,吸引我们注意或者激发我们兴趣的则是广告图像所呈现的内容。由于"商业语言对性别的利用实际上是一切组织体系的所作所为:它将深层的文化所特有的有时甚至是生物的关注外在化,并将他们与具体的商品相联系。"[②] 所以,作为认知、消费和观看主体的女性及其身体,就成为广告图像中女性形象的重要

[①] [法] 让·鲍德里亚:《消费社会》,刘成富、全志刚译,南京大学出版社 2014 年版,第 140 页。
[②] [美] 詹姆斯·特为切尔:《美国的广告》,屈晓丽译,江苏人民出版社 2006 年版,第 206 页。

表现内容，这既是文化的、历史的，也是生物的、自然的，成为传递欲望的桥梁和纽带。突出性也是因为性别，对女性的性崇拜既是生物的、自然的，也是文化的、历史的。广告图像中往往将性与性别融为一体来展现形象，既是受商品拜物教的影响，也是为了更好地突出商品神秘性，将人的注意转移到商品或广告信息中来，图像在吸收注意者身上的人性的同时，使其盲从广告中女性形象且受其支配，并将注意者的自觉意识转移到广告图像所指引的方向中，从而达到广告的目的。

这是一个充满着贪婪的战场，有洞察、算计、利用和妥协，有些甚至还冲出了边界，但无论如何我们不能突破底线，不能踩上红线，要让人们"看"和"看到"人性的光芒，在看与被看中科学、理性消费女性形象。广告图像是象征性场域，它将可见的与不可见的、在场的与不在场的所有对象进行融合，给人以科学的、理性的（或者感性的）、实证的认知，在广告图像的象征性价值与寓意性暗示中激发行为，使人们无法停止观看且努力使自己被看到。广告图像中女性的胸部、臀部、大腿及性暗示的语言和言语，等等，往往就成了广告象征的可见及在场符号，而意味深长的不可见、不在场的女性形象、性等的隐喻则进一步地神话或者造就了新的广告崇拜。

3. 眼与心：女性形象消费的特殊性

广告图像中女性形象的运用，将可见的身体与不可见的精神与视觉消费、商业逻辑相结合，将欲望的身体、消费的身体、经济的身体、审美的身体等融入物理之眼与心灵之眼之中，以独特的视角凸显女性形象在广告图像中的特殊作用。女性形象在广告图像中的广泛运用，不仅是身体消费的延续，而且进一步凸显了人体绘画中男/观看/主动与女/被看/展示的关系，这样，就达到了吸引注意、传递欲望的目的——增加看的快感和被看的成就感，并在这种快感和成就感中达到商业需求。

首先，互动是广告图像中女性形象展示的关键。梅洛－庞蒂认为："我的身体同时是能看的和可见的。身体注视一切事物，它也能够注视它自己……是从看者到它之所看，从触者到它之所触，从感觉者到被感觉者的相混、自恋、内在意义上的自我——因此是一个被容纳到万物之中的，有一个正面和一个背面、一个过去和一个将来的自我……"① 身体的可见和可动与广告图像的可见和可动构成互动的景观，互动使外在的、瞬间的、不在场的、不可见的转化为内在的、持续的、在场的、可见的思维活动。这样，我们的眼与心或者说身体与精神融为一体，将可见的与不可见的、在场的与不在场的等都统一于广告图像之中。

身体的价值，尤其是女性身体的价值在商业逻辑上的颠覆性，使其成为连接人们物理之眼与心灵之眼的桥梁，成为最美的消费品——不仅在心理和意识形态功能中取代了灵魂，而且成为引导人们消费的深层指导机制。广告图像中的女性形象是在文化文本、历史文本、文学文本和图像文本的共同作用、互动下，在彼此螺旋式上升的互动作用中，使女性形象成为人们的消费对象的。特纳指出："应该根据身体形象的角度看待消费社会中的自我观念，这个身体形象在理解与评价公共领域中的自我方面发挥着独特的作用。特别是身体的外表是广告、自我推销以及公共关系的核心。它也是社会歧视的核心，现代的消费自我是一个再现性的存在。"② 所以，在诸多因素的互动作用下，女性形象在广告图像中被刻板化也就不难理解。而相当长一段时间，在女性解放与身体解放的交织下，人们将"女性和性解放混同，使它们相互中和。女性通过性解放被'消费'，性解放通过女性被'消费'。"③ 这是导致广告图像中的女性形象在物理之眼与心灵之眼相互作用下进行赤裸性展示、性刺激的根本，成为广告女性形象色情化的催化剂。

其次，广告图像中的女性形象符合消费社会的消费逻辑。消费社会的消费逻辑是一种欲望逻辑，欲望是人的本性。物质的极大丰富、信息的爆炸式增长、社会的多元变革等，无不刺激着人们的欲望，而

---

① [法] 莫里斯·梅洛-庞蒂：《眼与心》，杨大春译，商务印书馆2007年版，第36—37页。
② 转自陶东风《消费文化中的身体》，《贵州社会科学》2007年第11期。
③ [法] 让·鲍德里亚：《消费社会》，刘成富、全志刚译，南京大学出版社2014年版，第131页。

当人们的精力、注意力成为稀缺资源时，广告在某种程度上却依赖女性形象重新激发了人们的潜在精力和重聚了人们的有意注意和无意注意，使人们的消费欲望得以进一步膨胀，成为新的商业逻辑的缔造者。

广告图像中女性形象的具象视觉哲学将身体细节放大给观者，将本质与表现、想象与实在、可见的与不可见的、图像的在场与产品的不在场相混淆、相统一或者相融合。这时，广告图像刺激的是观者的物理之眼和心灵之眼，在广告图像和观者的看与被看的互动过程中，使观者欲望最大化——广告图像中女性形象成为刺激的工具。而广告图像恰到好处、技巧地使用了这个工具，使它具有侵越性、潜在性和感染性。尽管我们的物理之眼不能将我们看到的一切归属于我们的思想，但心灵之眼却弥补了这个不足，而广告之所以要想方设法地激发我们的想象与联想，其目的就是将物理之眼与心灵之眼相统一，使我们产生购买的行为。

最后，广告图像中的女性形象顺应了女性消费的潮流。21世纪被称为"她世纪"，人类学家海伦·费希甚至认为，女人将是21世纪的"第一性"。她在《第一性：女性的天赋及她们如何改变世界》里指出："男性的特点可能使他们在工业社会略胜一筹，但在由电子商务、网络社会和协作精神构成的新背景下，男性的优势就不那么明显了。"[1] 国际广告协会主席卡·波尔认为："以男性为主的消费主义正在转变为以女性为中心的消费主义。"而"广告是消费社会的文化，通过影像传播当时社会对自身的信仰。"[2] 当女性成为消费主义中心时，女性及广告图像中的女性形象的看与被看就发生了变化——女性消费成了主流——女性成了看与被看的中心。广告图像更多地将女性形象所引发的行动和生活经验相结合，更多地将虚拟与现实相结合，更多地将物质与精神相结合，使广告充满魅力的梦幻。广告图像顺应女性消费潮流使广告图像中的女性形象更具有"心灵之眼"的特点：

---

[1] 转自《新周刊》杂志社编《新周刊2001佳作·文卷》，漓江出版社2002年版，第4页。
[2] ［英］约翰·伯格：《观看之道》，戴行钺译，广西师范大学出版社2015年版，第199页。

更具亲和力、理想性，但也更脱离现实。这种脱离现实并不是说广告存在虚假，相反它更能刺激人们去尝试，更进一步将"物理之眼"与"心灵之眼"统一于我们看与被看的景观之中——我们都是消费者，同时我们也在被消费。

人是生产体系与消费体系的统一，而广告联系了生产与消费。如果说广告是世界的图像反映，那么女性及其形象就是广告图像表现的历史、文化选择。"消费"本身是一个中性概念，在男女共存的现代社会，有消费才有生活，身体被消费也就意味着身体价值得到了认同。女人被塑造成"第二性"或"第一性"以及所谓的"她世纪"，不是由男权社会（或父权制）主导的，而是人类历史、人类社会进化的相对阶段。广告图像中的女性形象的运用也是如此，与其说是由资本决定的，不如说是由历史、文化及人的本性决定的。在资本与历史、文化的同构下，我们需要防止的是借历史、文化与资本之名，行深化性别的社会差异之实，将广告图像中女性形象刻意工具化、物化、资本化和功用化。

消费社会的消费文化决定了广告图像中女性形象的表达方式；消费者的视觉审美取向决定了广告图像中女性形象的表现层次；构想者的商业判断和综合素质决定了广告图像中女性形象的最终呈现方式。任何时候，广告图像都不是随意的，其中的女性形象更不是，它是一个综合考量各种要素的融合物。广告与女性从某种程度上就像鱼和水一样：鱼离不开水，水更淹不死鱼。而一旦水被污染了，鱼就会遭殃甚至是有灭顶之灾，所以，我们要用健全的心智去构建广告图像中的女性形象，使其具有健康的感染力并给人以快乐。

第三节　艺术创造性与广告图像

我们在这里探讨的艺术创造性主要指的是与艺术创造有关的权力、文化和社会政治关系。在当代社会，艺术创造性与广告图像有着千丝万缕的联系，并在权力、文化和社会政治关系中作用于广告图像的创造、表现和传播。

一　权力与广告图像

通常，权力是政治的核心范畴，具有强制性、垄断性和专制性。权力是人类本质属性的基本动机，我们常说的统治、控制、影响、支配以及冲击等，都与权力息息相关并反映着权力的存在。唐代张彦远的《历代名画记》是最早的画史论著，开篇即言："夫画者，成教化，助人伦，穷神变，测幽微，与六籍同功，四时并运，发乎天然，非由述作。"① 明确阐明绘画具有维护政治权力、社会人伦秩序的重要价值。阿恩海姆在《视觉思维》中认为："究竟是什么东西使得一件作品不再是对一个特殊事件或事物的图解，或者说，不再是一类事件或事物的样本。这就是人们在它的意象中看到的那种埋置于其中的抽象的形式，或者更准确地说，一种嵌置于其中的抽象的'力'的式样。"② 抽象的"力"的式样在人的一切知觉中都存在，但艺术家在创造供人们观看或者感受的作品时，在创造出那种最强有力、最纯粹和最准确地体现自己有意或无意地想要传达的那种意义的形式时，选择权、决定权等几乎都由艺术家自己掌控和把握，但同时也会受到社会、政治、经济、文化等的制约，只不过是艺术家将一切权力秩序内化为习惯性的认同或者个人意愿的抉择。

尼采认为，动物具有的一切欲望、有机生命的一切功能都是"权力意志"派生出来的，"理解艺术就是理解权力意志，因为权力意志只有在艺术中才能绝对彻底地表现自我"③。生活即艺术，艺术拯救了生活，这与其"支持表现力、健康、肯定生活的世界观，而反对那些表现无力、病态以及否定生活的世界观"④ 是一致的。我们每个人都

---

① 转自丁勤《图像学》，辽宁美术出版社 2016 年版，第 169 页。
② [美] 鲁道夫·阿恩海姆：《视觉思维》，滕守尧译，四川人民出版社 1998 年版，第 363 页。
③ [法] 让-马里·舍费尔：《现代艺术——18 世纪至今艺术的美学和哲学》，生安锋、宋丽丽译，商务印书馆 2012 年版，第 364 页。
④ [法] 让-马里·舍费尔：《现代艺术——18 世纪至今艺术的美学和哲学》，生安锋、宋丽丽译，商务印书馆 2012 年版，第 361 页。

有原始的艺术冲动,都有幻想或者潜在或者现实的艺术力量。这也是尼采所说的作为艺术的强力意志应有之义,他认为,艺术作为强力意志的一个形态,是"生命的最大的兴奋剂"①。但尼采探讨艺术并不是为了说明或者描述艺术作为文化的现象或者表达,而是为了说明"强力意志"是什么。在尼采看来,"强力意志"是具有统治力、支配力、影响力的,在"兴奋剂"的驱动、提升和自我超越下,其实就是一种权力意志。这种权力意志一旦体现在对艺术创作的追求、对艺术知识、艺术形式、艺术表现的追问时,它就上升到对艺术沉思的美学范畴,成为艺术家对艺术和对美的追求的权力形式表现。福柯将再现视为权力仪式的一部分,而身体是性别/权力关系联系的中介。他提出"话语即权力"的观点,不仅引起了人们对话语权的反思和深入探究,而且也在实质上影响到艺术、传播和广告关于话语权的研究。广告图像的最终呈现是各种权力综合作用的结果。具体来说,主要有以下几个方面。

(一)预先占有权

合法占有或预先占有是对权力的最明显体现。不管是在艺术创作上还是在广告传播抑或其他学科中,预先占有权都是某(些)人或者某(些)物综合实力的体现。占有权是对某物进行实际控制的权力,预先占有权就是最先对某物进行实际控制的权力。在艺术、文学等领域,对图式、思想、观念等的预先占有权是起点而非终点,它必须在一定的领域得到他人的承认和流转才有意义,否则就陷入虚无。这既是一种话语权,也是一种占有权。而"艺术家的话语权力,在根本上指他利用一种艺术图式呈现自己的艺术观念的权力。它和艺术图式的呈现对象没有关联,正如理论家占有的只是一种概念本身而非概念的指涉物(纯粹观念性的概念除外)。"②如果艺术家想体现其对某种话语权的占有或者成为某种话语权的表征的话,同样需要得到他人的承认和认可。这就要求我们对提出的"对象"必须具有原创性、正确

---

① [德]海德格尔:《尼采》(上),孙周兴译,商务印书馆2003年版,第81页。
② 查常平:《艺术话语权力的社会性、历史性》,《艺术评论》2004年第3期。

性、有用性、标志性和传播性，否则，预先占有权就形同虚设，没有什么实质上的意义。

1923年，克劳德·霍普金斯在《科学的广告》中提出："每一种宣传都可以像其他的宣传一样占有一席之地，但只有那种明确的表达才能取得成倍的效应。二者的区别是巨大的。如果有一样东西值得宣传，那就一定要设法让它给人留下最深刻的印象。"[1] 即谁能发现或者创造某行业具有普遍意义的产品特征，并第一个告诉消费者这些事实或者率先使用它，谁就取得了该产品的"预先占有权"。这种现象在现代广告中屡见不鲜，如农夫山泉提出的"有点甜"，雀巢咖啡提出的"味道好极了"，等等。无不取得了良好的广告效果，成为经典的广告被人称道，而且只要人们一提到"有点甜"或"味道好极了"就能够立刻想到农夫山泉和雀巢咖啡。但我们也要牢记霍普金斯的警告，广告及其图像不是为了娱乐，而是建立在服务基础上的、真实基础上的传播，可以诱导但不能驱赶和欺骗。所以，"在先发制人的主张中，关键的核心是广告人千万不要措辞错误。正如没有什么能比好的广告更快促进劣质产品的停产一样，对于一种好的产品来说，也没有什么比一个直率的谎言更危险的了。广告具有真实性，一种特殊的真实性"[2]。我们说有多大权力就意味着有多大责任和多大风险，这在广告中体现得更为突出。虽然不管是在广告图像的表达形式上，还是在广告语等文字的选择上都有很大的自主权，都有预先占用的先机，但先机、预先占用权不等于能够成功，不等于你拥有这个权力你就能够笑到最后。因为，在广告及其图像的传播中，它时刻都会受到来自方方面面的权力的挑战和制衡，很多时候，这种权力不具有绝对性、继承性和排他性，需要我们持续不断地去巩固、提升和维护。

到20世纪40年代，罗瑟·瑞夫斯在《实效的广告》中系统提出

---

[1] ［美］克劳德·霍普金斯：《我的广告生涯·科学的广告》，邱凯生译，新华出版社1998年版，第208页。

[2] ［美］詹姆斯·B.特威切尔：《震撼世界的20例广告》，傅新营、蔚然译，上海人民美术出版社2003年版，第39页。

第二章　广告图像、艺术理论及哲学思辨

并阐释了被后人誉为广告经典理论之一的 USP（Unique Selling Proposition）理论。瑞夫斯说："每个广告都必须向消费者陈述一个主张。不仅是说上几句话，吹捧吹捧产品，也不仅是橱窗式广告。每个广告都必须对每位读者说：'购买此产品，你会得到这种具体好处。'……该主张必须是竞争者所不能或不会提出的。它一定要独特——既可以是品牌的独特性，也可以是在这一特定的广告领域一般不会有的一种主张。……这一主张一定要强有力地打动千百万人，也就是吸引新的顾客使用你的产品。"[1] 作为独特的销售主张，USP 理论在一定程度上承袭了霍普金斯的"预先占有权"的思想。强调广告主张的独特性和唯一性其实就是"预先占有权"思想的核心，其实质是广告人创造力或者综合知识竞争力的比拼。广告图像呈现出来的形式是艺术和技术的结合体，广告图像说什么和怎么说是广告人将表述的哲学、感受的哲学、欲望的哲学以及社会、文化、经济等的哲学综合运用的结果。没有哪一则经典广告图像是凭空诞生的，预先占有说起来很容易，但真正行动起来却又是另外一回事。

广告图像在体现预先占有权时，往往是用包括言语在内的知识行为变为（或呈现为）图像行为。在图像时代，这种转向越来越明显，因为现在年轻人越来越倾向于读图式的快速阅读行为。因此，以前用话语表达的东西，现在开始用图像来完成——图像成为话语权的直接体现。因为在图像时代，如彼得·伯杰所言："社会不仅控制着我们的运动，而且还塑造着我们的身份、我们的思想和感情。社会的结构成为了我们自我意识的结构。社会并不停留在我们的皮肤表层。社会渗透入我们内部的程度，恰如它包围着我们一样。"[2] 社会的个性塑造着我们每个人的个性，社会行为约束、规范着我们每个人的行为，广告图像行为也不例外。从表面上看，广告图像的预先占有权是广告图

---

[1] ［美］罗瑟·瑞夫斯：《实效的广告》，张冰梅译，内蒙古人民出版社1999年版，第80—81页。
[2] ［美］格尔哈斯·伦斯基：《权力与特权：社会分层的理论》，关信平等译，浙江人民出版社1988年版，第36页。

像的行为体现，但现实却往往不是如此，它是受到许多先决条件制约的。图像的分析、图像的呈现、图像的维护以及图像所引发的思考能力都被社会编织到其文化的基本结构之中去了。在这样的基本结构之中，只有具备强大知识储备的人才会充分掌握图像语言的分析、图像语言的维护、图像表达的潮流和对图像语言的思考。这样，当某种广告图像在行使预先占有权时，其实质反映的往往是广告创意人员对语言和图像高超的驾驭能力以及创造图像的能力，是图像本身的力量和人的行为选择的结果。

马克思广义的经济标准是对经济资源的"实际占有"。一般说来，艺术品是商品的一种特殊形式，艺术审美与商品审美是正向相关联的。对资源的占有是权力的体现，艺术如此，广告图像亦然。在艺术与商业联系在一起时，艺术就包含了商业的特点并且呈现出商品的特征，广告图像和消费自然也就被添加了艺术的成分。所以，人们在消费上往往是既看重质量又关注审美的，是既要满足使用价值的需求又要能在精神上满足对审美的想象。所以，人们购买某种商品，既是对资源占有的权力欲望驱使，又是由世界图景和现实图景所决定的。在对资源的占有上，广告图像的预先占有从某种程度上来说承担了宗教的功能，它打开了消费者的心扉，又为消费者树立了新的追求目标和梦想对象，广告拜物教就是其中的典型代表。商品在广告图像符号的作用下成为人们崇拜的对象，而且已经渗透到社会的各个角落。广告图像及由此所形成的符号化消费，在深入挖掘、制造和塑造商品意义的基础上，将真实的社会关系隐匿、仿像或者幻象化，使商品在符号意指的基础上将所代表的资源最大化，从而诱导消费者对商品的占有。

图 2-18[①] 是广告中的一种特殊预先占有形式。第一或者永争第一是许多企业的明确目标，但在埃维斯（Avis）之前却没有哪个企业说自己是第二位的。当埃维斯横空出世以谦卑、诚恳的态度提出"我

[①] 图片来源：https://gonglue.epwk.com/217227.html.

第二章 广告图像、艺术理论及哲学思辨

图 2-18 埃维斯（Avis）租车：我们是第二，所以我们更努力

们是第二，所以我们更努力！"时，不但赢得了消费者的信任，而且开创了一个先河——真诚示弱的成功先河。预先占据第二总比默默无闻要好得多，这一广告实践不仅先于我们熟知的定位理论，而且将逆向思维、借势助力市场策略运用得恰到好处，不仅使企业起死回生，而且成为广告史上经典的案例，不断被人们所称道和模仿。如蒙牛初创时提出的"争创内蒙乳业第二品牌"策略，就是在大家公认伊利是第一位的市场格局下率先提出的，从而占据了市场扩张的主动权，不仅用最小的代价使行业和消费者知道有蒙牛这个品牌的牛奶，而且一开始就比肩行业第一，为自身的发展争取到了发展的"势"和"名"，奠定了之后发展的基础。这类广告图像都简单直接，文字部分是主要内容，重点是和企业的名称相互映衬，以便在最短的时间内占据消费者、行业和媒介的注意，以最小的、最快的方式使整体广告图像指向人们关注的重点、远方和象征性的他者。这样，图像和文字都成为联系物，都在同一时间与观者建立联系，使人们在接触的瞬间产生超体验。不可否认的是，这种预先占有权是建立在科学预判和艺术渲染的基础之上的，因为任何的广告光环都会消失，超体验表现也只是表象或者外在性，而且广告图像在沟通心灵上越少越直接，就越需要强化传媒效应；在艺术上越直白、内容越少，越需要传播。所以，这类的

· 151 ·

预先占有，广告图像一般都会在短时间内集中爆发，以便形成集中攻势，快速解决问题以达到预期的目的。这种以退为进、以守为攻的占有既体现了预先占有，又巧妙地重新建构了自身的定位，使自身占据有利位置、有利资源。

（二）媒介的权力

艺术的传播离不开媒介，广告的传播更是如此。艺术从严格意义上说传播的是美感、美的形式、美的愉悦和形象方式，而不是通常意义上的适用性的东西。艺术在形式、内容、表现、象征方面都在玩弄某种韵律、协调或者不协调、意象或者隐喻，从而构成创造。广告图像似乎有过之而无不及，除了在真实性上面。广告图像跟路标有很多相似之处——有这个东西可以给我们予以提示、节约时间甚至指明方向，没有这个似乎我们也能够到达目的地，只不过要费时费力地进行一番搜索而已。表面上这不涉及艺术，也不涉及文化，更涉及不到哲学，但在仔细思考之后就会发现，如果没有这些习以为常的东西，人们该怎么办呢？其实在绝大多数时候，人们并不在意这些早已习以为常的东西，但当这些现实或生活自成图像出现在人们面前时，已经难以回到从前了。这不是艺术品取掉画框甚至取消界定空间的画幅那么简单，也不是广告图像越来越不像广告、越来越场景化、越来越数字化那般呈现。所以，我们需要在广告图像中"集感受魅力和语言的魅力为一体，让回归质感和文本的诠释兼而有之。"[①] 这是我们的权利和义务，也是媒介的权利和义务。广告图像所产生的预期（非预期）或者可预见（不可预见）效果的能力既是广告人创作能力（权力）的结果，也是媒介传播权力的体现。人类社会权力的分配不是平均进行的，而是非对称的。在广告图像的传播中，媒介具有相对较大的权力，但选择权并不在媒介，而在广告主和广告公司。

"媒介是为各种力量（经济、政治、军事、社会、文化、物理的力

---

① ［法］雷吉斯·德布雷：《图像的生与死》，黄迅余、黄建华译，华东师范大学出版社2014年版，第52页。

第二章　广告图像、艺术理论及哲学思辨

量)起中介作用的机构,各种各样的力量组成世界及其权力斗争。"① 媒介作为社会变革的关键,其起中介作用的主要方式就是符号,广告图像也是一种特殊的符号形态,故我们这里只讨论媒介权力的符号权力。与福柯知识/权力/自我体系不同的是,布尔迪厄从权力/身体/信念角度出发,认为"所谓符号权力,即意义和意蕴系统(System of Meaning and Significant)所具有的,通过将压迫和剥削关系掩藏在自然本性、善良仁慈和贤能统治的外衣下,掩盖并因此强化这些压迫与剥削关系的能力"②。符号权力与其他权力不同的是,在消费社会不仅渗透我们生活和消费的方方面面,又实实在在体现在经济、文化之中。是既明显又隐蔽,既集中又分散,既涉及社会又涉及经济、文化等领域的权力形式。体现在广告图像上,就是我们经常所说的符号消费和认牌购买等行为,也是构成当下广告图像景观的主要成分。这也正如布尔迪厄所描述的那样:"符号权力是通过言语构建给定事物的能力,是使人们视而可见和闻而可信的权力,是确定或者改变对于世界的视界,因而确定或改变了对于世界的行动乃至世界自身的权力,是一种几乎是魔力的权力,借助于特殊动员手段,它可以使人获得那种只有通过强力(无论这种强力是身体的还是经济的)才可以获得的东西的等价物。作为上述权力,它只有被认同的时候,也就是说,作为任意性被误识的时候,才能发生功效。"③ 在广告图像渗透构成的文化体系中,人们对物品的文化、审美、象征及隐喻等的要求和重视程度已经超过物品本身的使用价值,人们形成了对物品所承载的文化、审美、象征及隐喻等核心内涵的、具有标志性符号的认同,符号消费便应运而生。这就是我们在广告图像中不得不凸显商品标志性符号的根本原因所在,而且在绝大多数时候,广告图像中会大量隐含标志性符号的元素(图像本身不一定是符号),以此来强化消费者对符号的认知和巩固,强

---

① [英]尼克·库尔德利:《媒介、社会与世界》,何道宽译,复旦大学出版社2014年版,第91页。
② [美]华康德:《论符号权力的轨迹》,李猛译,载苏国勋、刘小枫主编《社会理论的政治分化》,上海三联书店2005年版,第358页。
③ 朱国华:《权力的文化逻辑》,上海三联书店2004年版,第108页。

化符号权力的影响力和驱动力。不管是在古今中外，这种由符号消费所带来的权力标志都普遍存在，而且越来越大众化和平民化，并与布尔迪厄所说的经济资本和文化资本息息相关。当消费被流行的广告图像符号所左右甚至操纵时，广告图像的艺术性则明显具备了一些流行艺术特征——象征价值和内在象征关系表面化、外在化，体现出比较强的文化资本和经济资本属性。符号化消费在一定程度上对广告图像具有祛魅的功能，广告图像在表现中呈现出与商品的工业生产秩序和规律同质、与经济资本的运作方式同质、与文化资本的运营手段同质的特征。而这一点却是广告图像引起人们反感的原因之一，因为一旦人们意识到这种符号权力会使大家形成千人一面时，人们就会选择终止这种实践，防止被贴上某种符号化的标签。但是，它还会吸引文化、经济比较落后的地区的人们卷入进来。这种现象既是符号霸权的转移，也是文化现象和经济现象的呈现。而"一切形式的权力以分散的方式运行，但符号权力比其他权力形式（如经济权力）对社会的影响面更宽广，因为社会符号资源的集中不仅影响我们的所为，而且影响我们描绘'正在发生'的事情的能力。强势的符号权力概念认为，符号权力的某些集中形式（如当代媒体从中受益的集中形式）异乎寻常地强大，它们决定着社会风景的全貌，相当于'构建现实'的权力。符号权力的集中化既是事实，又是影响一切社会事实再现的因素。因此，误识的效应是符号权力不平衡分布固有的特征，而其他权力形式并不具有这种特征。唯有强势的符号权力概念承认，符号权力的不平衡分布对社会空间产生扭曲的效应。"[1] 扭曲的结果往往是新的广告图像的诞生动力，因为代表趋势的意图和欲望的发展总是引领着人们生活方式的变化和发展。从这个意义上说，符号权力体现了符号的交际功能、象征功能和建构功能，广告图像成为可操纵的符号人工场域、文化表征印迹和经济秩序反映。而操纵、表征和秩序取决于我们不同的生活方式和生活领域，取决于社会、经济、文化等的相互联系和相互作用，

---

[1] [英]尼克·库尔德利：《媒介、社会与世界》，何道宽译，复旦大学出版社2014年版，第92页。

第二章 广告图像、艺术理论及哲学思辨

特别是在网络化社会,"世界不再是赠与,而是制品——它被宰制、操纵、册录及控制:后天的获取"①。广告图像所起的作用其实是在加强或者强化这种获取,广告图像赋予了商品某种品质、个性和符号体系,使物品成为符号,构成消费的对象。在鲍德里亚看来,"要成为消费对象,物品必须成为符号,也就是外在于一个它只作意义指涉(signifier)的关系——因此它和这个具体关系之间,存有的是一种任意偶然的(arbitraire)和不一致的关系,而它的合理一致性,也就是它的意义,来自它和所有其他的符号—物之间,抽象而系统性的关系"②。物品成为符号不仅体现了物的变化,也包含了人与人之间的关系的改变,成为消费关系,将媒介符号的中介化进行了充分体现,更是消费者"自我实现"和"自我价值"的体现。

媒介权力的背后是政治资本、经济资本、文化资本、社会资本、符号资本和信息资本。广告图像自然会受到这些资本的影响和制约,这是符合马克思经济基础决定上层建筑理论的。在鲍德里亚看来,图像、艺术品等都是仿像,艺术作品会受到艺术符号的操纵,艺术的超意指把艺术引入到了符号形式而成为美学。广告图像则更是在神奇的、夸张的、美学的符号中被证实并传播开来。广告图像虽然在符号权力的行使上有很多的创造性、自主性和模糊性,但就像布尔迪厄所说的惯习和场域的关系一样。"一方面,这是种制约(conditioning)关系:场域形塑着惯习,惯习成了某个场域(或一系列彼此交织的场域,它们彼此交融或歧异的程度,正是惯习的内在分离甚至是土崩瓦解的根源)固有的必然属性体现在身体上的产物。另一方面,这又是种知识的关系,或者说是认知建构的关系。惯习有助于把场域建构成一个充满意义的世界,一个被赋予了感觉和价值,值得你去投入、去尽力的世界。"③ 广告图像要充分利用惯习的这种社会化了的主观性特性,充

---

① [法] 尚·布希亚:《物体系》,林志明译,上海人民出版社2001年版,第27页。
② [法] 尚·布希亚:《物体系》,林志明译,上海人民出版社2001年版,第223页。
③ [法] 皮埃尔·布迪厄、[美] 华康德:《实践与反思》,李猛、李康译,中央编译出版社1998年版,第171—172页。

分利用社会的、经济的、文化的、审美的以及符号的彼此张力、特性和局限性，在一定的场域范围内来组织、建构广告的符号形式，去影响他人的知觉、评价和行动，将传播的权力和威力最大化运用。

麦克卢汉说，媒介即信息，对广告图像来说媒介即广告信息——是具有强烈消费信息的信息。广告图像所编码的符号信息在消费者解码中几乎毫不费力，是对商品信息的直接而露骨的展示，只不过注重信息传播的技巧而已。从早期的硬性推销到广告形象，从整合营销传播到对数据的充分利用，都在大众传播上将消费者重新部落化了。每一则广告图像都在向消费者传递明示的或者隐喻的信息，将信息的一致性从各个接触点强加给消费者，并力图在社会上形成某种流行趋势或者话题，目的就在于使消费者彼此参照和模仿广告所形成的某种流行趋势或参与话题讨论。所以，鲍德里亚说："广告的大众传播功能因而并非出自其内容、其传播模式、其明确的目的（经济的或心理的），也不是出自其容量或其真正的受众（尽管这一切都具有一定的重要性并构成其支持），而是出自其自主化媒介的逻辑本身，这就是说，他参照的并非某些真实的物品、某个真实的世界或某个参照物，而是让一个符号参照另一个符号、一件物品参照另一件物品、一个消费者参照另一个消费者。"[1] 这是媒介权力或者符号权力在广告中的现实反映，也是广告及其图像符号超越真伪，让人去希望、去幻想、去梦想、去实践的"自我实现预言"的传播方式——反复叙事的传播方式。

（三）观看的权力

约翰·伯格说："观看先于言语。儿童先观看，后辨认，再说话。"[2]不仅人类从孩提时代如此，成人后也基本如是。我们与生俱来和后天的习得都具有看的本能、欲望和冲动，我们一开始就是从看中获得信息和意义的。而且看的自然性、选择性和意义性会左右我们的情绪，会让我们快乐、焦虑、挫折或者愤怒等。不可否认的是，这些行为中

---

[1] ［法］让·鲍德里亚：《消费社会》，刘成富、全志刚译，南京大学出版社2014年版，第116页。
[2] ［英］约翰·伯格：《观看之道》，戴行钺译，广西师范大学出版社2015年版，第4页。

我们具有看的权力、看的方式和看的角度,而且在不同程度上受到知识、选择和信仰的影响。

亚里士多德在《形而上学》开篇讲道:"求知是人类的本性。我们乐于使用我们的感觉就是一个说明;即使并无实用,人们总爱好感觉,而在诸感觉中,尤重视觉。……较之其他感觉,我们都特爱观看。"① 乔纳斯在《高贵的视觉》中认为:"视觉不同于听觉和触觉,他的活动无须依赖于时间的连续过程,它是在一瞬间完成的:在眼睛张开或者瞥视的一瞬间,也就展现了在空间中共同存在、在深度上排列有序、在不确定的距离中连续存在的物质世界。"② 这不仅是视觉与听觉和触觉的不同,也是广告图像和艺术图像对观者的视觉吸引的差异所在。因为广告图像如果不能"在眼睛张开或者瞥视的一瞬间"抓住人们的注意的话,其他的一切就都是白费,没有消费者去反复观看一则不能吸引他注意的广告图像,所以,广告图像不可能成为不朽的艺术品。艺术图像则不尽然,特别是优秀的艺术品,它会向观者提供足够的、耐人寻味的刺激,虽然不能让人一目了然理解其内涵韵味,但却能够使人驻足观看,且常看常新。广告图像的看具有某种强制性或者强迫性,它是要将消费者观看和感觉的欲望激发出来,并使之在欲望的左右下采取购买行动;艺术图像的看则具有选择性或者向往性,它是要将观者的知识、审美调动起来,能够欣赏艺术作品的美感和理解艺术家蕴藏在作品中的意义、象征和隐喻。

在消费社会,我们所看到的广告图像和图像现实要远远大于我们的想象范围。在由广告图像所建构的视觉文化景观里,消费者既关心所看到的广告图像的虚拟景观存在方式,也关心广告图像现实景观的社会影响。广告图像不是艺术作品,观者不可能像观看艺术作品一样观看广告图像,更不会将审美意趣放在广告图像的艺术水准之上,而是关心广告商品的附加价值(符号象征等)能否满足某种现实或潜在的欲望,能否符合甚至提升自己的身份、地位等。所以,观看的选择

---

① [古希腊]亚里士多德:《形而上学》,吴寿彭译,商务印书馆1995年版,第1页。
② 转自吴琼《视觉性与视觉文化》,《文艺研究》2006年第1期。

权、主动权在消费者手里,但这种选择权、主动权显然会受到广告图像的左右,也会受到社会、政治、经济、文化、审美等的影响。但这些并不影响广告图像"借用"雕塑或者绘画等艺术作品来表现和提升商品的美感和形象,而且还可以有效地提升商品的文化价值和文化权威。艺术作品及其观者与广告图像及其观者虽有重叠,但具体来说还是有所差别:前者更倾向精英文化,后者则表现的是通俗文化、大众文化;前者更突出对知识储备、审美等的要求,后者则是要让"白痴"都能够一目了然;前者更注重观者的意见和建议,后者更注重观者的行为和行动。

人们观看是一种本能和常识,不可能都是在理智和有目的的状态下发生的。谁在看以及为什么看,谁被看以及为什么被看既自然而然发生,又会受到各方面的因素的影响和制约。所以,广告图像、观看、想象等都是一种社会实践,都在社会中充当不同的角色,都在各自的范围内拥有并行使着相应的权力。布尔迪厄说:"作为带有意义和价值的艺术品的经验,是与一种历史制度的两方面的协调的结果,这两方面是文化习性和艺术场,他们相互造就。"[①] 同样,广告图像的文化习性和广告场的相互造就,形塑了广告商品的价值、广告图像经验、广告意义崇拜或信仰,使广告功利性甚至强制性的审美和观看成为合法的眼光。消费社会不仅确认了这种观看的权力存在,而且还在技术等推动下强化了观看的针对性和有效性,不仅如此,还将听觉、触觉、味觉等统统纳入其中,使消费者在广告的文化习性和场域中无所遁形。在广告及其图像所营造的"你拥有什么,你就是什么"的原则氛围中,将观者对自身生活方式的不满足最大化,使之按照广告所提供和展示的方式实现自己的愿望。但是,观者不可能将所有的注意力都支配到广告及其图像上面,权力的眼睛是分散的,观看系统总会即时而有效地配置眼睛注意的资源。所以,广告图像在空间的时间化和时间的空间化交织的展示过程中,在每一刻、每一瞥上面都需要有强烈的

[①] [法]布尔迪厄:《艺术的法则》,刘晖译,中央编译出版社2001年版,第387页。

吸引力和刺激因素，而这在现实实践中几乎是不可能的，广告说服变得艰难。这正像福柯所说的那样："权力只有很弱的'解决'能力，它无法对社会机体进行个人化的详尽分析。"① 即使在大数据技术背景下，也很难收集到所谓的消费者的"全数据"，更不可能具体到个人化的身上。对广告图像而言，观看也好，凝视也罢，还是不经意的瞥见，吸引消费者注意的难度都不是对视觉权力的简单分配，更多的则是文化意识、经济意识、符号意识和身体意识的对决。所以，广告图像的意义和功能、图像的要求和图像的欲望更多要从文化意识、经济意识、符号意识和身体意识出发，将历史图像、时代图像、科技图像和未来图像相结合，处理好艺术图像、语言图像、视觉图像、造型图像、认知图像和心智图像等之间的关系，使广告图像在错综复杂的变革和延续中顺势而为。

不可否认，看的权力是随着生产力的发展、技术的进步而不断变化的，而且在不断更新中进行自我强化。在现代经济社会中，观看的选择权显得被动而无力，在爆炸式的图像景观下显得不知所措。但也正是在这种看似无序、混沌的情况下，观看的权力、观看的方式以及广告图像的生产、表现方式等却应运而生，都在自我调适中顺势而为，包括我们所看见的最新的计算广告图像均是如此。万变不离其宗，"看就像说、写或者做记号等是一种实践。看包含学会阐释，而且和其他实践一样，看包含诸种权力关系。有意地看也就是实施某种选择和影响。被迫看，或者试图让他人看你或看你想要引起他人注意的东西，或者参与看的交流，都使权力的行使成为必要。看可以容易也可以困难，可以有趣也可以令人不快，可以无害也可以危险"②。而广告图像的看是需要结合有意注意和无意注意，是要将看的实践的所有方式都结合在一起，也是广告哲学自成体系的、自我解释、自圆其说。

---

① ［法］米歇尔·福柯：《权力的眼睛：福柯访谈录》，严锋译，上海人民出版社1997年版，第154页。
② ［美］玛利塔·斯特肯、［美］莉莎·卡特赖特：《看的实践：形象、权力和政治》，周韵译，载周宪主编《视觉文化读本》，南京大学出版社2013年版，第225页。

广告图像研究

广告所发挥的巨大影响力和经济功能，足以左右媒介的权力、文化表达的方式、动摇消费者选择权甚至政治意义上的权力展示。然而这些权力关系却隐藏在广告及其图像之中，大众在表面上并不易察觉到自己被广告及其图像所展示的世界所裹挟。我们在看广告，广告及其背后的人也在看我们，广告图像成为我们看风景的一部分，我们成了广告研究和洞察的对象。广告及其图像挖掘、汇拢着我们的文化、幻想、欲望和未来憧憬，我们看着广告去实现和获取我们的文化、幻想、欲望和未来憧憬。"'获取'这一行为，取代了其余的一切行为；拥有感把其余一切感觉悉数湮没。"① 广告图像所形成的某种霸权正是对人性的弱点的充分利用和对欲望的绝对放大，并巧妙地将消费者看的权力、凝视的方式以及瞥见的行为转移到获取和拥有广告商品的购买行为中去，使消费者沉浸在广告所营造的景象中而不自知。这样，消费者看的权力被转移、被消解，在广告图像利益吸引的过程中完成利益交换，权力转移和消解就在利益交换中完成——消费者获得了某种利益，广告图像获得了权力——图像霸权应运而生。

视觉注意的方式能够瓦解和扰乱现有秩序，广告图像必须适应这种变化才能够抓住消费者的注意力。广告图像的多样性、复杂性和表现性对消费而言有时候并没有什么区别，就像现在人工智能在识别一些图像和文字一样——它们是可以自动对应的，说的是同一件事情。所以我们要将复杂的事情简单化，不能在广告及其图像中传递晦涩难懂或者有明显歧义的产品信息，更需要在既有或混沌的秩序中找到适合广告产品的图像表达方式。在布列逊看来，视觉可以从两个方面来描绘："一方面是警示性、权威的，'精神性'的；而另一方面是颠覆性的、随意的、无序的。"② 所以，他说注意并不仅仅是"看"这个基本行为，还有冲动、审视、限制和强制性，置于注意之内的是"一种在自我与外界之间交流的紧张和焦虑，它与'一瞥'正相反，'一瞥'

---

① [英]约翰·伯格：《观看之道》，戴行钺译，广西师范大学出版社2015年版，第221页。
② [英]诺曼·布列逊：《视觉与绘画：注视的逻辑》，郭杨等译，浙江摄影出版社2004年版，第100页。

保持和强调了强烈的一面,即'注意'之'起奏'的一面,然而它同时又创造了一种视觉间断,一个越过高峰随之又是漫不经心的低谷系列,当它本身在能量突发并伴随其资源暂时耗尽之后得到恢复,就会从外部世界撤回到一种疏离状态。"① 这既是布列逊所说的注意与一瞥的区别,又是他所说的注视(也即"凝视")和扫视(即"一瞥")的二元对立。对我们在广告图像中充分吸引人们的有意注意和无意注意、注视和扫视,使人们在跨越时间与空间的观看过程中进行视觉建构,有重要意义。

二 文化与广告图像

人类的实践活动形成了意义的共同空间、共有观念,共同空间、共有观念形成了某种既定的文化,而文化决定了行为体的身份、利益和行为。现代文化、现代艺术在打破原有的文化、艺术边界的同时,创造出更加丰富、更加混杂、更加多元的文化和艺术。现代文化、现代艺术的文化意蕴、美学意义、价值创新等都具有某种深意,不仅反映了文化变迁、艺术变迁和话语变迁,而且反映了社会变迁和世界变迁,需要我们从不同的角度去审视。科学的广告探讨的往往是广告的效果,显得客观、直白而冷酷,而从艺术的角度来看广告,往往则给我们重新审视社会、文化和审美的机会,显得感性、直观、多元且温暖。艺术作品或文化的孤独性和热切性、永久性和时期性、无法定义性和昭然若揭性、不可或缺性以及若即若离性,比以往任何时候都显得不可捉磨,因为它不是大众社会的主要计划目标,而且在人们的焦虑、急功近利以及投机的心理下显得极端——要么高高在上,要么熟视无睹。但不可否认的是:"艺术一直都在或隐秘或张扬地呈现的情感、梦幻、高强度的智力性以及慵懒的游乐性,进入由艺术的博大与慷慨带来的、已不可改变的美丽的无序之中,从而进行其乐无穷的旅

---

① [英]诺曼·布列逊:《视觉与绘画:注视的逻辑》,郭杨等译,浙江摄影出版社2004年版,第101页。

行,去揭示现在、形成记忆、创造未来的形式。"[1] 广告图像正是如此,而且在加速这种文化趋势,其所或隐秘或张扬地呈现的情感、梦幻、高强度的智力性以及慵懒的游乐性与艺术相比有过之而无不及,特别是在形成记忆和创造梦幻的未来方面,将日常图像变成神话,使人们进入由广告图像所描述的生活方式之中。

  艺术作品从理论上讲都是可以被复制的,广告图像更是大规模的复制传播活动。在现代技术的推动下,广告图像早已经完成了从静止图像向流动图像的转向,而且在很短的时间里就完成了在形态上的超越,使得我们今天所见到的图像更加丰富、更加立体、更加多元,也更加光怪陆离,成为当代视觉文化不可分离的重要组成部分。当静止的和流动的广告图像的增殖速度远远大于我们的说话速度和观看的容量时,注意力变得稀缺。"即使在最完美的艺术复制品中也会缺少一种成分:艺术品的即时即地性,即它在问世地点的独一无二性。"[2] 这种独一无二性构成历史,艺术品的存在过程则受制于这种历史,所以从某种程度上来说,大规模机械复制既是对艺术的终结,也是对历史的终结。但这既不影响广告图像对历史的反映和证明,也不影响广告图像对艺术的模仿和追求,反而在处处体现对艺术和历史的运用,而首要目的就是吸引注意力。艺术和历史的原真性在广告图像(特别是流动广告图像)稍纵即逝的瞬间被继承,成为消费社会商家说服消费者的方式和手段。消费文化在物和景观的堆积下形成一系列符号意义、象征意义和隐喻意义,使消费者逻辑而机械地从一个符号到另一个符号、从一件商品走向另一件商品,一切变得理所当然。消费和广告都被文化了,消费和广告也都成了文化,而这也是日常生活审美化和审美生活日常化的现实写照——文化生活、商业活力和美学感觉成为日常。这种日常使文化的作用变得突出和得到加强,消费者感受和体验

---

[1] [法]让-路易·普拉岱尔:《西方视觉艺术史》,董强等译,吉林美术出版社2002年版,第11页。
[2] [德]瓦尔特·本雅明:《机械复制时代的艺术作品》,王才勇译,中国城市出版社2001年版,第7—8页。

的不仅仅是广告图像在形式和内容上的新变化,更多的则是文化工业所产生的文化符号及其体验。

人类感知、认知世界的方式随着我们的生活方式、技术发展而不断发展、改变。正像鲍德里亚所述那样:"我们生活在物的时代:我是说,我们根据它们的节奏和不断替代的现实而生活着。在以往的所有文明中,能够在一代一代人之后存在下来的是物,是经久不衰的工具或建筑物,而今天,看到物的产生、完善与消亡的却是我们自己。"① 广告图像作为人类活动所塑造和编织的物,一方面,在为人类商业活动服务,在为人服务,但物的背后是人;另一方面,我们又被广告图像所包围、围困,被诱惑、控制和盘剥,成为物的俘虏。这难道不是消费文化或者说图像文化的作用吗?人与物的关系"不再是人与物品的使用功能之间的关系,它已经转变为人与作为'全套的物'的有序消费对象的被强暴的关系了"②。这既是消费社会背景下符码文化的操纵和制造,更是消费社会下的消费意识形态的现实呈现——对意义的消费成为广告图像传播的重要内容和生产广告图像的重要根据。"与此同时,消费文化使用的是影像、记号和符号商品,它们体现了梦想、欲望与离奇幻想;它暗示着,在自恋式地让自我而不是他人感到满足时,表现的是那份罗曼蒂克式的纯真和情感现实。当代消费文化,似乎就是要扩大这样的行为被确定无疑地接受、得体地表现的语境与情境之范围。"③ 而随着智能技术的进一步发展,流动的广告图像更是无孔不入,不管你愿意不愿意,它都会即时即地的在任何地方随机出现。

文化决定了我们对图像的认知和表达,艺术则影响了我们对图像的运用和展现。视觉文化的兴起催生了图像转向的进程,而艺术时代的哲学化的到来则使视觉性逐渐消逝。当艺术的存在、广告图像的存

---

① [法]让·鲍德里亚:《消费社会》,刘成富、全志刚译,南京大学出版社2014年版,第2页。
② 张一兵:《消费意识形态:符码操控中的真实之死》,《江汉论坛》2008年第9期。
③ [英]迈克·费瑟斯通:《消费文化与后现代主义》,刘精明译,译林出版社2000年版,第39页。

在不再是必须观看的对象时，那么艺术和图像的存在方式或者传播方式就必然会发生变化，这种变化与其说是人的行为的变化，不如说是文化的变化。我认为，文化的变革是导致艺术、广告图像叙事变革的根本，技术和社会的变革是催化剂。这种变革不是瞬间完成的，而是渐进式的；不是一种叙事淘汰、取代另一种叙事，而是新叙事方式对旧叙事方式的整融合；不是文化单独起作用的，而是以文化为主，艺术、技术、社会等起辅助作用的综合效应。消费者对广告图像信息的正确理解，一方面是源于共通的文化语义空间；另一方面则是通过文化、艺术、技术、社会等的相互作用以明示或者隐喻、象征等的方式引导或者诱导消费者向广告图像所传递的信息进行理解。所以，广告及其图像的传播是充分利用人类的自然选择（文化基因的传承、习性等）和社会选择（后天习得、非人类文化等）的规律和习惯来进行的，且随着人们整体文化水平的提升，文化对广告创作的意义就越重要。虽然并不是所有的广告创意都来自文化层面，但有创意的优秀广告一定会反映或者形成某种层面的文化，这是毋庸置疑的。就像美国广告人艾尔默·卡尔金（Elmo Calkins）所说："从广告里面，我们可以看到社会历史的发展轨迹，时尚风潮的起伏变幻，以及食物口味、服装兴趣、娱乐方式及堕落恶习的更新换代。广告是人们日常生活的全景图，比古老的日记和摇摇欲坠的墓碑蕴涵着更大的信息量。"[1] 广告及其图像不仅是消费社会的全景式反映，表征着某种文化，而且不管是静态广告图像还是流动广告图像，都无一例外凸显着商品、服务的某种功能，传递着某种信息。

"几乎所有文化都充满着符号象征，而象征与符号则构成了文化的基本特点。文化所呈现的象征符号，使人们确信自己归属于同一文化，并且促使其致力于文化内部集体性的建构。"[2] 在广告图像中，象

---

[1] ［美］鲍勃·加菲尔德：《广告大师的告诫》，闾佳译，机械工业出版社2011年版，第159页。

[2] ［德］克里斯托夫·武尔夫：《人的图像：想象、表演与文化》，陈红燕译，华东师范大学出版社2018年版，第107页。

征与符号无处不在，图像对语言和商品的表演往往体现的就是文化中显著的象征与符号意义。广告图像也正是通过这种社会传播实践活动来影响消费者活动和行为的，文化在广告图像展演中一方面激发人们的想象力，使观者产生欲望；另一方面，文化本身也会产生新的图像并使之与广告图像进行叠加，从而使整个传播场域既具有文化及社会实践性，又具有审美性。也正是图像的这些行为方式，广告图像在传播中才能赋予商品及文化的象征和符号意义，才能够使商品和文化活起来、动起来，使之具有想象力、生命力和亲和力，从而更好地传递广告信息。广告图像表现或者显示文化、语言的修辞运用，并以此来确认文化归属和建构，建立反省的思维空间，则正是罗兰·巴特提出的"知面（studium）"与"刺点（punctum）"理论在现实中的应用。巴特认为消费者和创作中起作用的是文化，使我们专注于某件事并激发我们对事物的浓厚兴趣，这样才能赋予图像以功能——传递消息，再现情景，使人惊奇，强调意义，让人向往。[①] 在当代社会，虽然人们的整体文化水平是越来越高了，但信息的鸿沟却是越来越大，当越来越多的信息茧房（Information Cocoons）出现后，重新部落化不可避免。但广告不可能只专注于目标市场的消费者，也不可能只专注于信息茧房的那部分消费者，广告需要关注非顾客，这就需要我们在凸显"只听我们选择的东西和愉悦我们的东西的通讯领域"[②] 之外，把能刺激茧房内的人的反应的"刺点"加入广告图像信息之中，使之成为常态，形成一种文化惯习。如此，才能够将文化行为转化为图像行为，才能够最大化地发挥图像的作用。

三　社会政治关系与广告图像

艺术都是高度社会化的。从原始艺术到现代艺术，艺术都是在一定的政治社会经济秩序中不仅承担了媒介的部分功能，而且还反映了

---

① ［法］罗兰·巴特：《明室》，赵克非译，文化艺术出版社2002年版，第43页。
② ［美］凯斯·R. 桑斯坦：《信息乌托邦》，毕竞悦译，法律出版社2008年版，第8页。

当时的社会政治经济生活，起到了记录或者佐证历史的作用。广告图像亦是如此——广告图像则更直观传播社会政治经济生活的相关信息。艺术和广告图像都是社会的镜子，既反映社会政治现实，也受社会政治现实的制约和支配。

广告在社会政治、经济与文化的交叉点左右逢源，不仅反映社会的主流话语模式，而且为我们提供丰富的社会文本资料和反映资本逻辑。就像德波在《景观社会》中所说那样："景观不是影像的聚积，而是以影像为中介的人们之间的社会关系。……从整体上理解景观，它不仅是占统治地位的生产方式的结果，也是其目标。景观不是附加于现实世界的无关紧要的装饰或补充，它是现实社会非现实的核心。在其全部特有的形式——新闻、宣传、广告、娱乐表演中，景观成为主导的生活模式。"① 广告图景就是从政治、经济和文化等方面为我们建立起一个我们希望的世界，希望的预期能够让我们忽视许多不合理、不平等、不现实以及不公平的存在，这种存在虽然能够引起我们的反思，但往往被广告所形成的错觉冲淡或者掩盖，使我们沉浸在幻象中而不能自拔。广告图像也是主导我们生活模式的主要方式，这种模式游离在想象与现实之间，广告中虽然没有明示生活模式与政治社会经济文化的关系或者条件，但消费者往往会朝自己希望的方向去联想，以自己的逻辑去演绎想象与现实，这其实是"超真实"（比真实更真实，比现实更现实的图像表现）、"超能指"（形式大于内容的能指）、"超意指"（对细节的极度抽象特写，如眼睛、手等的特写）和互文性等在广告图像中综合或者单独应用的结果。

在视觉文化、广告图像、审美取向及现代技术的驱动下，广告一方面越来越直白化、直观化和娱乐化，另一方面则越来越形象化、审美化和哲理化。从表面上看，这是一种悖论，但现实却的确如此。因为图像越来越取代其他广告形式成为广告的主要表现方式，而且人们发现文字也成为图像的一部分，一切似乎都在动态的广告图像

---

① ［法］居伊·德波：《景观社会》，王昭风译，南京大学出版社2006年版，第3—4页。

中转换——"广告将能指与所指进行结合与再结合,创造出一种可以加入商品(产品和服务)中的符号通货。"① 在这个过程中,广告图像不仅将意义、价值从一个系统(政治—社会—经济—文化)转移到另外一个系统(商品),而且充分利用广告商品、代言人等的在场与不在场、可见与不可见、可名与可悦等关系来建构广告与消费者之间的关系——打破规则(图像与商品之间的刻板印象)、希望与回报。当政治、社会、经济、文化与技术等都在转型、飞速发展之时,狂欢、混沌、混乱与迷失在所难免。而当注意力在人们社会实践和理论生活中的惯习方向出现更多的选择性和不确定性时,注意力的专注程度就会随之下降,平衡被打破,人的感觉就会混乱甚至丧失,原有的广告传播模式失去效用。所以,广告图像的传播模式、呈现方式等是随着人们的社会实践和理论生活的变化而变化的,需要我们不断打破或者跨越原有边界才可能发现新的传播模式和呈现方式。当广告视线从竞争者的商品转向竞争者的商品和广告之上时,广告传播模式和呈现方式很容易陷入模仿或者比较的旋涡,简单变得越来越复杂,复杂也变得越来越简单——人们的社会实践和理论生活改变了广告,广告也改变了人们的社会实践和理论生活。

广告图像是一种比较典型的符号政治经济学实践形式。"广告努力将'有意义的图像'转化为商品,使得各种能指就像货币(资本)一样能够进行流通。但是能指所代表的商品价值却是恒定的(无论这个商品是黄金还是个性),因此所要动用的能指越少也就越划得来。"② 但现实中"有意义的图像"往往容易被模仿、戏仿甚至混乱,其边际效益随着时间的推移而降低,能指所代表的商品价值也不一定就是消费者所关注的重点,所以说服变得越来越艰难,符号变得庞杂且廉价,符号危机开始凸显。而在鲍德里亚看来,"整个

---

① [美]罗伯特·戈德曼、[美]斯蒂芬·帕普森:《符号战争》,王柳润译,湖南美术出版社2018年版,第26页。
② [美]罗伯特·戈德曼、[美]斯蒂芬·帕普森:《符号战争》,王柳润译,湖南美术出版社2018年版,第84页。

符码的限制操控着社会的价值：一些特殊分量的符号调节着交换的社会逻辑"[1]。这种现象鲍德里亚在《符号政治经济学批判》中有详细精彩的论述。他从物的内在操持走向物的象征意义，再从物的建构意义走向非物性象征意义；从物的使用价值到物的象征交换价值，再到非实在的抽象意指；从物的实用性到拟像及非经济的社会意义；等等，从社会学、意识形态的政治学等方面分析并建构了自己的符号政治经济学理论。他认为在消费社会，消费的逻辑与社会关系是分不开的，其实就是"符号和差异的逻辑"，并基于此提炼出现实资本主义社会关系中的四重逻辑关系："1. 使用价值的功能逻辑；2. 交换价值的经济逻辑；3. 象征性交换逻辑；4. 符号/价值的逻辑。第一个是一个操持运作的逻辑；第二个是一种等价逻辑；第三个是不定性的逻辑；第四个是差异性逻辑。同样，这四个逻辑还是实用的逻辑、市场的逻辑、礼物的逻辑和地位的逻辑，分别依照以上不同分类构建起来的，物在其中所对应的分别为器具、商品、象征与符号。只有最后一个界定了消费的领域。"[2] 其实，这四重逻辑关系不是资本主义社会所独有，而是商品社会的一种比较普遍的逻辑关系，它们并不相互取代，但在物—符号体系的重组和变化中使政治社会经济关系更为多元、多变且混杂。因此，"广告既不让人去理解，也不让人去学习，只是让人去希望，在此意义上，它是一种预言性话语"[3]。广告人和广告主为了更好地争取注意力，会不断且加速地对能指和所指进行分化组合，以对抗符号贬值和符号饱和，获得更直接的广告效益。而当整个社会都处于这种分拆现象之中时，符号和意义的流通也就变得越来越快，人们的注意力被分散，人们对广告及其图像的关注就会减少，人们就不得不在广告中重新对符号秩序、社会秩序、经济秩序和文化秩序等进行

---

[1] [法]让·鲍德里亚：《符号政治经济学批判》，夏莹译，南京大学出版社2015年版，第62页。

[2] [法]让·鲍德里亚：《符号政治经济学批判》，夏莹译，南京大学出版社2015年版，第62—63页。

[3] [法]让·鲍德里亚：《消费社会》，刘成富、全志刚译，南京大学出版社2014年版，第119页。

第二章　广告图像、艺术理论及哲学思辨

重组，新的广告形态不断出现又不断被超越，显得无序却有章可循。

广告及其图像是商品经济的产物。马克思说："资本主义生产方式占统治地位的社会的财富，表现为'庞大的商品堆积'，单个的商品表现为这种财富的元素形式。"[①] 他将在商品社会物与物的关系掩盖人与人之间社会关系的现象称为"商品拜物教"，商品堆积社会"表征"的背后其实是政治经济等权力不平衡的体现。美国学者罗伯特·戈德曼、斯蒂芬·帕普森在《符号战争：广告叙事与图像解读》中认为的符号战争或者符号霸权，以及我国学者周宪教授所说的符号霸权其实就是现代社会商品符号的现实反映和符号背后权力的争夺。很多时候，符号和权力的背后是资本，但现在文化、技术、艺术、审美等都加入其中后，事情就变得越来越复杂，但对广告及其图像而言，事情其实也变得越来越简单——就是如何在这样的政治经济环境中争夺消费者的注意力。艺术及其形式往往就是广告图像吸引注意的方式和手段，因为艺术不仅表现了商品的美感和特色，而且还是商品符号化的催化剂。这样，商品的差异化、内涵以及形象都可以在符号化的过程中形成、展示和沉淀，最后上升为品牌哲学。从社会历史的发展角度来说，只有在生产力高度发达和物质极大丰富的前提下，人们才会对物质的外形和附加价值、对美有极致追求，而这需要良好的政治、经济、文化、科技作为支撑。在充满秩序的世界中，一切都井然有序而又矛盾冲突，但也正是这样的矛盾冲突又进一步促进了相关秩序和秩序感的加强，使赋予意义的相关各方成为时代最好的印迹。从简单商品经济到发达商品经济，广告图像都如影随形。在简单商品经济时代，广告图像表现的往往是物品的本真，消费者往往是"中弹即倒"的，基本不需要什么其他的所谓创意、策划，要做的就是把有什么样的商品或者服务信息传递出去。而在现代发达商品经济时代，影响消费者购买的决定因素数不胜数，科技、体验、感觉、符号等都有可能会影响到消费者的购买行为和购买方

[①] ［德］马克思、［德］恩格斯：《马克思恩格斯选集》（第2卷），中共中央马克思恩格斯列宁斯大林著作编译局译，人民出版社2012年版，第95页。

式，广告从传递基本的信息变为艰难的说服。但成功的广告图像传播往往都是将"后语言学""后符号学"及"后现代"话语体系，统一到社会语境、社会关系、社会形态之中，这样，才能够更好地将商品信息、商品美学等传递给消费者，否则就失去了图像吸引注意而表现或者存在的意义。

第三章　广告图像、文本与视觉

世界被把握为图像，而图像是一种社会文化形态，和文本一起融入视觉世界之中。信息传播的"图像转向"，从传播学的角度来看，是因为图像所产生的"意义"及其给受众带来的兴趣、注意、互动与分享等在起作用；从心理学的角度来看，是因为人们阅读习惯的改变，图像成为人们接受信息的重要来源，能更好地吸引人们的注意并引导阅读；从社会学的角度来看，是因为社会的转型和发展，进一步加快了人们的生活节奏，"有图有真相"成为人们生活的一部分，信息消费变得更即时和表象化。图像作为对历史、现实及未来的记述、镜像与想象，是和文本一起形成的一个整体，画面、文字、造型、形象、象征、隐喻，等等，一方面解构了视觉信息体系，另一方面却又建构了视觉信息体系。图像具有文本性，文本亦具有图像性，语图互文、语图互涉、语图互仿及语图一体等不同形式的呈现形态，都会从视听觉（特别是视觉上）、心理等方面影响到广告传播的实际效果。广告图像作为图像家族中的一种特殊和典型形式，不仅具备图像和文本、图像和视觉的所有特性，而且在现代文化、科技和跨学科融合的背景下，亦呈现出广告所凸显的特殊属性。

第一节　广告图像与文本

"人类的文化从视觉认知和感受的角度，可以分为文本和图像文化两大类。文本是人类文明发展到一定阶段为了更系统准确地传达和沟通的需要而创造的一种符号系统，图像则是人类对自然世界的模仿和想象所创造的另一种表现与传达的方式。在文字还未出现之前的史前时代，原始人类就已经开始制作图像。这一传统一直延续至今，从未中断。"[1] 文本是什么？这是一个必须搞清楚的问题。但现实中很清晰的东西往往也很模糊——文本就是。文本（text）是20世纪初从语言学中挪用过来的概念，之前指称该类之物的词汇是作品（work）。文本的概念取代作品的概念，不仅是概念的转换和取代，也正是西方文学理论、文学观念、语言观念和哲学文化思潮的转向和演变。是在本体论、认识论之后，语言学转向给人们所带来的观念转向和演变。大体上，文本观念"经历了现代语言学意义上的封闭自足的文本、后现代语境中向读者和社会历史开发的文本，乃至文本的泛化和新的文本实践意义上的超文本。"[2] 我们这里主要涉及罗兰·巴特、朱莉娅·克里斯蒂娃、保罗·利科和热奈特等的文本理论，主要探讨这些文本理论与实践对广告（包括广告文本和广告图像）创作与表现及其传播的影响。需要特别指出的是，这里讨论的文本是围绕广告图像而展开的，其中广告文本侧重于文字（书写）、声音（口头等）等部分（物质性存在），是形成最终广告图像的过程及其一部分；广告图像侧重在广告中呈现的平面、影视、互动等部分，既在过程中出现也是最终呈现的结果。广告文本、广告图像都是广告话语的一个向度。广告图像、广告文本都不是单纯的图像和文本，还有它们所呈现出来的世界。

一 巴特的文本理论与广告实践

罗兰·巴特的文本理论对法国文本理论乃至世界文本理论都是具

---

[1] ［美］詹姆斯·埃尔金斯：《视觉研究：怀疑式导读》，雷鑫译，江苏美术出版社2010年版，总序。
[2] 张良丛、张峰玲：《作品、文本与超文本——简论西方文本理论的流变》，《文艺评论》2010年第3期。

有开拓性、创新性和转折性的。其文本理论不仅连接了现代主义和后现代主义、结构主义和后结构主义，开创了现代主义、结构主义的诗学理论，而且开启了后现代主义、后结构主义文本理论的大门。独树一帜、匠心独运地将符号学、文学理论、文学批评理论和创作融合在一起，不仅为文学理论的重建提供了路径和参考，而且为我们分析广告实践提供了借鉴。罗兰·巴特的文本理论主要体现在《作者之死》（1968）、《文体及其意象》（1969）、《S/Z》（1970）、《从作品到文本》（1971）、《文之悦》（1973）、《文本理论》（1973）和《罗兰·巴特自述》（1975）等作品之中，在不断完善、不断深化中形成了其文本理论。

（一）巴特文本观念的早期演进及其对广告实践的意义

巴特不赞成将文学作品的意象"都专横地集中在作者方面，即集中在他的个人、他的历史、他的爱好和他的激情方面"①。在《作者之死》中，他跟马拉美一样认为写作"是言语活动在说话，而不是作者；写作，是通过一种先决的非人格性……只有言语活动在行动，在'出色地表现'，而没有'自我'。"② 他说："现在我们知道，一个文本不是由从神学角度上讲可以抽出单一意思（它是作者与上帝之间的'讯息'）的一行字组成的，而是由一个多维空间组成的，在这个空间中，多种写作相互结合，相互争执，但没有一种是原始写作：文本是由各种引证组成的编织物，它们来自文化的成千上万个源点。"③ 通常情况下，作品强调的是作家，作家决定了作品意义的来源，作品这个最终产品是要体现作家意图的。作者和作品是父与子的先后关系，作者领域也是批评家的领域和批评。巴特认为作者不是掌握作品意义的上帝，文本与作者同时出现，任何文本都是此时此刻写作的，文本是编织物。赋予文本作者就是给文本一种"卡槽"，文本不需要破译什么意义，也不需要赋予作者。所以，巴特说："一个文本是由多种写作构成的，这些写作源自多种文化并相互对话、相互滑稽模仿和相互争执；但是，这

---

① ［法］罗兰·巴特:《罗兰·巴特随笔选》，怀宇译，百花文艺出版社2005年版，第295页。
② ［法］罗兰·巴特:《罗兰·巴特随笔选》，怀宇译，百花文艺出版社2005年版，第296页。
③ ［法］罗兰·巴特:《罗兰·巴特随笔选》，怀宇译，百花文艺出版社2005年版，第299页。

种多重性却汇聚在一处,这一处不是至今人们所说的作者,而是读者:读者是构成写作的所有引证部分得以驻足的空间,无一例外;一个文本的整体性不存在于它的起因之中,而存在于其目的之中,但这种目的性却又不再是个人的:读者是无历史、无生平、无心理的一个人;他仅仅是在同一范围之内把构成作品的所有痕迹汇聚在一起的某个人。"① 这样,作者死亡了,读者诞生了。作品或者文本的意义就不会被禁锢、被封闭、被固定,读者和作者成了共同的生产者,意义成了阅读的产物,文本是可以不断编织、不断添加的,同时也是碎片化的、散落的。这与现在广告的传播何其相似——消费者才是意义生成的主宰。任何一部广告作品,几乎都在消解作者,也几乎从来没有人在观看广告作品的过程中去探究所看到的广告是谁创作的,人们关心的仅仅是我看到了什么?对我有什么意义(利益)?更为关键的是,广告文本在创作中也"源自多种文化并相互对话、相互滑稽模仿和相互争执",广告创作者和广告主就是根据目标消费者的属性而不断编织、不断添加广告文本的。在现代大数据背景下,广告创作者和广告主通过大数据技术,将碎片化的、散落在其行为数据中的任何一个片段都挖掘出来,将其编织在广告文本之中,通过媒介等各种中介向消费者开放。但有所不同的是,我们将消费者看作(也的确是)有历史、有生平、有心理的人,更会把挖掘出来的群体痕迹反映到广告作品之中,因为这能够激发消费者的潜在和现实需要,从而促发其购买行动。

在《文体及其意象》的演讲中,罗兰·巴特明确指出:"直到现在,我们还把一个文本视为带有果核的水果(比如说,一枚杏子);文本的形式是果肉,文本的内容是果核。不过,最好还是把文本看作一颗洋葱,由很多层洋葱皮构成(或者说,由很多层次或系统构成)。洋葱的身体最终并没有核心、秘密、不可削减的原则。除了包裹着它的一层层洋葱皮,便不再有别的东西——洋葱皮裹住的,正是洋葱自身表层的统一性。"② "洋葱"论是对结构主义"深层结构"作品观的

---

① [法]罗兰·巴特:《罗兰·巴特随笔选》,怀宇译,百花文艺出版社2005年版,第301页。
② 陈平:《罗兰·巴特的絮语——罗兰·巴特文本思想评述》,《国外文学》2001年第1期。

第三章 广告图像、文本与视觉

超越和扬弃,是对"结构"本身的消解,是对传统论述只强调内容而不注重形式的不满,也是强调文本是具有多元性、差异性和异质性空间的。在围绕这一论断演讲中,巴特引用德里达的"痕迹说",德里达认为"文本不是一个已完成了的文集,不是一本书或书边空白之间存在的内容,而是文字之间互为参照的'痕迹'"[1]。当德里达把风格"看成是铁笔在蜡版上留下的痕迹(trace)。不过痕迹是含混的,既可以指言辞本身(相对于声音),又可以指像铁笔那样消失了的部分。于是我们得到关于文本的一个意象:羊皮纸。羊皮纸被人层层书写,具有写作的厚度,人们惟有在惊鸿一瞥中窥见它下面的一种意义。"[2]"洋葱"和"羊皮纸"式的文本,都旨在说明文本"不存在终极意义,但存在片段的、分散的意义:在一个多层的球体中,每一表层均有其单独意义。阅读和写作如同剥洋葱皮,乃是一种过程性的行为"[3]。任何一个品牌的广告不也正是如此,不存在一个终极作品包打天下,更不存在终极意义上的广告文本(即使品牌已经具备了其品牌哲学),但显然存在阶段的、分散的广告文本意义,而且这些意义还与品牌所处的阶段相得益彰。在此,广告创作者和消费者都是文本过程的实践者,创作和最终的购买都是过程性行为,没有终结、没有确定意义,有的只是在剥洋葱(找创意)的过程中,目的的同一性和广告创意传播过程中痕迹的含混性。消费者接受(阅读)到的信息(意义)可能会在其惊鸿一瞥中窥见,也可能在无意识中或深思熟虑中演绎新的意义——形式之于内容和内容之于形式都围绕着消费者(读者)层层展开,但却不知道哪一部分对消费者有意义(起作用)。广告文字、广告图像、广告声音都是广告文本的一部分,它们可以有很多层、可以被层层书写,在相互配合、融合中逐层展开,可能是围绕着某个点、某个中心或者某种意义,但整个广告图像所展示出来的厚度或者不同的消费者所感受或者接收的意义是不同的,或多或少、或整或零,总

---

[1] [法]雅克·德里达:《论文字学》,汪堂家译,上海译文出版社2005年版,译者序第3页。
[2] 陈平:《罗兰·巴特的絮语——罗兰·巴特文本思想评述》,《国外文学》2001年第1期。
[3] 陈平:《罗兰·巴特的絮语——罗兰·巴特文本思想评述》,《国外文学》2001年第1期。

有一层是切中消费者要害的。

在《S/Z》中，罗兰·巴特认为文本就是编织物——"文、织品及编物，是同一物品"①。他认为"每个符码都是一种力量，可控制文（其中文是网络），都是一种声音，织入文之内。在每一个发音内容旁边，我们其实都能说听到了画外音：这就是种种符码：在编织之中，种种符码（声音）的起源在一大片已写过的透视远景中'失落'，它们亦迷失了发音行为的起源：众声音（众符码）的汇聚成为写作，成为一个立体空间，其中，五种符码、五种声音相互交织：经验的声音（布局符码），个人的声音（意素符码），科学的声音（文化符码），真相的声音（阐释符码），象征的声音（象征符码）。"② 这种文本的编织，说的不也正是广告文本的形成过程吗？广告人"头脑风暴"的过程，就是符码、声音等织入广告文本内的过程，文本最终形成的图像，正是五种符码、五种声音（甚至更多）相互交织的结果，只不过在不同的广告图像中，符码和声音的侧重点不同而已。但也正是经过"风暴"的洗礼和编织，可最大程度上避免广告主题的"迷失"，可以在更立体的空间上将文本优化——尽管这是一个没有结局的游戏——就像剥"洋葱"或读"羊皮纸"一样，是一种过程性行为。不管是文本的形成也好，还是消费者接受也罢，都是在动态过程中完成的，不存在所谓的固定方式。巴特认为文本故事中的人物会"被阉割，也阉割别人"③。这同样适用于对广告文本的描述，在相当程度上，广告人的创意都会被阉割，这种阉割既有主动的，而更多则是被动的，因为在广告主、广告媒介、消费者和广告人这四者之间，广告人处于弱势地位，似乎谁都可以对其创意进行阉割——包括广告人自己——因为谁的欲望都是既膨胀又压抑的。因此，在多重因素的作用下，文本被阉割是一种再正常不过的现象，但也正是因为"正常"，往往就更会

---

① ［法］罗兰·巴特：《S/Z》，屠友祥译，上海人民出版社2000年版，第263页。"文"即指"文本"，下同。
② ［法］罗兰·巴特：《S/Z》，屠友祥译，上海人民出版社2000年版，第85页。
③ ［法］罗兰·巴特：《S/Z》，屠友祥译，上海人民出版社2000年版，第106页。

第三章 广告图像、文本与视觉

"被阉割",而且还理直气壮。所以,这种"被阉割"的文本也"阉割别人",广告主、广告媒介、消费者和广告人无一能免,欲望的可控与不可控性在广告文本和广告图像中表现得淋漓尽致,最终得到了什么或者失去了什么,可能永远没有定论,也不会有什么所谓的正确答案。所以,巴特说"一切皆意指着"①。虽然不是专门指关于阉割与被阉割的问题,但显示出的"意义"却很显然,值得我们借鉴和思考。这也符合巴特所说的"文的动态(以其隐含可破译的真相之故),是反常的:它是种静态的动态"② 的观点。需要指出的是,广告文本和广告图像的"反常"往往是为了更好地吸引消费者的注意,是建立在对消费者洞察的基础上的,是动中有静、静中有动的持续变动过程,这一过程的核心就是消费者及其行为的变化。

巴特认为"叙事的起源点是欲望。然而生产叙事,欲望必须经常变换(varier),必须进入等价物及换喻的系统;或更进一步:为了被生产,叙事必须可被交换,必须将其自身纳入某一经济系统。"③ 这哪里说的是文学文本,完全就是广告文本的真实写照——契约—叙事。广告为了激发消费者的欲望,就必须根据欲望的变化而变化,就必须在新的经济系统中进行叙事和交换,广告文本和广告图像本身就在叙述某种契约的故事,而这种叙事就是由消费者交换的欲望引起的,叙事的故事(或者信息)只不过是种催化剂而已。所以,巴特认为"这不是一种文的解析(explication de texte)"④,而更多的是某种权力的控制,对广告文本和广告图像而言,这种权力就是资本(消费者也是资本的一部分)。这亦是印证巴特"可写的文本"与"可读的文本"的差异和背反——可写的文本是表现欲望,可读的文本是行使选择权,更是巴特指出文本是"复数"的根本原因,因为欲望和选择本身就是"复数"。在巴特看来,选择比欲望更重要,故他说作者死了(克里斯蒂

---

① [法]罗兰·巴特:《S/Z》,屠友祥译,上海人民出版社2000年版,第127页。
② [法]罗兰·巴特:《S/Z》,屠友祥译,上海人民出版社2000年版,第158页。
③ [法]罗兰·巴特:《S/Z》,屠友祥译,上海人民出版社2000年版,第174—175页。
④ [法]罗兰·巴特:《S/Z》,屠友祥译,上海人民出版社2000年版,第177页。

娃认为巴特的真实意思只是强调不能把作者、隐含作者和作品中的叙述者完全等同起来,故很多人对此有误解),并认为"写作并非从作者发向读者的某种信息通讯;写作按特性完全就是阅读的声音:在文之内,只有读者在说话。……写作是主动态,因为它替读者而行事:它并非出自作者,而是出自代笔人(écrivain public),一位文书照惯例承担的,不是迎合委托人的兴味,而是将其口述的利益清单登录在案,经此运作,在揭露过程的经济系统内,他经营这种商品:叙事。"① 这跟现代大数据挖掘和分析何其相似,现代数据广告文本、广告图像也"不是迎合委托人的兴味,而是将其口述的利益清单登录在案",通过大数据挖掘和分析消费者的需求(读者的声音),然后通过广告人之笔或之口叙述出来——讲品牌故事。很难说在广告文本、广告图像和消费者中欲望和选择哪个更重要,广告既是表现欲望也是选择欲望,既是给出选择也是强迫选择,消费者接受广告讯息既是欲望的选择也是欲望的表现。文本内外不是单纯的镜像关系,内外有别,既分属不同语境,又呈现不同的意义,文学文本如此,广告文本亦然。巴特在《S/Z》中认为的文本就像我们常说的"兵无常势,水无常形"一样是动态变化的,同时具备不完整性、无序性和转换性。文本就是不断编织的结果,意义就存在于编织之中,在与理想读者的批评、转换和再编织中无限延展。

(二)从作品到文本

《从作品到文本》(1971)既是巴特对"作品"认知的反思,也是其文本理论的纲领之作。"罗兰·巴特把物质性的具体存在形态称之为'作品',而把在具体存在之上的存在形态称之为'文本'。"② 在《从作品到文本》中,巴特认为:③

(1)文本应不再被视为一种确定的客体。……作品是感性

---

① [法]罗兰·巴特:《S/Z》,屠友祥译,上海人民出版社2000年版,第253页。
② 黄晖:《罗兰·巴特对"文本"理论的重构》,《贵州社会科学》2013年第7期。
③ [法]罗兰·巴特:《从作品到文本》,杨扬译,蒋瑞华校,《文艺理论研究》1988年第5期。

的，拥有部分书面空间（如存在于图书馆中）；另一方面，文本则是一种方法论的领域。……作品能够在书店，卡片目录和课程栏目表中了解到，而文本则通过对某些规则的赞同或反对来展现或明确表达出来。作品处在技巧的掌握之中，而文本则由语言来决定：它只是作为一种话语（discourse）存在。文本不是作品的分解成分；而恰恰是作品才是文本想象的产物。换句话说，文本只是活动和创造中所体验到的。

（2）同样，文本不止于（优秀的）文学；它不能理解成等级系统中的一个部分或类型的简单分割。文本的构成，相反地（或恰好），是对旧的分类的破坏力量。

（3）由于文本是对符号的接近和体验，作品则接近所指（Signified）。……作品自身作为一般符号发挥作用并代表了符号文化的一般类型。文本，则相反，常常是所指的无限延迟（deferral）：文本是一种延宕（dilatory）；其范围就是能指部分。……决定文本的逻辑不是理解（寻找确定的"作品的意思是什么"）而是转喻……作品（在最好的情况下）是适度的象征（其象征逐渐消失，直到停止），而文本从根本上讲是象征。一部作品它的组成成份的象征属性能被人设想，观照并接受，那么这部作品就是文本。因此文本总是还原成语言：像语言一样，它是结构但抛弃了中心，没有终结。

（4）文本是复数。这并不意味着它有许多意义，而是指它能够获得意义的复合，一种不可还原的复合。文本不是多种意义的共存而是过程，跨越；因此，尽管它可以是随意的，但它回答的不是一种说明，而是一种扩大，一种传播。文本的复合不依赖于其内容的多义解释，而依赖于由能指构成的那种称为立体复合的东西。……每个文本，其自身作为与别的文本的交织物，有着交织功能，这不能混同于文本的起源：探索作品的"起源"和"影响"是为了满足那种关于起源的神话。构成文本的引文是无个性特征，不可还原并且是已经阅读过的：它们是不带引号的引文。

（5）作品是在一个确定的（filiation）过程中把握到的。这里假定有三种情况：由外部世界（如种族、历史）决定作品，由作品之间的逻辑关系来决定作品，以及通过对作者的认定来决定作品。……文本并不是在创造者画定了记号之后才被阅读的。……文本的隐喻则是交织物。

（6）作品一般是消费对象。文本（如果只是因为它常见的"难读"）从消费角度考虑倾注到作品，并且凝聚成剧本，工作，生产和活动。这意味着文本要求尝试取消（至少是减弱）写作与阅读之间的距离，不是通过将读者的设想强化到作品中，而是将两者一起联系在同一表达过程中。写作与阅读的分离是历史上形成的：远古社会大分工时期（民主文明制度之前），阅读和写作都属于阶级特权。……消费意义上的阅读并不对文本产生作用……文本大致是这样一种新样式：它要求读者主动地合作。这是一个巨大的变革，因为它驱使我们提出"谁完成了作品？"

（7）这提示了人们接近文本的最后一条途径，那就是愉悦。我不知道是否存在过享乐主义美学，但确实存在与作品相关的愉悦（至少是同某些作品）。……文本先于历史，文本获得的如果不是社会关系的透明度，至少也是语言关系的透明度。在这个空间里没有哪一种语言控制另一种语言，所有的语言都自由自在地循环。

巴特在认识论的过程中重新评价了作品、文本、读者、作者和世界之间的关系。巴特从方法论、文类、符号、复数（多元）、传承、阅读和愉悦七个方面来进行区分"作品"和"文本"，这既是从内容到形式的转变，也是由外到内的转变，也是结构主义向后结构主义的转变。作品是陈列，是可以拿在手中被看见的，是文本想象的结果；而文本则是演示，由语言来决定，是一种话语存在，在生产过程中才能被体验到。文本的自相矛盾从某种程度上来说跟阐释规则有关，不同的分类，不同的阐释规则（理性、阅读等）：一方面使文本具有颠

第三章 广告图像、文本与视觉

覆旧分类的力量,另一方面则使文本更具多样化和不确定性,存在着更多的可能性。单从方法论和文类这两方面来看,广告文本的演示、想象和语言存在方式决定广告图像的观看效果,广告文本不是分解广告图像,而是要穿越到广告图像之中;反过来,广告图像由于受到媒介和目标消费者的影响,它也会对广告文本进行反作用,使广告文本的社会功能在这一过程中进一步凸显——让我们在文本阶段就规避某些限制性的经验。从符号的角度来看,作品是再现符号的体制范畴,是作为一般性符号起作用,是"所指的无限延迟"。作品是作为一般性符号起作用的文明体制的再现;文本则回归语言,是被结构且去中心化的,是没有终结的。西方的去中心化更多是指对神学的颠覆,与网络背景下的去中心化有显著区别,但在本质上都是从一元到多元。能指的无穷性指涉的某种游戏观念,正是文本多元(复数)意义存在的原因——文本依赖诸能指的编织。这种文本编织的激增与跨越、过程与散播,不仅能够将人们熟悉的符码进行独特的关联,而且还能够在独特的差异中闲庭信步。当每个文本都依存在互文状态中时,其来源的匿名性、多元性,能够导致阅读发生根本变化。从符号、复合上来说,广告文本的编码过程更接近游戏,在广告人头脑风暴的无限可能中,广告文本的结构化和去中心化显得既明显又有些许无奈:明显的是大家对文本的各种编织显然是在广告结构化之内的游戏规则;无奈的是不管哪种意义,都不可能逃脱最终的广告目的。作为旧要素的新组合,广告创意(更多的则是广告图像)在人们熟悉中独特,在独特中创新,在传播中吸引人们的有意注意和无意注意。我们不能够说广告文本重要还是广告图像重要,因为有好的过程才有好的结果。广告人在文本的编织中无所不用其极,有时可能是无心插柳,有时则是殚精竭虑,但不管是哪一种,灵感的来源都是多元的、匿名的,甚至是天马行空、无中生有的,他们都不希望消费者在阅读广告过程中产生颠覆性的变化——曲解甚至误解广告传递的信息。虽然误读是广告传播不可避免的一部分,但作品终于所指。文学作品可以有"所指是某种神秘的、终极的、需要探寻的东西"①，但这不适用于广告文本，更不适用于广告图像（作品）——在绝大多数时候，广告图像所传递的信息都是明晰的，简单易懂的。虽然随着人们的文化素养和欣赏水平的提升，人们对广告文本和广告图像的要求也越来越高，但那仅仅是在创意和诉求表达上，而绝不是在所呈现的意义多元上。虽然在一些小众市场上有这样的现象出现，但那绝对代表不了整体广告市场的现状。有一种特殊的情况需要指出的是，一些相互竞争的品牌为了彼此的竞争需要，往往会在对方广告上下功夫，这时，那种"神秘的、终极的、需要探寻的东西"往往就会被派上用场，这既是现实的需要，也是现实的残酷，更是现实的无奈。这就要求我们在广告文本的编织过程中，必须考虑到广告图像（作品）最终呈现的现实——所有脱离最终现实的广告都是徒劳的。

　　作品确定的过程把握反衬了文本过程的不确定性，作品的有机形象性对比了文本的可打碎性，作品作者特权式、父亲式的存在则凸显了文本中"纸面的我"。作品被消费，文本则将作品从消费中沉淀；文本从消费角度考虑倾注到作品，并且凝聚成剧本、工作、生产和活动，但消费意义上的阅读并不对文本产生作用；当"人们不能生产文本，不能开启文本，不能去发展文本"②时，也就只能"愉悦文本"了——消费的愉悦。文本不管获得的是社会关系的透明度还是语言关系的透明度，显然都离不开公众和读者。公众和读者绝大多数都能够欣赏音乐但却不知道如何去演奏，故读者参与文本的写作成为现实。广告文本在创意过程中有无限可能，现在广告文本不仅从消费者角度将其考量倾注到广告图像（作品）之中，而且会充分吸纳消费者对广告图像的反馈意见，并像计算机的开源系统一样，让消费者参与生产文本、开启文本、发展文本，以此来获得更好的愉悦文本。广告人对

---

　　① ［法］罗兰·巴特：《从作品到文本》，杨庭曦译，周韵、周宪校，《外国美学》2012年第0期。
　　② ［法］罗兰·巴特：《从作品到文本》，杨庭曦译，周韵、周宪校，《外国美学》2012年第0期。

第三章　广告图像、文本与视觉

广告图像（作品）在大多数时候不可能有特权式、父亲式的存在，如果有，也是建立在对消费者洞察基础之上的。当场景广告、沉浸式广告和计算广告无处不在时，消费者主动地配合广告也就越来越常态化。此时，游戏即广告，广告即游戏。消费的愉悦与其说是广告带来的，还不如说是消费者自己参与创造的——是社会关系和语言关系协同作用的结果。当消费者对广告感到厌烦时，改变就必然发生，既在广告文本创作过程之中，也在广告图像最终呈现之时。

在《本文理论》（1973）中，巴特认为文本"就是文学作品所呈现的表面，就是构成这部作品的词语的结构，这些词语的排列赋予它一种稳定的和尽可能独一无二的意义……文本在本质上是与写作相联系的（文本乃'书写物'）……在作品中，文本就是那种把书写物确保下来的东西，它将其各种保护作用集合起来：一方面是记录的稳定性和永久性，用来纠正记忆的脆弱和不确切；另一方面是文字的合法性，而文字就是那种不可更改和不可消除的意义之痕，这种意义据说是由作者有意识地放到自己的作品之中的。"[①] 之后，他在第一届国际符号学学会（意大利米兰，1974 年 6 月 2—4 日）上发表的演讲中指出，文本应该区别于文学作品："它不是一种美学产品，而是一种意指实践；它不是一种结构，而是一种结构化作用；它不是一种对象，而是一种工作和一种游戏；它不是一组封闭记号，具有待发现的意义，而是一套置换的记号；文本的个例不是意指作用而是'意涵'，按其在此词的符号学的和精神分析学的意义上；文本超出了旧文学作品，例如存在一种生命文本（Texte de la Vie），我企图通过关于日本的写作进入此生命文本。"[②] 史忠义教授在《符号学的得与失》[③] 中总结了罗兰·巴特文本理论的得与失，认为文本理论的功绩主要有五个：一是从认识论方面以全新的视角重新认识文本的表意实践活动。二是由

[①] ［法］罗兰·巴特：《本文理论》，李宪生译，《外国文学》1988 年第 1 期。引用时将"本文"改为"文本"。
[②] ［法］罗兰·巴尔特：《符号学历险》，李幼蒸译，中国人民大学出版社 2008 年版，第 6 页。
[③] 史忠义：《符号学的得与失——从文本理论谈起》，《湖北大学学报》（哲学社会科学版）2014 年第 4 期。

于不再把作品视为单纯的"信息"和"陈述文",而是视作永恒的生产过程,视作陈述活动,文本理论趋向于消除文类间和艺术间的分野。三是提出了"互文性"概念。四是开辟了一个新的认识领域,提升了一个新的认识对象的地位,即阅读。五是大大扩展了书写概念,把创作变成了书写,批评也是书写。史忠义教授认为文本观和作品观应该是并行不悖的,应该像中国儒、道、佛思想体系一样长期和睦相处、相互取长补短、相互理解,而当文本观取代作品观时,就会表现出:一是文本的碎片化现象,这种现象取代了作品和叙事的完整性。二是主体的虚无倾向。三是"能指的无限性"和"游戏"说导致了对生活的脱离。四是去价值化。从与世界的关系角度上来说,作品从某种程度上限制了人们的思维,具有很大的局限性,而文本则更具包容性、开放性和开拓性,具有无限可能——世界是文本化的而非作品式的。

不可否认的是,文本观念是在语言学转向(或者说语言观念、语言学模式)的影响下出现的,是对语言学的借鉴与模仿。世界是意义编织建构的,而意义则是由语言编织建构的,语言才是世界的本体。文本作为语言的编织物,就必然在语言学的范畴下运行。所以,文本自律的依据就是语言而无其他——作者死了。巴特文本观则将这种早期(包括俄国形式主义、新批评和结构主义)静态的、封闭的、自足的文本观转变为动态的、开放的、多元的文本观。巴特的文本观实现了从结构主义向后结构主义的过渡和转向。他对我们将广告文本与广告图像(作品)进行分离的看待具有借鉴作用,能够使我们在广告创意阶段就注意意义的多元性、多层性和裂变性;能够使我们在与消费者阅读的互动中更好地把握文本创作的多种可能性;能够让我们在文本的实践过程中更好地表现广告文本和生成广告文本;能够让我们在批评中使广告更好地生成意义;能够让我们在互文中更好地认识广告图像(作品)。但广告文本与广告图像是不可分离的,特别是广告最终所呈现的图像(作品)要坚决杜绝现象化、虚无倾向、脱离生活和去价值化。

（三）文本之悦

在《S/Z》（1970）中巴特把文本分为可写的文本（生产性的）和可读的文本（消费性的），在《文之悦》（1973）中则进一步把文本分为"悦的文"和"醉的文"。"悦的文：欣快得以满足、充注、引发的文；源自文化而不是与之背离的文，和阅读的适意经验密不可分的文。醉的文：置于迷失（perte）之境的文，令人不适的文（或许已至某种厌烦的地步），动摇了读者之历史、文化、心理的定势，凿松了他的趣味、价值观、记忆的坚牢，它与语言的关系处于危机点上"①。巴特自己对"悦"和"醉"没有明确进行区分，而是用身体的快感程度来隐喻文本和区分文本："悦的文"是 plaisir（欢悦），"是可读的本文，即我们知道怎样阅读的本文"；"醉的文"是 jouissance（狂喜），是"这样一种本文，它加予读者一种缺失态，扰动（或许以达到某种可厌程度）和骚乱读者历史的、文化的、心理的假定、趣味的一致性、价值和记忆，使读者与语言的关系发生危机"②。这是建立在读者（消费者）欢悦之上的美学，每一次阅读（或者消费）的精神过程都充满了文本的欢悦。巴特说："文之悦。古典作品。文化。（愈是文化的，悦便会愈强烈，愈多姿多彩。）灵性。反讽。优美。欣快。得心应手。安乐。……醉的文。悦碎了；整体语言结构碎了；文化碎了。这般文是反常的，它们逸出于一切可想象的终极性——甚至悦的终极性之外。（醉并不受悦的约束；它甚或是令人厌烦的。）无法依托于他辞来说明，无以重构，无以复原。醉的文是绝对不及物的（无法传递和交流）。"③ 简单地说，悦的文就是通俗易懂的、能给读者带来愉悦的、具有文化意味的文本；醉的文就是打破了常规认知规范的、创新了传统审美范式的、不为一般读者所能够阅读、理解和欣赏的文本。巴特将文本的悦与醉与身体感受、身体接触相结合，将读者的参与纳

---

① ［法］罗兰·巴特：《文之悦》，屠友祥译，上海人民出版社2002年版，第23页。
② ［美］乔纳森·卡勒尔：《罗兰·巴尔特》，方谦译，生活·读书·新知三联书店1988年版，第110页。"本文"即"文本"。
③ ［法］罗兰·巴特：《文之悦》，屠友祥译，上海人民出版社2002年版，第63页。

入文本的编织之中，进一步打破了作者对文本的主导地位。"悦"更多的是指一种状态，"醉"则更多代表一种行动。前者能够引发读者理性的洞察，后者往往引发读者非理性的反应；前者具有显著的社会性特征，后者则具有非社会性的特征。所以，广告文本绝大多数时候就是"悦的文"，偶有"醉的文"，但其表现的部分也是"悦"，深层部分为"醉"，因为不管是广告人、广告主还是媒介，没有人愿意看到消费者非理性的反应，除非是引起消费者非理性购物。

巴特认为："解构产生愉悦，因为它产生欲望。解构一个文本就是揭示它如何作为欲望，作为对没有止境的延迟的在场和满足的追求而起作用。一个人不可能阅读而不向语言的欲望，不向始终不在场的、异于自身的东西开放自己。没有对于文本的某种爱，任何阅读都是不可能的。在每一阅读中，都存在着读者和文本的身体对身体的关系，读者的欲望融入文本的欲望中。"[1] 欲望正是广告文本和广告图像的创意来源和终极表现，不管是从传统广告的 AIDMA 法则来看，还是从互联网背景下的 AISAS 来说，驱动消费者最终行为的都是欲望，而且很大程度上都是因为文之悦。不管是广告文本还是广告图像，都是通俗易懂且妙趣横生的，都摒弃佶屈聱牙、晦涩难懂。这从表面上来看是对醉的文的一种扬弃，但在很多广告中却将打破常规、创新创意或传播范式等发挥到极致——广告效果就是追求这种极致的高潮。在这里，广告人充分利用了"文之悦"和"文之醉"界限的模糊性、与广告表现的共通性以及对读者（消费者）感觉的极致性来做文章，通过人的身心愉悦（不过程度不同而已）来建构身体与心灵的平台，从而达到从非目标消费者到潜在消费者，再到目标消费者，最终到忠实消费者的目的——悦之文针对的是从非目标消费者到目标消费者；醉之文针对的是忠实消费者。虽然这样分也不太合理，但在实际中正是由于有这样的过程，才会有忠实消费者对企业品牌和广告的终极高峰体验——自我实现后的瞬间的、豁达的、极乐的，趋于巅峰、

---

[1] 参见肖伟胜《罗兰·巴尔特的后结构主义文本理论及其身体转向》，《文艺争鸣》2019年第10期。

超越自我、超越时空的满足与完美体验。

巴特说:"语言学表述有关语言的道理,但纯粹是在这个方面:'不构织什么有意的幻象':如此,这便是想象体之的诂:无意识之无意识性。"① 语言的想象体无疑是复杂的,不管是独立的或者是组合的,当时之义并不等于理解之义、书写之义也不等于阅读之义。所谓语言"不构织什么有意的幻象",应该仅仅局限于纯粹写作之时,一旦将读者、社会、经济等纳入其中,特别是广告文本对广告效果考核之时,文本"不构织什么有意的幻象"根本就不存在,就是虚妄。但不管是广告文本和广告图像的"悦"和"醉",都有可能在社会中迷失,这种迷失不是前面所说的"迷失(perte)之境的文",而是在各种权力、利益、审美和自我的纠缠和左右中失去了原本要表达的意义。"如此,处于权势状态的语言(在权力的庇护之下被生产和传播的语言),顺理成章地成为一种重复的语言;语言的一切社会公共机构均是重复的机器:学校,体育运动,广告,大众作品,歌曲,新闻,都不止地重复着同样的结构,同样的意义,且通常是同样的辞语:陈规旧套是一政治事实,是意识形态的主要形象。面对此,新即是醉。"② 所以,在很多时候我们要在"例外"和"规律"之间寻求某种平衡——"为了让重复成为令人迷爱之物,它必须是合乎规范的,如实的。"③ 这说的却恰恰就是广告最终呈现的现实——令人迷爱、合乎规范、如实。在广告文本和广告图像中,这种重复不是陈规旧套,更多的则是旧要素的新组合;不是因循守旧,而是诸多旧隐喻的另辟蹊径;不是完全的醉,而是介于悦与醉之间的融合地带。

"悦的文并不一定是叙述悦的文,醉的文决非讲述那种魂销情迷之醉的文。……文之悦的位置不处于模拟者和模特的关系(模仿关系)内,而完全处于重演者和模拟者的关系(欲望、生产的关系)

---

① [法]罗兰·巴特:《文之悦》,屠友祥译,上海人民出版社2002年版,第44页。
② [法]罗兰·巴特:《文之悦》,屠友祥译,上海人民出版社2002年版,第51—52页。
③ [法]罗兰·巴特:《文之悦》,屠友祥译,上海人民出版社2002年版,第52页。

内。"① 文本是动态的，注重编织的过程，是一种图示而非模仿的结构，身体的切入更多的是体现感受的程度，而不是呈现色情。在这一点上，广告文本和广告图像往往会被表面化和色情化，毫无疑问，这也会给读者带来愉悦，但在现实中却往往被无形地放大甚至超出了道德的边界。现在的原生广告（Native Advertising）就有一个重要的原则——广告即内容、内容即广告。将广告做的不像广告的广告，就要求我们突破人们原有广告的概念，让消费者在有意注意和无意注意中不知不觉的接受。"快乐是散碎的；语言是散碎的；文化是散碎的。"② 在当下，时间是散碎的、消费者是散碎的、信息接触是散碎的。广告文本和广告图像正是在这种散碎中、在大数据的协助下而进行创作、传播和接受的。我们需要在综合社会、历史、经济、文化、技术等的基础上，在准确把握欲望和生产的关系建构中去进行广告运作。

当巴特把声音加入"文之悦"之中时，"自整体语言的音声来考虑，则大音写作不属音位学，而属语音学；其标的不在于信息的明晰，情感的戏剧效果；其以醉的眼光所寻索者，乃为令人怦然心动的偶然物事，雪肌玉肤的语言，某类文，自此文处，我们可听见嗓子的纹理，辅音的水亮，元音的妖媚，整个儿是幽趣荡漾之肉体的立体声：身体之交合（articulation），整体语言（langue）之交合，而非意义之交接，群体语言（langage）之交接"③。也正是加入了声音，对文本的解读才在传播层、意指层和意指活动层④（即听觉）上得以全面解析，才能展现人类口吻的全部风姿，才能醉。广告文本和广告图像的编织和展现都离不开声音，文本的编织是图像展现的预演，文字和声音能否让消费者捕捉到纹理、水亮、妖媚和立体声至关重要。因为在消费者的选择性注意中，声音的选择往往具有穿透性和优先性，未见其人先闻

---

① ［法］罗兰·巴特：《文之悦》，屠友祥译，上海人民出版社2002年版，第67页。
② ［法］罗兰·巴特：《罗兰·巴特随笔选》，怀宇译，百花文艺出版社2005年版，第218页。
③ ［法］罗兰·巴特：《文之悦》，屠友祥译，上海人民出版社2002年版，第79页。
④ ［法］罗兰·巴特：《第三层意义》，载《显义与晦义》，怀宇译，百花文艺出版社2005年版，第41—61页。

其声就是这个道理。我们为了在广告文本和广告图像中更好地利用和展示声音，使消费者身心俱醉，就需要我们不停地打磨文本和图像，不断地对各种要素进行编织、整合和交接。广告最终的呈现是传播层、意指层和意指活动层的结合体，它不仅包括文本的无限可能性，也包括呈现（文字、声音和画面等）的无限可能性。我们赋予广告文本和广告图像的意义不等于消费者阅读广告文本和广告图像的意义，虽然在绝大多数时候，主流消费者接受的可能是我们所赋予的。但在很多时候，消费者的误读往往会造成更大的困惑和影响，而这同时也是竞争对手所乐见其成的利用对象和时机。所以，巴特借用了他的学生茱丽娅·克里斯蒂娃关于文本的定义："一个超越语言的工具，它通过使用一种通讯性的言辞来重新分配语言的次序，目的在于直接地传递信息，这些言辞是与那些先于其而存在和与其并存的言辞相互联系的。"[1]使我们能够在另一个层面来理解文本及其理论建构。

二 克里斯蒂娃的文本理论与广告实践

巴特在《本文理论》中说，意指实践（signifying practices）、能产性（productivity）、意指活动（signifiance）、表现文本（phenotext）与生成文本（genotext）、文本间性（intertextuality）等概念都来自克里斯蒂娃，可见克里斯蒂娃在文本理论上的建树。作为推动西方文论从结构主义向后结构主义过渡的关键人物，作为互文理论的提出者，其文本理论不仅与巴特、巴赫金等人具有千丝万缕的联系，而且在大师云集的当时社会占有一席之地，具有自己独特的文本观和符号观，对广告实践（广告文本和广告图像）具有借鉴意义。

（一）主体文本观

西方近现代哲学的核心问题就是主体问题。主体性和主体间性在人的起源之日起就存在，而且相互支撑、不可分割。笛卡尔把人视为

---

[1] ［法］罗兰·巴特：《本文理论》，李宪生译，《外国文学》1988年第1期。

一般主体（最早使用"主体"这一概念的是亚里士多德），而在海德格尔看来，"对于现代之本质具有决定意义的两大进程——亦即世界成为图像和人成为主体——的相互交叉"[1]。世界成为图像之际亦即世界被征服和被把握，世界图像意味着我们对世界了如指掌；人成为主体意味着人"成为对象意义上的存在者的表象者"[2]。当人成为认知世界的掌控者，自然就会呈现出"人是万物的尺度，是存在的事物存在的尺度，也是不存在的事物不存在的尺度"[3]。普罗泰戈拉的这一论断则标志着主体性的萌芽。主体性就是"主体如何在他和自身关系的真理游戏中体验他自己"，福柯认为："在人类历史上，人们从未停止构建他们自己，也就是从未停止变动他们的主体性，从未停止在无限众多的系列主体性当中构建自己，这些主体性永远不会结束，也从不会让我们面对某种叫做人这样的东西。"[4] 主体性一直在运动中、在实践中，在不停地"摆脱"自身的过程中，也在不断建构中。

克里斯蒂娃认为："主体总是既是符号态的，又是象征态的，所以由主体产生的任何意指系统都不可能是'单一'（exciusivement）的某种模态，而必须是两种意指活动共同作用的结果。"[5] 其中，符号态与前俄狄浦斯期相关，这一时期由口欲和肛欲等本能驱力支配，充满了异质性和开放性，是构成"意指过程"的深层心理空间；象征态就是拉康所说的"象征秩序"，是建立在对本能驱力的抑制之上，主体进入他者镜像的参照空间，"从而对充满多重复调的意义流进行分割、定位，成为一套固定的律法结构"[6]。而符号态和象征态则是克里斯蒂

---

[1] [德]马丁·海德格尔：《林中路（修订本）》，孙周兴译，上海译文出版社2008年版，第81页。

[2] [德]马丁·海德格尔：《林中路（修订本）》，孙周兴译，上海译文出版社2008年版，第80页。

[3] 北京大学哲学系外国哲学史教研室编译：《古希腊罗马哲学》，生活·读书·新知三联书店1957年版，第138页。

[4] [法]朱迪特·勒薇尔：《福柯思想辞典》，潘培庆译，重庆大学出版社2015年版，第148页。

[5] [法]茱莉亚·克里斯蒂娃：《诗性语言的革命》，张颖、王小姣译，四川大学出版社2016年版，第11页。

[6] 朱立元：《后现代主义文学理论思潮论稿》（下），上海人民出版社2015年版，第565页。

第三章 广告图像、文本与视觉

娃意指过程的两个模态,意指过程理论就是"关于一般性的意义理论,关于语言的理论和关于主体的理论"①。符号态空间(克里斯蒂娃所说的"子宫间")就是克里斯蒂娃意指过程的起点,这个空间不仅包含本能驱力及其静态形式,而且还是一个不可表现的、看不见摸不着的真实存在、变动且被规定的运动"场"。意义生成意味着意指过程的结束,由于克里斯蒂娃认为"符号态的理念内在于象征态,但同时又超越了象征态并威胁到它的假定。"② 所以,意指过程既有符号态的运作实践,也有象征态的能动性和革命性。这两种模态类似于无意识与意识,本我与超我或者自然与社会的关系与区分,二者辩证的相互作用的结果即是被分析的文本。驱力(身体的本能、欲望)的作用及在符号态下进行编织的结果就是克里斯蒂娃所说的生成文本,而由社会的、理性的、文化的、语法的及句法等制约而产生的就是现象文本。从中我们不难看出,生成文本和现象文本不是单独存在的,也是相互交织在一起的,就像符号态和象征态一样,彼此会相互作用。

在克里斯蒂娃看来,生成文本是一种过程,而现象文本是一种结构,它们同时存在于意指过程之中。这个过程中的主体是分裂的、多样化的,也是异质的。所以,克里斯蒂娃所说的文本问题也即是主体问题,不论是言说主体还是阐释主体,都不是孤立的主体,都处于自我与他者、个人与社会历史、自我意识与语言系统建构的系统或者模型之中。而在文本空间中我们界定写作主体、读者和外部文本三个维度的对话,就能够弄明白作者—读者—语境在发生作用时彼此对话的形成机制和实践呈现。"语言对话"的思想显然是受巴赫金的影响,而寻求主体的自由和反抗则是克里斯蒂娃的基本学术立场。在克里斯蒂娃眼里,文本中的主体是一种反抗的、永不停息重构自我的、能动性的主体。

广告文本和广告图像在表现上基本上都是符号态和象征态的统一,

---

① Julia Kristeva, *Revolution in Poetic Langguage*, tr., by Margaret Waller, New York: Columbia University Press, 1984, p.21.
② [法]茱莉亚·克里斯蒂娃:《诗性语言的革命》,张颖、王小姣译,四川大学出版社2016年版,第60页。

它们既是生成文本也是现象文本。任何广告都不可能不考虑到消费者的需求和欲望，都想激起消费者本能的原始反应（驱力），消费者的口欲和肛欲就是广告文本创作的原始起点和现实终点。只不过在这一过程中，我们将社会的、理性的、文化的、语法的及句法等制约与广告文本和广告图像进行了有机的结合而已。广告的主体在这个过程中不是单一或特指的，它在很多时候是随着场景、地域或者对象的变化而发生着某种或微妙，或顺承，或颠覆的变化。但从广告文本的创作过程上来说，广告表现的主体是确定的，它就是商品或广告主。而在广告图像的展示过程中，广告的主体才发生变化——广告主、创作者、媒介或者消费者都有可能。任何形式的广告都至少是在写作主体、读者和外部文本三个维度上的对话，这种对话一旦发生，往往就不受写作主体的控制甚至超出写作主体的意图，在读者（消费者）和外部文本（一切广告接触点所处的环境）之间建构和发生。于是，我们在此基础上不断提升广告文本和广告图像在现实中的表现，新的广告形态（如原生广告、场景广告、计算广告等）层出不穷，广告也越来越突破边界——我们不得不重新审视我们所创、所说、所见的广告，永无止境。

从自然主体—人类客体到人类主体—自然客体，再到人类主体—自然主体的关系进程中，人类由被动变为主动再变为与自然和谐相处，使人与自然主体间性的关系得以确立。主体间性跟人格心理学、早期现象学和自体心理学息息相关。主体间性"指的是不同组织形成的心理系统，也反过来交互影响主体世界。"[①] 胡塞尔首先在现象学先验主体论的框架内提出主体间性的概念，只涉及认知主体（身体—主体）之间的关系，不涉及人与认知世界之间的关系（梅洛－庞蒂也是如此），仍在主客对立的范畴内。海德格尔提出"此在"和"诗意的安居"等观点，伽达默尔则将存在论的主体间性引入解释学领域，认为文本不是客体而是主体，对文本的解释就是"视域融合"，即对话。本体论层面的主体间性开始建立，并具有了哲学意义，主体间的共存、

---

① ［美］彼得·A. 莱塞姆：《自体心理学导论》，王静华译，中国轻工业出版社 2017 年版，第 157 页。

交往和对话是基于生存本身的。巴赫金也认为文本不是客体而是主体，对文本意义的理解是通过与文本的对话获得的。他从新康德主义的文化批判的主体性出发，提出了美学的主体间性理论（侧重于人与人之间的对话），其提出的对话理论、复调小说理论和文学狂欢化理论，在实质上提出了对话理论。巴赫金的对话理论启迪了克里斯蒂娃，其文本间性取代了主体间性。而文本间性即是互文性，也就是互文本理论。除了认识论的主体间性和本体论（存在论、解释学）的主体间性外，还有社会学的主体间性，即马克思所说的人与人之间的关系，是在社会主体的框架下进行的。主体间性强调的是"你中有我，我中有你"，是对人存在方式和存在意义的追问。从某种程度上来说，这是人存在世间的对自我存在的意义追寻，也是人认知发展在意识与无意识、自然与社会、自我与他者等的相互关系中重构主—客关系的产物。

广告间性不仅体现在广告文本和广告图像之间、广告与广告之间，也体现在广告媒介与媒介之间（媒介间性），广告文化与文化之间（文化间性）等。广告与其他的一切都是相互联系、相互作用的，我们不可能忽视掉其中的任何一部分，否则，被浪费掉的一半广告费不仅更不知道是哪一半，更为严重的是浪费只能是越来越多而不可能减少，更不可能达到所谓的精准。那么，新的广告形态除了人云亦云或者被动的追随之外，其余一无所获。从根本上来说，广告间性是人的间性，也是人的社会间性。所以，广告文本和广告图像的原点和终点必须是开放的，因为人和社会是开放的。广告存在的意义亦是人存在世间的对自我存在的意义追寻，也是人认知发展在意识与无意识、自然与社会、自我与他者等的相互关系中重构主—客关系的产物。媒介、技术、文化等都是工具而已，关键在如何利用和如何使用。

(二) 互文本理论

在克里斯蒂娃看来，文本"并不仅仅关乎薄弱的语言学划分和语言结构或者一个隐去的主体留下的只言片语的记录，相反，它与实践中本质的音素息息相关，它以对抗和入侵、解构和建构的姿态囊括了无意识、主体性、社会关系的总和。……文本是一种可以与政治革命比肩的实践活动：文本可以将他者带入社会的事物引入主体中。"① 文本是生产性的，并在异质性实践中促成意义生成。这个过程是无限的、无尽的，是驱力面对语言和交换系统及其主导者而不停运作的过程。其"异质性"是"对元语言主体和理论的主体而言，一方面，异质性与第一次符号所遗漏的驱力的再现相符合；异质的元素是一种肉体的、生理的和可指称的刺激（excitation）。这种刺激是象征的社会结构（如家庭或者一些其他的结构）所不能把握的。另一方面，异质性体现为客观的、物质的和外在世界的一部分，它不能任由主体处置或被不同的象征结构所控制。"② 是在符号学、语言学、精神分析学和唯物论等为理论指导下的，涉及不同生命主体间的，并在其"意指过程""言说主体"和"异质的驱力"的理论论说中得以呈现。克里斯蒂娃受巴赫金的影响，也用横坐标（写作主体—读者）和纵坐标（文本—语境）来界定互文本："即每一个词语（文本）都是词语与词语（文本与文本）的交汇；在那里，至少有一个他语词（他文本）在交汇处被读出。"③ 只不过被巴赫金定义为对话性（dialogue）和双值性（ambivalence）的两个轴没有显著区别。基于此，克里斯蒂娃认为这是巴赫金对文学理论做出的首次深度阐释："任何文本的建构都是引言的镶嵌组合；任何文本都是对其他文本的吸收与转化。从而，互文性（intertextualité）概念取代主体间性概念而确立，诗性语言至少能够被双重（double）解读。"④ 互文性概念首次被提出，主体间性被文本间性所取代。之所以在此突出"异质性"，一是因为异质性所具有的特殊创造力对包括法国哲学思想在内的不同思想所促成的思维范式变革

---

① ［法］朱莉亚·克里斯蒂娃：《诗性语言的革命》，张颖、王小姣译，四川大学出版社2016年版，第4页。
② ［法］朱莉亚·克里斯蒂娃：《诗性语言的革命》，张颖、王小姣译，四川大学出版社2016年版，第139页。
③ ［法］朱莉娅·克里斯蒂娃：《符号学：符义分析探索集》，史忠义等译，复旦大学出版社2015年版，第87页。
④ ［法］朱莉娅·克里斯蒂娃：《符号学：符义分析探索集》，史忠义等译，复旦大学出版社2015年版，第87页。

第三章　广告图像、文本与视觉

的作用，"异质性为理解打开了前景"①。二是无论是广告文本还是广告图像，在创作和展现上正是由于异质性思维的推动，才有推陈出新的广告形式和广告表现。三是在学科融合、交叉，在应用导向思想盛行的中国当下，我们不但要进行形而下的应用，亦应该进行形而上的思考，更应该重视异质性思维的形式和过程。四是异质性思维不仅结合了方法论和本体论意义上的学说和概念，而且突破了传统符号论和精神分析上的诸如"意指过程""言说主体"和"驱力"等概念的论说模式，为我们研究包括广告学在内的相关学科提供了研究的思维路径。

文本的动态性和主体间性都是互文性的前提。首先，克里斯蒂娃认为巴赫金的对话理论中将写作既有主体性又有交流性的特点就是互文性，"历史（社会）植入一个文本和文本植入历史的性质"②的"双值性"是文本动态性和文本相互吸收与回应的存在方式。其次，主体间性也称为"交互主体性"或"互主体性"。主体是交互的思想让人们既相互承认彼此的主体性又相互交流，互文性正是在互主体性的基础上发展而来的，只不过巴赫金和克里斯蒂娃都是从文本内部不同文本之间的关系入手而来探讨文本之间以及与社会、历史之间大文本间的关系的。最后，克里斯蒂娃把"文本定义为一种重新分配了语言次序的贯穿语言之机构，它使直接提供信息的交际话语（parole communication）与已有的或现时的各种陈述语（énoncé）产生关联。因此，文本是一种生产力（productivité），这意味着：（1）文本与其所处的语言之间是破坏—建立型的再分配关系，因此，从逻辑范畴比从纯粹语言手段更便于解读文本；（2）文本意味着文本间的置换，具有互文性（intertextualité）：在一个文本的空间里，取自其他文本的若干陈述相互交会和中和。"③不仅进一步明确了什么是文本，而且指出了互文本（互文性）是文本间置换、

---

① ［法］雅克·德里达：《马克思的幽灵》，何一译，中国人民大学出版社1999年版，第48页。
② ［法］朱莉娅·克里斯蒂娃：《符号学：符义分析探索集》，史忠义等译，复旦大学出版社2015年版，第91页。
③ ［法］朱莉娅·克里斯蒂娃：《符号学：符义分析探索集》，史忠义等译，复旦大学出版社2015年版，第51页。

交会和中和的。在《文本的结构化问题》一文中，克里斯蒂娃说："我们把产生在同一个文本内部的这种文本互动作用叫做互文性。对于认识主体而言，互文性概念将提示一个文本阅读历史、嵌入历史的方式。在一个确定文本中，互文性的具体实现模式将提供一种文本结构的基本特征（'社会的'、'审美的'特征）。"① 将互文本从文本内部的互动到外部的互动联系在一起，让我们在理解互文性时不仅要考虑文本内部，也要考虑到外部实践中诸如社会的、审美的特征。

在广告文本或者广告图像中，对话性是基本要求，体现得更多的是"双值性"。双值性在巴赫金看来是文本的交汇，与对话性没什么区分，在克里斯蒂娃看来"就是在一个词语、一个段落、一段文字里，交叉重叠了几种不同的话语，也就是几种不同的价值与观念，有时甚至相反。正是这种交叉产生了意义的多声部。"② 因为广告面对的不仅仅是目标消费者，更多的则是潜在消费者和非目标消费者。与目标消费者的对话简单、直接，消费者"中弹即倒"（理想状态），但广告对潜在消费者却是"有限效果"，而对非目标消费者有可能是"艰难的说服"或者无济于事。这时，广告中的"双值性"就显得格外重要，因为在广告中"交叉重叠几种不同的话语""几种不同的价值与观念"，很有可能将潜在消费者和非目标消费者变为目标消费者。如图 3-1：天猫国际 618《重连》广告。

2020 年，因为疫情的原因，各个国家进出口贸易都受到了一定的影响。天猫国际的这支短片趣味性地还原了澳大利亚、日本、西班牙等国家的各个商品生产环节，最终以反转的形式呈现了"一个订单，激活全球"的主题，让"全世界重连"的概念更加清晰。"不出国门，买遍全世界"其实是天猫国际"买全球、卖全球"诉求的延续，只不过因为疫情的原因，让天猫更有机会对接消费者，在很多消费被迫暂停的境况下，如何去倾听消费者。"一个订单，激活全球"主题充分

---

① 秦海鹰：《互文性理论的缘起与流变》，《外国文学评论》2004 年第 3 期。
② ［法］朱莉娅·克里斯蒂娃：《主体·互文·精神分析：克里斯蒂娃复旦大学演讲集》，祝克懿、黄蓓编译，生活·读书·新知三联书店 2016 年版，第 17 页。

图 3-1　天猫国际 618《重连》

利用了双值性的特点,不仅将不同国家间人民相近的处境相对接,而且充分展示了中国的消费需求对世界经济的帮助和影响。一个订单的蝴蝶效应,交叉重叠的不仅仅是几种不同的话语间的"重连",也不仅仅是几种不同的价值与观念之间的"交叉",更多的是将社会语境融入其中,巧妙地展示中国的自豪感和责任感,引发人们的共鸣,从而形成和提升品牌效应。

再看图 3-2:耐克的广告语"JUST DO IT."。1988 年,"JUST DO IT."这句广告口号横空出世,从此,行动被赋予前所未有的意义,也被 Advertising Age 评为 20 世纪最棒的 5 条广告标语之一。首先,创意灵感来源于死刑犯加里·吉尔摩(Gary Gilmore)临刑前相当简单的回答——Let's do it。广告人丹·维登(Dan Wieden)受"do it"这个短语的灵感(觉得很潇洒,很符合体育精神)启发,提出了"JUST DO IT."并以此作为他推销耐克的广告语。尽管当时所在的维登公司几乎没有人喜欢,开始耐克也并不认同,但最终选择了接受。这个过程,不仅体现了文本之间的置换和对双值词的运用,而且文本间破坏—建立型的再分配关系也体现得淋漓尽致。其次,"JUST DO IT."这句广告口号本身意义就意味着多元逻辑。虽然最早是为了激励女性摆脱社会的枷锁、投入当时被男性主导的运动领域来,但一经投放却没想到激励了无数人,助力耐克成就全球体育品牌的巨无霸,并将这个广告语刻在了全世界人民的记忆中,甚至几乎等同于耐克品牌。不同的人对这个广告语有不同的理解:年轻人可以理解为想做就做、现在就开始、坚持不懈等,突出年轻人的自我意识,强调运动本身;

消费者可以理解为我只选择它，就用这个；广告主的意思可能是"来试试"，也可能是前面说的任一个。它可以契合不同的语境，让不同的人都能够感受自己想感受到、想理解到的意思。将文本之间永无止境"交换"的这个互文性最本质的特性表露无遗，也进一步说明了文本是在不断吸收、转化和生产的，是动态的。最后，要结合品牌实际进行综合考量。Let's do it 和 JUST DO IT. 本来是风马牛不相及的，但当时耐克想切入新兴的女性市场，想改变美国妇女的家庭主妇形象，一如当年的万宝路香烟一样——只不过万宝路采用的是牛仔形象而已。广告人丹·维登（Dan Wieden）所想到的 Let's do it 和 JUST DO IT.，可以说综合考量了文本内外的契合和品牌内外的环境。但如果这仅仅是广告人知道该怎么做显然不够，幸运的是当时耐克的主要领导人也认为该这样做。这样，文本内外和品牌内外诸如社会的、审美的等要素完美地结合在一起，文本阅读历史、嵌入历史的方式也恰到好处，结果可想而知。

图 3-2　耐克的广告语

克里斯蒂娃认为"互文性理论对结构主义的发展主要体现在两方面：一是话语主体和它的复杂性；二是历史的维度——文本阅读不能局限于文本本身，还要阅读此前和此后的文本，也就是作者对其他文本的接受，以及读者对作者的接受等。"[①] 主体性和历史性是克里斯蒂娃带给结构主义的新向度，也为广告文本和广告图像的创作与实践提

---

① ［法］朱莉娅·克里斯蒂娃：《主体·互文·精神分析：克里斯蒂娃复旦大学演讲集》，祝克懿、黄蓓编译，生活·读书·新知三联书店2016年版，第29页。

供了借鉴。一是广告主体和它的复杂性需要我们充分考量。只有对广告主体（提议者、策划者、创意者和实施者）和它的复杂性进行了充分考量，我们才能够对广告品牌进行准确定位和精准表达，才能够将其核心定位和诉求在合适的媒介上进行分类创作和投放。二是在历史维度上我们可以避免走弯路。虽然消费者在接受广告时几乎不会去追问广告是谁创作的，但这并不妨碍我们在广告文本的创作过程中对文本及其他文本的研究和分析，并不妨碍我们对品牌历史和现实的研判，也不妨碍我们对消费者基于数据分析上的定位，更不妨碍我们对广告文本和广告图像进行事前、事中和事后的效果研判和分析。这样，我们就不会在大方向上犯低级错误，就不会出现像"丰田霸道石狮篇"（图3-3）这样违背/伤害国家民族文化和情怀的广告事件，也不会出现"福特模仿绑架广告"（图3-4）这样有违社会主流价值观的广告形态，等等。克里斯蒂娃将文学行为和更广泛意义上的美学实践作为思想行为研究，而不是视为娱乐形式对待的主张，也值得我们提倡。这对我国当下日益严峻的"娱乐至死"态势以及不严谨的治学态度都有借鉴意义。

图3-3 丰田霸道石狮篇

广告学学科的边缘性、跨学科性和实践性决定了广告文本和广告图像要与引用（citation）、合并/粘贴（intégration/collage）、暗示（allusion）、参考（référence）、戏拟（parodie）、仿作（pastich）、剽窃

图 3-4　福特模仿绑架广告

(plagiat) 等互文的方式，以及与联系（relation）、交叉（croisement）、转变（transformation）、动态（dynamique）① 等互文的特点在一起。虽然克里斯蒂娃等所提及的互文性主要在文学作品中，但对广告文本和广告图像来说却是所有的文体——只要你能够接触到和想象到的文体。任何文体在广告中都可以得到很好应用，只要你愿意和能驾驭。所以，广告人既要是大家（眼界开阔、知识广博），也要是杂家（涉猎广泛、阅历丰富），才能在广告文本的创作中捕捉到消费者关注的品牌点（消费者的欲望点）、消费者的记忆点（关系到"视域融合"的实现和互文性意义的建构）和消费者的知识点（消费者对"底文"的掌握）。特别需要指出的是，广告不是完全的虚构叙事，而是在真实基础上的意义表达，故任何形式的广告互文文本方式和广告图像表达，都不能将文本与文本、图像和图像间的相互指涉、交会和中和引向虚无甚至虚假，不得误导消费者。

三　保罗·利科的文本理论与广告实践

保罗·利科（Paul Ricoeur，1913—2005）作为法国著名哲学家、

---

① 参见［法］蒂费纳·萨莫瓦约《互文性研究》，邵炜译，天津人民出版社 2002 年版。

当代最重要的解释学家之一，与20世纪另外两位著名的解释学哲学家海德格尔和伽达默尔齐名。其文本理论不仅具有解释学和现象学的特征，而且对广告实践具有指导和借鉴意义。

（一）话语与文本

"文本是由书写而确定的话语。"保罗·利科说："书写所确定的是能被说的话语，当然，是准备书写的话语，因为它没有被说。书写的确定恰好占据了言谈的位置，它发生在言谈可能已经出现的地方。这就是说，文本只有当其不再局限于抄写先前的话语，而是当它以书写字母刻写话语的意义时，它才是一个真正的文本。"① 这个概念说明了文本是一种话语，强调了书写和文字对文本的意义。之所以利科强调的是话语，而且是确定的是能被说的话语，主要是因为利科的文本是建立在与结构主义比照之上的，认为书写"是取代了言谈的实现……是对意向的直接刻写……是对言谈符号的文字记录。书写的这一解放就是文本的诞生，它把后者（书写）置于言谈的位置"②。利科反对结构主义强调语言而忽视言语的观点，海德格尔、伽达默尔都强调了语言在本体论上的意义和作用，利科则认为除了本体论层面外，语言还应该有认识论和方法论层面的意义和作用，"结构主义语言学强调符号而悬置信息，强调系统而悬置事件，强调结构而悬置意指。利科认为语言学的结构方法只能在语词的层面上适用，而不能无限扩张到语句和大于语句的语言实体层面上。话语就是关于语句的语言学，如果说符号学侧重结构，那么语句语言学或语义学的对象则是意义。话语所承载的事件与意义之间的辩证关系，成为利科文本理论的始发点"③。利科的文本理论从本质上说是建立在本体论、认识论和方法论相统一基础上的解释学文本理论。

---

① ［法］保罗·利科：《诠释学与人文科学》，孔明安等译，中国人民大学出版社2012年版，第107页。
② ［法］保罗·利科：《诠释学与人文科学》，孔明安等译，中国人民大学出版社2012年版，第108页。
③ 冯寿农、黄钏：《保罗·利科诠释学的文本理论探析》，《厦门大学学报》（哲学社会科学版）2020年第1期。

"话语的产生表现为一个事件：当某人说话时某件事就发生了。当我们考虑从语言（language）的语言学（linguistics）或代码的语言学走向话语的语言学或信息的语言学时，作为事件的话语概念就是核心。……如果'符号'（sign）（音位学和词汇学的）是语言的基本单元，那么，'句子'就是话语的基本单元。句子的语言学强调事件和意义的辩证法，这形成了我们文本理论的起点。"[①] 作为事件的话语所描述、表征和表达的是关于物的世界，话语是既拥有世界又拥有他者的，这是语言所达不到的。这样，话语既表现为事件也被理解为意义，事件和意义是话语的两端，事件是转瞬即逝的，而意义是长久的，通过意义超越事件是话语的语言学不同于语言的语言学的地方。从这个意义上来说，广告人在"头脑风暴"等激荡创意的过程中所说的内容就是话语事件，是短暂的、当下的，但它所形成或者激发他人所产生的意义是持久的，作为事件的话语所描述、表征和表达的物的世界的意义是我们在现实中与事件相联系的，话语所涉及事件和意义的特征决定了文本的构成。言说行为需要我们用话语构成的文本来确定，这样一方面话语具有了持久性，另一方面文本中的句子可以通过各种形式来灵活地表现说话主体。这种既隐藏又显现的主体性其实正是广告所需要的，广告文本和广告图像的主体性和话语主体性在不同的层面但表现着相同的目的。这样，一方面广告创意可以通过话语的广泛性来涉猎最广博的世界，得到最好的广告创意；另一方面，又可以通过不同表现主体的差异性来扩展广告文本和广告图像表现的丰富性，从而使广告表现出最大的可能性。

在广告中，图像和话语是相通的，图像可以表现为话语，话语也可以表现为图像，而且很多时候很难区分哪些是图像，哪些是话语。这就像利奥塔所说的那样："话语，在不失去其指称力量的情况下，披上另一种力量，被渴望的事物的力量，并像这些事物一样吸引眼睛。这就是接触：我们所说的对象被引进我们所说的内容，并且不是以知性的方式，而是以感性的方式，多亏了可感者这一永不枯竭的源泉，这一摆脱

[①] ［法］保罗·利科：《诠释学与人文科学》，孔明安等译，中国人民大学出版社2012年版，第93页。

了所有取消作用的偶然，这一偶然在于它可以同时接纳文本和非文本；感性现实成为舞台和看台，呈现为镜子——这面镜子由文本和图形在感性现实中所展开的游戏构成；变形成为图像。"[1] 图像和文本一直置身于话语活动之中，可以在知性世界和感性世界之间穿越，只不过是在广告上表现得比较频繁而已。图 3-5 是杜蕾斯借势苹果在发布 iPhone7 产品（2016 年）的同时还发布了蓝牙无线耳机 AirPods 后推出的空气套广告（图像中就是用耳机 AirPods 的造型隐喻精子）。借势营销近年来已经成为杜蕾斯广告的经典手法并不断被其他品牌模仿。就本则广告来说，其成功原因就是：一是将知性和感性相结合，既成功借势，又突出了产品的特点。二是将话语和图像相结合，既吐槽新款耳机体型较小，比较容易丢失，叫它们不用乱跑，又想象地隐喻了产品的功能，将语言符号和图像符号在整体上统一到消费者的欲望点上，指向某一现实和非现实的对象——图像和文字所指称的对象——套。三是由话语所产生的事件已经发生（耳机体型较小，比较容易丢失），而由耳机所组成的、观者观看而想象的事件被渴望发生或者将要发生，这就将事件和意义的两端紧密连接在一起，将既清澈的、明晰的，又模糊的、暗示的信息准确传达，高级地将性进行语图一体式表达。四是充分运用了话语之间清晰性和晦涩性的特点，通过图像的清晰表现，虽然我们看不到任何的身体模式和感官组合，但却将话语和图像的中介性灵活、精准运用，让我们看到了其实"文本是一个中介，通过它我们理解自身"[2] 的这一论断。

  一个不争的事实是现代科技将书写行为、对话行为和阅读行为可以统一到图像行为中——如直播带货。这时，主体、话语、阅读和行为表现为同时在场，文本、主体、话语等此时不存在谁取代谁、谁表现谁的关系，而是一种共在，且是共同表现。那么，此时，复杂统一的图像关系和数据关系都服务于在场与不在场的主体——产品、主播

---

[1] ［法］让-弗朗索瓦·利奥塔：《话语，图形》，谢晶译，上海人民出版社 2011 年版，第 74 页。
[2] ［法］保罗·利科：《诠释学与人文科学》，孔明安等译，中国人民大学出版社 2012 年版，第 103 页。

图 3-5 杜蕾斯空气套广告

和消费者。这种新的形式虽然改变了某些文本、图像和话语的表现形式，但实质上却依然在本体论、认识论和方法论相统一的基础上，不可否认的是，言说主体在其中所起的作用是最关键的。这种广告图像行为不同于传统的广告图像行为，它不是事先预演的，在直播过程中有很大的偶然性和不确定性。语言的组织和由语言所派生出来的图像都建立在主播的知识储备、经验储备、临场处理和语言运用之中。所以直播话语环境的建构、直播主体（言说主体）自身品牌的建构以及此在文本与世界关系的建构成为核心，"这影响了文本与作者的主体性和读者的主体性的关系"[1]。但前提是言说主体（主播）对品牌和消费者进行了大量的数据调查、分析和挖掘，否则"翻车"现象不可避免。

---

[1] ［法］保罗·利科：《诠释学与人文科学》，孔明安等译，中国人民大学出版社 2012 年版，第 110 页。

（二）间距与文本

相对于伽达默尔的哲学解释学对文本的理解和解释强调"倾听""对话"的解释学意义、强调书写对言谈的依赖性来说，利科的文本解释学则走向"文字中心主义"，强调书写对文本的意义和自主性。这样，文本所指的意义与作者所表达的意思就不再一致。这种不一致或者说是异化或疏远化就是解释学上所说的"间距"。伽达默尔的"视域融合"（Horizontversehmeltzung）和"效果历史"（Wrikungsgeschieht）的思想出发基础就是"间距"，侧重于时间间距。利科则侧重于在话语、文本、读者和情境的相互关系中探讨间距化的形成和间距对于理解的意义。利科认为文本是交流中间距的范式，在文本问题中引入间距的积极的创造性概念，可以展现人类经验的历史性的基本特征，也即在间距中并通过间距的交流，[①]是一种通过间距形成的"间距化"作用而突出文本的独立性存在。

在伽达默尔看来，时间间距（Zeitenabstand）就是"流传物对于我们所具有的陌生性和熟悉性之间的地带，乃是具有历史意味的枯朽了的对象性和对某个传统的隶属性之间的中间地带。"[②] 流传物是一种对象性的存在，"流传物就是可被我们经验之物。但流传物并不只是一种我们通过经验所认识和支配的事件（Geschehen），而是语言（Sprache），也就是说，流传物像一个'你'那样自行讲话。一个'你'不是对象，而是与我们发生关系。……流传物是一个真正的交往伙伴（Kommunikationspartner），我们与他的伙伴关系，正如'我'和'你'的伙伴关系"[③]。文本等流传物虽然在理解上受时间等的影响，但理解本身不是复制而是创造，时间距离可以将理解变为一种创造性的可能性。因此，"时间距离不是一个张着大口的鸿沟，而是由习俗和传统的连续

[①] ［法］保罗·利科：《诠释学与人文科学》，孔明安等译，中国人民大学出版社 2012 年版，第 92 页。

[②] ［德］汉斯－格奥尔格·加达默尔：《真理与方法》，洪汉鼎译，上海译文出版社 1999 年版，第 379 页。

[③] ［德］汉斯－格奥尔格·加达默尔：《真理与方法》，洪汉鼎译，上海译文出版社 1999 年版，第 460 页。

性所填满，正是由于这种连续性，一切传承物才向我们呈现了出来"①。可以说间距联系着历史与现实、陌生性和熟悉性，成为中介。需要强调的是，伽达默尔的间距概念源于海德格尔的时间观念，而海德格尔的时间观念则是一个存在的时间、空间的同一性观念。所以，伽达默尔的时间间距需要在时间和空间上来理解——即意义的生成是在时空中生成的，具有多元性的可能。"每一时代都必须按照它自己的方式来理解流传下来的本文，因为这个本文是属于整个传统的一部分，而每个时代则是对这整个传统有一种实际的兴趣，并且试图在这个传统中理解自身。当某个本文对理解者产生兴趣时，该本文的真实意义并不依赖于作者及其最初的读者表现的偶然性。至少这种意义不是完全从这里得到的。因为这种意义是同时由解释者的历史处境所规定的，因而也是由整个客观的历史进程所规定的。"② 文本的意义超越作者的意图成为常态，我们可以以不同的方式去理解文本，在不断运动和扩展的过程中将"真正的意义从一切混杂的东西被过滤出来"③。这样，不仅新的理解源泉能够不断产生，而且一些意想不到的意义也可展现出来。通过时间间距的过滤，使得一些特殊的前见消失和剔除"产生误解的假前见"，从而促成对文本的真实理解和问题的解决。

利科的"间距化"有四种形式。第一种是事件和意义之间的间距。事件是说话的产物，事件存在于某人讲话的事实之中。而"话语总是关于事物的。话语指向一个它声称描述、表达或表征的世界。在第三种意义上，事件是通过话语方式的语言（language）世界出现的。"④ 间距不仅是我们理解或者解释事件的过程中介，而且使我们的理解超越事件，变得更有意义。事实上，意义对事件的超越也证明了

---

① ［德］汉斯－格奥尔格·加达默尔：《真理与方法》，洪汉鼎译，上海译文出版社1999年版，第381页。
② ［德］汉斯－格奥尔格·加达默尔：《真理与方法》，洪汉鼎译，上海译文出版社1999年版，第380页。
③ ［德］汉斯－格奥尔格·加达默尔：《真理与方法》，洪汉鼎译，上海译文出版社1999年版，第383页。
④ ［法］保罗·利科：《诠释学与人文科学》，孔明安等译，中国人民大学出版社2012年版，第94页。

语言意向性的特征，同时也是文本中意义与事件辩证关系的原点。文本书写所确定的话语从某种意义上来说是超越了特定情境和意义的，这种超越既是事件和意义之间距的体现，也是事件与意义之间产生张力的原因，"因为正是两端之间的张力才导致了作为作品的话语的产生，导致了说与书写的辩证关系，以及其他那些丰富间距概念的文本特征"[1]。第二种是文本意义与作者意图之间的间距。书写不仅使文本获得了自主性，而且与作者的意图相分离，"文本的意义不再与作者的意思相一致；从此以后，文本的意义和心理的意义具有了不同的命运"[2]。作品一般都是超越作者创作的心理—社会环境的，因此作品是向无限的阅读视域开放的，这些视域可能处于不同的社会文化环境之中，作品的"去语境化"和读者的"再语境化"（或重构语境）均处于特定情境之中，读者理解与作者意图之间既相互割裂又相互互补，读者和作者共享的场景消失，间距在所难免。第三种是文本的语境世界和日常语言世界之间的间距——真实远离自身的间距。话语是第一性的，文本是对话语的固定。书写下来的文本不同于听者直接作用于说话者：一是书写具有创造性，文本的读者是不确定的对象，具有未知性，而且读者和文本之间脱离了说话者原有的语境，特定现实性的指称消失，阅读具备无限可能；二是在谈话（或者对话）中，说者和听者处于共同的时空环境之中，话语指向的事物较为明确，不存在无限解释（或理解）的可能。第四种是读者与其自身的间距。我们通过文本这个中介来理解自身，标志着读者主体性的出现。作品向读者开放，意味着作品的主观性与读者的主观性之间直接的面对面，只不过在两者的辩证关系中，作品的主观性相较于读者的主观性而言处于被动而已。所以，"理解就是将自己放置于文本之前的理解。它不是将我们有限的理解力施加于文本，而是在文本面前暴露我们自己，并从文本中接受

---

[1] ［法］保罗·利科：《诠释学与人文科学》，孔明安等译，中国人民大学出版社2012年版，第94页。
[2] ［法］保罗·利科：《诠释学与人文科学》，孔明安等译，中国人民大学出版社2012年版，第99页。

一个放大的自我,这将是一个最融洽的方式与被筹划世界相对应的筹划生存"[①]。读者通过文本的"内容"建构自我,阅读"使自己非现实化",使读者进入"自我的想象变更"之中,作品和读者之间潜在的主观性和现实的主观性就体现在作品和阅读以及读者与其自身的间距之中。

  伽达默尔和利科的解释学文本间距理论在广告中同样适用和存在,广告文本、广告图像、消费者以及所处的环境之间都具有间距。广告最终所呈现的图像与消费者是有距离感和超越性的,这种距离感和超越性介于消费者对外界接受和理解的陌生性和熟悉性之间。这样,消费者对广告的产品才会产生兴趣,才会渴望拥有。而在广告整个运作的初始阶段,即在文本的酝酿阶段,我们就开始了对消费者行为的判断和把握,以前我们往往做的是传统的、原始的调查分析,现在则是对大数据的挖掘、整理与分析。通过比较,我们不难发现消费者消费行为的变化:一是我们对时间的衡量由具象化向抽象化的转变。在现代工业化时代(特别是信息化)出现之前,我们衡量时间的标准是具象的——一袋烟的时间、一顿饭的时间等等。此时,我们的消费行为秉承着 AIDMA 法则,从广告文本的创作到最终呈现到消费者眼前的广告图像,都充满了"附近感"、熟悉感和共同的场景性。而在进入现代工业化时代(特别是移动互联网时代)之后,时间被工业化的时钟抽象化了,人们的"附近感"消失了,时间被工业性所定义,人们对时间变得敏感、焦虑,对时间的控制欲空前,时间变得碎片化。此时,人们的消费行为不再秉承 AIDMA 法则,呈现跳跃性、无厘头和多变性,直接变为 AA。人们对"即时""所见即所得"变得偏执,"附近感"或者"附近性"从线下变为线上、从距离化变为数字化,时间逐步将空间挤占并进而征服。人们在某种意义上成为附近的"陌生人",人与人之间的"连接"变弱,人们为等五分钟快递而觉得漫长、焦躁甚至发狂。相反,电商等商家则对"附近"疯狂着迷,因为附近孕育着无限的可能和穷的想象。所以,现代广告从文本到最终呈现到消

[①] [法]保罗·利科:《诠释学与人文科学》,孔明安等译,中国人民大学出版社 2012 年版,第 104 页。

费者眼前的广告图像,都充满了即时性和跨越性,其场景性更具未来感和体验感,并充分利用了消费者碎片化时间。在这种情况下,广告即内容、内容即广告。从广告文本创作上来讲,这样的广告形式要求广告文本与广告图像无限接近消费者——与消费者是无缝对接的。但这个无缝仅仅也只能存在概念的无缝之上,因为文本的间距、文本与表现之间的间距、图像与消费者之间的间距、消费者视觉、听觉、触觉、味觉等与真实拥有等之间的间距,让"无缝"变成"鸿沟"。一方面,我们对信息的接收变得即时,但这种即时也让我们接收的信息变得多元、巨量且庞杂。另一方面,我们又将"即时"变得"漫长",人们等待的耐心越来越小,使得原本就很"即时"的时间变得很"漫长",即人们在有意或无意的信息鸿沟基础上再次将包括文本、图像等在内的所有一切之间的间距拉大,消费者变得情绪化。而随着这种状况的延展,任何的一种广告形式来不及成型就消散了;任何形式的广告文本、广告图像来不及流行就过时了;任何人们接收到的广告信息来不及消化就被新的信息挤走了。人们变得越来越"即时"、越来越焦躁、越来越缺乏互相尊重、同理心、同情心与理解。而当每个人都站在所谓的制高点上来看这个世界时,人们就只剩下所谓的"超越感",身边的东西被抛弃,"我"在表面上成为"自我",从而忽视了我还是与周边相联系的、在多个集体中的我。二是我们对商品的拥有不再只注重结果。广告文本和广告图像营造的更多的是对现实的超越,用消费者的"超越感"激发其"拥有感"。但这仅仅是消费者渴望拥有的开始。在"附近感"消失的境况下,消费者购物从手机端或者电脑端就开始了,方便、即时、简单快捷、体验感强、送货快捷等都成为消费者购买的理由。这时,广告文本和广告图像所形成的间距似乎可以忽略不计,但一旦哪个环节出现问题使消费者购物感下降,就会在短时间内将广告间距无限性放大,将不满或者进一步的情绪发泄到广告或者与之相关的事物之上,即时的负面评价随之发出,消费者购买的行为随时可能终止,消费的转向随时有可能发生。所以,当我们的一切节奏越来越快时,情绪化的消费就会越来越突出,各种间距所造成的"裂缝"渐成"鸿沟",世界变得会越来越陌生化、隔膜化、冷血化,广告的作用会越来越小,而广告的成本会越来越高。

不管是在时间上还是空间上,不管是在话语、文本、读者和情境上,还是具体的购物体验之中,广告间距都会随着社会的变迁、群体行为变化、个人行为变化等而变化。一系列的偶然或者必然的因素会导致人们对广告事件和意义的理解发生偏差,广告文本或者广告图像创作者原本的意思都被消费者按照自己的意思来理解和接受。消费者都按照自己喜欢的方式来接触广告,主动而被动、欲拒还迎;广告人对广告创作既本我又他我,对消费者欲迎还拒——既想与消费者的真实想法无缝对接,又想超越现实激发更深入人心的欲望;媒介对广告主和消费者左右逢源——作为中介,其首要任务就是缩小广告和消费者之间的间距,使彼此各取所需、各成奇效;其次就是要在彼此的间距之间将意义对接,使信息匹配(包括间距所形成的意义错配);最后就是对消费者行为的反馈,将消费者即时的行为反馈到广告主的数据库之中,成为缩小间距的依据。

图3-6[1]:《丁真的世界》,可以很好地向我们展示什么叫作广告间距。2020年11月11日注定会成为藏族男孩丁真的特殊日子——微笑的丁真在短短几十分钟内便在网络上疯狂传播,且一发不可收。顺理成章,他成为四川理塘旅游形象大使,为理塘代言。天真纯粹、自然甜野,纯真与野性触动了人们心中的梦想、野望、美好和追求——将人们的梦想与现实一下子拉近。陌生性和熟悉性似乎从来没有这样强烈,其网络流量在短时间内连顶级的流量网红也只能望其项背。实事求是地讲,广告文本和图像无可挑剔,有热度、有温度、有视角,而且无限接近人们的想象和梦想。但丁真典型的藏族形象和理塘完美的自然风光也太西藏了,于是人们在看完视频和宣传片之后发出"好想去西藏"的感叹。之后,"以为丁真在西藏"和强调"其实丁真在四川"(图3-7[2])冲上热搜,利科"间距化"的四种形式在丁真理塘广告

---

[1] 图片来源:《丁真的世界》,https://huaban.com/pins/3621816603.
[2] 图片来源:《其实丁真在四川》,https://weibo.com/6096329611/JvPrOvoSc?type=repost.

文本和图像中展露无遗。

图 3-6　丁真的世界

从丁真事件和意义之间的间距来看。丁真事件具有典型的对象性和特殊的情境性。对自然风景独特而又贫穷偏远的理塘来说，旅游脱贫顺理成章且成为事实，这是可以作为话语被书写下来的。当丁真的广告话语被书写和表现时，其纯真与野性使人们能够在事件及其特殊的情境中去探寻意义。只不过人们认为其故事发生地在西藏而已。但丁真事件不论从其本身的意义和广告的意义来讲，还是从事件和意义之间形成的张力来说，都超越了其特定情境，是可以大书特书的——其纯净得就像一张白纸，极大地满足了人们对附近消失后的想象和向往。显然，作者的意图是在宣传理塘的自然风光，但广告文本和广告图像呈现的"不够"理塘。之所以给"不够"打上引号，责任显然不在作者，而是丁真和理塘的风光完全符合人们对西藏的想象。虽然广

图 3-7　其实丁真在四川

告作品和作者的意图基本一致，但作品在被读者阅读时，在读者的语境中成为"西藏的"。间距割裂了作品与作者之间的联系，读者在作品自身中理解的意义超出了作者的意图和本意。丁真事件体现了典型的文本的语境世界和日常语言世界之间的间距——真实远离自身的间距。当理塘的这个广告向公众展播后，就处于一种完全的敞开状态，作品中的意欲语境对观者而言就具有巨大的不确定性，具有无限的可能性，而巨大的不确定性和无限的可能性则正是读者理解作品和其所展示的意义的依据。丁真的纯净和理塘自然风光的绝美满足了我们对虚构和想象中的场景描绘，"文本中必须被解释的就是一个我可能寄居的被筹划世界（proposed world），由此我得以施展自己最大的可能性"[1]。所以，读者在日常语境中的理解与文本的语境世界显然是有差距的——真实远离

---

[1]　[法] 保罗·利科：《诠释学与人文科学》，孔明安等译，中国人民大学出版社 2012 年版，第 102 页。

自身的间距。读者在阅读广告文本和广告图像中理解自己,当广告向观者完全敞开时,观者成为直接面对作品的主体,观者占有了广告。但占有却在间距化的作用下并不与广告意图相融洽,也不对广告创作者负责,观者是在间距中理解并对自己所理解的含义负责。我们在丁真广告文本和图像前暴露自己,并从广告文本和图像中接受一个放大的自我,"阅读将我引入了一个自我(ego)想象性变异的世界"[1],我们在游戏的世界中转换,在游戏中展现真实自我,但往往在失去自己时才发现自己——文本世界不是想象性的。

我们在广告文本、广告图像的内容上进行自我建构,这种建构已经脱离了广告创作者的意图,在虚构与现实文本(包括图像)的指称维度下,在读者现实的和潜在的主观性中成为"放大了的自我",在"自我"丧失和发现的过程中,读者和作品、读者和自身之间的间距在主观和客观的关系作用下不可避免。所以,在我们从广告创作到广告展示的整个运作过程中,都必须切实把握好相关的各个环节,尽最大可能防止信息传递的偏差和观者误读(不希望发生的误读)的产生。

(三)隐喻与文本

利科认为隐喻是"被归类于由单词构成的话语修辞格并被定义为依靠相似性的比喻。"[2] 亚里士多德也说"做出一个好的隐喻就是发现相似性"[3]。相似性能够让图像或者言说更形象、更生动。

话语是文本理论和隐喻理论的共同基础。与话语的基本单位句子相比较来说,"文本的识别可以建立在其最大长度的基础上,隐喻的识别可以建立在最小长度的基础上,即词语的基础上"[4]。但隐喻的运用需要一定的语境,隐喻意义的变化需要语境的介入。从话语的角度

---

[1] [法]保罗·利科:《诠释学与人文科学》,孔明安等译,中国人民大学出版社2012年版,第104页。

[2] [法]保罗·利科:《活的隐喻》,汪堂家译,上海译文出版社2004年版,第1页。

[3] [法]保罗·利科:《想象与隐喻》,赵娜译,载《文艺美学研究》(2016春季卷)2017年第301期。

[4] [法]保罗·利科:《诠释学与人文科学》,孔明安等译,中国人民大学出版社2012年版,第128页。

上来看文本和隐喻，利科认为：一是话语的产生都表现为事件。转瞬即逝的事件（话语）被识别和再识别为意义，而隐喻集中了话语和意义双重特征，文本忠于字面意义，而隐喻则将潜在意义蕴于事件（话语）之中。二是意义受具体命题结构的支持，话语包含了单一认同级和一般述谓级的对立，隐喻则建立在句子"主要主体"特征属性之上。三是话语包含了含义与指称之间的对立。利科在《活的隐喻》中借用了弗雷格的说法，认为"意义是命题所表达的内容；指称则是意义所涉及的东西……意义与指称之间没有一一对应的关系恰恰是日常语言的特点并且将日常语言与完美的符号系统区分开来，它所能做到的既不是使指称与完全合乎语法的表达式的意义相对应，也不是取消这种区别；因为没有指称仍然是指称的一个特点，它证明指称问题始终是由意义问题引发的。"[①]，在利科看来，解释作品主要是通过"布局""体裁"或"风格"所指称的世界，因为作品的世界就是它的指称，作品的结构就是其意义。四是语言行为（说话中的行为）和以言行事行为（说话中的所做）之间的对立关系。五是指称实在和指称对话者。话语指称是意向性和反思的，既指向事物，也指向自我。利科认同本维尼斯特对人称代词的三重指称："它"指向事物（现实世界），"你"指向聆听者，而"我"指向说话者。不可否认的是，包括隐喻在内的修辞学都可能是产生错觉和假象的艺术手段，在广告中我们需要合理、合法地使用这一权力去说服消费者，需要我们在合理、合法的使用和滥用之间划一条不可逾越的鸿沟。

隐喻在广告中的运用首先体现在广告图像和广告文本的潜在意义之中，是作为行为的隐喻，既具有一定的语境，又具有语义学和哲学的意向。通常，广告图像最终展示的是广告文本的意图，广告文本传递的意向是明确的、具体的，忠于字面意义；而广告图像的隐喻所传递的信息则是潜在的、多元的、模糊的甚至是谬误的。但正因如此，广告才能够在更大层面上激发消费者将广告传递的意义与感觉、意向

---

① ［法］保罗·利科：《活的隐喻》，汪堂家译，上海译文出版社2004年版，第298—299页。

第三章 广告图像、文本与视觉

与想象、虚拟与现实、图像与声音相结合。如此,广告传递的意义与感觉、意向与想象、虚拟与现实、图像与声音在相互关联、相互融合、相互激发中发挥作用,而意义本身通过这种形式发展成意象的能力而成为图像性的东西,从而增强了广告图像的传播效果。同时,广告意义受具体广告命题结构的支持,受语境的约束。广告图像利用隐喻可以将想象物在图像中展开,在图像与声音的相互作用下,广告意义在很大程度上控制着意象的产生,成为图像游戏和语言游戏的一部分,使消费者在看、听甚至触的共同作用下,在或强制,或偶然,或意外发现的隐喻中获得自我想获得的意义。此时,在图像游戏和语言游戏中,广告信息以图像化或者声音化的方式起作用,在半是思想、半是经验的广告图像展示和广告文本的阐释中,将隐喻意义与字面意义(含声音意义)结合在一起的同时跨越了原本意义的界限,意义与指称、言语与行为、指称实在和指称对话者显得并不那么重要。正像利科所说那样,"隐喻的意义并不是谜本身,并不是单纯的语义冲突,而是迷的解决,是对语义的新的贴切性的确立"[1]。隐喻的意义沉浸在广告图像和广告文本释放的想象物之中,无处不在。而广告的真实则体现在意义过渡到指称的过程之中——广告言语和思想中的意图对真实性的追求与渴望。这种真实的根源一是广告人的底线,二是广告法赋予广告文本(包括文字和声音)、广告图像的强制性。

利科指出,"话语存在于一系列选择(choix)之中,通过这些选择某些意指被选取了,而其他的被排除了"[2],他在结合弗雷格区分意义与指称和胡塞尔区分指称与实现的阐述中,指出要"把语言构造成言说,就是对某物言说些什么。当发生了从意义的观念性朝着事物的实在性的转向的时刻,就是符号之超越性的时刻。这时刻与句子是同步的"[3]。选择可以产生许多新的组合,这对说话者和聆听者来说是双

---

[1] [法]保罗·利科:《活的隐喻》,汪堂家译,上海译文出版社2004年版,第295页。
[2] [法]保罗·利科:《解释的冲突:解释学文集》,莫伟民译,商务印书馆2017年版,第105页。
[3] [法]保罗·利科:《解释的冲突:解释学文集》,莫伟民译,商务印书馆2017年版,第106页。

向的，所以在话语的要求中语言才有了指称。当然，在这一时刻，词语也是同步的。甚至我们可以认为，文本意义与隐喻意义在此刻的语境下，它们的指称具有同一性和同步性，无论是在观念上还是在实在性上。这样，"讲话和指称，就会与行动、事件、选择和革新融合在一起"①。而这一点又恰恰对广告文本与广告图像至关重要，否则，广告符号（无论是广告文本还是广告图像）的超越性就没有任何意义，我们也无从将观念的广告或者广告的观念向现实的实在性和事物的实在性上来展开。而不论是在语言构造成言说的过程中，还是在广告对消费者的传播之中，对某物言说些什么都应该而且必然包含着对人言说些什么，将话语指称的意向性和反思性，既指向事物和他者，也指向自我，这对我们在广告创意和传播中充分运用相关理论和技巧来说至关重要。如果我们把广告文本或者广告图像看成是一个作品，我们在广告中说什么和怎么说就必然要考虑各个方面的布局、作品体裁和表现风格；广告文本和广告图像的意义及其隐喻意义都必然要考虑到广告的场景和言说对象，所以对广告话语的选择和取舍就必然会考虑到语言的特点和符号的表达。对广告作品来讲，图像必定是意义的图像、文本必然是意义的文本、声音必然是意义的声音，我们要将广告主想传递的信息转化为消费者愿意持存的信息，所以广告应该是而且必然是能够让消费者产生购买欲望和行动的、意义与声音相结合的功能图像。隐喻在其中就是要说出文字和图像想说出而未说出的信息——想象的、意象的信息。同时，也要尽可能规避由于隐喻而产生的负面想象和意象，将隐喻思维、隐喻表达和隐喻形式与目标消费者的思维方式、行为方式和理解方式等相契合，避免因此造成的误解、误读。

隐喻在特殊的语境中创造事件的新的意义，"意义的变化本身就是更新……社会融合可能是缓和的，但更新本身始终是突然的……它必须获得新的意义而不丧失以前的意义"②。词在特殊的语境中接受隐

---

① ［法］保罗·利科：《解释的冲突：解释学文集》，莫伟民译，商务印书馆2017年版，第107页。
② ［法］保罗·利科：《活的隐喻》，汪堂家译，上海译文出版社2004年版，第159页。

喻意义，意义的形成源于与字面意义的冲突而不是背离。相似性和想象在隐喻的语义学革新中发挥着"意义生产"的作用。"一个名称可以表示多种意义，一种意义可以用多种名称来表示。"① 我们可以将隐喻的这种"联想场"和广告的"传播场"相结合，使场景广告、原生广告等发挥更大的作用。结合现代计算广告、智能广告的特征，我们可以在大数据的帮助下，更好地运用包括隐喻在内的创作手法，让我们更好地运用"符号系统'塑造'和'再造'世界"②。所以，在隐喻运用到广告图像的过程中，想象向四面八方扩散，这不但能够激活消费者曾经的消费经验，唤醒沉睡的消费或者信息记忆，而且还能够拉近彼此之间的距离，建构邻近的感觉场。从文本与隐喻的关系上来说，在"指称"意义上，走向世界的意向的趋向和走向自我的反思的趋向使我们在新世界的存在中，既要把控展现的世界，也要提升对自我的理解。这要求我们"在'含义'的层次和'含义'的说明中，从隐喻走向文本，然后，在作品指向世界和指向自我的层次上，也即在真正解释的层次上，从文本走向隐喻。"③ 文本或者图像的"语义场""语境场""联想场""传播场""感觉场"等将文本或图像的字面意义、图像意义、联想意义等杂糅在一起，形象或者意象着我们的世界。广告往往是超越现实又指称现实的，没有超越感就不能有效地吸引消费者注意，而不指称现实就不能有效地让消费者感知。隐喻此时的作用除了形成想象与联想等意义之外，最主要的就是将消费者代入其中，让我们时刻应该有走向世界的意向的趋向和走向自我的反思的趋向，提高对世界和自我的认识和理解，并以此来有效地说服观者。在广告中，无论是从文本（或图像）走向隐喻，还是从隐喻走向文本（或图像），都是为了将信息和消费者以及消费者所在的场景融合在一起，也就是在传播场的基础上将语义场、语境场以及联想场充分利用，从

---

① ［法］保罗·利科：《活的隐喻》，汪堂家译，上海译文出版社2004年版，第160页。
② ［法］保罗·利科：《活的隐喻》，汪堂家译，上海译文出版社2004年版，第318页。
③ ［法］保罗·利科：《诠释学与人文科学》，孔明安等译，中国人民大学出版社2012年版，第134页。

广告图像研究

而达到广告传播效果的最大化。

"哲学归根到底是对意义的探究,而隐喻是意义之谜,哲学不揭示隐喻的秘密就不可能在意义的探究方面取得突破性的进展。"① 利科认为任何陈述都可以区分为意义和指称,意义是陈述表达的内容,是内在于陈述的;指称是陈述表达的相关对象,是超出言语之外的。"意义一方面与存在的直接外在的那一面有关,另一方面与其内在的本质有关。"② 字面意义和隐喻意义的张力是隐喻的生命力。隐喻可以意会、可以解释、可以创造,但不能被模仿,因为隐喻对意义的创造是在瞬间形成的。在广告语境中,直接模仿的隐喻就是死的隐喻(创新性模仿的隐喻则是活的隐喻),它不具张力,不是创新,没有可持续性和感染性,它不能够创造新的意义。而意义或者思想是通过倾听和观看、理性和感性来把握的。所以在广告文本和广告图像中,隐喻的意义具有向外界表现自身的特权,文本和图像的结合不仅向内表现正在形成的自身效果,还可以向外表现可见性本身的力量——指称空间或边缘的外在性。广告人在文本和图像中编织欲望,并将这些欲望与消费者的听和看或者其他的感官相结合,在使用隐喻等修辞的同时,以一种不太合乎逻辑的方式表达着准逻辑的真理,以形象化的方式传递着"真实"的信息,使人们在语义学、符号学、现象学、阐释学和语言哲学中触及事物的本来面目,在是与非之中把握主动,在听与看之中还原自我。广告话语因为使用了隐喻而具有可见性,可见性又进一步提升了文本和图像的形象性,故能够将广告主或者广告人所呈现的意义"置于眼前"——所见即所得。这大概就是隐喻能够感人、动人,引发想象、促人认知的原因。也是在广告中,隐喻广泛用于图像中的主要原因。这既是隐喻本身的特点形成的,也是视觉转向的必然结果。"哲学话语被确认为意义的有序推广的警惕卫士"③,这为我们

---

① 汪堂家:《隐喻诠释学:修辞学与哲学的联姻》,《哲学研究》2004年第9期。
② [法]让-弗朗索瓦·利奥塔:《话语,图形》,谢晶译,上海人民出版社2011年版,第41页。
③ [法]保罗·利科:《活的隐喻》,汪堂家译,上海译文出版社2004年版,第356页。

第三章 广告图像、文本与视觉

在广告中运用隐喻既提供了保障，又提出了警告。一方面，哲学话语的多义性与隐喻表达所形成的多义性是不同的层面的表达，我们不能混为一谈。不能以现代广告文本、广告图像的哲理化趋势、哲理化表现来忽略在此类广告中运用隐喻等修辞所应该遵循的广告法则。另一方面，哲学话语中隐喻的运用会削弱所表述产品对象意义的精确性，但也正是在这个意义上，由广告文本或者广告图像所派生出来的意义反而更具说服力。如中国台湾地区山叶钢琴广告语"学琴的孩子不会变坏"，就是典型的哲理化话语应用隐喻的典型广告文本，"虚构"一种方式来解决现实中的可能问题，不仅暗示了琴的品质、品性和可能为孩子带来的音乐技能和艺术修养，而且预示了孩子可能的美好未来，从而打动了为此买单的千万家长。所以，海德格尔所说的"思想在倾听中观看，在观看中倾听"[①] 这句话，值得我们在运用隐喻时去进一步思考，因为广告几乎都是在倾听中观看，在观看中倾听的。

隐喻不仅体现了语言结构的复杂性和灵活性，而且被赋予广泛的文化意义，从多角度宣示了思想和现实的深层结构，给人以新奇感、形象感和新颖感，向我们提供了关于现实多样、多面世界的信息、知识和真理，使我们能够更好地理解事物及事物之间的相互关系、审美价值和现实意义。利科让我们懂得，如果我们要理解某种文本，就需要我们向文本所确立的世界敞开自己，以便扩大我们对世界的理解——我们在阅读和理解文本中理解自己。当我们通过隐喻把世界显现出来时，我们在或看，或倾听，或思想，或和谐的网络中感受到思想的存在，在虚构叙事与现实叙事、在场与不在场的交织中，我们能够感受或者捕捉到存在的真理。广告具有典型形象化传播特征，而"整个隐喻领域向所有形象表达开放，这些形象化表达运用了在任何可以设想的事物的领域内的相似性与不相似性的关系。"[②] 广告图像则在任何时候都在充分利用任何可以设想事物领域内的相似性与不相似

---

① ［法］保罗·利科：《活的隐喻》，汪堂家译，上海译文出版社2004年版，第394页。
② ［法］保罗·利科：《活的隐喻》，汪堂家译，上海译文出版社2004年版，第410页。

性的关系，不管是字面意义、图像意义还是隐喻意义。我们对广告表现的瞬间把握"既是'感觉到的'又是'看到的'"①。广告向消费者所展示的图像（包括文本），都会充分利用语词最初的、原始的、自然的意义来增强商品及其信息的形象性和吸引力，激发消费者的想象力，从而使隐喻服务于自身的利益。利科对隐喻与哲学话语的讨论，有利于我们更好地在广告中运用话语语义的表达空间或思辨空间；有利于我们更好地把广告图像所产生的新意义与创造性的想象相联系；有利于我们在特定的语境中更好地把握广告指称对象潜在的意义；有利于我们将字面意义与隐喻意义之间的张力极致运用，从而使形成的意义产生最大的吸引力；有利于我们在消费者知识文化层次不断提升背景下，在知觉层面、想象层面、思辨逻辑层面、审美层面等满足消费者不断对美好事物追求的欲望。

四 热奈特的文本理论与广告实践

热拉尔·热奈特（Gérard Genette，1930—2018），法国文学理论家，法国结构主义叙事学的代表人物，是20世纪60—80年代法国结构主义新批评的代表人物，亦是欧洲经典叙述学的奠基人和重要代表。主要著作有《隐迹稿本》《叙事话语》《新叙事话语》和《广义文本导论》等。为研究文学叙述的各种可能性，热奈特提出了跨文本性（transtextuality）概念［《原文本》（Architexte），1979］，在1982年出版的《隐迹稿本》（*Palimpsests*）一书中，热奈特最终将其早期提出的"跨文本性"体系完善为一个包含五个要素的五维度跨文本研究体系：文本间性（intertextuality 即互文性）、类文本性（parasexuality）、元文本性（metatextuality）、超文本性（hypertextual）和原文本性（architextualit/architexture）。这五个方面对我们研究广告图像及其实践亦具有现实针对性。

---

① ［法］保罗·利科：《作为认知、想像及情感的隐喻过程》，曾誉铭译，《江海学刊》2005年第1期。

第三章　广告图像、文本与视觉

（一）文本间性（intertextuality 即互文性）与广告实践

罗兰·巴特认为任何文本都是互文本，而作为交叉性、边缘性学科的广告，将这一观点在广告文本和广告图像中体现得淋漓尽致。和克里斯蒂娃的互文性相比较，热奈特的互文性主要从狭义方面来展开。他说："至于我呢，我大概要赋予该术语一个狭隘的定义，即两个或若干个文本之间的互现关系，从本相上最经常地表现为一个文本在另一个文本中的实际出现。"① 热奈特所说的术语就是克里斯蒂娃所说的"文本间性"或者说"互文性"，热奈特认为互文本最典型的例子就是传统的"引语"实践（带引号，注明或不注明具体出处），这种形式在我们论著或论文中最为常见，表现为引用；另一种是秘而不宣的借鉴，即我们所说的剽窃形式或者模仿，表现为抄袭；第三种是寓意形式，"明显程度和忠实程度都更次之，寓意陈述形式的全部智慧在于发现自身与另一文本的关系，自身的这种或那种变化必然影射到另一文本，否则便无法理解"②，表现为暗示。显然，热奈特将互文性从语言学的概念决定性地转变为文学创作的概念了，与广义概念强调互文性的转换功能不同的是，热奈特强调的是互文性的联系功能，而将转换功能放到超文本性之中进行讨论。所以，热奈特的互文性概念相比较克里斯蒂娃的互文性概念更为具体，并且摆脱了克里斯蒂娃互文性关于意识形态批判的意图，使互文性成为可操作的文本描述工具："意识形态路径追求的是能指的狂欢、意义的撒播；而热奈特的旨意在于将特定的文本置于可见的系统之中，追寻确定的意义。"③

米切尔·里法泰尔（Michael Riffaterre，1924—2006）认为互文性是文学阅读的方式，"第一阶段是模仿阅读（mimetic reading），读者竭力将文本与外部指涉物联系起来，这一阶段是以线性的方式进行的；

---

① ［法］热拉尔·热奈特：《热奈特论文集》，史忠义译，百花文艺出版社2000年版，第69页。
② ［法］热拉尔·热奈特：《热奈特论文集》，史忠义译，百花文艺出版社2000年版，第69页。
③ 李玉平：《互文性：文学理论研究的新视野》，商务印书馆2014年版，第41页。

广告图像研究

第二阶段是符号阅读或者叫回溯阅读（tretroactive reading），这一阶段的阅读以非线性的方式展开，读者追寻产生文本非指涉意义的基本的符号单元和结构。里法泰尔将模仿阅读和符号阅读两个阶段比喻为符号学的两轴——横向轴和纵向轴，模仿阅读的文本是横向的。符号阅读的文本是纵向的"①。互文性是读者的记忆，是无时序性的。互文被定义为"读者对一部作品与其他作品之间的关系的领会，无论其他作品是先于还是后于该作品存在。"② 这与热奈特的互文性界定是不同的，读者需要参考被模仿的文本或者自身阅读的记忆或者联想，才能够理解当前文本。

在广告文本或者广告图像上，我们对应的也论述三种互文形态：引用、抄袭和暗示。

1. 引用

在广告中，引用文字或者图像是广告文本或者广告图像最常见的表现形式。通常来说，广告中的引用主要有两大类：一类是直接引用；另一类是间接引用。广告文本或广告图像中的直接引用类型繁复、别有风味。

一是我们传统所说的"引经据典"。意图通过引用经典来吸引消费者注意，为广告对象增添历史的厚重感、时代的认同感、行业的权威感、接受的超越感或者品质的恒定感。如我们熟知的东风汽车广告——万事俱备，只欠东风。这是引用名著《三国演义》中的经典名句，可以说无人不知，无人不晓。东风汽车引用此句，可谓一语双关，将品牌与消费者渴求紧密联系，产生无限遐想。再如《蒙牛·美丽的草原我的家》篇（见表3-1），广告以"美丽的草原我的家"为主旋律的表现手法，运用经典歌曲+优良环境+最佳产品＝美丽草原，我的家+天然无污染的大草原+健康自然食品——"蒙牛纯牛奶"的表现主题，将经典歌曲中牧民对美好生活的热爱和憧憬嫁接到广告中来，在图像与歌声的穿插变换中突出了产品的自然、健康、绿色特性，关联

---

① 李玉平：《互文性：文学理论研究的新视野》，商务印书馆2014年版，第44页。
② ［法］蒂费纳·萨莫瓦约：《互文性研究》，邵炜译，天津人民出版社2003年版，第17页。

性、可信性和亲和性都非常高，有效向消费者展示了产品的独特资源优势和产品特点，强化了产品的卖点，产生良好效果。尽管奥格威认为"双关语、引经据典或者别的晦涩的词句，这是罪过。"① 但不可否认的是，广告及其形态、表现等的变化是随着时代和科技的发展而不断发展变化的，没有哪一种具体的广告形态和表现手法能够包打天下，改变的发生是必然的。奥格威"从未欣赏过文学派的广告"，他认同克劳德·霍普金斯的观点："高雅的文字对广告是明显的不利因素。精雕细刻的笔法也如此。他们喧宾夺主地把对广告主题的注意力攫走了。"② 显然，这种看法也失之偏颇。因为随着人们普遍文化素养的提升，人们对语言的审美等都发生了天翻地覆的变化，对美好事物的向往到了前所未有的高度。在人们注意力碎片化的今天，恰恰是因为广告文本或者广告图像的高雅或者精雕细刻才吸引人们的注意力，才能真正体现出产品的某种特质，人们才会采取购买的行动。

表 3-1　　《蒙牛·美丽的草原我的家》篇引用歌词对比

《美丽的草原我的家》原歌词	《蒙牛·美丽的草原我的家》篇歌词
美丽的草原我的家， 风吹绿草遍地花， 彩蝶纷飞百鸟唱， 一湾碧水映晚霞， 骏马好似彩云朵， 牛羊好似珍珠撒； 啊，牧羊姑娘放声唱， 愉快的歌声满天涯， 牧羊姑娘放声唱， 愉快的歌声满天涯……	美丽的草原我的家， 风吹绿草遍地花， 彩蝶纷飞百鸟儿唱， 一湾碧水映晚霞， 骏马好似彩云朵， 蒙牛好似珍珠撒。 营养健康幸福路， 蒙牛奶香满天涯……

二是直接引用名画或照片。奥格威认为："照片比绘画更能促销。照片能吸引更多的读者；能传递更多的欲望诉求；能让人更好地记住；能吸引更多的回单；能售出更多的商品。照片代表真实，绘画代表的

---

① ［美］大卫·奥格威：《一个广告人的自白》，林桦译，中国友谊出版公司 2003 年版，第 123 页。
② ［美］大卫·奥格威：《一个广告人的自白》，林桦译，中国友谊出版公司 2003 年版，第 128 页。

是想像；想像受人信任的程度要低一些。"① 话虽如此，但不论绘画还是照片，原创性都是广告的生命，即使是引用，也要引出新意、引出产品与众不同的特质。华为的 P40 系列宣传短片和平面广告《华为 P40，揭开藏在名画里的秘密》可以说是直接引用名画或照片的广告典范——用名画的艺术形式，去呈现符合品牌调性的作品。如图 3-8：华为 P40 系列宣传短片图像截取。这三幅图像分别对应世界三幅名画：《戴珍珠耳环的少女》《星空下的咖啡馆》《呐喊》。在用时不到 20 秒的三支短片中，分别表现了产品的超清画质的成像功能、超感知暗拍功能和强大的远焦功能，让人耳目一新，印象深刻。图 3-9：华为 P40 系列名画平面广告。借用名画《日出》《蒙娜丽莎的微笑》《星空》三幅世界名画的超强认知度，用华为 P40 系列所拍摄的照片来表现《日出》《蒙娜丽莎的微笑》和《星空》，并以此来突出产品的变焦、暗拍和成像功能，将华为 P40 "高端、时尚、有审美"的特点及高端群体的定位，用艺术性的创意来表达，相得益彰、相映成趣，使人耳目一新。"就绘画来说，作为某种超符号（supersignes）的运作，象征价值充当着某种审美功能，也就是说，它是作品的内涵，隐藏于符号运作的背后，作为其存在的理由，作为奢侈的理性升华。"② 绘画的想象不也是存在于其象征价值和审美功能之中吗？名画本身就是奢侈品，其象征价值要大于其审美价值（即普通人可能不懂得如何欣赏名画，但却知道其价值很高），华为 P40 系列将名画与品牌相嫁接，其实质是"作为奢侈的理性升华"的位移，是为了突出"高端、时尚、有审美"的产品特质和定位。高清照片与名画作者的互现，其目的就是要获得著名绘画在传承中的"某种贵族的头衔和在它被传承的历史中获得的声望"。这样，符号交换的物质载体就可以获得某种贵族的象征，在想象与真实、科技与梦幻的交织中为消费者带来审美愉悦、艺术享受、灵魂沟通和文化融合，从而促成消费者的价值交换。

---

① ［美］大卫·奥格威：《一个广告人的自白》，林桦译，中国友谊出版公司 2003 年版，第 138 页。

② ［法］让·鲍德里亚：《符号政治经济学批判》，夏莹译，南京大学出版社 2015 年版，第 151 页。

图 3–8　华为 P40 系列宣传短片图像截取

图 3–9　华为 P40 系列名画平面广告

三是引用故事原型。近年来，引用故事原型来进行表现的广告越来越多。在电影中，我们经常能够看见本片"根据真实故事改编"的字样，在广告说服越来越艰难、信息越来越庞杂的当下，"根据真实故事改编"的广告越来越与场景广告、原生广告等结合在一起，频繁地出现在越来越多的品牌广告之中。无论是中央电视台公益广告《关爱失智老人—打包篇》，还是苹果的品牌大片《三分钟》《一个桶》《女儿》（图3-10）；无论是中国银联的《大唐漠北的最后一次转账》，还是支付宝15周年广告片《奇点》，都是根据真实故事艺术化表现而向大众呈现。在艺术与现实、真实世界与精神世界、故事与话语的编织中，向消费者展示了广告别样的真实。《光明日报》官方账号评《三分钟》："短片将短暂团圆和职业特性浓缩在了这短短的三分钟里，用屏幕上方的三分钟倒计时和孩子背诵的乘法表口诀碰撞出一种紧凑感，激发了观众对故事主人公职业和亲情之间矛盾冲突的体认和理解。出发与抵达，离别与流连，都浓缩在这短短的三分钟里；热闹与清寂，小我与大爱，都印刻在这短短的三分钟里。远行游子回家的热望与渴盼，春运服务者的坚守与奉献，在火车与站台的连接中，辉映出流动中国的别样图景。"[1] 真实的故事，艺术的表达，普通人的视角，电影式的叙事将苹果产品的特点精彩展现。与其说是一则广告，不如说是我们的日常再现，是艺术地将现实的多语境性、多重文本间性来进行系统的映照、编码和解码的结果。这一类的广告故事原型本身就充满了张力——情感冲突的张力、价值冲突的张力、视角冲突的张力，等等。中央电视台公益广告《关爱失智老人—打包篇》（图3-11[2]），广告公司在创作讨论的"头脑风暴"过程中，决定将一位同事和父亲之间的真实故事作为脚本拍下来，以中华传统文化中最重要的"孝"为主题，讲述了一份埋在父亲心底的对儿子的爱。

---

[1] 光明日报：《浓缩在三分钟里的家国情怀》，https：//baijiahao. baidu. com/s？id = 1591559534775232001&wfr = spider&for = pc。
[2] 图片来源：央视网《感恩父母，别遗失那份亲情——CCTV公益广告》，《关爱失智老人—打包篇》，http：//1118. cctv. com/20130701/102672. shtml。

图 3-10　苹果的品牌大片

图 3-11　关爱失智老人—打包篇

能够深深吸引人们注意力的广告,总带着某种原型的特质。这些在现实生活中上演的神话,琐碎、平凡、细微但却真实。当我们将这些琐碎、平凡、细微但却真实的故事通过艺术的方式展现时,就能够引发我们强烈的情感共鸣。"一个产品能够抓住并持续吸引我们注意力,也是因为同样的原因:它是某个原型的具体展现。"[1] 原型故事能够引发人们深层次的情感,这种情感可以和产品或者品牌相融合或者嫁接,从而达到良好的广告效果——赋予广告产品以某种意义,使之具有某种象征。广告中的这些原型故事,不仅凸显了生命、生活的意义,而且还是人们心灵的"软件",影响或者左右我们的意识行为。"原型之所以如此恒久,背后的一个可能因素是,这些原型基本上都反映了我们内心的实相与挣扎。外在的特定细节固然可能有所差异,但这趟人生旅程的本质却总是相同的。"[2] 真实故事原型其实就是我们内心的实相与挣扎,它可以唤醒我们心灵的"软件",帮助我们实现自我、挖掘潜能,在集体意识和个人意识的共同和相互作用下,我们可以将广告中所表现的故事意义朝着我们预设的方向发展,从而跨越市场疆界、跨越市场区隔和刻板印象,使我们的广告更具针对性,更有说服力。在信息高度碎片化、传播即时化、购买渠道扁平化的移动互联背景下,真实故事原型与品牌特定原型故事既可以高度叠加,也可以相互借力,这是一种另类的互文。故事的真实在于要引起我们的注意和共鸣,而这进一步就会强化我们的思考意识模式,进而牵引我们的行动。我们生活在真实世界和虚构世界的交织之中,我们无法准确把控和预知正在和将要发生什么,无法完全掌控我们的行动和行为,更不能掌控整体文化的趋势和命运。所以,我们需要在尽可能的努力下,将我们渴求的生命的意义、生活的意义、信仰价值的意义,在商业信息传播、价值交换等物欲的裹挟下,让人们拥有更多的消费的参

---

[1] [美]玛格丽特·马克、卡罗·S·皮尔森:《很久很久以前:以神话原型打造深植人心的品牌》,许晋福等译,汕头大学出版社2003年版,第11页。
[2] [美]玛格丽特·马克、卡罗·S·皮尔森:《很久很久以前:以神话原型打造深植人心的品牌》,许晋福等译,汕头大学出版社2003年版,第38页。

与感、认同感和幸福感。

四是消费者直接现身说法。这种类型的广告主要有两类：一类是普通大众消费者现身说法；另一类是明星现身说法。奥格威认为"你应该常在你的文案中用用户的经验之谈。比起不知名的撰稿人的话，读者更易于相信消费者的现身说法。在世的最好的撰稿人吉姆·扬说：'各种各样的广告主都碰到同一个问题，就是如何被人信服。邮购广告主知道，最能达到使人信服这个目的，莫过于让消费者现身说法了。'"[①] 现身说法之所以能够让消费者相信，主要是因为：一是现身者是大众中的一员，能够在短时间内拉近彼此的距离，使人产生亲近感。如图3-12。顾家家居一直致力于向消费者推广一种顾家的生活方式和价值观，通过消费者现身说法的方式打造社会事件，并以此来逐步建立起自己的社会价值体系，不仅提升了品牌的社会影响力，而且在用户心中建立起了日益生动的品牌形象，使人印象深刻。二是现身说法用事实说话，能使人产生信任感。让事实说话不仅简洁明了，而且还生动形象，所以奥格威说"要有所指，而且要实事求是。要热忱、友善并且使人难以忘怀。别惹人厌烦。讲事实，但是要把事实讲得引人入胜。"还引用查尔斯·爱德华博士（Dr. Charles Edwards）所说："讲的事实越多，销售得也越多。一则广告成功的机会总是随着广告中所含的中肯的商品事实数据量的增加而增加的。"[②] 将事实搬到广告之中，无论是用文本还是图像来表现，都可以最大限度地说服消费者，使广告更行之有效。在大数据背景下，运用大数据"关联规则＋预测推荐＋算法"技术，就可以将挖掘、分析到的数据用来准确预测消费者的行为，并用于所谓的"精准广告"。而大数据的产生或者说来源，就是基于事实基础上的人的行为的发生。直播、短视频，以及平台广告等等，采用现身说法的广告比比皆是，但无论广告的形

[①] ［美］大卫·奥格威：《一个广告人的自白》，林桦译，中国友谊出版公司1991年版，第100页。

[②] ［美］大卫·奥格威：《一个广告人的自白》，林桦译，中国友谊出版公司1991年版，第98—99页。

图 3-12　顾家家居现身说法喊话广告合集

式怎么变化，都离不开消费者对事实的信任，对明星现身说法更是如此。因此，一些违法、虚假广告充分利用消费者对明星和"事实"的信任，利用人性的弱点来进行广告活动，严重扰乱了市场秩序和社会规则，必定要受到法律的制裁和人民的唾弃。《中华人民共和国广告法》明确界定了虚假广告的"情形"，规定广告代言人代言虚假广告造成消费者损害的，应当与广告主承担连带责任。在《食品安全法》第一百四十条中亦明确规定："广告经营者、发布者设计、制作、发布虚假食品广告，使消费者的合法权益受到损害的，应当与食品生产经营者承担连带责任。社会团体或者其他组织、个人在虚假广告中向消费者推荐食品，使消费者的合法权益受到损害的，与食品生产经营者承担连带责任。"使明星代言虚假广告有了相关法律依据，对明星现身说法广告有了法律准则。当然，对一些广告主利用医生形象进行的现身说法广告；利用消费者形象进行美容、整容等形式的广告，我们都应该谨慎，都应该怀着对消费者的敬畏、对市场的敬畏和对社会的敬畏来进行选择，而不仅仅是广告效果。

广告图像中的间接引用主要有以下几种。

一是文本体裁引用。文本体裁引用是广告中最常见的引用，更是广告跨学科、边缘性学科的特性使然。广告体裁引用主要包括文学体裁引用、广电体裁引用、环保体裁引用、访谈体裁引用、动画体裁引用和科幻体裁引用等等。简而言之，一切你见到的体裁，在广告中都可以找到它们的影子。斩获了2015年戛纳国际创意节最高荣誉之一——最佳公关类大奖的宝洁旗下卫生巾品牌 Always 广告：Like A Girl（图3-13），不仅作为超级碗史上第一则被播出的女性卫生主题类广告，而且还是一则冲破针对年轻女性刻板印象的广告，更是一则引用电视节目访谈体裁的互文广告。"宝洁公司先前对来自美国和英国的3000多名年轻女性进行了'青春期自信心理状况'调查。在英国88%的被调查者在面对'女孩应该是……'的标签很有压力，72%的女性表明她们对社会的期望与强烈要求感到退缩，53%在青春期后缺乏信心去尝试她们想做的事。另外，60%的受访者认为社会期望带给她们生活消极的影响。"[①]Leo Burnett（李奥贝纳）广告公司通过电视访谈的问答形式，将人们习以为常的一个女性刻板化现象展现给大众，从而引起人们的关注、争议和话题。"像女孩一样"本身就充满了歧视性、侮辱性，与今天社会环境越来越包容开放似乎格格不入，但却又处处存在，所以关注度、话题性一定不会少，当把这种不常见的形式作为广告而营销产品时，其营销作用就十分突出了——不仅很好地结合了品牌宗旨和商业目的，而且引发了包括女性、男性在内的整个社会群体的共鸣，超越了话题本身而到达了社会层面和文化层面，从而可能导致人们的价值观发生改变，积蓄改变市场、社会甚至文化的力量，使广告的产品有更多的可能性。

二是故事题材引用。怎样讲品牌故事和讲怎样的品牌故事一直都是广告需要解决的问题。广告文本和广告图像都是讲品牌故事的展示工具，故事本身要么就是品牌创建者的创业原型，如阿里巴巴马云与十八罗汉的故事、LV的创建者路易·威登去巴黎看月亮的故事；要么就是品牌的核心价值、核心元素的故事，如南方芝麻糊"怀念"的故事；要么就是品牌故事附着产品，如褚橙"人生起起落落，精神终可传承"等励志品牌故事；要么就是品牌与消费者的故事，体现出品牌是消费者的总和理念，如农夫山泉（图3-14）等等。农夫山泉的广

[①] 艾米栗：《在戛纳创意节上大放异彩的宝洁Like A Girl，为何又推出了第二波广告？》，https：//socialbeta.com/t/pg-always-like-a-girl-unstoppable.html。

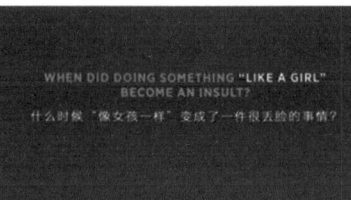

图3-13 Always广告：Like A Girl

告口号极具品牌个性、号召力和感染力。以极为简单的一句"农夫山泉有点甜"突出了产品的优良品质和突出本质特征，打开市场、走进千家万户；以一句"我们不生产水，我们只是大自然的搬运工"突出表现了产品天然水的独特理念。以"有点甜"的方式宣扬从纯净水转向天然水；"以匠心精神"推出水源地系列广告片，突出源头活水的"天然"；以跨界的方式推出"火车瓶""故宫瓶"，无论是怎样讲品牌故事或者讲怎样的品牌故事，都是围绕"品牌是消费者的总和理念"这个理念来建构的。其目的就是突出"有点甜"的个性，突出"天然、健康"的理念——"有点甜"是消费者的真实感觉，"天然、健康"是消费者的真实召唤。从产品的核心理念到产品的多元化，再到营销的不断创新，无不是围绕消费者在讲品牌故事，而每则广告所引用的故事都能够在生活中找到其原型题材，属于老百姓的故事题材。

三是象征符号引用。象征无处不在。不论是普遍存在于人们头脑中的原始意象（即荣格所说的原型），还是人们在日常生活中有意或者无意创造的象征意象，都在人类文化交流之中经常性、差异化的存在，在人类不同场景、观看、不同的感觉与判断中，形成不一样的结论。在时间与文化变迁的历史长河中，我们不断审视象征意象在社会文化中的价值，力图将它们之中富有哲理的、永恒的，蕴含奥秘和力量、能够激

图 3-14 农夫山泉系列广告

发人类共鸣的某种象征意象用某种符号方式表现出来，为我们的交流服务、为我们的广告赋能。"消费的主体，是符号的秩序。"[1] 消费的游戏就是符号秩序的编码和解码过程，不管是经验的也好还是异化的也罢，都是消费者、广告人在象征符（人工符号）之间"玩耍"个性。在鲍德里亚看来，"象征不是概念，不是体制或范畴，也不是'结构'，而是一种交换行为和一种社会关系，它终结真实，它消解真实，同时也

---

[1] ［法］让·鲍德里亚：《消费社会》，刘成富、全志刚译，南京大学出版社 2014 年版，第 198 页。

就消解了真实与想像的对立"①。而广告中的象征和幻象则是"无意识和幻象之间的循环论证，与从前意识层次中主体与客体之间的循环论证，是同样的。两者互为索引、互相规定，无意识被规定为个体功能，而幻象则是广告公司的成品。由此，可以规避无意识逻辑和象征功能提出的所有真正问题，而将它们巧妙地物化到符号的意义及效用的机械进程中去：'其中存在着无意识，还存在着一些与之相联系的幻象，而这种奇妙的结合促进了销售。'"②所以，一切你能想到的象征符号都可以运用到广告图像中来，可以是文化符号、器物符号、性别符号等，也可以是物质符号、精神符号，还可以是象征符号本身。由于象征符与所指对象之间的联想是任意的，所以广告创意者和消费者都可以对广告中的象征符的意义和理解进行阐释、更改和约定，这使我们的广告传播存在着无限的可能和不确定性，也是广告图像广泛引用（应用）象征符号的根本原因。如图3-15是我们最为熟知的象征符，也是与中华文化最直接相联系的象征符，更是我们日常生活最熟视无睹的象征符。它们都是利用中国古代铜钱作为变形的母体，不用做过多的解释让普通老百姓就知道这是与"钱"有关的银行属性，然后根据各个银行不同的分工和属性进行不同元素的设置，代表不同的含义。如中国工商银行（Industrial and Commercial Bank of China，简称 ICBC）徽标释义：白底红字，镂空"工"，表示服务工商行业。行徽图案整体为中国古代圆形方孔钱币，图案中心的"工"字和外圆寓意的是商品流通，表明工行作为国家办理工商信贷专业银行的特征；"工"字图案四周形成四个面和八个直角象征工商银行业务发展和在经济建设中联系的广泛性；图案中两个对应的几何图形象征工行和客户间相互依存紧密联系合作的融洽关系。我们前面提到的农夫山泉的广告，用纯自然的符号象征和呈现水源地健康繁盛的生态系统更能证明水源的品质；用老虎、雪花、树叶等符号元素装饰瓶身（图3-16），象征高

---

① ［法］让·波德里亚：《象征交换与死亡》，车槿山译，译林出版社2006年版，第206页。
② ［法］让·鲍德里亚：《消费社会》，刘成富、全志刚译，南京大学出版社2014年版，第141页。

贵品质，提升品牌档次；用故宫等文化符号元素，象征产品的文化传承，使之更具个性化。不仅体现了象征符号引用的作用，也凸显了象征符作为人工符号的多样性、可能性和复杂性，很难说这是设计者的有意为之还是无心之举，但却不可救药地激发了人们的想象和幻象——人们习惯于看到自己的镜像或者自己所创造的象征符号及其应用场景。需要特别说明的是，象征符除了我们能够看到的、触摸到的之外，还有我们能够听见的任何东西。

图 3-15　四大银行标志

图 3-16　农夫山泉瓶装水广告

2. 抄袭

"秘而不宣的借鉴"在广告中屡见不鲜。我们前面章节中提到了模仿、戏仿等方式，也明确了模仿与抄袭是不同的。在广告中，笔者认为热奈特这里所说的"抄袭"主要意思应该与我国金代王若虚论断中"鲁直论诗，有夺胎换骨、点铁成金之喻，世以为名言，以予观之，特剽窃之黠者耳。"① 中所说的"夺胎换骨、点铁成金"之意相似，而不是我们通常所说的"抄袭"。与萨莫瓦约认为的在"有意无意中取之于人的词和思想"② 之中的"思想"更为接近。奥格威认为"模仿可能是'最真诚不过的抄袭形式'，但它也是一个品德低劣的人的标志。"③ 明确直白地告知我们不要真的去"抄袭"，要做一个品德高尚的广告人，不要被贴上品德低劣的人的标签。

要在广告文本或者广告图像中做到"夺胎换骨、点铁成金"或者取之于人的"思想"，就需要广告人成为大家，至少也得是个杂家，否则就不可能在广告创意过程中博采众家，更不可能让人能够接受和理解广告所传递的信息。1993年，维他奶的电视广告《乡情》（图3-17），故事情节描写祖父横过铁轨为孙儿买维他奶，与朱自清的文学作品《背影》中父亲为儿子买橘子甚为相似，以人情味引起观众的注意，在情感上引起消费者极大共鸣。朱自清在《背影》④ 中将父亲为儿子买橘子的这一段写得非常仔细，非常感人：

> 走到那边月台，须穿过铁道，须跳下去又爬上去。父亲是一个胖子，走过去自然要费事些。我本来要去的，他不肯，只好让他去。我看见他戴着黑布小帽，穿着黑布大马褂，深青布棉袍，蹒跚地走到铁道边，慢慢探身下去，尚不大难。可是他穿过铁

---

① 王若虚：《滹南诗话》（卷三），见丁福保辑《历代诗话续编》（上），中华书局1983年版，第523页。
② ［法］蒂费纳·萨莫瓦约：《互文性研究》，邵炜译，天津人民出版社2003年版，第31页。
③ ［美］大卫·奥格威：《一个广告人的自白》，林桦译，中国友谊出版公司1991年版，第93页。
④ 朱自清：《背影》，湖南文艺出版社2019年版，第3页。

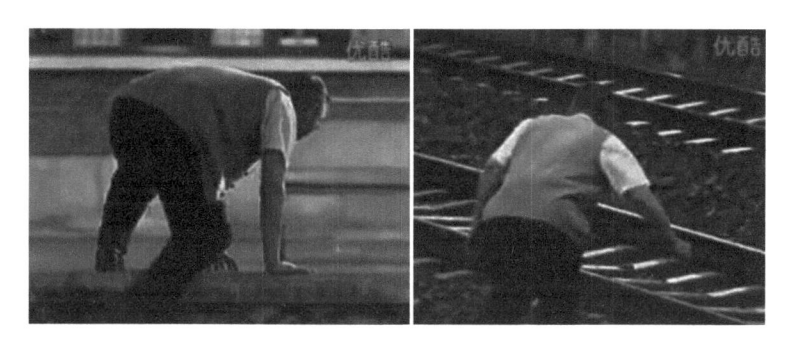

图 3-17 维他奶的电视广告《乡情》中截图

道，要爬上那边月台，就不容易了。他用两手攀着上面，两脚再向上缩；他肥胖的身子向左微倾，显出努力的样子。这时我看见他的背影，我的泪很快地流下来了。我赶紧拭干了泪，怕他看见，也怕别人看见。我再向外看时，他已抱了朱红的橘子望回走了。过铁道时，他先将橘子散放在地上，自己慢慢爬下，再抱起橘子走。到这边时，我赶紧去搀他。他和我走到车上，将橘子一股脑儿放在我的皮大衣上。于是扑扑衣上的泥土，心里很轻松似的，过一会说，"我走了；到那边来信！"我望着他走出去。他走了几步，回过头看见我，说，"进去吧，里边没人。"等他的背影混入来来往往的人里，再找不着了，我便进来坐下，我的眼泪又来了。

维他奶的电视广告《乡情》几乎完整再现了《背影》中父亲过马路的描写片段，亲切、温暖、感人的品牌形象一时成为消费者美好的记忆，与文学名篇《背影》相得益彰，比较好地在广告文本或者广告图像中诠释了"夺胎换骨、点铁成金"或者取之于人的"思想"的互文形式。黄氏响声丸《张飞篇》（图 3-18）是运用了《三国演义》中第四十二回"张翼德大闹长坂桥 刘豫州败走江津口"中"一声好似轰雷震，独退曹家百万兵"的经典故事，可以说既是故事题材的直接引用，也是故事原型的直接抄袭，但却突出了产品与声音直接相关的属性，使人印象深刻，进一步凸显了产品"响声"的内涵。

图 3-18 黄氏响声丸《张飞篇》

作为综合性、边缘性、跨学科性的广告学科，其学科特性决定了很多理论和实践必须借鉴相关学科，比如传播学中"信息"概念就来源于信息科学，并于20世纪40年代引入传播学之中，不仅提升了传播学理论表述的科学性和严谨性，而且拓宽了传播学的视野，使传播学能够在更宏大的社会历史系统和环境之中得到考察和探究。在21世纪网络飞速发展的背景下，又从后现代主义哲学文化研究中引入了"碎片化"的概念。我们知道，"碎片化"（Fragmentation）是常见于20世纪80年代"后现代主义"有关研究文献中的，用"碎片化"来说明解构性（Deconstructivism）的特征，其原意是指完整的东西破成诸多碎块。如今，"碎片化"已广泛应用于传播学、社会学、政治学和经济学等多个不同领域中。如此等等，广告的学科本质属性决定了广告在创意之中的"借鉴"属性，这种属性又给广告文本和广告图像更大的想象空间和可能性，从而使"借鉴"式互文在广告之中无处不在。但必须指出的是，一些张冠李戴的胡乱借鉴不仅不能使人注意并打动人，而且还会使人生厌。更有些创意者或者企业打出"借鉴"的幌子进行明目张胆的"抄袭"，更是我们不能容忍的，也是触犯法律的，是需要坚决抵制和杜绝的。

3. 暗示（寓意形式）

热奈特所说的"暗示"（暗语，allusion）与我们通常在广告文本或者广告图像中所运用的暗示修辞是不一样的。按照热奈特的说法，他是在文本的整体结构上来运用其他文本的"点状的瞬间形象"，用关键字眼将寓意移植并与新的语境相对接融合，与我们常说的"用典"是基本一致的。

人是欲望的主体。而"广告的窍门和战略性价值就在于此：通过他人来激起每个人对物化社会的神话产生欲望。它从不与单个人说话，而是在区分性的关系中瞄准他，好似要捕获其'深层的'动机。它的行为方式总是富有戏剧性的，也就是说，它总是在阅读和解释过程中，在创建过程中，把亲近的人、团体及整个等级社会召唤到一起。"① 广告文本或广告图像在展示欲望的过程中总是具有某种超越性的，总是将他者的欲望暗示或者明示到令人怦然心动的情景之中，成为人们向往的添加剂。但"他者的欲望是每一个人'深层动机'中的欲望，而广告的秘密则是对这种欲望的深层情景控制。"② 广告通过不断的、反复的传播，使人在不知不觉中沉浸在广告所建构的理想状态、美学图景和欲望情景之中。

用典在我国文学作品中屡见不鲜，在很多时候有画龙点睛的作用。广告文本或者广告图像中的这种寓意形式，也能起到事半功倍的效果。"富不过三代"是我们耳熟能详的俗语（直接引用诗词的广告更多，如图 3-20③），完整的说法是"道德传家，十代以上，耕读传家次之，诗书传家又次之，富贵传家，不过三代。"该说法源于《孟子·离娄下》中"君子之泽，五世而斩。"④ 在图 3-19：台湾全联超市广告

---

① ［法］让·鲍德里亚：《消费社会》，刘成富、全志刚译，南京大学出版社 2014 年版，第 45 页。
② 张一兵：《消费意识形态：符码操控中的真实之死》，《江汉论坛》2008 年第 9 期。
③ 图片来源：豆瓣电视，《如果国宝会说话》第三季镜像海报欣赏，https://www.douban.com/group/topic/180426723/.
④ 朱祖延：《引用语大辞典》，武汉出版社 2000 年版，第 318 页。

中，用黑体字突出了"富不过三代，但来全联可以一袋一袋省下去"的主要诉求"省"，暗示了物美价廉、划算的买卖要来全联超市。而利用经典名画（奥格威一直都是反对这样做的）、名曲、雕塑来暗示的广告则更多，前面我们有提到利用名画《蒙娜丽莎》的例子，在此不再赘述。

图 3-19　台湾全联超市广告

《如果国宝会说话》于 2020 年推出第三季，邀请著名的海报设计师黄海设计了一组宣传海报（图 3-20）。这组海报以"镜像"为主题，通过各个斑驳破旧的文物照镜子后露出千年前拥有的惊艳、完美模样，将文物所经历的岁月沧桑展现了出来，镜子旁的文案"天生丽质难自弃""遂古之初，谁传道之""我欲乘风归去""明镜亦非台""醉卧花里，笑看人间""水不在深，有龙则灵"等与文物相互照应，使得这些文物如同活了一般。物在镜中，文物在镜中重新认识自己；人在镜外，我们在镜中重新认识它们。引用的古诗词不仅进一步拉近了观者与文物的距离，而且使文物"活"了起来，仿佛文物真的会"说话"，切合主题。通过镜像形成的古今形象对比、图文互现、图文互涉，充满了哲思的海报让我们在认识文物产生文化自信的同时，对保护文物、欣赏文物也有了更新的认知,很好地传递了有效信息。

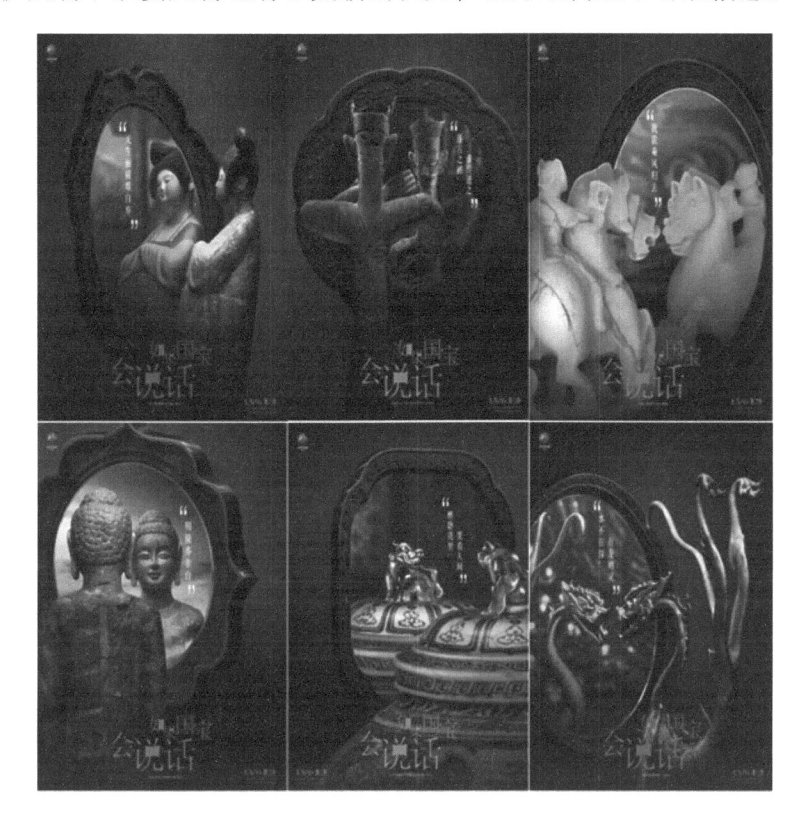

图 3-20 《如果国宝会说话》系列镜像海报

我们知道经典之所以能够成为经典,就在于它能够经得起时空的考验、洗礼和认同,去表达不同种族和信仰的人共通的情感、审美和思想。我们在广告中"用典",就是在传承经典所赋予内涵的基础上,有效传递想传达的有用信息。图 3-21:日本地铁海报。借用法国著名雕塑家罗丹的名作《思想者》的主要形象来提醒旅客,不要用最占位置的姿势搭车。暗示我们要像"思想者"一样应该理性、冷静、深刻,遵守规则、改造世界的力量应该从自我做起。在此类广告中,我们需要不断地去审视文本与文本、图像与图像之间的共性、差异和各自所承载的内涵,不能牵强附会、张冠李戴,更不能乱点鸳鸯谱。否则,我们不仅糟蹋了经典,而且还会引起不必要的争议、误会和误导,也会伤害到广告对象本身，得不偿失。在信息爆炸和通信技术高速发展的当下，互文性为广告文本或者广告图像提供了更为广阔、繁杂和丰富的空间、素材和意义想象，我们在更自由创意广告的同时，要更加警觉各种互文的可能性给广告带来的不可预知的影响或者伤害。我们可以对任何一种广告形式进行不断尝试、革新、创新，但我们不能用"过把瘾就死"的态度去对待广告，亦不能沉浸于肤浅的娱乐快感之中而不自知，更不能在庸俗化的道路上一去不返。

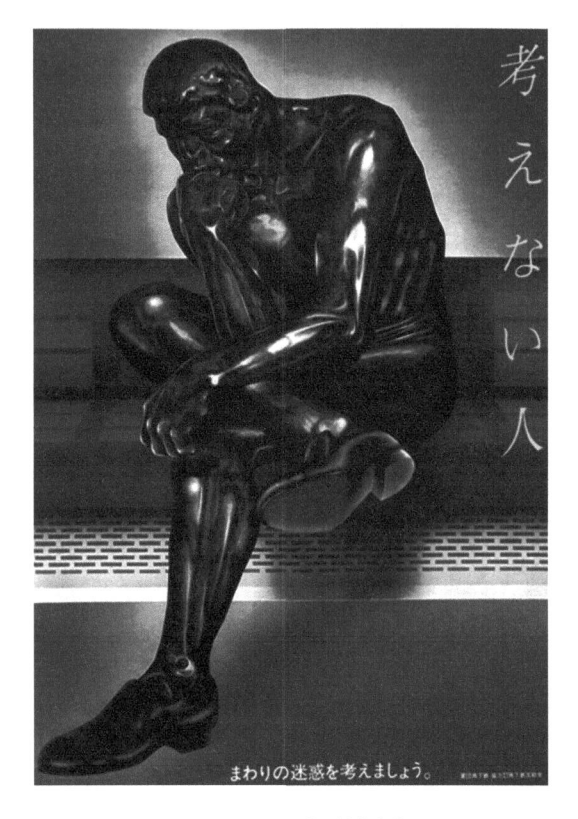

图 3-21　日本地铁海报

（二）类文本性（parasexuality）与广告实践

类文本或者说副文本被热奈特在《隐迹稿本》中作了比较明确的界定："副文本如标题、副标题、互联型标题；前言、跋、告读者、前边的话等；插图；请予刊登类插页、磁带、护封以及其他许多附属标志，包括作者亲笔留下的还有他人留下的标志，它们为文本提供了一种（变化的）氛围，有时甚至提供了一种官方或半官方的评论，最单纯的、对外围知识最不感兴趣的读者难以像他想象的或宣称的那样总是轻而易举地占有上述材料。"① 从这个界定中我们不难看出，类文本是文本的附属组成部分，是整体文本的一部分。在《副文本：阐释的门槛》中，热奈特将副文本划分为 13 个类型：出版商的内文本、作者署名、标题、插页（包括广告）、献辞和题词、题记、序言交流情境、原序、其他序言、内部标题、注释、公众外文本（public epitext）和私人内文本（private epitext）。他说："尽管我们通常不知道这些作品是否要看成属于文本，但是无论如何它们包围并延长文本，精确说来是为了呈示文本，用这个动词的常用意义而且最强烈的意义：使呈示，来保证文本以书的形式（至少当下）在世界上在场、'接受'和消费。……因此，对我们而言，副文本是使文本成为书、以书的形式交与读者，更普泛一些，交予公众。"② 副文本为文本建构了一个丰满的生态环境和理解氛围，使我们知道副文本"其美学意图不是要让文本周围显得美观，而是要保证文本命运和作者的宗旨一致"③。据此，我国学者金宏宇将副文本定义为："副文本"是相对于"正文本"而言的，是指正文本周边的一些辅助性文本因素，主要包括标题（含副标题）、序跋、扉页或题下题辞（含献辞、自题语、引语等）、图像（含封面画、插图、照片等）、注释、附录文字、书后广告、版权页等。④ 不难看出，副文本不仅在书籍、杂志、报刊等出版物中普遍存在，而且在电视、网络、视频等新兴载体中也成常态，成为文本密不可分的组成部分。

我们知道，完整的广告文案一般由标题、广告语、正文、随文四个基本要素构成。按照热奈特的类文本界定方式，标题、广告语和随文都是副文本，都是用来呈现广告文本的，为了观者"接受"和消费

---

① ［法］热拉尔·热奈特：《热奈特论文集》，史忠义译，百花文艺出版社 2000 年版，第 71 页。
② 朱桃香：《副文本对阐释复杂文本的叙事诗学价值》，《江西社会科学》2009 年第 4 期。
③ 朱桃香：《副文本对阐释复杂文本的叙事诗学价值》，《江西社会科学》2009 年第 4 期。
④ 金宏宇：《中国现代文学的副文本》，《中国社会科学》2012 年第 6 期。

的。随着广告发展的需要,很多广告并不能明确界定正文本和副文本,它们互相映衬、互为正副、相得益彰,共同传递广告信息,使消费者在得到所需信息的同时也得到美的享受或者某种收益。图3-22是我们较为熟悉的广告大师奥格威的经典广告代表作,是较为标准的、比较清晰地能分清正文和副文的广告形式。广告中的图像在此都是副文本,用图像的目的很明确,就是"照片很能吸引读者而且比用文字更能说明问题"①。图像的直观性、形象性是吸引观者注意的有力武器,是为了更为直接的表达。在视觉转向、图像为王的碎片化、即时化、景观化的信息膨胀环境中,图像已经成为现代广告的主角,在很多时候在自觉不自觉中成为正文本,文字等其余部分则成为副文本或者显得多余——正副文本的边界在现代广告中已经模糊。快手·烟火有声音乐节海报(图3-23②,2020年3月)以平面化的方式将各式乐器与生活中的忙碌瞬间相联系,非常有烟火气和生活味道,海报除了"烟火有声,民谣在路上YUN音乐节"的标题以及"在快手听见人间烟火"的主题比较突出外,海报中正文本和副文本就看观者如何理解和界定了:从图像上来看,每幅海报都以一种乐器为主要创意,用文字诠释与平凡人之间的关系,突出民谣的主题,可以说乐器图像是正文本,其余均为副文本;从文字上来看,文字就是为了突出"烟火有声,民谣在路上YUN音乐节"的标题,就是正文本,包括乐器在内的图像等都是副文本,目的就在于说明和突出生活中的"烟火有声",民谣音乐属性一样突出。从整体海报图像上来看,色调淡雅、质朴,清新而又具令人向往的生活气息,将生活与梦想自然地联系在一起,最大限度地覆盖了受众群体,也最清晰地传递了广告信息,令人耳目一新。

与热奈特副文本直接关系最大、最接近的广告类型就是文学类广告——与文学类书籍、期刊等出版、营销、评论、翻译等直接相关的广告。学者钱理群认为文学广告具有四个方面的价值:"一是显示作

---

① [美]奥格威:《一个广告人的自白》,林桦译,中国友谊出版公司1991年版,第109页。
② 图片来源:https://www.sohu.com/a/405709411_174744.

图 3-22 奥格威的经典传统广告

者、译者或者出版者的写作、翻译、出版过程与意图，进而显示一定的文学发展趋向。二是显示最初的接受，不仅表现了作者，特别是出版者对读者接受的一种预期与引导，而且在一定意义上，文学广告又是简短的书评，可以一定程度上反映读者的最初接受和市场状况。三是有的广告还提供了文坛活动、文学创作、作家个人的许多信息，可以引出文学背后的故事，揭示一些文学事件。四是文学广告也是一种文体，还会涉及装帧、印制诸多侧面，本身就具有文体史、文化史上的意义。"[1] 我国文学广告是文化出版业逐渐兴盛的产物，在国家推进文化创意产业发展的过程中逐渐壮大，从而形成文学广告这一类别，成为国家文化软实力建构的一种辅助推进手段。学者彭林祥认为"作为一种'副文本'，中国现代文学广告营造了一种引导阅读的氛围和空间，促进读者'期待视阈'和审美心理的形成，甚至成为作品经典化的起点……广告已成为中国现代文学一个文学性极强的副产品，一些广告词早已超越一般商品广告的范畴，进入一种新型的广告文学的殿堂，成为中国现代文学不可分割的一部分和重要延伸。"[2] 党的十九届五中全会明确提出到 2035 年建成文化强国，出版业进入高质量发展

---

[1] 钱理群：《中国现代文学编年史：以文学广告为中心（1915—1927）》，北京大学出版社 2013 年版，总序。

[2] 彭林祥：《中国现代文学广告的价值》，《中国社会科学》2016 年第 4 期。

广告图像研究

图 3-23　快手·烟火有声音乐节海报

提速增效的快车道正在成为事实，文学广告的规模进一步增加、质量进一步提升、形式进一步多元化的趋势已成定局。从作者中心到作品（出版）中心再到读者（消费者）中心，"文本"概念取代"作品"概念是世界文论总的发展趋势，也是当代出版业、广告业的发展趋势。出版产业发展的加速必然形成竞争型市场，对市场、资源和读者的争夺势必成为各大出版集团所必须解决的问题，文学广告成为必然。出版预告、创刊预告、内容评介、书评、直接出版广告等等，相对出版物来说是标准的"副文本"，但对文学广告本身来说，就是广告的一种类型而已，由其本身所展现出来的文本类型。

  Mint Vinetu 书店广告（立陶宛，图 3－24）创意独特，感染力强，直观形象。广告语：成为其他人。在 Mint Vinetu 书店挑选你的英雄。(Become Someone Else. Pick Your Hero at Mint Vinetu.) 广告诉求虽然是"成为其他人"，但实质是告诉大家成为你想期待的自己，因为阅读的过程就是我们认识自己、成为自己的过程。我们有什么样的选择，就会有什么样的结果，我们在选择自己将来会成为什么样的人（挑选我们的英雄）。就广告本身来说，图像和文字的正副文本关系就像我们前面所说的那样，就看我们从哪个角度去看。整体上来说，图像是这幅广告的正文本，文字等是副文本，但无论正副文本，它们都是一个整体，不可或缺。如果说 Mint Vinetu 书店广告做的是书店整体的广告的话，那么 Steimatzky Books 书店广告（以色列，图 3－25）就具体到相关的书籍上了（《魔戒：护戒使者》《斯大林传》《福尔摩斯探案集》《堂吉诃德》），用读者与相关书籍所涉及的故事人物直接呈现，既直观形象又隐喻深刻，促销性和文艺性十足，让人有即时购买相关书籍的欲望，明确传达了广告信息。图 3－25 中的四副广告，图像是当仁不让的正文本，其余则是作为副文本对图像的补充，突出"好书伴你入眠"（The Right Book Will Always Keep You Company）的广告主题。除这种直接的书籍广告外，出版社在书籍本身上也做足了文章，如书籍腰封广告（图 3－26）、封底名家推荐或者评论、书签广告等等，都是作为书籍的副文本广告形态，都对书籍的销售、理解等产生

图 3-24　Mint Vinetu 书店广告

相应的影响。在现代书籍出版中，腰封是最主要也是最明显的广告形式，看似装饰物，其实就是书籍最好的广告媒介，有时甚至在读者购书中起决定性作用，腰封文案也是一本书精华的集中体现，直接给消费者一个"买它"的理由。需要注意的是，我们不能在"无书不封"

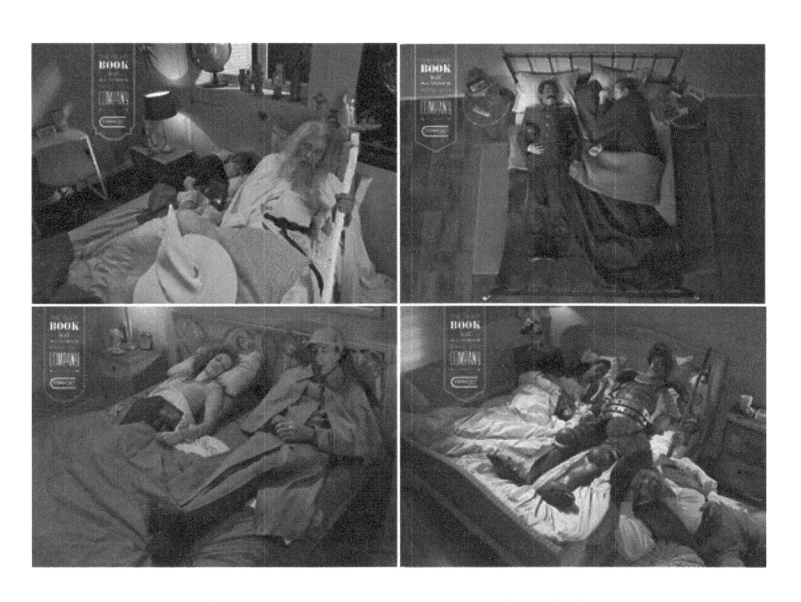

图3-25 Steimatzky Books 书店广告

的时代为了腰封而腰封，不讲究文案、图形创意，不取舍评论的内容乃至进行不切实际的胡乱吹捧，那就真成了"妖风"，不但起不到推销书籍的作用，反而令广大读者反感，弄巧成拙。此外，书籍中的书签广告不一定就是该书的广告，也有可能是出版社的广告或者同时出版的相关书籍的广告，还有可能是其他产品的广告。当书签广告不是广告该书时，其广告形式就与书籍构不成互文形式，也不是该书的副文本，其广告归属也应另当别论。这一点与杂志期刊中的插页广告以及封底、封面广告类似，我们不能一概而论。

评论（包括书评、影评、剧评等）是另一大类副文本类型广告形式，它与书籍、电影、电视剧等形成互文形式，相互映衬，彼此形成"前理解""互涉""后理解"等效应，从而吸引更多的人去关注、参加话题讨论或者直接采取去买、去看等行动，达到广告的目的。书评（不附属在书籍之上的书评且纯粹学术性的评论我们不把其归在其中，影评、剧评也是如此）、影评、剧评等评论广告形式是软文广告的一种形态，一般以文字为主，图像为辅（有时甚至没有）。在西方，此类广告归属为口碑广告形式，在微博、微信等网络媒介发展起来后，

广告图像研究

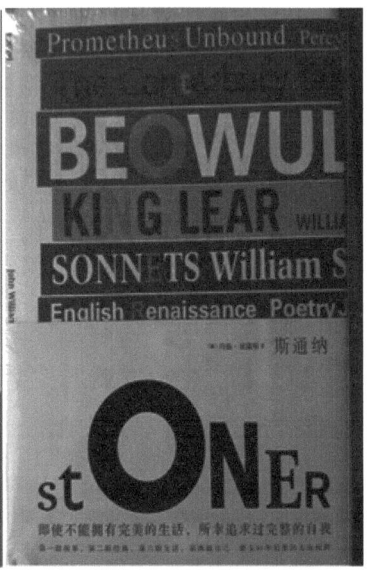

图 3-26 书籍腰封广告

利用即时性媒体进行话题广告的评论广告形式迅速发展，已经成为新书发行、电影或者电视剧制作等的"前理解""互涉""后理解"等效应的必不可少的营销方式。在世界范围内，文学作品与电影、电视剧等已经形成相互促销的态势——优秀文学作品被拍成电影或者电视剧，

· 250 ·

第三章 广告图像、文本与视觉

反过来被拍成电影或者电视剧又吸引观者去购买书籍。在这相互指涉的过程中，话题性必不可少，或文字形式，或语音形式，或直播形式，或图文形式不一而足。这些对作品而言都是副文本，但对广告本身而言是文学广告的延伸，它既是文学的副文本形式，又是独立的广告形式，其中有自身的正副文本之别（也许没有）。评论广告的话题性决定了受众的参与度，话题表述（表达）的艺术性决定了购买行为，作品本身的品质决定了最终的市场份额。现代文学、影视等产业本身就兼具文学性、商业性和事业性，作家、评论者或者读者早已经不是单纯的作家、评论者或者读者，大家早已经成了利益相关者，整合资源传播在整个社会经济中已经形成，我们只是沉浸其中被席卷不觉而已。"商品的功能是调和社会生活，并充当各种社会范畴的意义赋予者。至于准确的赋予形式和意义，则又是文化与经济关系所决定的，也就是由社会权力（social power）所决定的。……商品同时既是传播者（communicator）——传播社会的思想和权力，也是满足者（satisfiers）——满足人们的需要。"[1] 这是文化产品广告应该且必须注重的，广告在传播中所承载的社会权力，决定了我们必须传递正确的、积极的信息，而这种信息的根源还是产品本身，如果产品本身出现了问题，广告无论赋予什么样的形式和意义都是徒劳。另一类话题广告是广告借助社会话题或者由广告引起话题讨论的形式，此类话题广告与社会事件或广告引起的话题讨论形成互文，彼此成为对方的正副文本。现代广告高度组织化、科技化、专业化的系统运作，使广告能够在即时化的信息传播中抓住热点，通过借势将受众的注意力转移到广告产品上来。这种依靠热点话题或者说热点事件的广告形式，广告本身与热点话题或者热点事件形成互文，形式上更接近前面的互文性广告，但实质上是热点话题或者热点事件的衍生，具有明显的副文本属性，是借势而来、顺势而为的广告。我们前面讨论了杜蕾斯借势苹果（图3-5）的例子，在这里就不再举例赘述。但不管怎么理解，我

---

[1] ［美］苏特·杰哈利：《广告符码》，马姗姗译，中国人民大学出版社2004年版，第9—11页。

们所说的这些副文本类型广告，都能够体现副文本"门槛"（seuil）的作用——既在文本之内又在文本之外，引导和调节着消费者对广告的注意和接受。如果说文学类广告、书籍腰封广告的目的是最大限度让消费者影响、理解、注意作者、编辑者、出版者的意图以及如何阅读文本的话，其他类型的副文本式广告则是充分利用消费者对文本本身的注意转而利用文本热度而广告的产品。有时甚至有意使用"意图谬见"（intentional fallacy）的策略去伤害文本、曲解文本而引起人们更大的关注，从而突破"门槛"的限制，利用"作者之死"来阐释自己的观点。

（三）元文本性（metatextuality）与广告实践

热奈特将"元文本性叫做'评论'关系，联结一部文本与它所谈论的另一部文本，而不一定引用该文（借助该文），最大程度时甚至不必提及该文的名称……这是一种地地道道的批评关系。"[①] 所以，元文本性就是指一种文本对另一种文本（或其他文本）的显性或者隐性批评。我们说图像和文本之外一无所有，其实质上是在说语言之外一无所有，因为超越了语言也就超越了我们的认知，跳出了我们的视野。

热奈特对元文本的论述是比较简单、模糊的，这为元文本性留下了较大的阐释空间和想象空间。为了更好地理解，一是需要结合我们前文所说的元图像，二是需要结合我们在这里所说的元语言。

元语言（metalanguage）我们也可称为"工具语言"或"人为语言"，产生于西方逻辑哲学而非语言学本身。在《逻辑哲学论·序》中，罗素说："每种语言，如维特根斯坦所说，都有一个结构，在那种语言里，对它是什么也不能说的，但是可以有一种语言处理前一种语言的结构，且自身又有一种新的结构，语言的这种层次是无限的。"[②] 罗素这里说的"有一种语言"即后人所说的"元语言"。1923

---

① ［法］热拉尔·热奈特：《热奈特论文集》，史忠义译，百花文艺出版社2000年版，第73页。
② ［英］路得维希·维特根斯坦：《逻辑哲学论》，王平复译，九州出版社2007年版，第33页。

年，德国数学家、哲学家弗雷格（Gottlob Frege）在《逻辑的一般性》中指出了元语言和对象语言的区分；1933年，波兰逻辑学家塔尔斯基（Alfred Tarski）则在其发表的《真理的语义学概念和语义学的基础》一文中提出了"语言分层"理论，并将语言分为对象语言、元语言和元元语言，第一次明确提出了元语言和对象语言的术语并对其进行了区分——一种是被断言（被分析）的语言，即"对象语言"；另一种是进行断言（分析）的语言，即"元语言"[1]。需要指出的是，虽然元语言是哲学和语言学的研究对象，但它们研究的目的并不一致：哲学通过元语言研究是让人们更好地理解世界，元语言理论是被作为工具或手段使用；语言学研究元语言则是为了建立科学的语言解释系统或揭示语言的内部机制，目的在于发现语言规则本身。因此，在哲学和语言学上来定义元语言是有区别的。在《外国哲学大辞典》[2] 和在《大辞海：语言学卷》[3] 中的表述就可以看出他们之间的区别：

> 元语言：用来研究和讲述对象语言的语言。与"对象语言"相对。用汉语去研究和讲述英语时，英语是对象语言，汉语就是元语言。在数理逻辑中，被讨论的形式系统或逻辑演算是对象语言，而讨论逻辑演算时使用的语言就是元语言。对象语言是用来谈论外界对象的性质及其相互关系的语言，它的词汇主要包括指称外界对象的名称以及指称外界对象的性质和关系的谓词，是第一层次的语言。元语言是用来谈论对象语言的语言，它的词汇包括指称对象语言的名称以及指称对象性质的谓词（"真"或"假"），是比对象语言高一个层次的语言。——《外国哲学大辞典》。
>
> 元语言：亦称"纯理语言""符号语言"。"对象语言"的对

---

[1] 冯契：《外国哲学大辞典》，上海辞书出版社2008年版，第598页。
[2] 冯契：《外国哲学大辞典》，上海辞书出版社2008年版，第231页。
[3] 许宝华、杨剑桥：《大辞海：语言学卷》，上海辞书出版社2013年版，第364页。

称。指用以分析、描写对象语言的语言。元语言可以是自然语言，也可以是人工语言。用汉语来说明英语，英语是对象语言，汉语是元语言；用英语来说明英语，英语既是对象语言，又是元语言：用以描写语言的某些符号，进行外语教学或编纂双语词典时所用的本族语，也可称为元语言；在语言研究中为描写和分析语言成分特征所使用的一套符号和术语，如［±Noun］（［±名词］）、［±Abstract］（［±抽象］）、［±Animate］（［±有生命］）等，也属元语言。——《大辞海：语言学卷》。

因此，在广告语言系统里，用来解释和说明（显性或者隐性）广告产品的语言文字、符号、图像等等，都可以称为元语言或者元文本，是用来指向自身或者指向其他广告的广告——元广告。学者饶广祥认为"元广告应定义为：揭示了广告深层规律的广告。这个定义成立的前提是广告里存在着'浅层'和'深层'的区分，因此，只有跨层的广告，才能是元广告。"[①] 当"意指（能指—所指）变成了广告商手上的谈判价码：广告商一方面要跟广告市场谈判，这个市场如此混乱不堪，抄袭和复制如洪水猛兽让广告商疲于奔命；另一方面，广告商还要跟观众谈判，因为观众们如此叛逆，不再愿意参与广告的意义解读过程。在超意指时代，广告商不再扭扭捏捏，试图掩盖什么广告策略和广告手法（比如：'元语言'），而是试图将'策略'本身也转化为一种符号。"[②] 前文我们已经论述过元广告的自我指涉形式（图2-8、图2-9、图2-10、图2-11），这里我们再谈谈元广告的另一种形式——元文本式元广告。红星美凯龙《更好的日常：设计，让日常不寻常》（图3-27[③]）广告是典型代表。首先，从时长上来看，《更好的日常：设计，让日常不寻常》有5分钟和8分钟两个版本，单从时长上来说，它就不是我们日常所见的广告，更像一部纪录片，一个讲述更

---

① 饶广祥：《广告符号学教程》，重庆大学出版社2015年版，第118页。
② ［美］戈德曼、［美］帕普森：《符号战争》，湖南美术出版社2018年版，第60页。
③ 图片来源：https://www.digitaling.com/projects/17733.html。

好的日常的纪录片。其次，从旁白的文案上来看，它既像是散文诗，又具有哲理叙事，娓娓道来，就是不像广告。再次，从画面图像上来看，它兼具时尚和审美，声音、文字和图像的对位极富内涵审美体验，如沐春风，而散文诗般的观看体验又极富电影特质，格调高雅，让人有美的享受和认识及思想上的升华。最后，从叙事形式上来看，从五位设计大师阐释设计理念开始，将理念与日常生活相穿插，他们谈论的是设计，是日常生活，在最大程度上不让人看起来是广告（不谈红星美凯龙如何如何），但却让人记忆深刻、过目难忘——红星美凯龙在设计上即是如此。就像文案所说那样"人们都以为是他们在设计自己的生活，其实我们都注定活在别人的设计里……好的设计，也许改变不了所有，却足以重塑日常，而更好的日常，也许就是生活该有的样子。"主题庞大恢宏，尊重受众的智商和审美，有自己的态度和追求，不献媚、不愚弄，意在其中，不言自明，形散神聚，让人心驰神往。

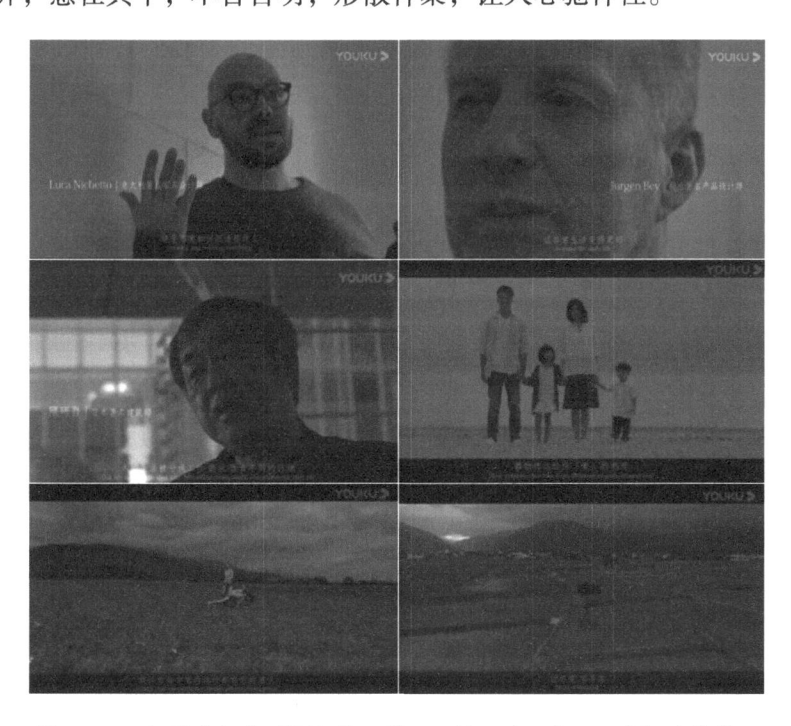

图3-27 红星美凯龙《更好的日常：设计，让日常不寻常》广告截图

广告图像研究
○○○

　　马克思将交换价值的神秘性定义为"拜物"。在消费社会，商品拜物教的洗礼使我们对商品交换价值的神秘体系欲罢不能，"商品拜物教中最重要的就是挖空商品的意义，藏匿真实的社会关系，通过人们的劳动将社会关系客体化于商品中，然后再使虚幻的/符号的社会关系乘虚而入，在间接的层面上建构意义。生产已被掏空，广告重新填充。真实在虚幻的遮掩之下已经无影无踪"[①]。当被广告填充的意义越来越平凡、越来越肤浅、越来越嘈杂、越来越膨胀时，与众不同的意义才能够满足人们对意义的渴望，从而确定自己在商品世界中的位置。元文本式元广告是对商品或者服务意义填充的一种探究方法和表现方式，因为广告所赋予商品或者服务的意义不是虚幻的，而是在与消费者的互动中能够影响消费者并成为消费者崇尚的符号或者文化的偶像。也正是对意义的追求，我们才得以用元广告来进行广告尝试，用元语言、元图像、元文本来为广告传播服务。"给消费者自由享受生命的许可，证明他有权可以让身旁围绕着丰富他生命和使他感到快乐的产品，应该是所有广告和促销计划中的一项基本主题。"[②] 所以，在这个过程中，我们需要把握的是填充商品意义本身的意义，我们不能将意义妖魔化或者为了意义而意义，为了广告而广告，我们应该在尊崇广告规律、社会文化发展规律等的原则下，在对广告、对消费者心怀敬畏中，做对整个关系利益人和社会都有益的、有意义的广告。随着现代虚拟仿真技术的广泛应用和进一步提升，广告图像所承载的信息必然进一步聚合化、多样化和形象化，广告图像所能够指称的对象或者描绘的对象语言也必然会在密度、饱满度、多元化、形象化方面更加变化多端。但不管与其他广告文本、图像有没有联系，我们都应该尊重图像本身在表现对象过程中的暗含性质和争论或历史、文化变迁事实，丝毫不能够减少对象语言和元语言、对象图像和元图像、对象文本和元文本的领会以及融会贯通，因为在很大程度上，这引导并决定

---

　　① [美] 苏特·杰哈利：《广告符码》，马姗姗译，中国人民大学出版社2004年版，第60—61页。
　　② [法] 尚·布希亚：《物体系》，林志明译，上海人民出版社2001年版，第206页。

着消费者的期望并引导和决定着他们对广告产品或者服务的接受程度。这种形式就不可救药地与广义文本联系在一起，即广告自己不会明显地宣称自己是广告。就像我们都知道的那句广告词"不看广告看疗效"或者马格利特的"这不是一只烟斗"（图3-28）一样，在打破传统文字和图像关系的基础上展示了复杂的图像—语言关系。这时，广告不是在广告，而是在向消费者构建意义和梦想，它帮助我们理解和明了事物的真实客观存在，从而引导欲望的宣泄。

图3-28 这不是一只烟斗

在人工智能时代、算法时代，广告即内容，内容即广告。在 AI 技术和算法技术的支撑下，在影音识别和合成技术的应用中，我们可以将品牌广告巧妙地融入内容场景之中。我们将这种广告类型也纳入到元广告之中，是因为在场景中有较为明确的对象语言和元语言，而广告显然属于元语言或符号语言，是用来谈论对象语言的，并以此来达到"广告即内容，内容即广告"的目的。这种广告形式显然不同于我们常见的栏目赞助广告形式，是一种隐性的植入，需要充分利用消费者的有意注意和无意注意（特别是无意注意转化为有意注意的能力）来达到评论或者推动对象语言的发展进程。广告图像是吸引消费者注意力的有效形式，也是将无意注意转化为有意注意的催化剂，在视觉转向背景下，广告文本和广告图像之间的界限被消除，彼此被编码进对方的信息之中共同呈现广告对象，使双方都能够最大限度地陈述或表达所传递的信息，从而最大限度地规避掉图像不能用来表达准确信息和文字不够直观形象的顾虑。

（四）超文本性（hypertextual）与广告实践

超文本性也称承文本性，"它表示任何联结文本 B（我称之为承文本）与先前的另一文本 A（我当然把它称作蓝本了）的非评论性攀附关系，前者在后者的基础上嫁接而成"①。热奈特说："我把任何通过简单改造（今后简称'改造'）或间接改造（今后称作'模仿'）而从先前某部文本中诞生的派生文本叫做承文本。"② 这很容易与互文相混淆，但互文与承文本有较为明显的区别，互文是"一篇文本在另一篇文本中'切实出现'的，表现特点是横向地将文献罗列于文本中，相反地，超文本（即承文本）对文献的体现却是纵向的。"③ 所以，作为派生文本，承文本主要表现为对前文本风格或者内容的改造或者模仿，当然还有戏仿或者拼贴、反讽等。按照热奈特的解释，对原文本的删节、改编、扩写、翻译等，都可以认为是承文本。虽然热奈特讨论的主要是在文学作品中的承文本性，但这并不代表其他文体中不存在，事实上，承文本性在各大文体中广泛存在。从文学角度上很好理解超文本性（即承文本性），如《水浒后传》《后水浒传》《荡寇志》对《水浒传》的改写、扩写；唐元稹的传奇小说《莺莺传》，被改写为鼓子词《商调·蝶恋花》（宋—赵令畤），在此基础上，又被改写为长达数万字的诸宫调《西厢记》（金—董解元），等等；央视综合频道推出的中国首档大型诗词文化音乐节目《经典咏流传》中歌词对大量诗歌的改编等，都属于承文本的范畴。

超文本性是广告图像的基本形态。在互联网语境下，所有的广告图像都是超文本性的，所有新媒介所呈现的图像不仅把传统文本和其他文本相结合、相融合，而且还将文字与声音、形象与内容、视觉与

---

① ［法］热拉尔·热奈特：《热奈特论文集》，史忠义译，百花文艺出版社 2000 年版，第 74 页。

② ［法］热拉尔·热奈特：《热奈特论文集》，史忠义译，百花文艺出版社 2000 年版，第 77 页。

③ ［法］蒂费纳·萨莫瓦约：《互文性研究》，邵炜译，天津人民出版社 2003 年版，第 21 页。

听觉、空间与时间等链接在一起,形成了融文本、图像、形象等在一起的新作品。网络空间的虚拟性、融合性和聚合性,与热奈特所说的虚拟叙事有异曲同工之妙,所不同的是网络的虚拟空间、虚拟现实在技术的支撑和发展下越来越现实,虚拟生活现实化和现实生活虚拟化正成为现实,而虚构作品的虚拟叙事则与现实往往相距甚远(当然也不能排除与现实很接近的情况发生)。"数据处理和影像再造的技术开拓,使得拍摄电影的方法发生了根本性变化,也使得经典电影理论的命题和美学基础遭遇到了历史性的挑战。合成影像技术不但使创作者拥有再造画面形象、自由处理时空关系、运用速度和明暗效果的能力,也掌握着对人物形貌与细微表情的控制,对于色彩、影调的精确把握,从而使电影书写走向真正的自由,电影美学在这种技术革命面前,不能不重新思考自身的本体论位置。"[①] 这种说法对广告图像同样适用,因为即使没有现代科技的发展,广告图像也意味着融合着诸多文本,它们在物理意义和精神意义上是彼此连接的。消费者看广告是不可能去寻找广告文本与其他文本是如何连接在一起的,以前他们不可能去翻书或者去图书馆查资料,现在也不愿意在网络上进行搜索查询,他们要做的就是对广告图像的接受或者不接受、点击链接或者不点。如果说传统印刷媒介中的广告图像还可以套用热奈特所说的超文本性特征的话,那么,现代数字图像或文本的开放性、未完成性、无边界化、可无限延伸性等,都使广告图像在超文本性上存在无限可能——这既是现代图像本身的属性,也是在视觉转向语境下,人们追逐图像、短视频等的主要原因。

波兰现象学美学家英伽登(Roman Ingarden)在《文学的艺术作品》(1931)一书中将文学文本划分为四个层面,即语音层面(sound-stratum)、意义单元(unites of meaning)、多重图式化面貌(schematized aspects)和再现的客体(represented objects)。[②] 美国文学理论家韦勒克(Rene Wellek)等人在《文学理论》一书中提出描述和分析艺术品的不同层面:声音层面、意义单元、意象和隐喻、诗的特殊世

[①] 安燕:《影视视听语言》,重庆大学出版社2011年版,第211页。
[②] 黄鸣奋:《数码艺术潜学科群研究1》,学林出版社2014年版,第298页。

界、形式与技巧、文学类型、文学批评和文学史。[①] 这些对我们关注和研究广告图像有借鉴意义,因为现代超文本性的广告图像,汇聚了我们目前几乎所有的感官要素能够感知的因子和你所见过的文本类型以及技术所能赋形的任何艺术形态、表现形态和表征方式。所以,我们如果分析现代超文本性的广告图像,可以从生发层、文学层、艺术层、形象层、审美层、表现层、再现层、媒介层、社会层、文化层、经济层、技术层等方面去着手,针对性地解决或者阐释广告图像所面临的挑战或者所蕴含的意义。现代科技为广告图像赋予了强烈的对话性特征,将各种声音、形象、文本、意义等有机融合并统一到广告图像之中,使广告图像本身不仅具备吸引注意的能力,而且还可以通过开源的方式使消费者参与其中,从而使信息在时空的交换中自由匹配相应的关注点和接触点,达到广告效果的最大化。但这也并不意味着我们可以为所欲为,因为无论广告图像的形式怎么变化,广告图像的内涵如何展示,广告图像的形象如何呈现,都离不开真实的现实,更要符合广告法及相关法律的规定。只有这样,才能够在超文本性的指引下最大限度地利用原理和规则,将广告图像的特征发挥到极致。

相比较文字而言,图像更具"精神"和"想象"特质,现代互联网等科技又进一步将人们的想象空间进行了延伸,从而将人的欲望、情感、行为等在现实与虚拟之间实现了无缝对接。在这样的语境下,广告图像一定是各种文本不断相互叠加、相互融合、相互渗透的结果。所以,作为承文本的广告图像不仅将对象文本所承载的特质进行了继承,而且在文本相互叠加、融合、渗透的过程中进化成我们即时阅读、即时观看都能够穿越的时空隧道,在我们终端接触点向消费者有效展现的"瞬间"——人与技术交互和人与存在的关系高度统一。也正是在现代智能社会语境下,广告图像的缺席与在场和观者的缺席与在场相互映衬,形成"缺席在场"现象的常态化——即身体和图像的在场与缺席在智能科技的支撑下跨越了现实与虚拟的边界,永恒"在场"

---

① [美]雷·韦勒克、[美]奥·沃伦:《文学理论》,刘象愚等译,生活·读书·新知三联书店1984年版,第165页。

成为现实。比如，虚拟现实（VR）广告形态，观者所看到的广告图像到底是虚拟的还是现实的？是虚拟的现实还是现实的虚拟？人们观看或者体验的时候并不在乎，但却不能阻挡人们对图像"精神"和"想象"的联想，这种沉浸式的广告呈现方式，谁又在乎所看到的图像是"缺席"还是"在场"呢！这种超文本广告图像，除了对对象文本的"超"，更多的则是对传统广告图像"精神"和"想象"的"超"。

比较广告是最具超文本性的广告形式。埃飞斯公司（Avis）和赫兹公司（Hertz）都是美国租车业的巨头（图 3-29）。长期以来，在美国租车业中高居榜首的是赫兹公司（Hertz），占第二位的是埃飞斯公司（Avis）。1962 年，濒临破产的埃飞斯公司选择伯恩巴克的 DDB 公司作为自己公司的广告代理商。经过调研，伯恩巴克建议 Avis 干脆"甘居老二，以退为进"，历史上最为著名、最为经典的定位被提出，新的广告语被设计成——"当你只是第二，除了加倍努力，别无选择。"人们的同情心理被唤起，公司竟奇迹般在两个月后扭转了亏损局面。"We try harder"深入人心，人们口口相传。面对埃飞斯公司的广告攻势，赫兹公司也作出回应，1966 年，赫兹公司刊登广告"一直以来埃飞斯公司都说我们是第一，那么这究竟是为何？""埃飞斯说他们是第二，这是无须争辩的，因为我们就是第一，他们再努力也只能是第二。"广告的承文本性特征明显，从广告图像上看更是一目了然。图 3-29 左侧是埃飞斯公司（Avis）的广告，右侧是赫兹公司（Hertz）的广告：图像中的两根手指让我们感觉到有气势不足，有谦卑，有诚意；图像中的一根手指让我们底气十足，坚定和强势，唯我独尊，不容冒犯之感。二者都巧妙地运用图像行为去表明自身的态度，即使不看文字也能明白其意，广告图像的造型符号、隐喻含义等都能够让我们将注意力从广告上转移到产品上，从而加深印象，产生行动。需要指出的是，作比较广告要符合《广告法》《反不正当竞争法》等相关法律法规的规定（相当一部分国家是明令禁止作比较广告的），不能无中生有，更不能相互恶意诋毁，造成不良的社会影响。

（五）原文本性（architextualit/architexture）与广告实践

原文本性是一种较为纯粹的类属关系，是文本体裁上的关联类属。

广告图像研究

图 3-29 埃飞斯公司（Avis）和赫兹公司（Hertz）比较广告

热奈特认为："严格地说，决定文本的体裁性质不是文本自身的事，而是读者、批评家和大众的事，他们完全可以拒绝副文本所申明的体裁情况。"① "'原文本性'总是表现了文学之文学性（littérarité de la littérature），但它还融合了诸如话语形态（types de discours）、阐述模式（modes dénunciation）和文学类型（genres littéraires）之类的用以界定具体文本的概念。因此，借助于'原文本性'，批评家的著作从对结构的描述转向了对模型、话语类型、论据的探寻。这种模型化被用来考察文类的历史演变。"② 读者读到的到底是什么？这很关键。广告一直在做的事就是将有意义的图像转化为商品购买行为。从广义上来说，只要广告能够起作用，可以通过任何形式的图像来变现，也可以通过任何形式的广告形态去表现。在绝大多数时候，读者其实是没有独立解读自由的，往往与社会文化、经济环境、群体、媒介等构成"解读共同体"。这时，广告采用什么体裁或者是什么体裁的广告变得不重要，而广告图像能否吸引注意以及如何将注意力转化为广告想要或者需要消费者"读到"的信息变得更为重要，如何引导评论者在评论后更能吸引消费者关注和购买等更为重要。

---

① ［法］热拉尔·热奈特：《热奈特论文集》，史忠义译，百花文艺出版社 2000 年版，第 73—74 页。
② ［法］弗朗索瓦·多斯：《解构主义史》，季广茂译，金城出版社 2012 年版，第 450 页。

第三章　广告图像、文本与视觉

在更多的时候，广告是将消费者进行分类后才进行创意的，不同的消费类别决定了广告图像的话语形态、阐述模式和广告类型。但不管如何变化，广告图像都会融入时代的文化意义、象征符号和流行因子，都会受历史、文化、时代等诸多要素的制约。所以，广告图像不需要证明什么，而是为了表现什么；广告图像不需要曲意逢迎，却需要有目的的图像行为；广告图像不需要刻意模仿，而有必要将意义和经验重新整合。文化的冲突与融合、技术的发展与融入、社会的转型与人的发展等等，使我们生活在真实与虚拟之间，决定广告图像体裁的要素越来越多，广告的效果却越来越小。人们在越来越快的生活节奏中迷失，越来越失去本真——人原本应该在生活中的样子。而广告却在本真的传播上乐此不疲，在广告图像上不遗余力地将本真风格和符号价值向消费者灌输，期望在自我认同、身份建构、个性展示等方面与消费者进行心智沟通。广告图像本身就不是一个本真的呈现，不是简单的、单纯的、真实的融合。因此，广告图像的体裁类别在绝大多数时候是模糊的甚至没有所谓的体裁。但这并不影响广告图像的创意、创作和创新，"广告并不是说谎，更多的时候，它通过扭曲和重新改造，将社会文化意义添加到商品符号中为品牌形象服务"[①]。这既是在社会的现实与虚拟之间对广告图像的测试，更是在现代5G、CAVE（基于投影的虚拟现实）技术、MR（混合现实）技术、LED屏幕多角度三维缝合技术等的支撑下，在虚拟与真实等比例还原的事实上，在有限的真实空间打造出无限宽广丰富的沉浸式环境中，在实现真实与虚拟无缝交错的场景中，我们该如何实现广告图像的多维转换。所以，就原文本性的文本属性或者现代所有的文本来说，将广告文本与广告图像的结合或者转换的关键不是技术而是思维，特别是在现代传播的环境中，从二维到三维传播空间的转变，建立全新的思维体系要比广告图像说什么、怎么说要重要和紧迫得多。

[①]　[美]罗伯特·戈德曼、[美]斯蒂芬·帕普森：《符号战争》，湖南美术出版社2018年版，第147页。

第二节 广告图像与视觉

从某个方面来说，没有视觉就没有图像。我们在前文已经涉及有关视觉转向、观看权力、视觉文化等方面的论述，在这里，我们主要结合场域的有关理论，在现代网络科技背景下来讨论我们的广告图像及其呈现。

一 场域理论

广告图像的意义显然是有某种意图的，图像所传播信息的所指既是先验的也是明确的、清晰的，至少是能够引起人们注意的。"图像并不是幻觉的集中地，因为图像所处的语境可以在现实与真相、世界的本来面目和图像所表现的面目之间起到调节作用。"[1] 图像所处的语境即图像所存在的场域，它是图像联系内涵与现实的纽带，是现实反映和复制的瞬间所在。

19世纪末20世纪初，"场"的思想开始在物理学（物质间的相互作用而产生的能量，如电磁场、引力场等）中提出并被科学界普遍接受。此后，考夫卡（K. KQffka）在《格式塔心理学原理》一书中说："世界是心物的，经验世界与物理世界不一样。观察者知觉现实的观念称作心理场（psychological field），被知觉的现实称作物理场（physical field）。"[2] 还提出诸如"行为场""生物场""心物理场""环境场"等名词术语，把"场"的概念引入到心理学领域。德裔美国社会心理学家库尔特·勒温（Kurt Lewin）将场域理论用于人类研究，形成了"生活空间"的概念。"对勒温来说，生活空间意味着全部心理学环境——'在给定时间里作用于人的所有事实、关系和力的总和'（Marrow，1969，p. 35），马罗解释说，这其中包括'需求、目的、无意识影响、记忆、信仰，各种

---

[1] ［加］朗·伯内特：《视觉文化：图像、媒介与想象力》，赵毅等译，山东文艺出版社2008年版，第287页。

[2] ［德］库尔特·考夫卡：《格式塔心理学原理》，傅统先译，商务印书馆1936年版，第5页。

政治、经济、社会性质的事件，以及其他对行为可能产生直接影响的因素'……爱因斯坦对场域的定义——那些被构想为相互依存的'既存事实的总体'（Marrow，1969，p.24），因此，生活空间里的关系构成了一个系统……场域中各种力之间的失衡产生需求，需求产生张力。用勒温的话来说，这些过程不仅不可避免，而且非常必要，因为它们释放能量并导致行动。"[1] 在个人与环境的互动中，勒温的"场"不仅知觉环境而且认知意义，是对"知觉场"和"认知场"的探讨，因需求产生的张力在广告图像的表现中被普遍运用。在布迪厄看来："从分析的角度来看，一个场域可以被定位为在各种位置之间存在的客观关系的一个网络（network），或一个构型（configuration）。正是在这些位置的存在和它们强加于占据特定位置的行动者或机构之上的决定性因素中，这些位置得到了客观的界定，其根据是这些位置在不同类型的权力（或资本）——占有这些权力就意味着把持了在这一场域中利害攸关的专门利润（specific profit）的得益权——的分配结构中实际的和潜在的处境（sius），以及它们与其他位置之间的客观关系（支配关系、屈从关系、结构上的对应关系等等）。"[2] 游戏者之间力量关系的状况在决定某个场域的结构，占据不同的位置意味着不同的权力，也就有着不一样的分配所得。广告图像的游戏规则让其在与消费者、媒介和广告主的关系中处于屈从地位或支配地位，其在权力（或资本）的位置中处于弱势，势必导致其受到各方面权力（或资本）的干预，从而造成其呈现状态脱离广告创意者本初的样子。布迪厄认为："一个场域由附着于某种权力（或资本）形式的各种位置间的一系列客观历史关系所构成，而惯习则由'积淀'于个人身体内的一系列历史的关系所构成，其形式是知觉、评判和行动的各种身心图式。"[3] 将

---

[1] ［美］韦尔伯·施拉姆：《美国传播研究的开端》，王金礼译，中国传媒大学出版社2016年版，第91页。

[2] ［法］皮埃尔·布迪厄、［美］华康德：《实践与反思：反思社会学导引》，李猛、李康译，中国编译出版社1998年版，第133—134页。

[3] ［法］皮埃尔·布迪厄、［美］华康德：《实践与反思：反思社会学导引》，李猛、李康译，中国编译出版社1998年版，第17页。

场域、权力（或资本）与惯习三者之间的关系进行了阐述，让我们明白了在社会构建的空间里的竞争与制衡、冲突与谐和。更是广告图像在对场域、权力（或资本）与惯习三者进行综合考量的尺度要求。

梅洛－庞蒂认为："每一种感觉都属于一个场……有一个视觉场……视觉始终是有限的，在我的目前的视觉周围，始终有一个不能被看见，甚至不可见的物体的界域。视觉是一种受制于某个场的思维，这就是人们叫做感官的东西。"[1] 而视觉场或者现象场则源于胡塞尔所说的"视域就是在先标示出的潜能性"[2] 即"视域"的概念。胡塞尔认为对象必须在主体视域中才能成为意识的对象，主体的视域意识应该包含"注意之光与把握之光这种双重指向"[3]。注意之光只关注主题对象的本质，把握之光则关注主题对象与其他相似对象的一致性，并发现它们之间的形式性联系。"视觉已经被一种意义占据着，意义把在世界的景象中和在我们的生存中的一种功能给了视觉。只有当世界是一个景象，身体本身是一个无偏向的精神可以认识的机械装置时，纯粹的性质（quale）才能呈现给我们。相反，感知赋予性质以一种生命意义，并首先在其为我们、为我们的身体这个有重量物体的意义中把握性质，由此可以得出，感知始终在参照身体。"[4] 这就是梅洛－庞蒂的现象场、视觉场或者呈现场，是身体—物体—背景所构成的、具有整体性的、具身性的场，是身体场域结构和意义生成的场域意识的互构。视觉被意义占据要求广告图像必须具有吸引注意的意义及表现意义的方式，身体在其中的作用不仅要求广告图像在运用身体时要注意呈现的性质和状态，更应该在意身体感知的生命意义，要对身体充满敬畏。

学者杨海军认为："广告场是指由广告信息交换所引起的各种广

---

[1] ［法］莫里斯·梅洛－庞蒂：《知觉现象学》，姜志辉译，商务印书馆2001年版，第278页。
[2] 转自倪梁康《胡塞尔现象学概念通释（修订版）》，生活·读书·新知三联书店2007年版，第217页。
[3] ［德］埃德蒙德·胡塞尔：《经验与判断》，邓晓芒、张廷国译，生活·读书·新知三联书店1999年版，第138页。
[4] ［法］莫里斯·梅洛－庞蒂：《知觉现象学》，姜志辉译，商务印书馆2001年版，第81—82页。

告关系的总和。广告场根据其信息的承载程度,可以分为单体广告场和群体广告场。单体广告场是指由一次广告传播行为所形成的广告场;群体广告场是指所有单体广告场的有机融合体。从单体广告场的物理构成上来说,广告场由场域、场时和场强三个部分构成。场域是指广告场的地理覆盖范围,场时是指广告场影响力的时效性,场强是指广告场的影响力的强度。"[1] 广告场整体上还是视觉场(包括声音),不管是单体广告场和群体广告场,如果没有视觉的加持,对任何广告场来说都没有意义。但广告场又与社会场、信息场、经济场等息息相关,所以广告场与广告学科的属性是一致的,是跨场域、融合的、综合的广告展演场。

二 广告图像实践与视觉场

任何形态的广告都是在社会实践中被人们感知的。"广告属于瞬间,因为广告必须不断更新,跟上时代步伐。"[2] 而在场域中的广告既是时代的瞬间体现,也是广告本身的瞬间呈现,而观者此时就"在场"。我们生活在一个高度技术化的智能信息时代。高度技术化不仅影响和决定着现实世界中人与人之间的政治、社会、经济和文化关系,同时影响和决定着人类感觉器官和人类自身本体性的分割与重组。而人工智能的崛起,不仅加速了技术与人的深度融合,而且改变了人类感受和诠释世界的方式。在现实与虚拟的界限越来越模糊且能够实现在既有现实与虚拟的时空穿越情况下,技术对文明的显现和对文化的生产、复制在前所未有地颠覆我们的感知,广告传播场景在技术的支撑下越来越智能化、人性化。

(一)广告图像与形象[3]

广告形象是我们视觉感觉和视觉场域的一种浓缩。形象可延伸人

---

[1] 杨海军:《现代广告学》,河南大学出版社2007年版,第29页。
[2] [英]约翰·伯格:《观看之道》,戴行钺译,广西师范大学出版社2015年版,第184页。
[3] 周子渊:《论广告图像的形象性表现》,《广告大观》(理论版)2017年第2期,本处引用有删改。

的感官和再现我们洞察世界时感官和大脑所抓取的任何信息，它不是对世界的精准反映，而是我们对信息的综合提取后所形成的整体印象。我们生活在图像成了主体性立场的社会，"媒体文化的图像的重要性既体现在其形式化的图像构成和表达模式上，也体现在这些图像所传播的意义和价值观上"[1]。广告图像是所处时期社会文本的重要体现，是一种社会化的工具。广告所展示的"乌托邦"式图景，不仅是社会的一种真实回应——引起消费者对生活方式和社会向往的共鸣，而且利用图像、修辞、符号、标记以及这些因素在广告中的综合效应来推销产品甚至价值观，以此来建构广告文化。"广告形象，一般指的是在广告中出现的广告商品形象、代表或给广告商品代言的广告演员形象（包括真实人物形象和卡通虚拟人物形象）等。广告形象将人们的消费心理从商品消费转向形象消费，也就是说在市场经济中，商品已经不仅仅是商品，更是某种形象的象征。"[2] 广告图像的形象性是指在广告中以形象的特殊形式反映社会生活时所具有的实际而生动的、能唤起人们感性经验、理性思考与思想感情的一种属性。

1. 广告图像形象性的意义

Sobieszek 认为："广告图像已经渗透到我们的文化意识中。它反映着我们的身份以及我们渴望的东西；它通告并提供着进步和行为的模式，它使用完美的保证来进行诱使和逗惹；它培养着我们的想象力，无论我们是否允许。"[3] 广告形象往往借助雕塑、绘画、名人、声音或者语言来增强广告的吸引力和权威性，以激发消费者的注意力、想象力以及行动力，并以此来标示美好愿景。广告图像的形象性以特殊的形式超越了产品本身的物质利益，用尊贵或智慧的方式提升商品的精神内涵，形成文化潮流乃至权威。并试图在图像表现中用低调或者高

---

[1] ［美］道格拉斯·凯尔纳：《媒体文化：介于现代与后现代之间的文化研究、认同性与政治》，丁宁译，商务印书馆2013年版，第422页。

[2] 刘林沙：《现代世界的神话：中西广告原型比较研究》，西南交通大学出版社2013年版，第7页。

[3] 转自冯丙奇《北京地区报纸广告视觉传播模式：类型与转变》，清华大学出版社2012年版，第21页。

调的财富隐喻来彰显艺术的灵性或消费者的品位,又用在场与不在场的微妙关系来体现广告产品的内在价值,让消费者有特殊的享受,使整个广告在矛盾的统一体中达到和谐的一致性。

图像具有提供最大视觉信息的能力。① 弗兰肯(Franken)在哥伦比亚大学和纽约大学进行的研究表明:"最好的"(最具吸引注意力效果的)广告中包含图像的比例是参照组广告的两倍。包含人物或动物的图像在吸引注意力方面,要优于包含物品的图像。他还指出,一些占据比较小的版面但又获得了比较高的注意力的广告中,都包含图像。② 注意力资源的稀缺使图像有了更大的展示空间,吸引注意也不仅仅是广告图像的首要任务,更是激发观者感性经验、理性思考与思想感情的催化剂。"世界不会依赖意识而存在,但世界上的形象显然依赖意识而存在。"③ 广告图像所呈现的形象是隐喻的、素描的、直白的、比喻的或装饰性的,在图像与文本的互动融合中将物质的形象与精神的形象相映衬,最大限度地获取消费者的有意注意和无意注意,刺激消费者采取购买行动。广告图像形象性的极现实主义物质性本身就具有分裂性:一方面,图像形象明示着物欲、撩拨着神经、颠覆着传统、臆断着社会、粉饰着生活;另一方面,图像形象又塑造了蓝图、激活了象征、丰富了文化、呈现了愿景等等。在注意力越来越有限的信息消费社会,广告图像的形象性展示将会向纵深发展,在与社会的互动中自我完善、自我约束,形成具有鲜明时代特征和地域特色的广告文化,成就广告效果。

"形象性使广告商得以引发各种不同的情感反应,并且将其用来为广告业服务。"④ 真实的、物质的广告图像的形象性,将可说物与可

---

① [英]贡布里希:《图像与眼睛》,范景中等译,广西美术出版社2013年版,第146页。
② 转自冯丙奇《北京地区报纸广告视觉传播模式:类型与转变》,清华大学出版社2012年版,第24页。
③ [美]W. J. T. 米歇尔:《图像学》,陈永国译,北京大学出版社2012年版,第15—16页。
④ [美]保罗·梅萨里:《视觉说服:形象在广告中的作用》,王波译,新华出版社2003年版,导言第9页。

见物之间、可见物与不可见物之间、在场与不在场之间、可名与不可名之间的某种关系体系相统一（或者决裂），以此来向消费者展现产品的特质，从而"引发各种不同的情感反应"，达到广告目的。这就使得不管是哪种广告图像（包括平面和影像），"不再是一种思想或一种情感的编码式表达。它不再是一个复本或是一种解译，而是事物说话和沉默的一种方式"①。也正是如此，"视觉形象的形象性使形象得以利用各种不同的视觉刺激，以及和人与社会和自然环境的互动适应的相关情感来促进这一进程"②。在看与被看的图像景观世界里，影响甚至控制着消费者的喜怒哀乐。

广告图像的形象性并不意味着广告形象的外观与现实世界的精确吻合。在以视觉为中心的现代社会，形象的多样性很好地将虚拟与现实相结合，图像成为联系人与社会之间的通道，折射出人内在的反应倾向。这也就是为什么我们要找名人代言，习惯用具象或者抽象的雕塑、绘画或者声音来塑造或者突出形象的重要原因。一方面，图像的深层象征意义能激发消费者的情感反应。不仅能刺激注意，而且能带来满足感，产生记忆和联想，引发分享欲。另一方面，图像的环境意象可将消费者带入产品的"在场"，在拉近彼此心理距离的同时，激发态度的改变。

广告图像主导了消费者从表面形象或物质形象向隐含在图像深处的意义进行探索的过程。在现代消费社会，没有什么能比引起人们的思考更有效。在消费者的独立性、商品的独立性与社会的独立性相统一或分裂的过程中，广告图像形象性的平庸是不能给消费者带来影响的，带来影响的一定是能引起人们深层思考的、具有艺术张力的、具有哲学意蕴的或具有象征性的广告图像形象。所以，广告图像形象性的内在"属性"就是隐含在广告图像深处的意义。这个"意义"不仅

---

① ［法］雅克·朗西埃：《图像的命运》，张新木、陆洵译，南京大学出版社2014年版，第18页。

② ［美］保罗·梅萨里：《视觉说服：形象在广告中的作用》，王波译，新华出版社2003年版，第35页。

能引起注意、激发情感,使人们产生想象和联想,而且能引起思考、指导行动、改变态度。

2. 广告图像形象性的表现

鲍德里亚认为:"在今天,我们所经历的,就是把表达的所有虚拟模式吸纳进广告的模式。所有原创性的文化形式、所有被决定的语言,都被吸纳到广告中,因为它没有深度,它不仅是即时性的,而且瞬间又被忘却。"① 所以广告加剧了消费社会的表象化、即时化和形象性。我们生活在一个形象的世界里,形象是事物的意义。② 米歇尔认为人类不仅是语言的生物,还是形象的生物,人类呈现世界的方式是由语言和图像共同承担的。米歇尔说:"形象在视觉艺术中都扮演着角色,它可以作为图像所表现的内容的名称或它全部形式的整体,也可指语言形象,一种隐喻,一种图形,一种命名的事物或本质,甚至一个文本总体化的常规语言图示。"③ 广告作为商品品牌图像的一种投资,就像硬币的两个面,我们可能展示的只有一面,另一面留给观者——因为在商品消费的去中心化逻辑中,观者才是中心。

(1) 广告图像形象性的艺术表现

广告图像形象性的艺术表现主要体现在图像的直观表达、客观存在和人为处理方面。广告图像是产品与图像言说之间的连接体,艺术性地将产品的戏剧性或故事的可读性或画面的可视性直观地向观者表达。通过直观的图像叙述和描写,让人们"看到"一个不在场的产品。有时通过声音或者文字的加强,引导人们通过想象或者联想,或引起情感的共鸣来让观者"看见"那些不属于可见物的东西或感受到图像内在的思想表达。这就是广告图像经常采用雕塑、绘画等艺术元素的重要原因。直观表达的广告图像可以将艺术的图像与图像的艺术、图像的社会存在和图像的批判相结合,围绕商品建构一个以图像和文

---

① [法]让·鲍德里亚:《绝对广告,零度地带的广告》,载《符号学原理》,生活·读书·新知三联书店1999年版,第107页。
② [美]W. J. T. 米歇尔:《图像理论》,陈永国、胡文征译,北京大学出版社2006年版,第25—30页。
③ 转自郑二利《米歇尔的"图像转向"理论解析》,《文艺研究》2012年第1期。

字为光环的形象场域——商品欲望场——商品为人们所欲望。

　　从艺术的角度来说，每一幅图像都是独特的、客观存在的。独特性是艺术作品凸显表现力和想象力的根源，越见表现力和想象力的作品，就越能使人们感受到艺术的魅力和艺术家所要表达的意义。"艺术形式与我们的感觉、理智和情感生活所具有的动态形式是同构的形式……因此，艺术品也就是情感的形式或是能够将内在情感系统呈现出来以供我们认识的形式。"[①] 但是广告图像的大规模复制和传播，在破坏图像独特性的同时，使图像的表现力和想象力发生变化——更具吸引力和感染性，并在此基础上裂变了图像的意义，产生多重含义，以提升广告传播效果。在现实客观操作中，艺术地激发了图像的现实价值：将故事的符号阐释和原生在场的情感相融合，在提升商品使用价值和交换价值的同时，进一步激发了欲望的绝对性，多元化了广告的现实客观表达。戴眼罩的男人（见图 2–12）是大卫·奥格威为哈撒韦衬衫做的一则经典广告。这则广告不仅使哈撒韦（Hathaway）衬衫一举成功，仅一年中的销量就提高了 3 倍，全国闻名，而且成就了奥美广告公司和奥格威本人在广告界的地位。用戴眼罩的男人来表现衬衫，不仅为图像中的人物添加了神秘色彩，而且凸显了产品的独特性，加上将有魔力的"故事诉求"（Story Appeal）掺进广告，把艺术的神秘和产品的清晰定位相结合，形象地展示了产品及广告的与众不同，使品牌形象跃然纸上，产生重要影响。

　　一般来说，艺术高于商业，广告则是商业的艺术。广告图像不仅要借助艺术的形象性来塑造和提升产品的形象性，而且要将艺术的精神价值和产品的品牌精神（或者品牌哲学）相融合。这样，在大规模复制和信息的移动化、即时化传播背景下，广告图像才能更形象地将商业艺术从现实意义上进行升华，从而建构新的广告场域。在后现代文化流行的语境背景下，人们经常有意混淆生活与艺术的界限，故同一幅图像有可能是生活图像，也可能是艺术图像。对日常生活而言，

---

① [美] 苏珊·朗格：《艺术问题》，滕守尧、朱疆源译，中国社会科学出版社 1983 年版，第 24 页。

生活图像的价值远远高于纯粹审美的艺术图像,所以当广告图像在使用绘画、雕塑等艺术图像的过程中,将其生活化、实用化、平民化了,并在大规模的复制及传播中形成了公共图像。在借助艺术形象的过程中,广告图像塑造的形象"是意中之象,有意之象,意造之象,不是表象,不是纯粹的感性映象;但它又不是概念,保留着感性映象的特点意象,这是思维化了的感性映象,是具体化了的理性映象"[①]。广告图像将艺术的审美、生活的情趣、公众的利益、符号价值等相结合,以达到塑造和提升产品形象的目的。

(2) 广告图像形象性的文学表现

广告是"一种最刺激、最艰巨的文学形式,它是最难掌握、最具各种离奇古怪的可能的形式"[②]。我们试图用"文学形式所启发的惊讶和解读程序运用于层出不穷的社会和商品图像",就像"弗洛伊德通过总结一个世纪的文学,教会我们如何在最不起眼的细节中找到一则故事的关键和一个意义的程式,即使这个意义本身源于某种不可还原的无意义亦然"[③]。

文学的形象性是具象的、感性的表现形态,是以生动具体的感性形象来表现审美意识的。真实性是广告的生命,广告的真实性是客观的、准确的、完整的,也是具象的、感性的、表演性的。为了更好地塑造品牌形象,广告图像除艺术地呈现商品本身外,也借助文学的形象性及文学形象塑造的方式来树立或强化品牌形象。如杜康酒的广告词就直接用诗句"何以解忧,唯有杜康"来诉求,不仅将厚重的历史感赋予产品之中,而且使"审美生活化"了。利群广告词:"人生就像一场旅行,不必在乎目的地,在乎的,是沿途的风景,以及看风景的心情。利群,让心灵去旅行!"充分体现了广告图像形象性的文学表现:广告影像以具象的、感性的、写实的方式展现"沿途的风景",

---

① 胡经之:《文艺美学》,北京大学出版社1989年版,第200页。
② [美]詹姆斯·特威切尔:《美国的广告》,屈晓丽译,江苏人民出版社2006年版,第19页。
③ [法]雅克·朗西埃:《图像的命运》,张新木、陆洵译,南京大学出版社2014年版,第22页。

语言（或文字）用散文诗般的描述来追寻意义的内涵与外延。当二者有机融合时，产品形象呼之欲出，使人们忘记了产品本身的主要属性（烟草），心灵的共鸣反而更为强烈，将广告图像的展示能力与文学表现的意指能力展现得淋漓尽致，有机地升华并深化了企业形象，取得很好的广告效果。（图3-30：利群—让心灵去旅行）

图3-30 利群—让心灵去旅行电视广告（截图）

广告与文学都是来源生活高于生活的，都具有表演性、客观性、完整性等特征。广告图像及其文本的文学形象性表现，不仅要唤醒产品"与生俱有的戏剧性"，而且要激发产品、图像、媒介、文本间蕴含的故事，使广告形象呼之欲出。文学形象的批判形式、讽刺形式、游戏形式、描绘形式等都可与广告图像相结合，是广告形象传播、广告崇拜产生的重要催化剂，也是当下创意产业的生发剂。这样，我们就可以将艺术的在场、文学的在场与广告图像的在场相激发，将观者带入到产品或思想、意义序列，从而引导消费。一方面，"广告的大众传播功能……是让一个符号参照另一个符号、一件物品参照另一件物品、一个消费者参照另一个消费者"[①]。当广告借用文

[①] ［法］让·鲍德里亚：《消费社会》，刘成富、全志刚译，南京大学出版社2001年版，第133—134页。

学形象来提升产品形象后,产品符号的塑造及口碑的提升就更能让消费者参考消费。另一方面,"从可见物到可触物、从形象艺术到图像艺术的转变,只有通过一种作家文字的确定工作才有可能实现"①。而这种可能一旦实现,就会产生巨大的认同感或情感共鸣,产生长远影响。

(3) 广告图像形象性的哲学表现

"广告等于某种哲学体系。它用自己的一套说法解释一切。它对大千世界作出诠释。"② 广告图像已经渗透到社会的每个角落,虽然"广告并不生产梦,它所做的一切是提醒我们每个人:我们还没有令人羡慕——然而,我们是能做到这点的"③。但随着社会的进步、人们主体地位的提升、自我意识的觉醒、信息的泛滥等等,广告的说服变得艰难。为了更好地弥补现实与理想之间的鸿沟,有时候,广告图像必须上升到哲学的高度来塑造更为"令人羡慕"的形象。

广告是生活的哲学,广告图像是哲学的生活化表现。广告之所以具有巨大的魅力,便在于其广告形象都是塑造了一个与过去神话具有相同潜意识元素的现代神话,④ 以及未来神话。梯利认为"所有的知识都建立在经验之上,归根到底发源于经验,人类的观念有两个来源,即感觉,它为心灵提供可感觉的性质,此外,还有反省或内在的感觉,它为心灵提供关于它自己活动的观念,诸如知觉、思维、怀疑、相信、推理、认识和愿望。人类理智首先要的机能是心灵能接受所感受的印象,这是外在的对象通过感官所造成的,或者由它本身反省那些印象时的活动所造成的。"⑤ 广告大师大卫·奥格威提出的 3B (Beauty 美女、Beast 动物、Baby 婴儿) 原则、威廉·伯恩巴克提出的广告 ROI (Relevance 相关性原则、Originality 原创性原则、Impact 震撼性原则)

---

① [法] 雅克·朗西埃:《图像的命运》,张新木、陆洵译,南京大学出版社 2014 年版,第 109 页。
② [英] 约翰·伯格:《观看之道》,戴行钺译,广西师范大学出版社 2015 年版,第 214 页。
③ [英] 约翰·伯格:《观看之道》,戴行钺译,广西师范大学出版社 2015 年版,第 213 页。
④ 刘林沙:《现代世界的神话:中西广告原型比较研究》,西南交通大学出版社 2013 年版,第 2 页。
⑤ [美] 梯利:《西方哲学史》(下册),葛力译,商务印书馆 1979 年版,第 75 页。

理论等等，不仅是长期生活经验和广告实践的总结，也是在与社会的互动中洞察、批判和反思的结果。

如果说广告图像借用绘画、雕塑等属于"摹本"（copy）的话，那么广告源于现实而高于现实所塑造的形象就是"类象"（simulacrum）。万宝路的"牛仔"形象、"月光下的收成"中的"绿巨人"形象等都是如此。广告图像成了不仅仅局限于观看的角色，而是为了制造一种意义，一种象征。与我们的经验和事先感知相比，它总是不断在抓取、在变化且生动的呈现，引导我们通过表面化的形象去探究图像隐喻的"内涵"。"这种形象意识产生了存在对道德和理性的中立情态，使主体无原则地放弃了价值判断，认同于形象的标新立异。"① 这是现实不可调和的矛盾，"我们可以看到一个图像，感知一个图像，但是我们不能解释它"②。广告图像更是如此，所传播的"形象性不仅仅局限于形象的内容，而且表现为形象的形式和风格特征"③。可以感知，不能解释，在事实真相与感知印象间、在历史与未来间、在明示与暗含间去展现传播对象的形象，建构属于广告图像自身的话语体系。

广告形象是在社会从实体化走向媒介化的过程中产生的。社会媒介化一方面导致社会文化空心化，呈现在我们面前就会是这样一番图景：不是探究本质，而是追逐现象；不是寻求根源，而是粉饰外观；不是回归自然，而是推崇拟态；不是反映所指，而是回到能指。在这个过程中，由于社会文化空心化导致人的空心化，使消费从商品消费转向了形象消费，商品变得不单是商品也是某种形象象征。符号化、潮流化、意义化等盛行，但周期变得越来越短，往往碎片化呈现后又归于沉寂。另一方面，社会媒介化使精英文化走向大众化，重塑了审美的标准，消解了精英与大众、理想与现实、精神与物质间的鸿沟，形成新的"意义""象征""文本""形象"等等，媒介的公信力开始

---

① ［美］杰姆逊：《后现代主义与文化理论》，唐小兵译，陕西师范大学出版社1987年版，第190页。
② 韩丛耀：《图像：一种后符号学的再发现》，南京大学出版社2008年版，第216页。
③ ［美］保罗·梅萨里：《视觉说服：形象在广告中的作用》，王波译，新华出版社2003年版，第55页。

下降,广告制造了"幻象"。这就是在商业社会,一方面越来越离不开广告,一方面广告越来越不起作用的重要原因。也正因为如此,广告图像形象性的哲学表现或哲理化倾向才显得更为重要和迫切,使我们时常去反省广告活动所造成的影响。

3. 图像形象性表现的道德规范

一方面,"由于建立在图像基础的传播不具备表达的因果关系、类比,以及其他判断的明确结构,与文字表达的论点相比,通过一系列形象来表达的论点原则上可以说更取决于受众自己的理解"[①]。另一方面,居伊·德波认为:"当真实的世界变成简单的图像,简单的图像变成现实的存在和催眠动力,奇观作为一种发展趋势将迫使人们通过各种特殊化的媒介来看世界(它不再被直接把握),此刻,自然就会发现'看'将是特权化的人类感觉,而触摸的感觉属于另一时代,抽象的最大化,而神秘感的最大化也在当下日常生活普遍的抽象中应运而生。"[②] 也正是基于此考虑,广告图像形象性的表现必须遵循相应的道德规范。

(1) 真实是广告图像形象性的生命线

苏格拉底指出:"形象如果是形象的话,也绝不意味着它复制所模仿的事物的全部属性。"如果它确实"复制了全部属性",我们就有了一个"复制品",而不是形象。[③] 所以广告图像在使用绘画、雕塑等艺术图像元素来塑造品牌形象时,不能实行"拿来主义",要进行"模仿性创新"或完全颠覆,这样才能"艺术地激发了图像的现实价值",与消费者建立最基本的信任关系。

一则成功的广告往往会吸引大量的跟风者,但人们永远只会记住第一位吃螃蟹的,有谁会在乎谁是第二位呢?除非出现新的吃法。广告是消费社会的文化,可以自由地利用有关艺术、历史、散文、小说、诗歌以及神话的知识来包装自己,塑造广告形象,也可以综合性地将

---

① [美] 保罗·梅萨里:《视觉说服:形象在广告中的作用》,王波译,新华出版社2003年版,第274页。
② 转自樊波主编《美术学研究》,东南大学出版社2014年版,第239—240页。
③ [美] W. J. T. 米歇尔:《图像学》,陈永国译,北京大学出版社2012年版,第114页。

语言、音乐等与这些有机地结合，来突出广告形象的特殊性，将消费者拉入产品的场景，促成购买行动。由于图像的象征作用能够引发注意和情感反应，故我们在突出广告形象时就要竭力避免与真实背道而驰的偏激表现手法。因为这不是创新，而是自杀。

广告是建立在事实基础上的传播形态，没有基于事实的表现就是欺骗，事实是广告表现的基础。为了迎合高层次消费的需要，广告图像形象性经常会采用超现实主义的表现方式来突出形象，虽然这样可以部分弥补一些广告象征意义的不足，且表达了用语言无法说出的东西，增强了广告的精英内涵，但稍有不慎就会完全与真实相背离，这也是近年来一些广告叫好不叫座或陷入虚假、浮夸广告的原因之一。广告图像形象性的艺术表现、文学表现及哲学表现都是建立在真实基础上对受众视觉性的综合运用，无真实即虚无，也就不存在所谓的形象。广告图像要远离编造、假冒、虚空，保持尊重与自尊，就需要我们有意识或无意识地把自身利益与公众利益相结合，将"关系利益人"的所有环节都纳入整个企业的广告生态系统之中，做企业公民。

（2）尊重是广告图像形象性的试金石

广告首先要尊重人，然后才是创意。尊重的缺失在广告业高速发展的同时也造就了广告效果的日渐式微，广告文化成了整体社会文化焦虑的添加剂，漠视、否定、怀疑等成为人们审视广告的常态，严重制约了广告的可持续发展。

沃尔特·李普曼认为："每个人的行为依据都不是直接而确凿的知识，而是他自己制作的或者别人给他的图像。"[1] 并提出了以高度概括化、简单化为特征的"刻板印象"，"但是，真实的世界是复杂的，图像的世界则是通过形成、维护和改变'刻板印象'对真实世界进行简化和歪曲"[2]。在消费社会，刻板印象是广告图像形象性缺乏尊重的主要表现。在所有刻板化呈现中，性别刻板印象在广告图像形象性的呈现中表

---

[1] ［美］沃尔特·李普曼：《公共舆论》，阎克文、江红译，上海人民出版社2002年版，第20页。

[2] 李舒：《传播学方法论》，中国广播电视出版社2007年版，第75页。

现得尤为突出。性别刻板印象是在社会规范下呈现出的一种社会态度，具有很强的隐蔽性，不易被人们察觉。也正是这个原因，人们习惯了广告图像中大量的女性形象，但这些形象绝大部分处于被消费、被审视、被附属甚至被玩弄的地位，带有明显的性别歧视，从根本上凸显了社会地位的不平等。而在广告图像中凸显男性是社会型的，女性是家庭型的则是另外一种刻板印象，虽然有些刻板印象是善意的、积极的，但本质上却是对人的不尊重。当人们习以为常甚至漠视广告图像的这些形象呈现时，就不单是广告的问题了，而成了社会问题。尊重是为了更好地沟通和理解。广告图像形象性应该全方位的表现尊重，无论是历史的、文化的、习俗的还是其他。文明、阶层、社会等之间虽然有冲突，但主流却是融合与依存。广告图像形象性的目的是在尊重基础上唤起人们的注意、欣赏、接受及行动，我们不能为了单纯的利益就将我们的精神物化为物质的、空虚的、诱惑的形象，甚至沉浸在偏执的观念崇拜、拜物教、偶像崇拜、物恋等思想上，为了形象而形象，放弃对人的尊重，那将是舍本逐末，彻底动摇人们对广告形象的阐释、塑造与信任。

(3) 健康是广告图像形象性的方向盘

广告图像形象性的呈现是通过模拟现实世界来实现的，广告是现实的反映。广告图像从来不缺大创意、不缺震撼、不缺钱，却在很多时候缺健康的表现，而健康才是真正的大创意、大形象、大震撼。很多时候，我们的广告图像里充斥着性、暴力等庸俗、低俗、媚俗的不良文化。一方面，我们并不反对对性的健康表现，但现实是跟性有关的广告，图像里往往充斥的是色情、裸文化、暴力文化等，向人们传播了扭曲的人生观、价值观和世界观，使人们"三观"尽毁。另一方面，是广告对裸文化、暴力文化、偷文化、泛娱乐化等的美化，这不仅颠覆了社会主流价值观，而且也误导了广告形象的原本呈现。虽然"人们不能同时在禁止图像的戒律形式下和见证禁忌的图像形式下都具有崇高性"[①]，但这并不妨碍我们用崇高来建

---

① ［法］雅克·朗西埃：《图像的命运》，张新木、陆洵译，南京大学出版社2014年版，第172页。

构广告形象,树立正确的广告观。

健康的广告文化是广告图像形象性表现的根本。德波认为:"文化的构成机制因而等于人类行动的一种物化,这一物化固定在人们的生活上,这一生活按照商品的传动模型塑造了一代人向另一代人的经验传动,并且要努力确保过去对未来的统治。"[1] 所以,社会文化、广告文化的每一步、每一思想与行为甚至每一瞬间都会影响到当下及长远的文化传承与发展,故我们只能健康,否则将万劫不复。

广告图像形象性的表现是复杂的、现实的、生动的,也是具体的。广告图像将商品形象的过去和未来联系在一起,将可见的与不可见的、可说的与不可说的、在场的与不在场、物质的与精神的等要素、意义、象征、符号等融合在一起来保证形象的位置,以便塑造出充满魅力但却真实可期的商品形象。广告图像吸收了文学图像、艺术图像等对形象的塑造方式,在视觉艺术中再现和建构了广告主、媒介、消费者、社会之间的关系,形象地构建了广告的景观社会:"呈现的东西是好的,好的东西才呈现出来。"[2] 故广告图像呈现景观,也表现形象,在科学技术的进步与国家经济社会的发展中永恒在场。

(二) 广告图像与视觉修辞

视觉文化的兴起催生了视觉传播的发展,视觉传播的实践和发展引发了人们对视觉修辞的探讨,广告图像就是其中的一个重要实践来源。视觉修辞探讨的核心问题是"图像以修辞的方式如何作用于观看者"[3]。菲利普·耶纳文(Phillip Yenawine)将视觉修辞定义为"从视觉图像中寻找意义的能力"[4]。罗兰·巴特的《图像修辞学》、阿恩海姆的《视觉思维》和伯格的《观看之道》则奠定了视觉修辞的学术基础,同时也为我们研究广告图像的视觉修辞指明了方向。

---

[1] [法] 居伊·德波:《景观社会》,王昭凤译,南京大学出版社2006年版,第172页。
[2] [法] 居伊·德波:《景观社会》,王昭凤译,南京大学出版社2006年版,第5页。
[3] Helmers, M. & Hill, C. A., "Introduction", in Charles A. Hill and Marguerite Helmers eds., *Defining Visual Rhetoric*, Mahwah, NJ.: Lawrence Erlbaum Associates, Inc., 2004, p. 1.
[4] 转自刘涛《视觉修辞的学术起源与意义机制:一个学术史的考察》,《暨南学报》(哲学社会科学版) 2017年第9期。

第三章 广告图像、文本与视觉

1. 巴特与视觉修辞

巴特认为"修辞注定通过它们的实体来变化，但并不一定依据它们的形式来变化；甚至有极大的可能只有一种修辞形式，例如在梦幻、文学和图像方面是共有的形式。"① 巴特在《图像修辞学》中用广告图像来对图像修辞进行阐述，广告图像的意指、坦率或者夸张，在图像及其意义上都能够在语言学的、编码的肖像和非编码的肖像讯息中得到体现。当然，这主要指的是在平面广告图像之中，在现代光电科技支持下，流动的广告图像已经将虚拟和现实进行了充分结合，自然的、图像的修辞不仅体现在语言学的、编码的肖像和非编码的肖像讯息中，也体现在我们能够感知的任何一种感官系统之中。

《图像修辞学》在视觉修辞史上具有开拓性的意义，对修辞学在面对"非语言符号"适配性和想象力时，在理论和实践上进行了尝试：一是在图像视觉修辞的理论层面，揭示了符号讯息系统和语义结构是如何建构意的。二是在图像视觉修辞的实践层面，回答了视觉修辞分析的操作方式。我们在观看图像时，是同时接受到"感知的讯息和文化讯息"的，"图像的修辞学在其服从于视觉的物理约束（区别于发音约束）的情况下，它就是特殊的，但在'修辞格'从来都只是一些要素间的形式关系的情况下，它就是一般的"②。所以，经过分析具体的广告实践，巴特指出"图像的直接意指只是句段，它把没有任何系统的要素联系起来：非连续性的含蓄意指物被连接起来，被实现，通过直接意指的句段'被言说'，象征的非连续性的世界进入直接意指的场景的故事中，如同进入一个纯洁性的有诱惑的浴池中。"③ 第一级符号系统（即文字图像，概念和形象的结合体）对应的是图像的直接意指（外延的图像），第二级符号系统（即象征性图像）对应

---

① ［法］罗兰·巴特：《显义与晦义：批评文集之三》，怀宇译，百花文艺出版社2005年版，第38页。
② ［法］罗兰·巴特：《显义与晦义：批评文集之三》，怀宇译，百花文艺出版社2005年版，第38页。
③ ［法］罗兰·巴特：《形象的修辞》，吴琼译，载《形象的修辞：广告与当代社会理论》，中国人民大学出版社2005年版，第51页。

的是图像的含蓄意指（被赋予内涵的图像），是掩盖在给定意义表象之下的暗指意义。当图像被赋予特殊意义时，它就变成了一种被我们捕捉到的、可理解的文字形式，这时意义就抛弃了其偶然性，成为对历史的瞬间保留。学者刘涛就指出"视觉修辞的基本思路就是探寻'视觉形式'（visual form）到'修辞意象'之间的意义逻辑。"[1] 广告图像的形式是为了表达意义的需要，在意义完成了其使命之时，广告才是有效的。（如图 3 - 31、图 3 - 32）[2] 在视觉冲击上，两幅图像都充满了形象性、冲击性和梦感性。在表现手法上，图 3 - 31 采用了"留白"的方式将右边全部留出，使人的想象空间得到无限放大；图 3 - 32 则突出了模特的眼神，将文字表达的意指蔑视性地展现（此时，黄金显得冰冷，钻石缺乏了生机，豪华轿车也不够吸引，不要造作，感受真实的奢华，唯有，迪奥真我香水。Gold is cold. Diamonds are dead. A Limousine is a car. Don't Pretend. Feel what's real. C'est Ca Que J'adore.）。在广告语方面，古姿广告的"若让别人嫉妒，就该拥有妒忌。"巧妙地运用香水的名称 envy 妒忌，一语双关，如果你想让别人嫉妒的话，你就要拥有妒忌，暗指此款香水的必不可少性，巧妙的运用使人觉得十分精当。迪奥，在法语中是"上帝"与"金子"的组合，图像的色调更加强化了这一点，能秒杀了黄金、钻石和豪车，将奢华的拥有变成一种生活方式，凸显选择者的地位和品位，象征意味明显。在对模特的运用上，都突出了性别的典型特征，都将女性物化了，既成为男性的消费对象和性幻想对象，也成为女性自身的向往对象和消费对象。意义是如何进入到图像之中呢？它又是在何处终结的呢？首先，两幅广告图像的直接意指意义明确——香水代表着某种诱惑。其次，广告图像的意义来源于西方文化体系——对身体的消费。"在这些产品的广告中形象并非要去替代某些隐含的、表达不清的意思。当这类广告使用很少的文字时，这种状况并不是要隐瞒什么，而是为了避免多余

---

[1] 刘涛：《视觉修辞的学术起源与意义机制：一个学术史的考察》，《暨南学报》（哲学社会科学版）2017 年第 9 期。

[2] 图片来源：https://www.sohu.com/a/59753434_157432。

图 3-31　Gucci ENVY 古姿嫉妒女士香水

图 3-32　DIOR J'ADORE 迪奥真我女士香水

重复。"① 最后，在知觉层面的性暗示，使观者不仅关注广告图像本身，还有对产品引起的性幻想的理解，并以此来表达含蓄意指的意义。这种方式不能滥用，"至少有三种情况：一是当性被以比喻的方式加以使用，而广告所承诺的是别的东西；二是将产品与性联系起来会引起不满；三是涉及社会所不能接受的性行为类型"②。这对我们具有借

---

① ［美］保罗·梅萨里：《视觉说服：形象在广告中的作用》，王波译，新华出版社2003年版，第246页。
② ［美］保罗·梅萨里：《视觉说服：形象在广告中的作用》，王波译，新华出版社2003年版，第246—247页。

鉴意义，广告图像的任何形式都是为了表现产品所要表达的意义，对广告图像任何语言的、内涵的和外延的讯息都要围绕社会文化、社会环境及相关法律等所允许的范围来展开。

在巴特看来，目光可以用三种科学方式来解释："以信息论术语（目光在告诉）、以关系术语（目光在交换）、以占有术语（借助于目光，我触及、我达到、我理解、我被理解）：三种功能：光学功能、语言学功能、触觉功能。但是，目光总是在寻找：某样东西、某个人。这是一种不安于现状的符号：对于一种符号有着特殊的动力：它们的力量超出它。"① 这其实就是一个视觉场，"我"处于看与被看之中，"作为意指活动的游戏，目光会引起各种（生理）感官的一种联觉、一种共有现象，这些感官将它们的感觉放在一起，以至于我们可以将发生在另一种感官上的东西诗意般地赋予这一种感官：因此，所有的感官都可以'观看'，反过来，目光可以感觉、可以听、可以触摸，等等"②。明确地告诉我们所看到的图像是在运用我们的综合感官感受到的，是在视觉场中对视觉对象的选择，将视觉修辞上的含蓄意指和直接意指进行巧妙表达和科学运用。就图3-31、图3-32而言，前者为直接的意指，后者为含蓄的意指，但不管哪种意指，都看见了诱惑——图像中不安于现状的符号——身体所承载的性的符号呼之欲出。在我们目光所及场域，引起的不仅仅是观感上的刺激，还有香水的味道、呼吸的声音——所有感官都在"观看"——目光并不逃逸、它停下、它固定、它碰撞。③"'被穿透的'（被观看的）东西比只是简单地呈现给视觉的东西更真切。"④ 目光就在这个视觉场域之中，它可能会延伸，但最终都可能是魅力、魔法、嫉妒甚至恶眼。这种广告图像

---

① ［法］罗兰·巴特：《显义与晦义：批评文集之三》，怀宇译，百花文艺出版社2005年版，第323页。
② ［法］罗兰·巴特：《显义与晦义：批评文集之三》，怀宇译，百花文艺出版社2005年版，第324页。
③ ［法］罗兰·巴特：《显义与晦义：批评文集之三》，怀宇译，百花文艺出版社2005年版，第324—325页。
④ ［法］罗兰·巴特：《显义与晦义：批评文集之三》，怀宇译，百花文艺出版社2005年版，第326页。

的编码需要在各方面进行权衡和取舍，尽可能让观者看到一种由产品而产生的某种意义，而不是因为身体，尽管身体在表现产品。在与身体、与性相关的广告图像中，视觉暴力和图像膨胀表现得尤为明显，我们对西方运用视觉审美在身体上或者性上的表现必须批判借鉴，防止将身体庸俗化和将性低俗化。

2. 阿恩海姆与视觉思维

在阿恩海姆看来，"每一知觉活动都是一种知觉判断……视觉判断出来的任何一种视觉特征，都是由事物在时间和空间中所处的环境和位置界定的"[1]。作为格式塔心理学的代表人物，阿恩海姆在视觉思维和视觉活动中对思维和心理的把握、判断更具有说服力，也为我们在不同的"时间和空间中所处的环境和位置"上的视知觉行为有更好的解释。"视觉就像一种无形的'手指'，运用这样一种无形的手指，我们在周围空间中运动着，我们走出好远，来到能发现各种事物的地方，我们触动它们，捕捉它们，扫描它们的表面，寻找它们的边界，探究它们的质地。因此，视觉是一种主动性很强的感觉形式。"[2] 视觉的积极选择是与图像所处的场域息息相关的，视觉的主动性跟随空间和时间的变化而变化，从而摆脱厌倦。所以，"对形状的知觉，就是对事物之一般结构特征的捕捉"[3]。这既是格式塔心理学的见解，也是在观看过程中内部秩序（结构）和外部秩序（结构）适应协调的结果、视觉选择的结果。视觉的主动性可以将广告图像的创意、创新牢牢掌握在创作者手中，它需要考量图像所处的视觉场域，需要洞察消费者在这些场域中的视觉行为以及感官触发。视觉的选择性则可以用来衡量广告图像在场景中的关注度和吸引力，是广告效果的重要权衡因子。

视知觉是一种积极的理性活动，"对视域中任何一部分的性质的

---

[1] [美] 鲁道夫·阿恩海姆：《艺术与视知觉》，滕守尧、朱疆源译，四川人民出版社1998年版，第17—18页。

[2] [美] 鲁道夫·阿恩海姆：《视觉思维》，滕守尧译，四川人民出版社1998年版，第25页。

[3] [美] 鲁道夫·阿恩海姆：《视觉思维》，滕守尧译，四川人民出版社1998年版，第37页。

感知,都是在对这一部分与整个视域之相应部分的恒常不变的关系的感知中完成的"[1]。直觉能够将事物在视域的关系网格中"推衍"出来,就在于知觉能够将事物和背景相分离,在抓取事物的同时将背景驱离于视觉之外,而以"一种高水平的概括把它抽象出来"[2],在视觉瞬间的"加工"和"建构"中确立视觉修辞的心理认知基础。图3-33[3]是内外品牌内衣在2020年推出的一部影视广告《NO BODY IS NOBODY》,意思是"没有一种身材,是微不足道的"。广告中平胸、大胸、年轻、年老的女性都自信地展现自己的胸部曲线。通过对女性情绪和态度的独特表达,来体现品牌传达身材多元性的概念。与图3-31和图3-32相比,图3-33中的模特不美丽更不性感,没有性的诱惑也没有性的暗示,有的只是真实——真实呈现不同女性身体好的一面和不好的一面,鼓励个体接受自身不完美的部分,勇敢做真实的自己。广告图像象征意味明显,充分利用人们"对事物之一般结构特征的捕捉"和"恒常不变的关系的感知"来让女性理性看待自己的优缺点,正确认知对身材的焦虑,在真实诚恳的视觉场中充分展现自己,让观者在事物所处的时间和空间的环境和位置中感受到不是"做"出来的品牌态度。同样是用身体来表现产品,在充分运用身体的各"方面"组成的规则的秩序中,观者能够明显感知并辨认出不同的知觉对象——"由变形呈示的抽象"[4]。这样,一方面,我们能够发现"原形"并从中感受到一种有活力的东西和看到一种张力,使广告图像不仅可以遵从事物本身的"要求",还可以满足我们对紧张、变形和戏剧性场景的需要。另一方面,被扭曲变形的部分也会向我们充分展示,让肯定积极的东西得以凸显,使观者感知到事物的不完美是所处环境和位置造成的必然结果,我们理解和接受这种"变形"才是知觉中"标准的人类行为"的变形或者变态,是我们的直感。在超现实中展

---

[1] [美]鲁道夫·阿恩海姆:《视觉思维》,滕守尧译,四川人民出版社1998年版,第51页。
[2] [美]鲁道夫·阿恩海姆:《视觉思维》,滕守尧译,四川人民出版社1998年版,第55页。
[3] 图片来源:https://baijiahao.baidu.com/s?id=1686983801983004257&wfr=spider&for=pc.
[4] [美]鲁道夫·阿恩海姆:《视觉思维》,滕守尧译,四川人民出版社1998年版,第66页。

现现实，在现实中实现超现实，正是技术赋形时代的真实写照。广告图像借助事物的形象来表达意义，就是对视觉修辞的劝服观、认同观和生存观的综合运用，在延续传统修辞基础上，促进图像中不同主体的协同、融合和对话。

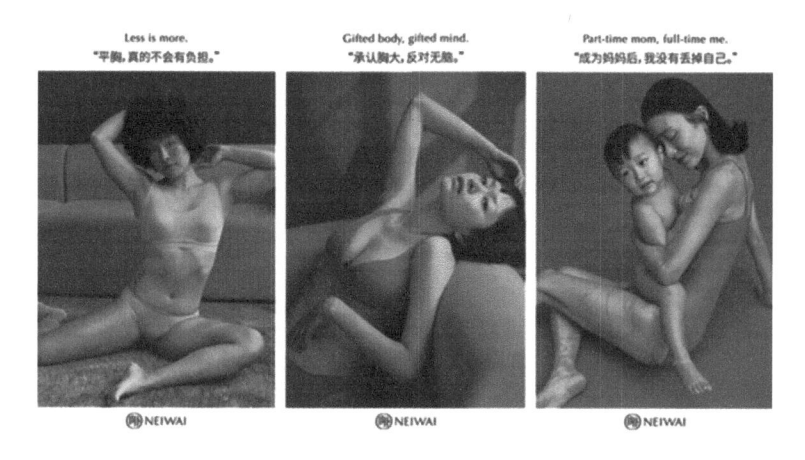

图 3-33　内外——NO BODY IS NOBODY

"真正适宜于思维活动的'心理意象'，决不是对可见物的忠实、完整和逼真的复制。这种意象是由记忆机制提供的，记忆机制完全可以把事物从它们所在环境（或前后联系）中抽取出来，加以独立地展示。"[1] 人的选择性注意、选择性理解和选择性记忆是体现在人的感知系统的方方面面的，当"瞬间"的感知被提取时，系统的知觉会察觉到事物整体的存在，但我们却看不到、听不到、触不到、嗅不到它们——被我们的选择性屏蔽了。所以，我们在广告图像中的劝服必须考虑到观者（主要是目标消费者）的知觉选择性，对图像的符号指涉和意义机制有清醒的认识，对图像在视觉秩序中的意义系统如何在其结构中呈现有明确的分工和设计。也正是由于视觉思维"不是对可见物的忠实、完整和逼真的复制"，这就为广告图像的视觉修辞提供了广阔的空间，我们可以利用这个空间在适配媒介和表现方式的基

---

[1]　[美]鲁道夫·阿恩海姆：《视觉思维》，滕守尧译，四川人民出版社 1998 年版，第 136 页。

础上,将视觉场充分运用。根据阿恩海姆的分析,我们在创意广告图像时也应该规避心理分析学派的局限性:一是不能片面地强调广告图像中出现的事物或事件是另外一些具体事物或事件的再现或象征,用十分随意的方式去阐释广告图像中所再现的某些故事情节。二是把广告图像中象征性的语言或者符号看作"象征内心世界的符号,也就是象征灵魂和精神的符号。"① 这些都是危险的,我们必须要建立在事实和对消费者洞察的基础上,充分运用包括大数据技术在内的现代科技手段,去分析消费者、社会环境和空间位置等,使我们能够"不管环境发生多少变化,仍然能够获取有关真正刺激物的完整信息,而一切未被它接受的东西,当然也就不能被它加工。"② 考虑到人的感官系统的选择性,要充分利用视觉场中一切有关元素为表现广告图像的主题服务,让人们在有意识和无意识接受信息的过程中,接受广告图像所传递的意义。

广告图像通过唤起人们的视觉张力来增加其表现性。视觉修辞可以充分利用图像所呈现事物的形状、颜色、位置、空间和光线等知觉范畴中能够创造张力的因子来吸引注意、表达意义和表现产品。"表现性取决于我们在知觉某种特定的形象时所经验到的知觉力的基本性质——扩张和收缩、冲突和一致、上升和降落、前进和后退等等。"③ 而这些则是视觉思维在视知觉上把握图像"形式"、理解图像"形式"和解决图像"形式"问题的思维机制和心理过程,当然也是图像意义加工、处理和呈现的过程。

3. 伯格与观看之道

"我们观看事物的方式,受知识与信仰的影响。"④ 伯格的观看之道"突破了视觉修辞的两个核心问题:第一,伯格对图像的意义研

---

① [美] 鲁道夫·阿恩海姆:《艺术与视知觉》,滕守尧、朱疆源译,四川人民出版社1998年版,第629页。
② [美] 鲁道夫·阿恩海姆:《视觉思维》,滕守尧译,四川人民出版社1998年版,第53页。
③ [美] 鲁道夫·阿恩海姆:《艺术与视知觉》,滕守尧、朱疆源译,四川人民出版社1998年版,第635页。
④ [英] 约翰·伯格:《观看之道》,戴行钺译,广西师范大学出版社2015年版,第4页。

究，强调将图像置于一个观看的结构中，通过观看的'语言'来把握图像的语言和修辞意义问题，因而提供了一种有别于传统图像阐释学的分析范式。……第二，伯格强调以一种自反性的方式来观看图像，尤其是强调在一个观看结构中反思和批判图像文本的生产结构，这其实是将传统的修辞批评（rhetorical criticism）拓展到视觉图像领域，从而在理论上确立了'视觉修辞批评'（visual rhetorical criticism）的可能性与现实性。"① "我们只看见我们注视的东西，注视是一种选择行为。注视的结果是，将我们看见的事物纳入我们能及——虽然未必是伸手可及——的范围内。触摸事物，就是把自己置于与它的关系中。"② 在这个视觉场域中，我们在看别人，别人也在看我们，在看与被看的经历中，个人均具有独特的观看方法。

我们身入其境的观看，我们用不同的观看方法审视世界。"时间流逝的观念同视觉经验是不可分割的。你见到什么，取决于你在何时何地。"③ 视觉场决定了我们不可能一眼看见世界的全部，视线总是消失在无际的天涯。而当照相机等能够复制图像的机器发明后，人们的观看方法被改变，图像的意义也起了变化，"增加并裂变成多重含义"④。这种图像的复制，其信息本身不带任何特殊的权威，而当我们在观看整幅图像时，图像则保留了自己的权威。要求我们首先必须在确保广告图像信息权威的基础上，让消费者抓取自己所需要的信息。广告形象是为多个广告目的服务的，不同的观看者在采用不同的观看方式时，所抓取的信息自然不同，但却可能是某一种共同意义。

广告关注的是人际关系，而不是物品。⑤ 广告图像所传递的信息是由外界判断的信息而不仅仅是企业或广告人想传递的信息——广告

---

① 刘涛：《视觉修辞的学术起源与意义机制：一个学术史的考察》，《暨南学报》（哲学社会科学版）2017年第9期。
② [英] 约翰·伯格：《观看之道》，戴行钺译，广西师范大学出版社2015年版，第5页。
③ [英] 约翰·伯格：《观看之道》，戴行钺译，广西师范大学出版社2015年版，第18页。
④ [英] 约翰·伯格：《观看之道》，戴行钺译，广西师范大学出版社2015年版，第21页。
⑤ [英] 约翰·伯格：《观看之道》，戴行钺译，广西师范大学出版社2015年版，第188页。

影像偷去了她对真我的钟爱,再以商品为代价把这爱回馈给她。① 广告图像"引用"艺术作品,既是借用艺术品富裕的标识符,也是利用其隐含的文化权威,以美好的、尊贵乃至智慧的形式超越粗鄙的物质利益,使所见即想得或所见即所得成为观看的原则。广告图像在绝大多数时候是在贩卖过去或未来,或者将过去贩卖给未来。之所以能够如此,跟视觉修辞有很大的关系,广告图像用具有历史向度的视觉语言和借助观赏者——买主的传统教育以及超现实的感官体验(油画语言或现代科技所形成的超真实感)来诱导或者提醒消费者如何拥有或者确实值得拥有广告物品。

广告图像阐释的世界和现实世界的差异就是视觉修辞的场所。"图式被视为一种普遍文化遗产,就像一份潜移默化的汇集的总目有效地为个别艺术家所用,并在绘画实践的直接环境中由个体的画家加以地域化与修正。"② 这既告诉我们格式塔心理惯性的趋向,又告知我们实践的直接环境的重要性。图式既可以再现真实,也可以完善错觉,知觉的格式塔是对所有成员起作用,我们观看的方式则"是一种私人视域,某种主动的东西"③。广告图像题材的选择和意义表达是根据产品、媒介和消费者的信息接收方式来决定的。一幅图像"不只是对世界的记录,而且是对世界的评价"④,观看方式的多样化使我们在创意广告图像时呈现出多元化的融合态势,在既对立又统一的过程中完成作品的呈现。

图3-34⑤是国际知名设计大师原研哉对小米新LOGO的阐述截图,图3-35是小米新旧LOGO对比。当小米推出其新LOGO时,马上就引爆了舆论,充分体现了伯格关于"我们观看事物的方式,受知识与信仰的影响"的观点。一部分人认为小米花200万元太亏了,新

---

① [英]约翰·伯格:《观看之道》,戴行钺译,广西师范大学出版社2015年版,第190页。
② [英]诺曼·布列逊:《视觉与绘画:注视的逻辑》,郭杨等译,浙江摄影出版社2004年版,第28页。
③ [美]苏珊·桑塔格:《论摄影》,黄灿然译,上海译文出版社2008年版,第39页。
④ [美]苏珊·桑塔格:《论摄影》,黄灿然译,上海译文出版社2008年版,第90页。
⑤ 图片来源:http://www.360doc.com/content/21/0401/14/12057352_970093639.shtml。

旧LOGO没什么变化，熟悉软件的人一分钟内就能完成，从视觉上也没太大的分别。通过设计大师原研哉的阐述，其提出的"科技越是进步，就越接近生命的形态"的观点，以及在"Alive"概念及实践中验证新标识的形状，"是介于圆形和正方形中间的、造型适中的"并经过验证的标识，而且建议将标识和字母 logo 分开使用效果最好，等等。体现了伯格关于图像的意义不仅受制于观看的方式——知识和信仰的影响，而且还受文化的、政治的、商业的、历史的、艺术的制约。这不是一个"简单的视觉感知问题，而是指向图像意义生产的观看的'语言'以及图像表征的'语法'问题。"[1] 标识要适应变化的环境，也要对原有的一切进行相应传承，这可能是小米和设计师的共识。而当新图标引爆整个舆论之时，200 万元的设计费花得值得——不仅借助大师的实力和名气为品牌赋能，而且让大众能够在短时间内更直接、更快捷感知到品牌的转型或调整，快速接受品牌形象和内涵的更新。

图 3-34　原研哉对小米新 LOGO 的阐述截图

（三）智能广告场建构[2]

科技的发展将我们推向智能时代，广告在科技的赋能下呈现出不一样的场景。为了使消费者有更好的视觉体验，我们需要建构智能广

---

[1]　刘涛：《视觉修辞的学术起源与意义机制：一个学术史的考察》，《暨南学报》（哲学社会科学版）2017 年第 9 期。
[2]　参见周子渊《感官延伸与再现真实：智能时代红色基因传播的场景建构》，《中国编辑》2021 年第 5 期，本文有增改。

图 3-35　小米新旧 LOGO 对比

告场为客户服务。

1. 现实与虚拟交互：基于感官延伸的广告传播场

人类感知世界的方式是在人类长期发展进程中逐渐形成的。"感觉既是身体行为，也是文化行为：视觉、听觉、触觉、味觉和嗅觉不仅是理解物理现象的手段，也是传递文化价值观的渠道。"[1] 在传统表演艺术上如此，在智能时代的身体和文化上亦然。我们正处在一个对人类自身感官还没完全弄明白而人工智能感官却席卷而来的时代，且在大数据、算法、识别以及相关技术的支持下，人工智能几乎可以更精确、更即时、更细腻地"获得"人类视觉、听觉、触觉、味觉、嗅觉等经验，使我们感官延伸的现实和未来想象有无限可能。

(1) 延伸麦克卢汉

麦克卢汉认为："技术的影响不是发生在意见和观念的层面上，而是坚定不移、不可抗拒地改变人的感官比率和感知模式……一切媒介均是感官的延伸，感官同样是我们身体能量上'固持的电荷'。"[2] 我们对麦克卢汉关于"媒介是人的延伸"的论断可以说再熟悉不过，麦克卢汉认为电力技术让我们的"中枢神经系统延伸去拥抱全球"，

---

[1] [美]迈克尔·赫茨菲尔德：《人类学：文化和社会领域中的理论实践》，刘珩等译，华夏出版社 2009 年版，第 268 页。

[2] [加]马歇尔·麦克卢汉：《理解媒介：论人的延伸》，何道宽译，译林出版社 2011 年版，第 30—34 页。

使我们的感官"深度的卷入",而随着可穿戴设备以及 AI"脑"的出现,技术在进一步改变和延伸人类的感官。

人类通过感知系统感知外界,感知系统通过感官比率获得相关信息,技术在不断地改变人类感官比率的同时,也在不断地延伸人类的感官触角。在实践的感知活动中,人类感知的内涵不仅仅是心理的现象,更会影响我们对感知注意、感知偏向、感官价值等感知系统进行排列、整合的技术、社会文化、消费以及政治等做出的反应。因为任何技术的进步应用到媒介上都会形成新媒介,都是人的感官(肢体或中枢神经系统)的延伸,都将反过来影响人的工作、生活、思维和历史进程。我们感知外部世界是立体的、全方位的、系统的,是在肉体(身)与精神(心)的分离二元论和主/客一体和知觉感官与感知一体、超感官意识/精神一元论的辩证中对我们感知系统的重构和对社会文化、消费等结构或模式的再认识。

广告图像在不同的时代呈现的方式是不同的,是与不同时代的技术、信息传播与接受方式、社会文化和消费等相协同的。从口头传播时代、书面传播时代到电力信息流传播时代,社会经济、文化生活、消费等在深受媒介影响的同时,也在戏剧性地改变人们的感知方式和应用方式,构建智能化的、各具特色的、因地制宜的广告场景显得尤为重要。从广告发展态势上来讲,从口头传播时代到现代智能传播时代,出现了从"碎片化"到系统资源整合的转折;信息传播呈现及人的认知的中心化到非中心化的转折,人们的价值评判、价值关联、价值关涉等发生变化;技术演变层面,从强调硬件和装配线到软件和学习的转折,这些转折虽然不发生在意见或者观念层面,但是会毫无阻力地稳步改变我们的感知模式和感知比率,从而改变我们的文化传承、生活方式和消费习惯。而广告智能体验场景的建构,就是在延伸我们感官的基础上,使我们的感官"深度的卷入",让我们能够更好地对广告进行沉浸式的接受,从而采取购买行动。

(2) 对感官价值的延伸

我们的感官系统具有高度的审美自觉性。社会文化和媒介信息所产生的社会价值和精神价值与任何一种流行所形成的价值从某种程度上来说没有什么本质区别——都是价值形成和转换的因子。而"一切媒介的存在都给我们的生活赋予人为的知觉和任意的价值。一切意义都随着媒介的加速运动而发生变化,因为一切个人和政治的相互依存模式都随着信息的加速运动而发生变化。"[1] 在这个高速运转的社会,一切意义来不及固定又被新的、人们所追随的元素消解了,个人和政治的相互依存模式需要在相应的社会文化场景和与之相适应的信息运动中不断加以强化,在形成比较稳固的价值观念的基础上从自发走向自觉。这样,具有某种特质的文化气息才可能在不断运转的社会中起到中介作用,并不断唤醒并巩固整体社会氛围,使人们能够在任何时候都被智能化的个性信息推送所浸润,最终在整个社会文化场景中,从文化"实事价值"形成我们所遵从的"人格价值"。

广告图像受文化的影响无须论证,在智能科技无处不在的当下,建构智能广告场景,这样"无须从表达向体验的回溯及推断,共同体的成员便可以相互理解;无须设定真理的准绳和人为的术语,便可以达到对真理的共同认同;更无须允诺和契约,便可以形成一个共同的意愿。"[2] 只有这样,我们才能在信息可高度匹配的智能时代,让消费者得到他们想得到的信息,而不受垃圾信息的骚扰。

在智能时代,技术对感官的敏感性捕捉更为精准,文化的感官分析应用在范围上进一步扩大,已经成为人类学相关问题研究的观察视角。"那些坚如磐石并且由权力支撑的规范性程序以及很多秘密的且具有颠覆性的程序之间的冲突构成了一种社会文化'场景'(social-cultural 'field'),这一场景提供了多种选择性,既可以在程序性的整体之间进行选择,也可以在不同规范性程序的各部分之间进行选择。"[3] 而现代信息技术不仅加速了智能社会的进程,而且削弱了原本

---

[1] [加] 马歇尔·麦克卢汉:《理解媒介:论人的延伸》,何道宽译,译林出版社 2019 年版,第 245 页。

[2] 任泽:《舍勒人学视野下的主体间性》,北京理工大学出版社 2017 年版,第 149 页。

[3] [美] 维克多·特纳:《戏剧、场景及隐喻:人类社会的象征性行为》,刘珩、石毅译,民族出版社 2007 年版,(序)第 4—5 页。

第三章 广告图像、文本与视觉

居支配地位的规范性程序的作用,使得文化场景建构的选择更具多元性和不确定性。而不管是在传统社会还是智能社会,发掘并影响人们隐藏或者显现的感官—感知倾向,都可以唤醒或者恢复人们埋藏在历史中、记忆里或者文化上的记忆,使人们在信息接受选择时更具针对性和目的性。这样,我们在建构广告的场景中,可以具有针对性地排列和整合图像的各种象征符号系统(特别是在现代大数据技术的支撑下),使人们(特别是目标消费者)能够通过感官价值来延伸和建构自己的消费文化体系和价值秩序。

(3)智能时代知觉场域的延伸

智能知觉场域的建构是实现现实与虚拟交互的基础,是感官延伸的关键。在移动互联网、5G、虚拟现实、增强现实、混合现实和人工智能等新型技术的支撑下,真实空间和虚拟空间可以进行虚拟交互,我们与世界的"即时交流"成为现实,且所交流的不仅仅是景观和思想,还交换、共享关于数字化、地域化、本土化生活的"感官数据",使"缺席在场"成为现实。当身体具身与技术具身交叉建构成"身体—技术"整体感知世界系统时,技术就不仅仅是感官的延伸,而且是世界"得以呈现并为主体所感知的中介"[1],智能知觉场域的建构顺理成章。

智能知觉场域与我们传统所说的视觉场域最大的不同就是技术直接作用于我们的生活空间和身体空间,并对我们所感知的空间进行实质性修改。在传统认知上,"视觉始终是有限的,在我的目前的视觉周围,始终有一个不能被看见、甚至不可见的物体的界域。视觉是一种受制于某个场的思维,这就是人们叫做感官的东西"[2]。由于受制于我们的传统视觉场或者感觉场,所以不可见是视觉经验的常态,也是传统视觉场的局限。智能知觉场域则就像丹尼尔·布尔斯廷(Daniel

---

[1] 杨庆峰:《翱翔的信天翁:唐·伊德技术现象学研究》,中国社会科学出版社2015年版,第83页。

[2] [法]莫里斯·梅洛-庞蒂:《知觉现象学》,姜志辉译,商务印书馆2001年版,第278页。

Boorstin）所描述的那样，作为新媒介可以"'批量生产某个场景'，使经历具有'可重复性'，并利用许多其他现有的技术发明'使时间和空间处于同一等级'。"① 充分利用这个特征，可以还原广告故事、品牌原型，进行情景再现，有助于我们对广告文化集体记忆（collective memory）的建构和回溯。

智能广告知觉场域不是在技术支持下的空中楼阁，而是感知、生活和意义的融汇、交流和互动的现实场域；不是传统意义上的说教式的灌输，而是融入生活、融入社会、融入教材、融入课堂等，可进行立体化系统感知的故事式的信息流动模式；不是简单打通现实与虚拟的界限，而是为了更好地让观者更快捷、更详细地接近事实和行为的同时，还指引观者走向新事实和新行为。"场景融合的状态有着必然的'文化逻辑'。"② 缺乏这种逻辑，场景的建构就没有精神支柱和意义内涵，就会导致形式与内容的分离。需要指出的是，虚拟现实与仿真是对现实的延伸，并逆转为超现实。智能知觉场同样是对现实的延伸，反映到我们感官上往往是超现实，应用到广告上就是对真实事实的"批量生产"和对品牌成长的"可重复性"展现。这种对感官的系统延伸，不仅能够增强现实及互动性，而且能够加强人们身临其境、亲身经历的感觉。人工智能兴起于物质域与符号域的互动，"人的感知经验发生在物质域，感知以物质域为基础，人的观念对感知产生奇异的吸引力。如果没有人体的感知经验，观念绝不可能兴起，也不可能产生符号域和人的认知。……身体和心灵不像硬件和软件，身体和心灵的互动是非线性的，而计算机硬件和软件的互动是线性的"③。所以，真实是广告的生命，智能知觉场是在真实的基础上将虚拟与现实互动而向观者"讲故事的人"。智能机器对过去、现代甚至未来的

---

① ［美］约书亚·梅罗维茨：《消失的地域：电子媒介对社会行为的影响》，肖志军译，清华大学出版社2002年版，第15页。
② ［美］约书亚·梅罗维茨：《消失的地域：电子媒介对社会行为的影响》，肖志军译，清华大学出版社2002年版，第41页。
③ ［加］罗伯特·洛根：《理解新媒介：延伸麦克卢汉》，何道宽译，复旦大学出版社2012年版，第288页。

虚拟和互动,是对事实(包括历史和感官)的延伸,是广告文化传播的中介但不是中心,我们不能将核心放在机器上面,否则我们的文化和精神就会越来越贫乏,我们的互动就显得越来越无力,我们的传播就会陷入"虚幻",就会陷入"历史虚无主义"状态而不自知,这是非常危险的,也是我们时刻需要警醒的——智能知觉场是工具而非目的。我们需要合理使用工具来达到我们的目的,而不是将目的变成工具来加以利用。因为我们的目的是人,是要让人具有精神消费和物质消费,具备传承和传播品牌文化的文化自觉的基本素养,人就是目的本身。

2. 从再现到创造:广告展演的超逻辑呈现

现代智能技术在模仿、复制人体的感知模式和认知模式方面越来越像人一样。而展演是最容易被利用的使用域,因为"色彩和图像都被视觉客观化了。"[1] 因此,通过展演,需要将表面化的再现转化成为深刻的内涵,使人们从感官价值升华为对品牌的信任。

(1)再现真实:进一步接近人性和历史

如果说虚拟现实是强调"沉浸感"和"在场感"的话,那么再现真实就是对人性的模仿和历史真实的再现。"信息传播的速度就是在模仿人类思考的速度,电子技术和光化学都是在试图'扮演'人类的记忆和猜想,试图让人类可在任何时间、任何地点与任何人联系。"[2] 智能时代则将这些都变为现实,智能场景就是在虚拟现实、增强现实等技术的支撑下,使广告图像在最大限度上再现人性和品牌真实,从而塑造理想形象和树立精神信仰。而"高级感官的功能比低级感官的功能更容易传播。"[3] 所以从某种程度上来说,现代智能技术再现真实就是在刺激人的高级感官功能,就是要让观者有更好的体验和更令人信服的传播,从而形成和坚守理想信念。

---

[1] [美]迈克尔·赫茨菲尔德:《人类学:文化和社会领域中的理论实践》,刘珩等译,华夏出版社2009年版,第298页。

[2] [法]加布里埃尔·塔尔德:《模仿律》,何道宽译,中国人民大学出版社2008年版,第141页。

[3] 转引自吴丽娟《媒介延伸论的前世今生》,硕士学位论文,南京大学,2015年。

展演的首要特征是视觉性——以图像运动和表演吸引观众。① 图像在广告传播中占据着举足轻重的地位,更是读图时代展演的主角,也是我们通过图像来认知品牌和形象的直接依据。当我们身处信息爆炸的智能时代,文本的空间和符号的世界成为我们生存的现实环境,仿真成为社会生活和文化秩序的现实主导,我们生活在"由各种符号和文本构成的'超真实'的世界里,所谓现实生活反倒成为对这种超真实或超现实的模仿。"② 虚拟生活现实化和现实生活虚拟化成为事实,最能够吸引人们注意力的就是那些能够反映人性光辉的"瞬间",当无数个"瞬间"的图像集结在一起时,就构成了我们所观看的场景。广告在展演中,往往借助大量的图像向观者真实地反映品牌历史和展现当时的真实状况,将图像可见中的不可见性和不可见性中的可见性充分展演。这样,不仅能加深受众在观看时的印象,而且还能引导人们积极地去注意和关注相关话题,使之在图像和智能场景中更加真实的感受广告产品。

文化表演是"这样一些活动,我们作为一个文化或社会在这类活动中反思自己,明确自己的本质,以戏剧化的方式表现我们的集体神话,为自己展示其他选择,最终在某些方面改变自己而在另一些方面则保持自己的特色。"③ 仪式、影视、剧场以及体育活动等都可以作为广告文化表演的形式:一方面,这些形式本身就构成一个场景,可以将广告文化进行有效展演,从而形成广告崇拜或者广告拜物教;另一方面,仪式、影视、剧场以及体育活动等广告文化表演是我们认识广告文化视觉表象的方向指引,使我们能够更好地认知日常生活审美化倾向和广告作为日常生活的一部分是如何让我们不断反思对某一品牌的或主动,或被动,或刻板等看法。

(2) 创造真实:建构价值信仰的常态化场景

对广告而言,"瞬间的体验总是同时包含了'记忆'(memory)和

---

① [美]迈克尔·赫茨菲尔德:《人类学:文化和社会领域中的理论实践》,刘珩等译,华夏出版社2009年版,第297页。
② 李彬:《符号透视:传播内容的本体诠释》,复旦大学出版社2003年版,第237页。
③ [美]迈克尔·赫茨菲尔德:《人类学:文化和社会领域中的理论实践》,刘珩等译,华夏出版社2009年版,第282页。

第三章　广告图像、文本与视觉

'期望'（anticipation）"[1]。创造真实不是无中生有，而是在再现真实的基础上将真实生动化、审美化、象征化，以便更好地强化"记忆"，满足"期待"。我们将真实付之于智能场景，其目的就是诉诸人们的感官系统，以便让再现的广告景观在视觉文化语境中感觉更"真实"一些，更具感染力和说服力。

注意力的稀缺和信息碎片化的呈现成为常态，在投入越来越多的感官参与接受信息的同时，理智、记忆、判断、价值等所构成的高级官能间的混杂，以至于在事实上我们不可能明确知晓我们的视觉或注意从哪儿开始，又在哪儿结束。所以，将日常广告场景生动化、审美化、象征化，就是要让我们能够接触到的任何一个广告"瞬间"都能够吸引注意、值得驻足、引发惊叹，对认知和思想产生某种震撼，在无数次触动神经和大脑系统的过程中，逐渐形成文化自觉和品牌忠诚。智能时代的传播场景都具有某种超越性，超越性能够产生和创造超真实的拟像和仿像，故能吸引人们的注意力并转向日常生活，从而树立正确的消费观。我们现在看广告作品，都能够感受到相关超越性——建立在真实基础上而创造出来的、更丰满的、更立体的形象。我们在关注历史传统和文化认同带来的心灵慰藉和文化延续的同时，在信息流动无法隔绝的传播格局和传播场景下，更要在"地球村"的信息环境下讲品牌故事，传播品牌声音，让消费者看到一个真实的品牌。

智能时代广告场景的建构，就是要在现代科技所带来的文明变革浪潮中打造广告传播视域，使之成为接受消费信息的常态化生活场景。当我们所创造的"真实"世界与客观世界之间的"真实"界限可随时消弭之时，超文本（hypertext）、虚拟真实（virtual reality）和真实世界意义互融之时，真实世界的意义一定会被我们偶然"瞥见"的"瞬间"现象所取代，这就是我们现代所面临的视觉世界——视觉之外一无所有。当我们面对生动化、审美化、象征化的广告信息时，故事一定能够被转化为意义，因为它是在事实的基础上对"真实"的再现和

---

[1] ［英］E. H. 贡布里希：《图像与眼睛——图画再现心理学的再研究》，范景中等译，浙江摄影出版社1989年版，第51页。

创造。

(3) 跨越身体和地域的交往

对人们交往的性质起决定作用的并不是物质场地本身，而是信息流动的模式。① 现代技术不仅加速了全球化和本土化进程，而且实现了时空分离和时空融合可即时发生。一方面，本土化"附近的消失"越来越被现实生活者所忽视，但本土化生活却越来越受到远距离事件的影响；另一方面，电子信息上（或者数字化）的"附近"越来越重要，民族化的意识越来越凸显。自我和他者、地域和全球、民族的和世界的等不再是抽象的范畴，而是在我们的日常生活中不断渗透并显现的现实存在。我们的文化在去中心化、再中心化和非中心化中聚集，却又不可避免的碎片化、差异化、冲突化；在不断扩大其传播的疆界和范围的同时，又在大数据、算法等技术的支撑下实行精准传播、程序化传播、单向传播和对信息源的垄断，进而对空间进行人为的压缩或者扩张。智能时代的新文化不仅影响了我们的日常生活和意识形态，还制约着我们的感官审美、价值观念和对世界的理解。我们在文化的传播和凝聚中不知不觉地被裹挟，成为日常的生活仪式和景观。

社会场景塑造社会行为已经被戈夫曼所证实，而梅罗维茨认为"媒介既能创造出共享和归属感，也能给出排斥和隔离感。媒介能加强'他们与我们'的感觉，也能消除这种感觉。"② 产生这种现象的根本原因，就在于以电子为代表的智能媒介改变了我们社会生活的"场景地理"，使跨越地域和空间的交往成为现实的同时，也实现了交往行为和地域场景相分离，从而打破了缺席与在场的边界。这就要求我们要在社会场景中理解社会角色，在地域空间和虚拟空间中理解行为方式，在信息流的模式中理解场景行为的逻辑。当我们的广告传播场景（或者场域）在智能化建构之后，我们传播广告文化的社会时空、

---

① [美] 约书亚·梅罗维茨：《消失的地域：电子媒介对社会行为的影响》，肖志军译，清华大学出版社2002年版，第33页。

② [美] 约书亚·梅罗维茨：《消失的地域：电子媒介对社会行为的影响》，肖志军译，清华大学出版社2002年版，第7页。

第三章 广告图像、文本与视觉

物质时空和虚拟时空就重塑了我们信息接收的方式，也就改变了社会秩序的逻辑，需要我们及时调整行为、态度和认知，以便与新的社会环境相匹配。所以，广告的传播是在开放的环境中进行的，是基于共享但特殊的、真实但集权威的、内外感官和延伸感官相结合的信息传播方式，是在人、技术与环境的交互中具有具身性的生活状态、交往方式，人的主观能动性在其中起到决定性作用。

现代智能场景整合了过去诸多不同的交往场景，肉身和地域的限制早已经被技术所消解，绝对"隔绝的地方"不复存在，技术帮助我们猎取我们需要的信息，而个体却不需要对信息进行存储。传统点状的教育方式逐步被无处不在、随时随地的信息获取所取代，所以广告本身及在传播过程中所展演的内容是关键，毕竟人是万物的尺度。

信息系统结构的变化对人的影响是显而易见的，但影响的结果千差万别，因为"人是最富于感情也是最富于理智的动物"[①]。在智能时代，任何一个传播场景的建构都离不开对人的感官系统的综合考量，都离不开对传播内容的千锤百炼。广告传播需要在人性的基础上对信息进行感情的梳理和理性的认知，因为这符合人的认知规律——先有感情的刺激后有理性的判断。技术对人的延伸既体现在感性认知上也体现在理性判断上，在感官延伸和再现真实的现实与虚拟的常态化传播场域，我们需要更具说服力的、符合时代发展要求的新的沟通策略和方式。

---

① [美]克利福德·格尔茨：《文化的解释》，韩莉译，译林出版社1999年版，第99页。

第四章 广告图像批判

广告充斥着我们的生活。图像的无限增殖和图像生产的进一步加速让我们目不暇接、头昏目眩。广告图像传播的虚幻、广告崇拜、泛滥等，将注意力进一步消解，广告效果差强人意。广告图像不依赖视觉文化，而是依赖对存在的图像化和视觉化这一时代趋势。在消费社会，语言和图像都被商品化了，日常生活在追逐和对抗物欲中度过，又从希望和纯粹中升华，人的图像化生存、图像化行为成为文化的一部分，也是生活的日常。所以，在广告图像传播过程中，打造广告文化生态体系是终极目标所在，而在一个阶段（可能是相当长的一个阶段）是语言传播占主导地位还是图像传播占主导地位并不是问题，问题的所在是这种传播方式能否在为终极目标作努力的同时，在尊重消费者、尊重事实的基础上，实现广告主、广告公司、媒介、社会和公众的共赢。

第一节 广告图像不只是视觉图像

我们生活在广告的社会里。视觉文化的兴起、图像阅读的兴盛以及图像转向的加剧等等，导致了图像对文字的挤压，图像甚至一度"取得了文化主因（the dominant）的地位"[1]。原因当然是多方面的，既有人们阅读习惯的改变，也有社会节奏的加快对信息接受方式的影

---

[1] 周宪：《"读图时代"的图文"战争"》，《文学评论》2005年第6期。

响；既有科技对信息传播方式的改变，也有生活方式对媒介接触的左右；既有思维对视觉文化的即时抽取，也有广告对文化风向的迎合；既有视觉文化的深刻影响，也有信息过载、话语冗余的信息碎片的冲击等等。当我们肯定视觉在时代的主导地位之时，广告图像的实践却一直在告知我们——广告图像不只是视觉图像。

一 图像拜物教

"当商品转变为形象时，商品拜物教也就转化为图像拜物教，人们在商品上误置的许多神奇魔力，便合乎逻辑地误置到图像上来；对商品魔力的膜拜也就自然地转向了对图像魔力的崇拜。"① 前文我们讨论过商品拜物教，到 21 世纪所形成的图像拜物教，不但升华了商品拜物教和广告拜物教的特征，而且更加突出。不可否认，有一些广告图像的形象的确是误置，但更多的形象却是有意为之——是广告主或者广告人的刻意为之。

图像拜物教是符号拜物教的延伸，是源于马克思有关商品拜物教、货币拜物教和资本拜物教的。马克思揭示了拜物教产生的基础是由于人与人之间成为相互隔离且无处可逃的孤岛，导致人与人的关系转变为物与物的关系。"拜物教远不能使人超脱感性欲望，相反，它倒是'感性欲望的宗教'。欲望引起的幻想诱惑了偶像崇拜者，使他以为'无生命的东西'为了满足偶像崇拜者的贪欲可以改变自己的自然特性。"② 马克思破解了拜物教的幻境，物由于被交换而成商品，"商品形式在人们面前把人们本身劳动的社会性质反映成劳动本身的物的性质，反映成这些物的天然的社会属性，从而把生产者同总劳动的社会关系反映成存在于生产者之外的物与物之间的社会关系"③。这样，可

---

① 周宪：《"读图时代"的图文"战争"》，《文学评论》2005 年第 6 期。
② ［德］马克思、恩格斯：《马克思恩格斯全集》（第 1 卷），人民出版社 1995 年版，第 212 页。
③ ［德］马克思：《资本论》（第 1 卷），人民出版社 2004 年版，第 89 页。

感性的物就变为超感性的物,幻境于是产生。当商品堆积成景观,消费文化、商业广告不断刺激人们的欲望和需求时,社会存在和社会现实被符码所代替——符号拜物教形成。而"由景观丰裕提供的虚假选择,发展成了强烈忠诚于数量琐事的虚幻品质的斗争,这一虚假选择以至今相互强化的景观竞争的叠加为基础,以至今明显相互联系的角色叠加为基础(角色主要通过物来象征和体现)。"① 表象内部的统一和分裂为广告和符号的表征提供了场所,成为创造社会抽象权力的催化剂,景观成为管控社会的逻辑,景观拜物教成为主导,幻像、虚假繁荣和虚假消费成为常态——人们物化的世界观形成。鲍德里亚在对拜物教的重新阐释中,"发现真正成为一种意识形态的拜物教的乃是能指的拜物教。也就是说,主体陷入到了一个虚假的、差异性的、被符码化、体系化了的物之中。拜物教所揭示的并不是对于实体(物或者主体)的迷恋,它控制了物与主体,使它们屈从于它的编排,将它们的存在抽象化。于是,意识形态发挥作用的地方并不在那些被各种不同上层建筑所反映出来的异化了的意识之中,而是存在于各个层面的结构性符码的普遍化之中"②。符号拜物教(或者能指拜物教)形成。在鲍德里亚看来,"拜物教,其实是对于形式(即商品或者交换价值体系的逻辑)的一种(模糊的)迷恋,是一种在任何情况下,在一种限制性的抽象的逻辑体系中的攫取。一些诸如欲望、恶的欲望、符码的欲望在此显现出来:欲望,通过符号的体系来消解、拒斥或者驱散那些现实的劳动过程所产生的矛盾——就如同拜物教徒所建构的一种心理学意义上的恶的结构,这种结构存在于物恋的对象物之中,被象征性符号及其抽象所围绕,而正是这些符号消解、拒斥并驱散了人们的差异性"③。符号将物的体系神圣化,符号化消费成为日常。当这种体系越来越成为体系、越来越强时,拜物教所带来的迷恋也就越

---

① [法]居伊·德波:《景观社会》,王昭凤译,南京大学出版社2006年版,第23页。
② [法]让·鲍德里亚:《符号政治经济学批判》,夏莹译,南京大学出版社2015年版,第105—106页。
③ [法]让·鲍德里亚:《符号政治经济学批判》,夏莹译,南京大学出版社2015年版,第106页。

强。物被符号化，符号也被物化，物—符号在彼此相互掏空的过程中失去其实体存在和历史，人们在欲望带来的迷恋和崇拜中迷失、彷徨和焦虑。而当视觉转向在移动互联网等技术的催化下，图像拜物教登上舞台，广告图像充当了图像拜物教的急先锋。

我们说广告图像并不仅是一幅图像或者一组图像，而是一个空间性—时间性的形式。这种形式的意义取决于广告产品的特性、消费者的特性、社会文化的特性和竞争对象的特性，广告图像是所有构成元素的复合叠加，图像所承载的拜物不是图像本身所具有的，而是人为添加的。消费者其实消费的不是广告图像所承载的符号价值和象征价值，而是广告图像所呈现的幻像——消费者对美好生活图像的幻觉。"图像拜物教夸大了图像功能并把它'魅化'。图像对文字的'霸权'说到底正是这种拜物倾向的体现。"① 这正是消费者视觉选择的结果，是消费者的视觉权力赋予广告图像的，反过来又影响到广告主或广告人对广告图像的表现和运用。但从根本上来说，这却是人的贪欲本性所决定的，也是在消费社会各方面不断强化的结果，广告就是其中之一。广告图像通过不断刺激人们的物质欲望，使消费者陷入狂热的物品崇拜中而迷失自己，这是广告文化发展到一定阶段内卷化的结果。竞争的加剧、消费的升级、技术的发展、社会文化的转型等等，使广告在一定时段、一定时空环境下不断进行复杂的转变而进入一个封闭的"死"循环之中，广告主或者广告人不断升级广告图像的诉求——广告的产品才是好的，好的产品才广告。鼓励消费只接受品牌产品，鼓励所有的企业都做广告并参与竞争等等。当无广告不存活的消费文化形成时，广告就已经渗透到了我们的骨髓之中，我们在自觉不自觉地成为广告的奴隶——一切皆广告，广告即生活。

现代广告图像拜物教的形成和发展是与世界经济一体化、信息传受即时化、娱乐至死全球化、消费供需平行化相向而行的。"广告做什么、如何做与特定商品的发展情况无关。有如宗教，它与另一个世

---

① 周宪：《"读图时代"的图文"战争"》，《文学评论》2005年第6期。

界的具体救赎的传递无关,却与现世的生活秩序息息相关。广告与物质对象本身没有关系,却与我们如何看待它们有关。广告中最终被打上品牌标记的不是物质对象,而是消费者。如果说宗教的作用是证明上帝对人的方式的正当性,那么广告的作用是要证明物质对人的方式是正当的。"① 现代消费主义已经建构成像宗教一样的秩序,使消费者通过广告图像崇拜而得到消费救赎,痴迷消费。形成广告为我们生活创造秩序的这种局面的主导是我们自己,因为消费使我们快乐。"商业主义没有使我们背离自己更明智的判断力,商业主义就是我们更明智的判断力。……'获取和花费'就是给我们的生活以秩序和目的之物。"② 这跟其他的文化活动没有任何区别,文化变革所带来的刺激、兴奋和危险存在于各种力量的转移和碰撞之中,我们既不能妖魔化广告图像拜物,也不能对广告图像拜物教所形成的负面影响视而不见,而是要在这种文化的变革中抱圆守方,对广告与社会、与消费者、与媒介等有深刻的理解和认识,从而把握广告发展的正确方向。

图像拜物教从本质上来说是把世界当作图像对象来观看,世界已经不简单是景观的堆积而是图像的呈现,人成为图像性的,人的感受和生活不再受自身支配,而是由图像来支配,人变成了"图像人"。人的一切生活方式均来源于图像世界,人与人的关系、人与物的关系、物与物的关系变成了图像性的关系,图像成为指导人的生活方式、思维方式和工作方式的决定性力量——图像化生活成为日常。广告图像拜物教让消费者觉得广告图像是有意义、有感觉、有感情、有意志、有意识、有动机和有欲望的。尽管每个人也许知道它是虚幻的,但人们仍然抱有幻想,不去打破它、撕毁它。因为很多广告图像符合"男性注视"的视角;符合"女性幻想"的拓展;符合没文化群体的意淫;符合有文化群体对视觉媒介和大众文化形象的操控;符合艺术馆

---

① [美]詹姆斯·特威切尔:《美国的广告》,屈晓丽译,江苏人民出版社2006年版,第144页。
② [美]詹姆斯·特威切尔:《美国的广告》,屈晓丽译,江苏人民出版社2006年版,第144页。

获得大众对崇拜的商品拜物仪式的需要。广告图像在权力与欲望的实际辩证中从阶层转向物欲,从畏惧转向崇拜。"图像想要价值连城;它们想要被欣赏、被赞美;它们想要得到许多爱好者的溺爱。但是,最重要的是,它们想要以某种方式控制观者。"[1] 广告图像吸引消费者,迷住消费者,让其流连忘返的目的不就是想控制消费者吗?从而感动和调动消费者,让他们加入商品购买者的行列。这样,广告图像和消费者在相互的凝视中交换了位置,也交换了欲望,彼此在凝视中凝固,成为彼此的形象写照。

在《图像何求?形象的生命与爱》中,米歇尔告诉我们图像的欲望是什么以及如何重构欲望者的图像形象:一是欲望对抗本能。"图像想要在沉默中缓慢地抓住或抑制某一形象,将其木乃伊化。然而,一旦获得了欲望,欲望便驱使它运动、言说、消解、重复自身。所以图像是两个'想要'的交叉:本能(形象的重复、多产和传染)和欲望(生命形式的固定化、物化和死亡)。"[2] 现代广告图像的大规模复制将图像欲望对抗本能的作用扩大了,使广告图像在静态与动态、单一与序列图像形象以及图像与现实形象的呈现中泛滥且失控,广告图像两个"想要"的交叉变得更为复杂,以至于不知道最终起作用的到底是什么。二是视觉本能。"形象与视觉本能的关系需要彻底探究,不是把形象简约为本能的纯粹症候,而是将其视为视觉过程本身的模特和建构计划。"[3] 视觉本能或者视觉文化所形成的"视觉转向"或者"视觉霸权"在相当大程度上统治了视觉媒介和广告景观,极大地压缩了听觉、触觉等其他感官。"视觉霸权"是现代技术和信息接收方式促成的产物,它不是人类文化的基本构成要素,我们不能将现象当成科学,在视觉和视觉媒介的权力关系表达中形成"权力谬误"。但

---

[1] [美]W.J.T.米歇尔:《图像何求?形象的生命与爱》,陈永国、高焓译,北京大学出版社2018年版,第36页。
[2] [美]W.J.T.米歇尔:《图像何求?形象的生命与爱》,陈永国、高焓译,北京大学出版社2018年版,第76页。
[3] [美]W.J.T.米歇尔:《图像何求?形象的生命与爱》,陈永国、高焓译,北京大学出版社2018年版,第77页。

广告图像研究

在现实中，广告图像拜物教显然希望能够使用"视觉霸权"并形成"权力谬误"。这样，他们就能真正操控消费者，使消费者在广告所展示的图像中沉迷而失去自我。三是要求/欲求/需求。"图像需要什么？一种物质支撑，一个身体媒介（染料，像素）和一个供观看的地方。它们要求什么？被看，被欣赏，被爱，被展示。它们欲求什么？由于欲望在要求（看的愿望或象征性命令：'勿视'）与需求之间，因此可以想见图像什么都不欲求。它们能够拥有一切所需，它们的要求能够得到满足，而事实上，大多数图像都想要点什么。"[1] 任何我们被看到的图像，都在向我们展示其存在的方式、形态以及要求、欲求和需求。而对广告图像而言，它不是随意编排的，它是要求被看，被欣赏，被爱，被展示，它们想得到观者的注意、理解和购买行动。广告图像需要摒弃将欲望表面化、庸俗化、肤浅化的现象，要将价值和意义与商品或服务的纯粹性相结合，以保证即使"瞬间"的图像形象消失了，人们依然还能记住它、怀念它、回忆它。四是象征界/想象界/真实界。"图像是此三者的聚敛。没有语言就没有图像，反之亦然。任何图像都必然有要再现的真实客体，在真实的客体中图像才能显现。"[2] 广告图像正是此三者的聚敛，在三者之间左右逢源、辗转腾挪，在虚拟与现实之间把握观者的行为。五是爱、欲望、友谊、快乐。当形象和图像介入此四者时，本能对象就发生变化。"爱属于偶像，欲望属于恋物，友谊属于图腾，快乐属于打破偶像，即偶像的破碎或融化。"[3] 广告图像拜物教是在营造图腾崇拜，是一种偶像实践，把消费者带入"模仿性欲望"的领域，想要广告中的产品、服务或者广告所营造的生活方式。广告图像崇拜制造了幻想、幻像，并充分利用了偶像崇拜、物崇拜和图腾崇拜，不加以规范、控制和法制，很容易将广告文化引

---

[1] ［美］W. J. T. 米歇尔：《图像何求？形象的生命与爱》，陈永国、高焓译，北京大学出版社2018年版，第77页。

[2] ［美］W. J. T. 米歇尔：《图像何求？形象的生命与爱》，陈永国、高焓译，北京大学出版社2018年版，第78页。

[3] ［美］W. J. T. 米歇尔：《图像何求？形象的生命与爱》，陈永国、高焓译，北京大学出版社2018年版，第79页。

向追求物欲、贪得无厌、物质主义等的陷阱之中而不自知,不能自拔。我们不能将广告图像拜物教理想化,而是要在充分认知的前提下把握其历史和现实的图像意义,引导人们树立正确的消费观。

广告其实一直在利用图像拜物教。人是欲望的真实客体,广告图像所表现的对象是真实的物,消费者所拜物的商品只不过是广告图像所塑造的形象。广告主或者广告商刻意地将意义注入消费者拜物的对象(可能是商品,也可能是偶像或其他)之中,使意义在消费者崇拜对象的明示或暗示中被接受,形成或理性或盲目的消费,而企业收获终极价值和利润。"图腾、拜物和偶像最终是想要物的物,是需求、欲求甚至要求物的物——食物、金钱、血液、尊敬。"① 广告图像拜物教也是浓缩的世界图景,社会总体性的提喻,是商业世界所营造的神。只不过这个神是广告图像在运用人的权力欲望和视觉方法而建立起来的、充分利用人的欲望的、能满足人们现实或虚无需要的世界——自我和神话的图像世界。广告图像拜物教利用了人对理想世界的想象和信仰。人们在购物过程中获得了快乐,但并没有把人从现实和理想、现在和未来中解脱出来。反而在一次次的循环往复中承担更多的理想与现实的抗争、压力以及人和现实自我的内在对抗,它在推动人在自我超越的同时,也导致了人的更大焦虑、欲望和不满。广告图像是现实图像和意识中图像的中介,在有限的、物质的现实世界和完美的、理想的、欲望的未来世界之间转换。一步天堂,一步地狱。我们可以朝着完美世界无限进步,但在路上却依然要遵循规则、道德、法制和现实,让梦想走进现实。图像在自身发展组织中建构图像体系,在这个体系中,广告图像将物进一步建构成欲望对象,但其本质上还是人,大众往往由于沉迷其中见物不见人,而作为广告洞察者,我们需要见物,但更需要见人。对物,我们不仅要正视物所承载的现象与本质,认清物与社会秩序的关系,而且还要洞察物与物、物与人之间的关系;对人,我们不仅要善于分析其从物质到精神上拜物的原因,而且要知道怎

---

① [美] W. J. T. 米歇尔:《图像何求?形象的生命与爱》,陈永国、高焓译,北京大学出版社2018年版,第212页。

么破解。要善于利用现代科技，在深入现实的基础上弄明白人与人、人与物、物与物的关系，从而破解由各种拜物而形成的不良社会影响。

二 广告图像是一个综合感官图像

在视觉文化或视觉转向的语境下，我们绝大多数人在讨论广告图像时往往注重的就是视觉，从而忽略了听觉、触觉、嗅觉等其他感官在广告图像中所起的作用，但在现实中和事实上，广告图像都是一个综合感官图像。

（一）视觉文化的影响

"视觉文化并不取决于图像本身，而取决于对图像或是视觉存在的现代偏好。"[1] 从视觉文化的研究发展来看，主要是从艺术史研究、文化研究和符号学、传播学研究等方面来研究图像，都脱离不了"视觉中心主义"的影子，而"'视觉中心主义'是指给予视觉高于其他感觉的特权和模仿视觉来确定关于知识与理性的概念的倾向"[2]。这与柏拉图、亚里士多德、黑格尔、阿恩海姆、贡布里希、胡塞尔等认为视觉在人类诸多感觉中具有优先性有关，从而奠定了"视觉中心主义"在图像认知理念中的地位。所以，视觉文化是延续了西方文化中视觉隐喻的传统，从而建立了一套以"视觉性"为核心的诠释方式和认识价值体系。视觉场是意义生产和注意力竞争的场域，图像的聚集就是在争夺视觉注意的前提下进行意义转换。在柏拉图与亚里士多德对感官进行等级排序中，"距离性感官"的视觉和听觉是高级的、认知性的；"非距离性感官"的触觉、味觉和嗅觉是低级的、欲望性的。尤其强调了"求知是人类的本性……在诸感觉中，尤重视觉。"[3] 柏拉

---

[1] ［美］尼古拉斯·米尔佐夫：《视觉文化导论》，倪伟译，江苏人民出版社2006年版，第6页。
[2] ［英］勒内·范·德·瓦尔：《没有隐蔽之处的空间：梅洛-庞蒂论直线透视》，载［英］卡罗琳·冯·艾克、爱德华·温特斯编《视觉的探讨》，李本正译，江苏美术出版社2009年版，第32页。
[3] ［古希腊］亚里士多德：《形而上学》，吴寿彭译，商务印书馆1983年版，第1页。

第四章 广告图像批判

图的"洞喻"为我们描绘了"肉体之眼"和"心灵之眼"两种视觉观看模式:"肉体之眼"观看只能是"可见的世界",即现实的世界,但这个世界与真理是相隔的,而"心灵之眼"的观看是与理性相联系的观看,它观看的是"可知的世界",即理念的世界。① 柏拉图虽然强调了"肉体之眼"的优先性,但在事实上却是在说"心灵之眼"的至高性,成为西方认识论的源头之一。二者的悖论导致了感性和理性、主体和客体、存在与思维的对立和分裂,在此基础上,海德格尔提出"世界图像"的世界认知观,"可见性"成为社会文化的重要性资源。而后,德波提出"景观社会"的"视觉表象化"世界观,"景观不能理解为一种由大众传播技术制造的视觉欺骗,事实上,它是已经物化了的世界观"②。广告景观作为现实社会景观形式之一,也是主导性的生活模式,并体现了"景观使人们保持了一种无意识状态,像一个伪神圣的上帝,景观自己制造自己,自己制定自己的规则。"③ 的社会景观现实。人们的注意力被吸引到"景观"之中不能自拔,并在资本的驱动下对视觉的"霸权"深以为然,心甘情愿地被视觉驱使。

学者周宪认为:"视觉文化本质上是一个在视觉符号的表征系统内展开的视觉表意实践,它蕴含了许多隐而不显的体制、行为、意识形态和价值观,正是通过这些视觉符号表征的复杂实践,一方面再生产出现有的社会结构和社会关系,另一方面又可以对现存的社会结构和社会关系进行反思和批判。"④ 在基于视觉经验的文化建构中,无论是视觉技术的发展还是消费社会的形成,都汇集成对视觉文化表意实践和符号表征上对"可见性"资源的注意力争夺以及对世界的重新阐释。广告图像则是在这种争夺和阐释中最为直接的表现形式,物的堆积和丰盛都被广告图像赋予某种意义或者符号表征,以至于在控制需

---

① 王林生:《"视觉中心主义":视觉观看中的理性建构与解构》,《中国文学研究》2020年第1期。
② [法]居伊·德波:《景观社会》,王昭风译,南京大学出版社2006年版,第3页。
③ [法]居伊·德波:《景观社会》,王昭风译,南京大学出版社2006年版,第8页。
④ 周宪:《视觉建构、视觉表征与视觉性》,《文学评论》2017年第3期。

求和社会化过程中,广告图像起着主导作用。这也是人们诟病"视觉霸权"或者"符码垄断"的主要原因之一。而现代广告图像视觉影像的增殖不仅是景观堆积的一部分,更是"视觉霸权"或者"符码垄断"的视觉权力和资本扩张的现实表现。一方面,为了经济的发展鼓励包括广告在内的产业的发展和不断升级,各行业之间的竞争进一步加剧,对人们注意力的争夺和生活方式的关注进一步加强;另一方面,视觉的泛滥以及视觉图像的高速发展,视觉文化在形成过程中出现更多新的变数,呈现更多新的形态,也发现更多存在的问题,不仅对现存的社会结构和社会关系有相当大的影响,而且值得我们对视觉文化、社会结构和社会关系进行反思和批判。

在互联网的高速发展背景下,"视觉图像以及那些并不必然具有视觉性的事物的视觉化在戏剧性地加速发展,以至图像的全球流通已经达到了其自身的极致,通过互联网在高速运转"[1]。互联网在加速图像全球流通的同时,使图像的增殖更是呈几何级递增态势,图像的超真实性、超越性和超感性进一步加强,人们的注意力进一步向图像聚集,图像转向则进一步固化了人们对视觉在视觉文化中地位的刻板印象。不管是人们有意识的观看也好,还是无意识的注视也罢,看的欲望都是图像创作者或者观者共同的欲望选择。视觉文化的生产者和消费者在生产和消费视觉文化的过程中都在获得这种愉悦,以至于"一幅画……首先要吸引观者,然后迷住观者,最后令观者神魂颠倒,就是说,一幅画必须引起某人的注意,让他在它面前停步,让他像着了魔似的无法离开。"[2] 图像与观者的这种位置互换式的欲望表达,正是广告图像的常规选择,而且毫不掩饰,其目的就是要将消费者的注意力吸引并激发其欲望——观看的本能。

长期以来,视觉作为人们感知的和语言的方式(或者功能),"认为

---

[1] [美]尼古拉斯·米尔佐夫:《视觉文化导论》,倪伟译,江苏人民出版社2006年版,第9页。

[2] [美]W. J. T. 米歇尔:《图像何求?形象的生命与爱》,陈永国、高焓译,北京大学出版社2018年版,第36页。

观看就会看见或是看见就会理解的假说来源于大脑思维的模型,即在极大程度上把人的意识理解为对我们所生活世界所做的镜像式反映"[1]。眼睛成为感知、注意、思维、反思、交流和再现的"场所",成为我们与感知对象之间最直接也最直观的沟通窗口。尽管在视觉实践的过程中,人们知道"视觉的能力并不能等同于令人信服的说服力"[2],但这并不能阻止人类在进化中习惯用眼睛来看的权力选择。当视觉文化进一步发展并形成之际,"从文化的角度讲,图像被看做是意义的'源泉',它们的那种永远在场的文化角色并不是由阐释活动的可逆过程决定的,而是由一整套自身固有的特点来建构的,而这些特点也正是能够让观看者受到吸引的原因——效果"[3]。这在某种程度上正是广告图像注重视觉、表现形象、传递诱惑的根本原因——广告效果的需要。

广告图像的两种主要状态(图片和影像)是可以相互转化的:图片是静止的影像,影像是流动的图片。在机器辅助(现在是主导)转化之前,眼睛就承担了转化的功能,而在现代机器发明之后,广告图像的图片状态与影像状态的转化成为日常。广告图像的图片状态到影像状态,就是广告从真实走向超真实的过程,商品的本真在广告中不断扩大,并从历史或现实的语境中剥离出来,连同现实一起构成了消费的景观世界。而在另一方面,为了更好地广告效果,广告的反景观现象也日益凸显,为取悦消费者而戏剧化作秀的广告形态、表现日常生活的广告形式以及纪录片式的广告等层出不穷,但在文化生产不断加速、科技不断进步、虚拟—现实日益模糊的语境下,消费者反而越来越分不清楚广告的"真"与"假",而我们的注意力却真真切切地被各种堆积消解了——广告图像从来都不是一个可以被我们随便把握的、简单的、老实的对象。当广告图像开始展开对围绕人的文化、思

---

[1] [加]朗·伯内特:《视觉文化:图像、媒介与想象力》,赵毅等译,山东文艺出版社2008年版,第8页。
[2] [加]朗·伯内特:《视觉文化:图像、媒介与想象力》,赵毅等译,山东文艺出版社2008年版,第15页。
[3] [加]朗·伯内特:《视觉文化:图像、媒介与想象力》,赵毅等译,山东文艺出版社2008年版,第82页。

维、环境、制度、生产等进行全方位争夺时,其实广告图像早已经跳出视觉之外了,这时,我们才意识到广告图像原本就是一个具备综合感官的图像,只不过在长期的"视觉霸权"之下被我们有意无意地忽视了而已。

(二)广告图像是一个综合感官图像

在由图像组成的世界汪洋中,广告图像所形成的浪尤为滔天。"不同文化当中的知觉系统的秩序决定着人们感知事物的方式,也决定着每一种知觉感官各自扮演的角色是如何地具有差异。"[①] 广告图像从一开始就是一个具备综合感官的图像,是兼具人的各种感官的"知觉秩序"性图像——即在不同的媒介形态下,广告图像作用人的认知感官的秩序是不一样的。但不管是原始的叫卖广告还是现代的沉浸式广告(如 VR 广告),都表现为一个系统的、综合的感官广告形态。

电脑绘图图像的产生终结了图像表象与真实的对立,图像再也不需要去模仿外在的真实,现实反而是真实的物品去模仿它,按照电脑设计的图像去生产、包装和传播。在图像进一步数字化、虚拟化进程中,"图像,从通往非实体的手段,经信息化后,自身变为非实体的,凭着量化的信息、算法和数字矩阵,通过计算操作便能随意无限地更改。眼睛所见不过是临时稳定的逻辑数学模式而已"[②]。与传统广告图像相比,数字化广告图像在大数据的辅助下,其操作更改则更科学、更具针对性。广告创作者可以根据实时的数据分析来调整广告图像的感知接触点,可以根据不同群体的感知喜好来设定所展示的广告图像。这就对视觉文化或视觉中心主义语境下的广告图像形成了挑战:一是这种改变动摇了视觉感官的中心地位,听觉、嗅觉、味觉、触觉等感官不同程度上在现代广告图像中体现。二是现实图像对虚拟图像的模仿或翻版颠覆了图像和模仿的传统认知,图像世界变得日常,使人们

---

① [德]克里斯托夫·武尔夫:《人的图像:想象、表演与文化》,陈红燕译,华东师范大学出版社 2018 年版,第 36 页。

② [法]雷吉斯·德布雷:《图像的生与死》,黄迅余、黄建华译,华东师范大学出版社 2014 年版,第 252 页。

第四章 广告图像批判

对在智能语境下的媒介展示广告图像不由自主地会动用多种感官去接收。三是远程存在和缺席在场成为现实，以前的抽象图像变得形象，想象力得以进化，广告图像变得越来越不像"广告"，从而对人的各种感官具有某种特定的"欺骗性"。四是现代广告图像对空间和时间的压缩和扩张前所未有，对人的感知方式更为敏感且猎取能力越来越强，当图像进一步加速生产和传播时，图像游戏将改写现有的游戏规则，且会影响到我们的日常生活、工作和思维。五是广告图像在图像爆炸的虚拟—现实无界化背景下，将会控制或者规避相关的欲望，某种感官的纯粹性欲望将会凸显，广告图像则将回归到广告原本的属性。

图4－1[①]是在国家全面消除绝对贫困的背景下，菜鸟驿站联合单向空间在2021年3月开展的一次公益赠书活动："翻书越岭"计划的海报。面向社会征集闲置文学书籍，号召大家一起捐出一本书，让大凉山里的孩子们能见到更大的世界。每幅图像的文案都关乎一本书，也关乎一个孩子的愿景。如"他不应该只有一眼望尽的命运，他还可以奔赴一场未知的《远大前程》"。一语双关，让人不能拒绝，也不忍拒绝，一本书的威力原来可以这么大。从图像中，我们不仅能看见孩子的笑脸，我们还能"听见"孩子发自内心的笑声，尽管我们从未"看见"过声音，但在这幅图像中，我们显然"看见"了，也听见了。

图4－1 菜鸟驿站·单向空间："翻书越岭"公益赠书计划活动海报

---

① 图片来源：https：//www.digitaling.com/articles/421652.html.

此外，我们还能感受到孩子的淳朴和善良，感受到生活不易背后的乐观、开朗。有温度的广告图像激发了更大热度，人们积极参与其中，调动的不仅仅是人的综合感官，还有社会的敏感神经——我们都向往美好的生活。

"任何感觉性都必须以某种共存的场为前提。"① 从原始图像到艺术图像再到哲学图像，从平面图像到流动图像，都不是单一的感官在独立发生作用，都是以某种感觉为主的综合感官"共存场"。人对图像的感知是通过媒介的，麦克卢汉说媒介即人的延伸——"工具是人体的延伸，媒介是心灵的延伸。"② 那么图像呢？图像则既是工具的延伸，也是心灵的延伸。图像是具有物质、认知和社会叠加效应（scaffolding）的中介物，亦是媒介延伸的延伸，广告图像尤其如此。特别是在现代电子技术环境中，广告图像更是将技术—环境—文化—认知—物质—身体等叠加在一起，综合运用各种感官构建沉浸式的图像感知模式。技术虽然改变人的感官比率，但发挥主观能动性的主体还是人而不是技术，人是利用技术这个工具来实现延伸的，而不是技术或者媒介在单独发生作用。我们往往将一些论断绝对化或者误读了一些论断，但在实践的过程中或者在认知的累积中，我们就会反思我们的认知，在实践—理论—实践的循环往复中螺旋前进。

人是一个复杂的感官系统，广告图像是人的图像。广告图像是"一个不确定性、多义性以及复杂性的世界，而非唯一的、确定的意义世界"③。因为广告图像无论是创作设置者还是观者，都有着自身丰富的内心世界、感知世界和体验经历，都有着对感知事物的理解和解释，都有着自己的选择。所以，作为想象力图像化的广告图像，其天然就具备多感性的特质，是真实图像、虚拟图像、娱乐图像、物质图像和精神图像等的统一体。"想象力生成了图像，并使其身体

---

① ［法］莫里斯·梅洛-庞蒂：《知觉现象学》，姜志辉译，商务印书馆2001年版，第283页。
② ［加］罗伯特·洛根：《理解新媒介：延伸麦克卢汉》，何道宽译，复旦大学出版社2012年版，第76页。
③ ［德］克里斯托夫·武尔夫：《人的图像：想象、表演与文化》，陈红燕译，华东师范大学出版社2018年版，第63页。

化；它表演着自我，并通过不同的媒介来展现着自身。"① 这就能够为我们更好地理解广告图像提供参考，也为我们广告图像的丰富性给出了答案——广告图像塑造了我们生活的现状。人生产广告图像，广告图像反过来又对人进行规训。

在消费社会，"广告变成了我们生活中不可或缺的中介：它定义着我们与其他人的关系，与大自然的关系，与我们工作生活的关系，与我们休闲时光的关系，还有我们与我们自己身体的关系"②。此观点虽然具有夸大的成分，但也的确是现实社会的写照。当广告图像呈爆炸式出现和增长时，广告图像的吸引力和说服力则呈下降趋势，需要调动更多的感官去捕获海量图像中的广告信息。这不仅对广告图像的创作和媒介环境提出了更高的要求，也对广告图像吸引和调动更多的综合感官参与其中提出了挑战。但"在再生产符号价值系统的驱使下，广告加剧了能指—所指循环的瓦解。"③ 一方面，海量的图像正在瓦解表征世界中"现实"与"虚拟"的区别，"超现实"的现象越来越普遍，图像的吸引力也相应越来越小，广告图像需要加快解组和重组能指和所指的过程的发生速度。另一方面，广告图像能指—所指意义上的模糊不清，会导致广告图像间差异化的消失，人们对广告图像景观的堆积越来越反感，以至于在感官上进一步麻木，将导致人们有意或者无意忽视广告的存在，广告的革新在所难免。

"技术的作用不发生在意见或观念的层次，但是会毫无阻力地稳步改变感知比率或感知模式。"④ 技术作用的发生也不只是技术在起作用。环境会刺激感官的接受模式，符号、媒介、心理和技术都能够作用于人的感官系统，而且往往是在综合发生作用。在当下的语境中，我们

---

① ［德］克里斯托夫·武尔夫：《人的图像：想象、表演与文化》，陈红燕译，华东师范大学出版社2018年版，第337页。
② ［美］罗伯特·戈德曼、［美］斯蒂芬·帕普森：《符号战争》，湖南美术出版社2018年版，第225页。
③ ［美］罗伯特·古德曼、［美］史蒂芬·帕普森：《超符码化时代的广告》，彭海涛、邓天颖译，载吴琼等编《形象的修辞：广告与当代社会理论》，中国人民大学出版社2005年版，第146页。
④ ［加］罗伯特·K.洛根：《被误读的麦克卢汉：如何矫正》，何道宽译，复旦大学出版社2018年版，第53页。

广告图像研究

不能忽视视觉在现代权力运作过程中的重要性,文化的复合性、技术的社会性、感官的综合性等在相互交织过程中相互制约、相互协同、相互促进,我们对现实和未来的虚构和想象要以社会、文化、技术、审美等为基础,因为即使在视觉霸权形成的图像转向中,声音早已经被赋予了某种权力,"声音转向"等已被人们提上日程,在视觉鼎盛的缝隙中生根发芽且渐成燎原之势。当人们发现"耳朵的世界是一个热烈而高度审美且充满了直接而亲切意义的世界"[①] 时,一定也会发现嗅觉、触觉、味觉等是一个我们以前未发现的、新的感官世界,而且可能比我们想象的感觉还要美好。"吾生也有涯,而知也无涯。以有涯随无涯,殆已!已而为知者,殆而已矣!"在知识、信息、技术焦虑时代,我们更应该认清形势,审时度势,做有意义的、有用的、有针对性的广告——因为广告的作用就是向消费者提供意义。这是广告图像在图像信息爆炸的环境中存在的根本理由,但这个世界不只是商品的世界,我们不能将人与人的关系变成物与物的关系,更不能将人与人的价值商品化或者物化,我们创造需求的同时,更应该创造意义以塑造更纯粹的人。

第二节 广告图像文化生态体系的建构

我们生活在各种各样的图像之中。各种各样的图像是围绕人生成和建构的,人是处于主导地位的万物中心。人对图像有期待、有欲望、有掌控性。图像对人也有期待、欲望和掌控性,除此之外还有迷惑性。广告图像只是众多图像中的一种,是最活跃、最具创意、最具说服也最有诱惑的商业图像,故广告文化生态体系建构是我们建构时代文化生态体系不可或缺的重要组成部分。

一 广告图像文化批判

"图像是一个民族在长期的生产实践、社会实践和精神实践中所

---

① Carothers, J. C., Culture psychiatry and the written word, *Psychiatry*, 1959 (22): 307 – 321.

创造出来的文化形态，它是一种社会性的文化符码，葆有着一个民族的文化基因，建构着民族文明的精神框架，形塑着一种视觉文明形态。从裸视到镜像，从镜像到景观，从景观到幻像，从幻像到网景……视觉图像的历史本身就是一部人类恢宏的文明演进史。"① 广告图像也经历了图像的演进过程，在图之像和像之图的发展演进中形成了独特的广告图像文化，对广告的发展起着推波助澜的作用。

（一）我们需要什么样的广告图像文化

"它（广告）是我们今天唯一的建筑学；巨大的屏幕上反射着运动着的原子、质子和分子。不再有公共的场所或真实的公共空间，只有巨大的流通空间、发布信息的空间和短暂联系的空间。"② 当下的情景与鲍德里亚所描绘的何其相似，一切似乎都商品化了、物化了、超真实化了，这是我们需要的社会现实吗？还是社会发展到一定阶段必然如此，我们需要建构我们的广告图像文化。

改革开放四十余年来，我国的经济、社会、文化等取得了举世瞩目的辉煌成就，整个社会就像一匹奔腾的骏马在中国特色社会主义的道路上飞奔，一切发展目不暇接，以至于我们甚至都没有时间停下来仔细思考——我们需要什么样的商业文化？我们需要建构什么样的广告图像文化？不可否认，在相当长的一段时期里，我们的广告理论、广告运作和广告实践都在引进和模仿西方发达资本主义国家的广告。但随着 21 世纪的到来和我国经济科技的发展，我们的广告运作和实践已经开始赶上甚至引领全球广告市场了，但在理论建构方面，特别是关于广告的基础理论研究方面，我们与发达国家还有不小的差距，尽管我们现在可以无差别地与世界同步分享最新的理论成果。造成目前这种现状的原因很多，但有一点我们还是清醒的，就是在新时代，我们应该建构属于我们的广告图像文化。

---

① 韩丛耀：《中华图像文化史 图像论》，中国摄影出版社 2017 年版，第 9 页。
② ［加拿大］金·索查克：《符号学、控制论与市场营销交往的狂热》，载［美］道格纳斯·凯尔纳编《波德里亚：一个批判性读本》，江苏人民出版社 2005 年版，第 116—117 页。

1. 广告图像要有公益性

图像产生意义,而意义是现代消费社会的根本。也就是说,当社会发展到一定阶段时,对物的消费就不是人的真实消费,而是对意义的消费。景观社会的拟像、仿像乃至超真实,都是物向符号转变的结果导向,都是对意义消费追求的体现。从社会进程和人的发展历史来看,消费是必然的,广告是偶然的。"要成为消费的对象,物品必须成为符号,也就是外在于一个它只作意义指涉(signfier)的关系——因此它和这个具体关系之间,存有的是一种任意偶然的(arbitraire)和不一致的关系,而它的合理一致性,也就是它的意义,来自于它和所有其他的符号—物之间,抽象而系统性的关系。"[1] "广告的窍门和战略性价值就在于此:通过他人来激起每个人对物化社会的神话产生欲望。"[2] 物成为符号的过程,也是社会物化的过程,更是不断刺激人的欲望的过程。这个过程从表面上来看天经地义,没有什么不妥,而且更像是社会发展的客观事实甚至规律。但事实上,我们不能拿人需求的无限性或无限制性来加速物的或者整个社会的符号化进程,更不能将人对物的消费无限扩大化——不断刺激人的欲望。中国古语云"欲壑难填",当我们处于一个对物无限追求的社会境况之下时,广告其实已经成了帮凶,让人不能成为人,而一个完全物化的人,跟动物又有什么区别?!

我们强调广告图像要有公益性,首先要指出的就是与公益广告的区别。就广告本身来说,其商业性是第一位的,公益性是第二位的。而公益广告其公益性是第一位的(甚至是唯一的),商业性是第二位的(或者没有)。其次,任何广告图像都要具有底线思维,要对公众、对社会、对文化等有敬畏心理。不是我想干什么就干什么、想怎么干就怎么干,而是要有底线,要让企业以企业公民的标准要求自身的广告行为,广告人要以广告行业自律的准则以及"人"的标准要求自

---

[1] [法]尚·布希亚:《物体系》,林志明译,上海人民出版社2001年版,第223页。
[2] [法]让·鲍德里亚:《消费社会》,刘成富、全志钢译,南京大学出版社2014年版,第45页。

已。再次，不管哪种形式（拟像、仿像乃至超真实）的广告图像都要建立在真实的基础之上，不能唯利是图，误导公众。最后，广告图像不应该完全脱离艺术史范畴。图像是在艺术史中产生的，广告作为艺术与科技的结合体，在任何时候都不能只有物、只有效果、只有利润而没有艺术性。如果当有一天广告图像完全失去了艺术性，那么也就意味着广告走到了尽头。

我们知道，马克思在《资本论》中、居伊·德波在《奇观社会》中、让·鲍德里亚在《消费社会》中都对商品社会有一个共同的描绘——物的丰盛及由此形成的某种形象堆积现象。但"不论是所谓的'商品堆积'，还是所谓的'奇观堆积'或物质'丰盛'，它们所说的都不是单纯的物、商品或奇观的无所不在，而是这种无所不在在现今的时代所蕴含的社会意义和文化意义，亦即它们触目的在场性、它们的在场方式，以及它们的幽灵式运作，已经构成某种社会形态的生产逻辑和消费逻辑的呈现。"[1] 不可否认，现代视觉技术进一步将商品世界的视觉机制推向"可感觉又超感觉"的幻象以及"超真实"状态，广告图像是推向视觉机制走向这一现状的催化剂，并进一步强化了整个社会"商品拜物教"的形成。广告图像从某种程度上就是"处在可见与不可见、物质与非物质、可感与不可感、声音与现象之间"[2] 的视觉中介，但这个中介不可救药地引导人们加快走向物质主义，并进一步放大了整个社会的欲望。所以，如果广告图像完全舍弃公益性，所有的欲望转化为合理化甚至合法化的社会现象或者对物的买卖，"拜物教""恋物癖"和窥视欲等形成合流，走向"货币拜物教"和"资本拜物教"。最终人变成了欲望追逐的动物，对资本的追逐和对欲望的贪婪成为终极目标，人类将走向万恶不劫的深渊。

---

[1] 吴琼：《拜物教/恋物癖：一个概念的谱系学考察》，《马克思主义与现实》2014年第3期。
[2] ［美］尼古拉斯·米尔佐夫：《幽灵写作：视觉文化构想》，吴琼：《视觉文化的奇观——视觉文化总论》，中国人民大学出版社2005年版，第226页。

2. 广告图像对身体的展示要有度

"身体的地位是一种文化事实。现在，无论在何种文化中，身体关系的组织模式都反映了事物关系的组织模式及社会关系的组织模式。"① 这说明身体关系与事物关系和社会关系的紧密联系，已经成为社会文化不可分割的一部分。在消费实践中，所有的消费都是身体的消费，无论是对物质的消费还是对精神的消费。在此过程中，身体不仅是其中的主角，而且也成为被消费的对象，而且是"最美丽的消费品"。而"具身性是整个'在世界中存在'的基础，是感知、认知、意愿乃至动觉能力的基础，也是我们在现象学传统中所称的'同感'中理解其他生命物的基础，以及与其他存在者分享共同世界、一个'共世界'（海德格尔的 Mitwelt）而'共同此在'（Mit-Dasein）的基础。"② 也就是说，身体这个基础是人认知世界、感知世界以及衡量世界不可或缺的。

"当代对身体的兴趣和理解是西方工业社会长期深刻转变的结果。"③ 在智能信息化时代，图像具身与技术具身更是成为人的身体延伸的必然选择。身体的自然属性、社会属性与消费属性在图像具身和技术具身中具有主动性，也是经验与实践在现实交往中的常态化回归——身体成为知觉与环境互动的中介。这也就是梅洛-庞蒂所说的，身体既是感知世界的主体，也是被感知的对象。从根本上来说，我们对世界的描述就是身体感知的结果，我们对他人的感知或者对自我与他者的界定，同样是基于主体—客体的身体而作出的界定。广告图像中对身体的展示本无可厚非，且从历史的发展来看也是人对自身认知的深入、认同与欣赏。但当广告图像对身体的展示本身和引起的后果对人或者社会造成直接或者间接的不良影响时，我们就应该对其进行警惕甚至限制。主要表现在以下几个方面。

---

① ［法］让·鲍德里亚：《消费社会》，刘成富、全志钢译，南京大学出版社 2014 年版，第 121 页。
② ［美］德莫特·莫兰：《具身性与能动性》，罗志达译，《深圳社会科学》2019 年第 5 期。
③ ［英］布莱恩·特纳：《身体与社会》，马海良、赵国新译，春风文艺出版社 2000 年版，第 2 页。

第四章 广告图像批判

一是对身体的展示已经脱离广告本身，陷入媚俗甚至低俗、恶俗的境地，突破大众接受的底线。图4-2①是某大型连锁超市内某门店的促销广告（2020年11月）。在这张尺码表上赫然列出S码为"瘦"、M码为"美"、L码为"烂"、XL码为"稀烂"、XXL码为"稀巴烂"，同时，还标注"仅限18—35岁女生，根据身材请先咨询客服"。男性视角、被凝视、被评判甚至被偷窥，虽然没有露骨的躯体，但一切都是那么刺眼，女性对身体的焦虑再次被刺痛。在这里，女性身体被禁锢，女性的权力、地位乃至独特性的符号标志被剥夺，只有符合图像中范围的才是"瘦"、才是"美"，除此之外就是"烂""稀烂""稀巴烂"。原本，我们对身体的欣赏感"让我们意识到人的尊严、完整和价值。我们的身体赋予我们实体和形式；没有它们，我们的精神生活将无法拥有如此多样、健全、微妙而又高贵的表达。"②但在这里，人的尊严、完整和价值被践踏、被粉碎，人的精神生活更没有被多样、健全、微妙而又高贵的表达，反而被摧毁。个体的社会位置、个体的习惯以及个体的品位等都是浮云，被冰冷的数字所禁锢，并进一步将女性对身体的焦虑在有意无意中转化为对非"瘦"、非"美"的无端鄙视或者敌视。这一类广告图像将西方认为"身体是非理性、激情和欲望的根源"③这一观点发挥到了极致，以至于在突破人们的接受底线时也在所不惜，甚至还自以为是。而当不受制约的身体在恣意展示之时，也就是整个社会伦理道德葬丧之际，社会的秩序以及文化规制将被颠覆，我们将失去我们引以为傲的精神、思想以及对意义的追求。

二是对身体的展示陷入色情的境地而不能自拔。广告图像对性的展示或追寻有着天然的兴趣。"广告业设法使色情形象成为主流，并使民众变得麻木不仁以接受广告给妇女带来的屈辱。讲到色情形象，

---

① 图片来源：https://baijiahao.baidu.com/s?id=1683314202723598117&wfr=spider&for=pc.
② [美]理查德·舒斯特曼：《身体意识与身体美学》，程相占译，商务印书馆2011年版，第182页。
③ [英]布莱恩·特纳：《身体与社会》，马海良、赵国新译，春风文艺出版社2000年版，第96页。

· 323 ·

图4-2 某大型连锁超市内某门店内的促销广告

我的意思是指把女性性征当做可出售的商品加以利用。"[①] 身体的文化事实是由占主导地位的权力阶层控制的现实反映，男权社会的身体文化是"把女性性征当做可出售的商品加以利用"的根本原因。但吊诡的是男性在消费女性身体（对男性身体的消费也日渐增加），女性自己也在消费女性身体。而在中西文化交流、融合、碰撞的过程中，人类对身体的消费达到前所未有的程度，身体本身已经成为商品（包括广告）。当整个社会都陷入对金钱、对物质的狂热追求之中时，色情又算得了什么？！而一旦视觉欲望、广告图像等被色情身体重新占有了，我们唯"资本主义"马首是瞻，将娱乐至死与享乐主义效益化并发挥到极致，我们将还剩什么？我们必将被功用性的美丽、功用性的色情、功用性的快感消耗殆尽，那时我们也只能出售身体。所以福柯

---

① [美]詹姆斯·特威切尔：《美国的广告》，屈晓丽译，江苏人民出版社2006年版，第204页。

第四章　广告图像批判

一再强调:"我们应该努力实现一种去性欲化的境界,使得普遍的愉悦机体不再受性的规范和控制。"[1] 所以,我们务必要在广告图像中合理使用身体,防止陷入色情化的境地。但我们并不是说广告图像中不能使用身体,而是应该合理、科学、可持续使用身体,避免陷入色情境地而不自能自拔。图4-3(图片来源于海南椰树集团官方微博)是椰树集团2021年发布的一则招聘广告,人民日报评论该广告"创意可以有,底线不能无。商业也属于'注意力经济',通过优质创意吸引眼球无可厚非,但再自由的创意也有不能触碰的底线。"[2] 这个底线其实就是我国广告法规定的相关内容:"妨碍社会公共秩序或者违背社会良好风尚""含有淫秽、色情、赌博、迷信、恐怖、暴力的内容"等情形。椰树广告打色情广告擦边球其实从1999年就开始了(主要突出胸部则是从2006年开始),其"每天一杯,白白嫩嫩"演绎到如今的"我从小喝到大"。广告语方面,单从文字上面来说,本无可厚非,但其广告图像无论是平面的还是影视的,无一例外都会突出女性胸部,且尺度不小(图4-3中代言人这种形象算是最保守的),而这正是其露骨消费女性身体而被人们诟病的根本原因,也是人民日报锐评其"触碰的底线"在广告图像上的直观表达。从消费者反应来看,打色情擦边球的广告图像对消费者的吸引微乎其微,消费者购买椰树产品的主要原因就是其品质过硬、口感不错,而不是其所谓的丰胸诉求,所以椰树广告应该提升其广告品位并调整其广告传播方向。从科学本身和生活实践上来看,科学证明椰奶或椰子成分基本没有丰胸作用,广告中曾宣称所谓的椰汁"能使乳房饱满",是明显的虚假广告,根据《广告法》,广告主是需要承担相应法律责任的。

三是广告图像中出现有违社会伦理的身体运用。人的一切思维、行为和感受都是基于身体并受限于身体的。身体是兼具自然属性和社

---

[1] [美]理查德·舒斯特曼:《身体意识与身体美学》,程相占译,商务印书馆2011年版,第52页。福柯关于性方面的论述需要我们批判认知,如他对女性性别的视而不见、对中等愉悦的盲目拒绝、对极致愉悦的追求以及性自虐、毒品滥用等等,都是我们应该摒弃的。

[2] 彭飞:《"椰树风"?低俗绝不是一种"风格"》,https://m.thepaper.cn/baijiahao_12003056.

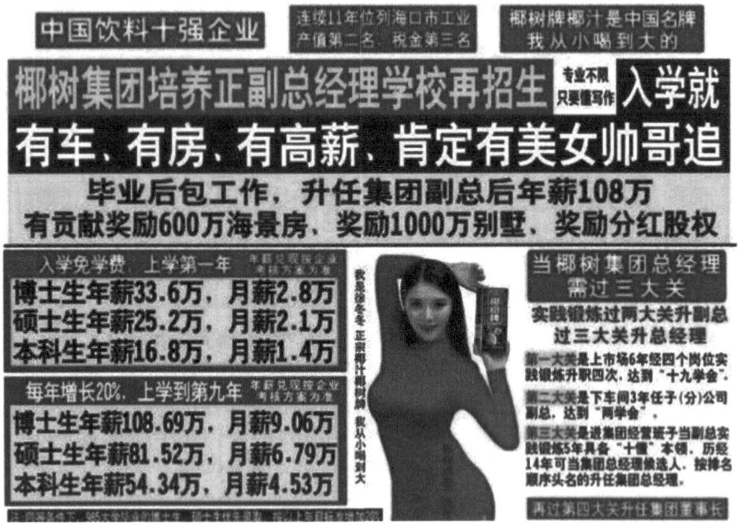

广告图像研究

图4-3 椰树集团招聘广告

会属性的综合体，这种具有中介性、复合性的身体使身体本身既平淡无奇又扑朔迷离。作为自然体，我们司空见惯，生长繁衍，向死而生；作为社会体，身体向社会开放，受各种文化、环境等影响而使其越发难以捉摸。身体与社会或者自然的冲突其实质是人的思想和行为的冲突，是心和身的冲突。在消费社会中，当我们将身体作为消费品时，其实质就是我们在肆意放纵我们的感官享受和无限满足我们的身体欲望，以至于哪怕广告图像中有突破底线、有违社会伦理的身体运用也视而不见、充耳不闻。"不管个体心怀何种特定目的，也不管他怀有这种目的的意图何在，他的兴趣总是在于控制他人的行为，尤其是他们对他的回应方式。"[1] 广告图像从某种程度上来说就具有这种特征，图像的展示是为了"控制他人的行为"，其目的在于他人的"回应方式"。也正是因为这种目的导向，所以在消费社会，无论怎样消费身体也就显得天经地义，以至于不惜违背社会伦理。这种忽视身体美学

---

[1] [美]欧文·戈夫曼：《日常生活中的自我呈现》，黄爱华、冯钢译，浙江人民出版社1989年版，第3页。

而极致追求消费（利益）的做法是我们不能接受的，虽然"身体美学将身体视为产生愉悦感的场所与中介"①，但这是建立在对美德和自制力的基础之上的，不是单独对物欲、情欲乃至性欲的变态追求，所以人们能够普遍接受且孜孜以求。当我们的广告图像陷入有违社会伦理而不自知的境地之时，广告人、媒介也有责任对其进行监督和提醒，而不能为了经济利益就置若罔闻，甚至成为其帮凶。

3. 广告图像要具有时代审美的价值

当广告图像成为我们的生活日常且不可能剔除之时，它必须是能够成为消费者在接受过程中不受任何压迫且认为是美的存在。在信息爆炸的当下，消费者更多地将注意力集中在幻像的广告图像之中，因为这种幻像能够满足消费者对商品美学表象的幻想。在通常情况下，我们日常所见的广告图像景观并不是一组图像，而是一个时间性的存在，是一个视觉的"瞬间"形式。这个"瞬间"是否有意义取决于我们的选择性注意和选择性理解，而吸引我们注意的主要就是广告图像的审美。而在信息泛在的智能时代，商品或者广告的功能是基础，审美才是价值的体现。"因为我并不是像人们注视某个事物那样去注视它，我没有在它所在之处固定它，我的目光在它上面游移不定，就如同处在存在的各种光环中一样，与其说我看见了它，不如说我依据它，或借助于它来看。"② 梅洛-庞蒂此处所描述的看对我们在智能化时代依然适用，广告图像与我们的关系是选择的结果和呈现，是我们想象和真实呈现中和的结果。

虽然听觉等感官在我们的综合体验中越来越趋于重要，但在现阶段，视觉依然是我们获取信息的主要方式且还会在相当长的时间里不会动摇。在技术至上的当代，技术不仅仅改变我们日常生活的外在景观和事物存在方式，而且已经深刻地影响到我们的思维、行为和生活

---

① ［美］理查德·舒斯特曼：《身体意识与身体美学》，程相占译，商务印书馆2011年版，第36页。

② ［法］莫里斯·梅洛-庞蒂：《眼与心》，杨大春译，商务印书馆2007年版，第39—40页。

方式。技术一方面给予了我们更丰富、更方便、更快捷的生活，另一方面却使我们的精神日渐萎靡以致荒芜。"手机人""电脑人"等"技术人"的出现，一方面汇聚成巨大的社会景观，进一步将人们导向从技术上寻找解决之道；另一方面人们又另辟蹊径，期冀找到一条回归人的本源生活的道路。但这条路就像本雅明所说那样："我们变得贫乏了。人类遗产被我们一件件交了出去，常常只以百分之一的价值抵押在当铺，只为了换取'现实'这一小块铜板。"[1] 以至于我们在将艺术、审美工具化的道路上越走越远，当我们重提审美或者美学时，显得是那么的力不从心，甚至言不由衷。但是，正是在这种情况下，我们越是要坚持广告图像的审美导向和对美学的追求，因为这也是广告图像的价值体现。

"从广告到完全作为一个独立的业务分支的专业广告的发展过程，同时也是从告知顾客到将顾客变为消费者、将消费变为生活方式的过程。……广告工业中不仅生长出'文化人类学'，而且广告工业通过对生活方式的共同权威作用而拥有物种改变的力量。"[2] 在消费社会，消费者就是生活者。将消费变为生活方式的过程，就是广告图像坚持和适应时代审美方式的过程。顾客之所以能够成为消费者，是因为顾客是生活中的顾客，而生活中的顾客亦即生活者是一个个活生生的个体，他们对生活本真的追求才是顾客作为生活者的灵魂——对美好生活的向往和追求。这种向往和追求并不单纯是对物质的拥有，而是在精神上有对"美"的神往。而一旦我们在生产和传播广告图像上单纯利用现代科技去进行物质诱惑，广告就很容易成为作为"生活者"的消费者的文化干扰因素，成为唯利是图、物质至上主义的助推剂。"看，原则上是看人们看到的东西之外，是进入一个潜在的存在。不可见物体是可见物体的突现和深度，可见物体所包含的纯粹肯定性

---

[1] ［德］瓦尔特·本雅明:《经验与贫乏》，王炳钧、杨劲译，百花文艺出版社1999年版，第258页。

[2] ［德］沃尔夫冈·弗里茨·豪格:《商品美学批判》，董璐译，北京大学出版社2013年版，第176—177页。

不比不可见物体更多。"① 在"图像转向"背景下，图像并不是"一个处于第二位的东西"②，而恰恰是"人们看不到的东西"。图像形成了事实上的特殊在场，而在现代科技支撑下，"缺席在场"已经成为现实，从而形成"超视觉"。这样，包括广告图像在内的现代图像能够将可见中的不可见和不可见之中的可见更加完美地进行阐释和演绎，也使我们能够更好地阐释和演绎广告美学。但在利益的驱动下和在资本主义文化的影响下，广告图像往往选择牺牲美学而将物欲的东西进行充分展示，即使偶有美学导向的广告佳作出现，也不过是昙花一现，便很快被更多的物欲广告所掩盖。需要说明的是，我们在这里并不是否定广告的功利性或者逐利性功能，而是呼吁广告图像中应该兼具美学的功能、审美的价值。如果我们回到广告关于"怎么说"和"说什么"的问题上来的话，我会毫不犹豫地赞同"怎么说"比"说什么"更重要。因为我认为"怎么说"中蕴含着美学的因子，能够将"说什么"进行更好的表达。而另一个不可否认的事实是，在"图像转向"的语境下，"图像霸权"的形成从某种意义上来说就是人们对图像审美的偏好，只不过体现在广告图像上其功用性和目的性要强于其审美表现而已。

广告图像中审美（或美学）的缺失，跟广告公司（或者广告人）在广告主和广告媒介三者的关系中处于劣势地位有着直接关联。从根本上来说，三者都具有逐利的本性，但从权力关系上来说广告公司却必须服从于广告主和广告媒介。而广告主往往将"不知道哪一部分被浪费的广告费"强加给广告创作者在广告图像展示中展现他们认为必须出现的"要素"，这势必降低广告的审美功能。在此消彼长的过程中，广告图像的工具性、功用性、功利性被进一步加强，以至于我们在技术的帮助下不断升级其表现形式，从而将广告的边界无限扩大，而广告的作用却越来越小，广告的量却越来越大，我们被广告的汪洋所淹没。而随着互联网的崛起和群体普遍文化素养的提升，人们对

---

① ［法］莫里斯·梅洛－庞蒂：《符号》，姜志辉译，商务印书馆2005年版，第24页。
② ［法］莫里斯·梅洛－庞蒂：《眼与心》，杨大春译，商务印书馆2007年版，第40页。

"美"的东西的偏好和社会对"美"的事物的表达，使人们对"美"的体验呈现前所未有的热情和经历，社会整体的规训将会形塑群体对审美的需求和提升，也将影响广告图像有关审美的表达，时代审美的价值势必会在广告图像中体现，但却需要我们更加小心地去进行呵护。在数字化广告图像高速发展并迅猛演变的今天，图像的流动性和现代性正以前所未有的方式对时尚、对美学、对审美进行制造、转换和依赖，广告图像在全球贸易、消费社会、文化融合与冲突等制度背景中不断变形、升级、迭代，不断推动着消费升级、制造升级和品牌升级，在动摇传统产业、传统文明趋向、传统视觉文化的现实基础上，以技术为支撑，以不可逆转的方式、以纷杂的话语表现方式，影响、改变和正在形成我们新的生存方式、思维方式和接收方式。但不管怎么变，广告图像时代审美的价值都不能丢，因为时代审美的价值一旦丢弃，广告图像将沦为物欲世界的奴隶，到那时，我们眼睛直接感知的将是赤裸裸的各种病态欲望，我们将沉溺于令人憎恶的暴力的广告图像之中，我们的精神将被腐蚀，也将失去一切。

(二)广告图像文化批判

广告图像文化是一个正在形成且复杂多变的文化亚种。我们在建构广告图像文化之时，就应该对这一过程持怀疑、批判态度，以确保我们的广告图像文化沿着正确的方向发展。

1. 广告图像行为应该向死而生

图像形成"霸权"现象对图像来说并不是一件好事。一方面，"霸权"的持续需要维持，一不留心就会成为众矢之的；另一方面，"日中则移，月满则亏"，图像的流动性使得人们所见的并不只是"眼前的图像"，还有视频、直播以及其他散乱的图像。我们对图像的阅读越来越呈现出比文字阅读更快、更肤浅、更不耐烦的表现特征，"瞬间"变得越来越碎片化，"意义"变得越来越模糊化、凌乱化和快消化。广告图像的悖论在于，一方面变得越来越离不开，另一方面效果却越来越有限。按照柏拉图的说法，图像之中有一种积极的力量，具有某种统治欲望的影响力。我们的广告图像往往单独放大了这种统

第四章 广告图像批判

治欲望的影响力，而有意或无意忽视了其中的积极力量，以至于我们选择性地忽视了图像是可以作为思维的基础的事实。广告图像的象征性、形象性、虚幻性，一方面在广告表现中大行其道，另一方面却在行为上掩盖真理和事实，造成虚假的表象——在诱惑之余还激发人们内心深处潜在的恐惧。

广告图像是一个完全开放式的图像形态，在与观者对话的过程中无所不用其极，其目的性或目标性的功利性使广告图像缺乏图像神圣性的特征。尽管现在越来越围绕消费者中心来创作广告图像，但广告图像行为更多是在利用观者的综合感官系统来影响其感觉、思考和行动。虽然在这个过程中图像与观者的互动在不断加强，但是由于广告图像缺乏图像应有的神圣特性，所以导致广告图像在表现过程中往往呈现出对他者或者现实的否定，而这正是人们对广告持怀疑态度的根本。因为广告图像行为的表达要不断借助文化、艺术、政治、经济、传媒、法律乃至宗教等因素来表达和传递意义、塑造形象，但由于缺乏对相关因素以及对消费者的某种敬畏，从而导致广告图像行为陷入既极力地展现诱惑又极力地隐藏某种目的的自我矛盾之中——任何的解释和说明都不能使广告图像认清自我。我们一直强调要洞察消费者的心智，要与消费者心智沟通。但事实上，即使在"图像霸权"的鼎盛时期，图像在心智沟通方面偏弱的缺陷也非常突出，更何况在快速阅读、浅阅读盛行的互联网语境之中。因此，广告图像行为就不可能天真地以为有些缺失是天然的、有些敬畏是可以忽略不计的、有些特性是可以不要的。过度追求欲望的呈现，最终会落入毁灭的深渊。

广告图像亦是"处于直接的感性和纯粹的思想的中间"[1] 的艺术品形式。广告图像是穿梭于物质变为精神和精神变为物质的实在变化之中的中介，它不是纯粹的思想也不是直接的感性，尽管它具有我们用肉眼可见的感性特征，却实实在在地承载着意义的传播。这种混合

---

[1] ［德］黑格尔：《美学》，奥比耶出版社1945年版，第60—63页；亦可参见［法］雷吉斯·德布雷《图像的生与死》，黄迅余、黄建华译，华东师范大学出版社2014年版，第67页。

的特质在现代技术的加持下显得更为突出，但也正像老子所云："道可道，非常道；名可名，非常名。"我们必须根据环境的变化而变化，随着时代的变迁而与时俱进，但一些本源性的东西我们不能丢，如广告图像的"真""善""美"，一旦丢了，广告也就失去了"意义"。在技术与艺术并行的当下，只有把艺术与技术结合起来，才能在无限扩大的广告边界里将感性和思想有机融合，让广告图像在时空的碰撞中、在现实与虚拟的交错中，将图像自身与图像背后的脑子相统一，使人们在对信息的筛选中接收。

"图像渐渐退为单纯的符号，是通过广告（大肆吹嘘某一物品的质地）到大型宣传（激发对某一对象的欲望）而实现的。"[①] 而在广告图像景观不断堆积、场景广告不断升级，广告即内容、内容即广告的背景下，"一旦欲望超过需求，商品便达到'美学的阶段'，创作者和创新家就融合在一起了。艺术和广告，同一回事。这里，对艺术品的推介本身成了艺术品，艺术是对自身进行宣传的过程。另一方面，商品成为照出梦想的镜子，抓人眼球，激发贪欲。广告把消费品变为艺术品，它成为后艺术的官方艺术"[②]。但理想很丰满，现实很骨感。图像退为单纯的符号本身就不单纯，何况还要激发某一对象的欲望，而一旦贪欲决堤（往往会决堤），秩序就会被冲击，底线就会被突破，所谓"美学的阶段"就是美化贪欲的虚假外衣，成为现金符号的代名词。到那时，可能是广告（图像）死了，而消费还活着，因为消费并不天然依赖广告，而广告却天然离不开消费。

广告图像与商品是可以相互替代的。广告图像可以使商品更丰满、更生动、更形象，也更具有表现力。广告图像的象征性、模拟性、幻像性、幻想性和具体性决定了图像与商品之间的距离，同时也决定了消费者注意与行动的过程。广告图像要达到广告所要求的真实效果，

---

① ［法］雷吉斯·德布雷：《图像的生与死》，黄迅余、黄建华译，华东师范大学出版社2014年版，第217页。
② ［法］雷吉斯·德布雷：《图像的生与死》，黄迅余、黄建华译，华东师范大学出版社2014年版，第218页。

第四章 广告图像批判

而"真实效果便是图像将自己不表现为图像,而表现为充分、具体的世界带着未经加工的声音包装滚到我们的面前来。"[1] 这其实就是我们前面所提出来的,对人的综合感官的运用。当我们沉浸其中时,广告图像的展演就是成功的,而当我们游离于场景之外时,也许展演还在继续,但我们却连感受一下的兴趣都没了,广告还剩下什么?而当广告图像和商品都数字化并数据化之时,广告图像与商品的相互替代没有起点也没有终点——时间和空间也模糊了边界。地域、距离、时空在无形中被跨越,广告图像的编码和解码以及消费者对广告图像或者商品的解码和编码成为日常,当这一切日渐形式化、日常化,我们可以淡然地点点鼠标就实现对图像、对商品、对消费者进行精准的计算时,消费对概念的追求、对形象的追求、对幻像的追求可能更为突出。因为在数字—数据化的世界里,概念、形象、趋势往往先于我们身心的感受,我们的一切需求、欲望都处于被计算的状态,身体处于可有可无的状态。此时,肉身之于消费的意义就在于肉身给出了什么样的行为数据,而"单个肉身"数据在"群体肉身"数据上的意义越来越小,甚至可以忽略不计。而放弃了肉身也就意味着放弃了意义,我们能承受吗?(事实上类似的现象已经在社会上出现,只不过人们在感叹甚至谴责之后又选择性屏蔽了既成事实)从人类进化的历史长河中来看,这种极端的趋势基本不可能发生,但是在某个时期、某个阶段或者某个时空区域还是时有发生的,它的影响虽然对人类历史文化的大趋势进程是有限的,但对发生在这个时期、这个阶段、这个区域的群体的影响却是显而易见的。并且,扭转和消除这种影响要花费的时间、精力、经济以及社会资源等往往则更是翻番。所以,我们应该在一开始就减少错误、降低失误,尽可能正确认知和把握广告图像发生发展的规律,把握技术变革发展的方向,将结果导向与过程导向相结合、实践与理论相结合、技术与艺术相结合,在变革中把握好广告图像服务社会、经济、文化等的能力,努力做到在危机中育新机、于变

---

[1] [法]雷吉斯·德布雷:《图像的生与死》,黄迅余、黄建华译,华东师范大学出版社 2014 年版,第 250 页。

局中开新局。

向死而生的图像行为就是为了要杜绝广告图像的急功近利行为,杜绝西方在用图像表现世界时的弊端——"用图像表现世界,异常成为普通,寻常得到升华,灾难和残酷被弱化,事件被冲淡;转瞬即逝、迷惑人心的事情都是精彩的,于是也就大同小异,被拉平了;图像表现世界,首先抹掉了现实的苦涩,促成了一种对各式行为、作品、事实和罪行、游戏和灾害的玩乐性消费,很快成为梦幻式,最终成为色情性的消费,真实效果最后造成现实失真。"① 但现实往往是我们明明知道有这些弊端,却还义无反顾地去飞蛾扑火,直到灰飞烟灭。"虚假的失重状态和非思想状态"② 且引人入胜的短视频、直播等广告图像无处不在、无时不有,对人们的狂轰滥炸很容易使人们陷入感官麻木的境地而漠视所感。真实的虚幻化和虚幻的实物化相互交织,确定性和不确定性边界模糊,极致的透明和极端的盲目相互纠缠,可供人们"瞬间"记忆的信息变得明晰而又模糊,似是而非、似非而是。但当令人信服的信息落入不可信的那一"瞬间",任何形式的广告图像都将一败涂地,这并不是我们想要看到的现在和未来。

2. 广告图像文化应在怀疑中矫正

广告图像的无处不在、无时不在使我们不用费任何工夫就能接触到。图像文化的形成要比以往任何一种文化的形成都要快,似乎不需要学习、不需要思考,也不需要任何技能。但"语言是具有特权的媒介,我们通过语言'理解'事物,生产和交流意义。我们只有通过共同进入语言才能共享意义。所以语言对于意义与文化是极为重要的,它总是被看作种种文化价值和意义的主要载体。"③ 而图像,尤其是广

---

① [法]雷吉斯·德布雷:《图像的生与死》,黄迅余、黄建华译,华东师范大学出版社2014年版,第315—316页。
② [法]雷吉斯·德布雷:《图像的生与死》,黄迅余、黄建华译,华东师范大学出版社2014年版,第316页。
③ [英]斯图尔特·霍尔:《表征:文化表征与意指实践》,徐亮、陆兴华译,商务印书馆2013年版,第1页。

告图像，是可以进入各种语言的，是人人都可以接触到的现实存在。在图像泛在的当下，广告图像已经成为大众文化的文化价值和意义的主要载体，成为当下文化不可剥离的重要组成部分。

图像的无限增殖和大规模复制是现代技术——文化的产物。麦克卢汉认为："媒介即讯息只不过是说：任何媒介（即人的任何延伸）对个人和社会的任何影响，都是由于新的尺度产生的；我们的任何一种延伸（或曰任何一种新技术），都要在我们的事务中引进一种新的尺度。……任何媒介或技术的'讯息'，是由它引入的人间事物的尺度变化、速度变化和模式变化。"[1] 科技的发展，一方面将时间对空间的征服表现得淋漓尽致，"地球村"的出现、信息传输速度的实时化等等，将图像呈现信息的优势进一步强化；另一方面，由于速率的提升，阅读习惯的变革，图像的接受挤压了文字空间，促成了视觉图像占主因的文化场域形成，知觉被悬置，人们的注意力、想象力等被以视觉为主的感官系统所分解，图像符号也出现断裂，虚拟与现实之间的界限被打破，模仿、复制和虚拟的表意方式在相互交替中又相互混杂，文化的累积效应越发凸显，复合创新思维成为常态。但广告或者广告图像一方面成为被信仰的对象，另一方面却成为被厌烦的对象。其实形成这种相互矛盾的原因并不复杂：一是社会变革的速度比以往任何时候都快、都混杂，人们甚至来不及尝试就已经普遍化了；二是技术的发展和所起的作用比以往任何时候都显著，新生代对技术的肯定态度是伴随着技术的普及和接受而不断强化的，迎合或超前的就会受到欢迎，拒绝或落后的就会被遗弃；三是对图像堆积的怀疑接受，广告图像成为既厌烦又娱乐的对象，消费者的行为从广告中解放出来，利益攸关性成为左右广告接触点和达成度的关键。而正是"事物的尺度变化、速度变化和模式变化"对广告图像发展的影响，使得消费者在接受广告图像文化时，呈现复杂多变的矛盾心理。

技术是现代广告图像的创造者、表现者和再现者，媒介只是中介。

---

[1] ［加］马歇尔·麦克卢汉：《理解媒介：论人的延伸》，何道宽译，译林出版社2011年版，第18页。

现代科技可以把人类的"微知觉"（petites perception）进行充分的调动，在有意注意和无意注意之中使人下意识地注意图像所呈现的信息，并在人们不觉察的情况下调动个体独特的积极性。莱布尼茨说："它们把环绕着的物体引到我们身上，并且自身包含着无限内容，每一个存在者以整个宇宙占有的那种联系。"① 见微知著，东西方对"微知觉"的利用有异曲同工之妙——我们对广告图像的注意往往就是因为多了"一瞥"。这"一瞥"，"在细节上和单独行为中能够看出一种整体性，同时在一闪间辨认出一切"②。但也正是因为如此，怀疑也由此而生。直觉的判断与延时的怀疑在消费者心目中交错，但行为往往在"瞬间"就发生了，而这正是那"一瞥"的结果。在与此同时，图像和"一瞥"承载的则是世界上引起变革的各种因素的总和——技术使内容及其呈现发生了深刻的变化。正如麦克卢汉所说："在新媒介诱发的革命性的环境变化中，我们总是瞠目结舌、措手不及。"③ 这是人的正常反应，而图像让表现对象具有持续的生命状态的能力，则正是图像激发人的微知觉和直觉的根本原因。而在另一个方面，则是"尼尔·波兹曼告诉我们，'娱乐至死'的可怕之处不在于娱乐本身，而在于人们日渐失去对社会事务进行严肃思考和理智判断的能力，在于被轻佻的文化环境培养成了既无知且无畏的理性文盲而不自知。"④ 当我们每天沉浸于刷手机、刷抖音、刷视频等的媒介接触日常中时，图像的陌生感会与日俱减，当我们面对图像像面对用眼睛看和用耳朵听一样觉得自然发生时，广告图像的超越性、陌生性也将随之而去，我们失去的又岂止是"严肃思考和理智判断的能力"，还有好奇心和幻想。

---

① 转引自［德］霍斯特·布雷德坎普《图像行为理论》，宁瑛、钟长盛译，译林出版社2016年版，第217页。

② ［德］霍斯特·布雷德坎普：《图像行为理论》，宁瑛、钟长盛译，译林出版社2016年版，第218页。

③ ［加］罗伯特·K.洛根：《被误读的麦克卢汉：如何矫正》，何道宽译，复旦大学出版社2018年版，第58页。

④ 常江：《娱乐至死时代，我们正在失去严肃的能力》，《新京报》2017年6月29日。

我们不能否认在技术发展下兴起的新兴媒介形态和它们所呈现的内容给这个世界的冲击，但任何的媒介及其形态都脱离不了工具属性的特征。"内容为王"是任何媒介及其传播形态的根本，没有这个根本，也就失去了思想性、联想性和激发性。广告图像不能只重"流量"而忽视"内容"，因为前者注重的是利益而忽视了消费者，更忽视了内涵建设及由此带来的负面影响；后者才是将消费者看作"利益共同体"的共赢，才是根植内涵的驱力。而任何广告图像都要传递意义，所以任何广告图像的内容都不可能是随随便便的，它一定是严肃的、真实的，是值得信任的，是可持续的，是有意义的。因此，我们一定要杜绝过度娱乐化的现象发生，因为一旦广告图像也步入"娱乐至死"的境地，流俗、媚俗、庸俗的广告将势必大行其道，消费的价值观必将受到影响，媒介、广告乃至社会将陷入到"从理性开始，以娱乐结束"[1]的衰败征象之中。到那时，我们失去的可能不仅仅是对广告图像的掌控和对社会的反思，而是对"人"的自我否定，对"人"本身缺乏敬畏。

3. 广告图像文化应正视技术要素

技术是现代广告图像重塑场景和身份、跨越时空位置、延伸图像行为的基础，人则是将梦想照进现实的关键因素。技术具身让我们能够更好地认知技术的作用，它使人类能够更好地感知身体的各种体验，能够更敏感地抓取心理、环境和文化的细微变化。当技术将人类感知的时空发生改变甚至颠覆时，我们对图像的观察将随着时空的改变而变得更为立体和多元，对信息的接收、理解和处理必将突破原有的时空范围和场景限定，图像将更不老实、不单纯、不简单。

不可否认，电子媒介已经在事实上改变了图像的呈现形态。青少年是伴随着现代图像成长和生活的：一方面，对电子媒介的天然亲近感使青少年在"一般化他人"的过程中，将整个社会的态度和观点内化的同时却模糊了自我评价和自我概念的形成，从而模糊了"主我"

---

[1] ［美］尼尔·波兹曼：《娱乐至死·童年的消逝》，章艳、吴燕莛译，广西师范大学出版社2009年版，第54页。

和"客我"的界限,导致"我"成为大众的"我",表现为"我"评判外界的标准依赖电子媒介所传递的图像及其内容。另一方面,由于一开始就接触到更广泛、更丰富、更多元的信息,所以图像的传播在青少年之中具有天然的亲近感,是推动"图像霸权"形成的主要力量之一,更是图像加速向符号转变的主要推手。在现代技术支撑下,"图像是各种表达方式的凝聚性杂交的事物,是各种各样不同的散漫的、视觉的和口头的元素的混合以及相互配合。作为文化的'混血儿',图像通常是一种观看和理解的方式,它们既阻碍着又揭示着真理与现实"[1]。媒介作为人的延伸,其实质往往是技术。没有技术作为支撑,电子图像就不可能出现,传统的、原始的图像也就不可能发展成为现代图像,广告图像更不可能有如今这样纷繁复杂、精彩纷呈的表现形式。当我们试图用文字来表达图像意义或者用图像来表现文字意义之时,也仅仅是"当时"那个"时刻"有意义,而对图像接受者来说,能够接受和理解的图像,就是"当时"最恰当的图像。至于文字多一些还是少一些,又或者没有文字,并不十分在意,他们在意的是"意义"如何被舒服地接收和理解。任何图像都可以看作视觉再现对时间场景的切片,技术是这个切片能否精准表达的关键。而无论是流动的图像还是静止的图像,这个切片都存在,只是存在的"瞬间"不同而已。广告图像在现代大数据技术的协助下,使精准传播的可能变得越来越切合实际,这就要求不管是静止的广告图像还是流动的广告图像,都要求每个"瞬间"的切片能够具有陌生性、超越性和象征性,都成为可供吸引注意、传递意义、促成行动的一部分。但"由资本和权力所主导的奇观文化是反历史的,视觉文化批判需要在碎裂的景观的间隙注入语境、知识和主体性,在毋庸置疑的表象之下找到历史能动性的暗流。"[2] 人们身处的时间和空间与广告图像所虚拟的时间

---

[1] [加] 朗·伯内特:《视觉文化:图像、媒介与想象力》,赵毅等译,山东文艺出版社 2008 年版,第 324 页。

[2] 吴靖:《文化现代性的视觉表达:观看、凝视与对视》,北京大学出版社 2012 年版,第 232—233 页。

和空间存在着不对称、落差和对峙,在时间对空间的超越和空间在时间的叙事中,资本和权力对时间和空间进行了重组。广告图像所依赖的空间成为资本和权力的生产资料,然后由时间进行资本增殖和权力的转移及实现。所以,我们反复强调了广告本身的真实和技术在其中的作用,其目的就是要规避资本主义现代性所造成的矛盾和问题——娱乐至死、资本至上以及精致的利己主义等。广告图像是镜子、影子、象征、意义和艺术的组合,它们既呈现视觉形象也制造商品景观,既提供意义也散播幻像,既虚拟生活也反映现实,既促使我们反思也挑逗我们感官。技术追求精准、超越和多维,但广告图像却常常提供模糊、梦想和定位。视觉文化理论与批评为广告图像提供理论支撑和常规突破,不断敲打着我们敏感的神经,帮助我们在技术与艺术、历史与当代、现实与虚拟、自我与他者、时间与空间、本土与全球之间建立起关联、认知、沟通、理解与阐释的渠道,为抗拒乃至转变资本主义现代性宿命般的力量而规训法则、储备知识、掌控技术。

工具和意义合为一体既可以用来理解技术也可以用来理解广告图像。技术和图像本身都具有工具属性且又被赋予意义,新技术催生新的媒介形态、新的广告形态,反过来新的媒介形态、新的广告形态又让我们在更丰富的层面去接受和理解新技术。而对技术、媒介以及运用技术、媒介来展示的广告图像的分析,我们能够更清楚地看清文化的融合和冲突、社会权力的分化和组合、各种行为的象征性力量和资本的种种展演。毫无疑问,现代广告图像对技术有一种天然的亲近感,因为技术能使广告图像具备更多的可能性,以便获得更好的广告效果。当广告图像赋予商品和社会越来越复杂的符号和意义之时,我们更需要用全面的眼光去看待人、技术、文化、场景和物的关系,而不能一味批评或者顺应,更不能将一些理论拿来生搬硬套。因为工具和意义是在一定的文化范畴下发生的,是在一定权力所笼罩的社会关系中形成的,是在作用于消费者的思维、工作和生活中实现的。

现代广告图像所营造的"沉浸式传播""交互作用"以及信息的"密集度"是因为技术(目前主要指 VR)能够"分享想象,生活在一个可以互相表达图像和听觉的世界。"① 技术改变了人们接受信息的感官比率、场所、虚拟场景和信息环境，使"虚拟"延伸到"实在"的范畴，将现实生活虚拟化和虚拟生活现实化。当虚拟与现实的界限被打破之后，广告图像所营造的超越性、幻像、超真实等就更为突出，且表现形式也将更加多样化。如果不对广告图像内容、表现方式等进一步规范，人们识别广告真实性的成本将会成倍增加，广告效果势必受到影响，这是我们不能承受的，也是不能允许的。但技术本身并不是根源所在，根源在于人对欲望的表现、获取和控制。需要指出的是，任何沉浸式场景所营造的广告图像都是超现实的，充满了理想色彩和浪漫主义情怀，这是技术式的理想和浪漫，它与现实往往会形成巨大的反差，需要我们进行祛魅、归真和哲思，我们得重新建构原始感觉和部落感情，以适应技术为我们带来的想象和挑战，而不是去逃避和抵制。但要正确认知这些，我们必须具有一定的媒介素养，特别是读图时代网民的媒介素养。

二　图像与眼睛：读图时代网民的媒介素养[②]

随着云计算、大数据、量子信息、人工智能、5G、区块链、虚拟现实、物联网标识等的进一步发展和完善，网民对信息的利用、传递将更为即时、快捷。当人人都能通过电脑终端或者智能手机获取或生产信息时，"我们的眼球从没有像今天这样忙碌和疲劳。一方面是视觉需求和视觉欲望的不断攀升，想看的欲望从未像今天这样强烈；另一方面，当代文化的高度视觉化和媒介化，又为我们观看提供了更多可能性和更高质量、更具诱惑力的图像"[③]。所以，当世界被图像化、视觉因素无处不在时，网民的视觉化生活、视觉化生存成为必然。而

---

① [英]克里斯托夫·霍洛克斯：《麦克卢汉与虚拟实在》，刘千立译，北京大学出版社2005年版，第74页。
② 参见周子渊《图像与眼睛：读图时代网民的媒介素养教育研究》，《中国编辑》2019年第8期，有删改。
③ 周宪：《视觉文化的转向》，北京大学出版社2008年版，第5页。

作为创新最活跃、参与最普遍、渗透最广泛、影响最深远的互联网领域，读图时代网民的媒介素养教育显得尤为迫切。

（一）图像：网民媒介素养教育的视觉文化转向

当"有图有真相"成为网民信奉的重要准则时，我们要清楚地知道"我们看到的并不寓于我们所说的"[1]。眼见不一定为真，因为在很多时候"图像既不能反映社会现实，也不是一个符号系统，而是处于这两端之间的某些位置上。它们证明个人与社会群体据之以观察社会，包括观察他们想象中的社会的那些套式化的、但逐渐变化的方式。"[2]这在当下社会有图有真相的一系列反转事件中得到了有效验证。所以，在读图时代，当社会的呈现方式发生改变时，网民的媒介素养必须要加以改变和提升。

1. 融合：读图时代网民媒介素养教育的方式选择

我们生活在一个由网络连接的景观社会中，文字与图像之间、话语与可视之间、可见与可说之间、虚拟与现实之间从某种程度上来说是割裂的。视觉文化的图像转向，让我们在传授信息的"范式"与"异常"之间找到了一个合适的表达方式——图像。但在实际接触中，图像所表现的意义会在网民观看、触摸、理解时，由于媒介、技术、视觉、信息等的交织而发生改变，一些图像含义甚至"从隐藏的状态跳跃到感觉、思考以及行动等外部行为的世界里"[3]。更进一步，我们此时对图像的分析、判断、维护、思考等都被我们编织到自己的文化体系、理解体系之中，在我们自身的视觉、触觉以及听觉的综合运用下解码图像意义。所以，在图像转向语境下，网民的媒介素养教育转变为融合视觉素养、信息素养、技术素养的融合媒介素养教育。

首先，视觉素养是读图时代网民媒介素养的基础。视觉文化的转向是视觉素养的先决条件。传统接受、分析、评价、创造的媒介素养

---

[1] ［法］米歇尔·福柯：《词与物：人文科学考古学》，上海三联书店2002年版，第12页。
[2] ［英］彼得·伯克：《图像证史》，杨豫译，北京大学出版社2008年版，第264页。
[3] ［德］霍斯特·布雷德坎普：《图像行为理论》，宁瑛、钟长盛译，译林出版社2016年版，第40—41页。

四要素结构在视觉素养的教育中已被充分研讨并吸收，但在网络普及的今天已经无法适应人们当下图像泛滥的网络化生存。在电子模拟电视为代表的视觉图像文化时代，网络互动融合、人人都是自媒体、媒介即人的关系已经颠覆了传统媒介的传受关系，虽然传统视觉素养教育的保护、批判思维在网络技术的冲击下依然为我们所采用，但在网民随时随地都能接触互联网视觉图像信息的情况下，信息文本和受众的属性早已经发生改变，不再是单纯的编码—解码或图像—代码的单向性关系，多元、多向度的关系成为现实。这样，图像向网民呈现的信息就显得不单纯、不老实、不真实。如果我们还以传统的视觉素养去建构媒介融合新形态下的媒介素养，就难以充分驾驭和阐释我们的视觉经验或视觉识读能力。所以，我们要从社会、文化和技术等多个维度在接触、实践中去提升我们的视觉能力，帮助我们在读图时代更好地去辨别、理解、记忆、欣赏图像化世界。

其次，信息素养是读图时代网民媒介素养的核心。"不能低估图像文化，尤其是动态图像文化，它们可以通过图像作用于情感，从而已经并将继续对表述与价值系统施加深远的影响。"① 在视觉转向的网络化社会背景下，图像不仅会影响和冲击网民的情感、表述与价值体系，而且还会影响网民的行为方式、认知方式。因此，信息素养作为网民读图时代媒介素养的核心素养，就显得尤为重要。图像是网络活动实践和生产系统的主要呈现方式。网民既是图像信息的制造者、接受者，同时也是传播者，成为视觉主体。图像信息在网络中呈现的是虚拟与现实的结合，网民所获得的视觉快感比以往任何时候都要强烈，很容易使他们沉浸其中，无法分清虚拟与现实的边界，在视觉魅惑中失去自我，从而丧失对网络图像信息的接受能力、分析能力与判断能力。因此，在复杂多元的网络环境中，在传统媒介与新兴媒介融合的背景下，网民信息素养的教育、建构成为网民媒介素养教育的核心。

最后，技术素养是读图时代网民媒介素养的保障。一方面，从文

---

① ［法］让·拉特利尔：《科学和技术对文化的挑战》，商务印书馆1997年版，第124页。

字到图像，意味着从意义到欲望的转向。互联网"参与""共享"的特质更强调网民媒介素养的技术因素，因为没有一定的技术素养，网民就不可能科学合理的参与和分享，就会在网络图像所形成的"欲望"中迷失自己，就不能树立正确的媒介是非观、价值观。另一方面，从文字到图像的更迭，不仅是媒介的融合更迭，更是视觉文化在社会、文化等层面发生的深刻变革。如果网民缺失对网络图像信息进行"控制""转换"和"再加工"的技术素养，那么所谓的"信息超载"就会成为常态，我们将被囿于网络图像所形成的景观之中，丧失思想和行动能力。

2. 超越：读图时代网民媒介素养教育的导向选择

传统上来说，媒介素养考量的是个体与媒介之间的关系过程，但在网络化生活的读图时代，我们必须超越传统的媒介素养教育模式和认知，建构新的网民媒介素养教育模式。

首先，超越视觉经验。一方面，网络图像所呈现的"客观""真实"世界，往往都已经被"虚幻""魅惑"，甚至"歪曲""变异"，但我们却在很多时候并不怀疑我们的视觉习惯、能力和经验。另一方面，在网络环境下，数字复制技术会消减图像的理念和意义，并颠覆传统意义上的图像创作，使图像传播脱离了原有物质性的禁锢与束缚，呈现出含糊性、空洞性、流动性等特点。所以，网络视觉图像往往会超出我们传统的视觉经验，因此"尽管我们可以宽泛地说我们看到了图像，但事实上，这个图像从来都不是视觉上观察到的客体。……看到一幅图像更多的是作为一种识别（recognizing）的事例，这种识别由艺术作品引发，并且在看的过程中某些经验还将被赋予心灵之眼（the mind's eye）。"[1] 显然，"某些经验"包含我们的视觉经验，但如果我们不能超越的话，网民就不能够在读图时代更好地提升其视觉素养，也就不能够更好地提升其媒介素养。

其次，超越表象。在网络化生活的读图时代，图像所呈现的视觉表

---

[1] 王林生：《图像与观者——论约翰·伯格的艺术理论及意义》，中国文联出版社2015年版，第89页。

象、听觉表象、触觉表象、味觉表象、嗅觉表象、记忆表象、想象表象、运动表象等，以不同的方式和渠道向网民传播，使图像所传达的意义更为复杂、多元。罗兰·巴特认为一幅图像可以传达三层意义[①]：信息层面（交流层面）、象征层面（意义层面）和意指层面（显而易见、漂浮不定又执着顽固）。网络图像的表象虽然具有形象性、直观性等特点且基本处于最低层次的认知现象之下，但"一幅图画囚禁了我们，我们逃不脱它，因为它在我们的语言之中，而语言似乎不断地向我们重复它。"[②] 这使得我们不能以惯常的方法理解图像及其表象，更不能对复杂的、高阶的图像表象掉以轻心。网民读图、传图具有快餐式、碎片化、即时性等特点，往往就会从图像表象中去归纳图像的形式与模式、去理解图像的信息、象征和意指而不能将图像原本的、真实的意图进行理解和传播，我们需要超越表象，要在融合视觉素养、信息素养、技术素养的基础上提升网民的媒介素养。

最后，超越时空边界。一方面，从媒介素养教育发展历程来看，网民的媒介素养教育要超越传统的保护主义模式、辨析模式和自我反应模式。这些媒介素养教育模式虽然都在各自时期为媒介素养教育提供了很好的范式，但并不适合读图时代的网民媒介素养教育，建构与整合以视觉文化为核心的新媒介素养成为网民媒介素养教育的最佳模式。一是我国网民呈现以中青年群体为主并逐步向中老年群体渗透的趋势。其中，10—39岁网民群体占51.8%，这个主体中10—29岁的网民达31.3%；50岁及以上网民群体占比达26.3%[③]。中青年群体是在普及义务教育、高等教育大众化和互联网普及背景下成长起来的，他们对媒介的识读能力、选择能力和抵御不良信息能力比在传统媒介环境下成长起来的受众要强得多。二是以视觉文化为核心的新媒介素养可以摆脱网民"精英文化"与"大众文化"对立的媒介素养教育，

---

① ［法］罗兰·巴特：《第三意义：关于爱森斯坦几格电影截图的研究笔记》，李洋等译，《电影艺术》2012年第2期。
② 陈嘉映：《维特根斯坦读本》，上海人民出版社2015年版，第15页。
③ 中国互联网络信息中心：第47次《中国互联网络发展状况统计报告》（2021年2月），http：//cnnic.cn/hlwfzyj/hlwxzbg/hlwtjbg/202102/P020210203334633480104.pdf.

使超越传统的保护主义模式、辨析模式和自我反应模式成为现实。另一方面,网络本身早已经超越了时空边界,网络图像的虚拟现实、虚拟空间是图像叙事时间的空间化和空间的时间化的统一。我们如果不能够在融合的前提下对网民进行包括视觉素养、信息素养、技术素养在内的新媒介素养教育,就失去网民媒介素养教育的根本意义。

(二)眼睛:网民媒介素养教育的视觉文化选择

在图像转向背景下,"图像理论"的提出者米歇尔认为:"观看(看、凝视、扫视、观察实践、监视以及视觉快感)可能是与各种阅读形式(破译、解码、阐释等)同样深刻的一个问题,视觉经验或'视觉读写'可能不能完全用文本的模式来解释。"① 在读图时代,网民的视觉方式、视觉权力已经发生改变,其媒介素养教育的视觉维度、体系维度和制度维度也随之发生了改变。

1. 观看与凝视:读图时代网民媒介素养教育的视觉维度

拉康将观看模式分为"观看"与"凝视":"观看"是直截了当、理性、主动、有意识的看,但有时也会反主为客;"凝视"则是物看人,且在"看"与"被看"中存在眼睛与凝视的分裂,有时也会反客为主。在福柯将权力的维度输入"凝视"后,眼睛—视觉—权力三位一体的观看方式无处不在,在读图时代更是成为网民日常生活的常态。"图像具有提供最大视觉信息的能力。"② 在网络化生活的当下,图像成为网民获取网络信息的主要符码,获取方式由"读"转向"看"。网民在网络中看到的是现实图像与虚拟图像交织的信息,网民和图像都处于"看"与"被看"之中,"看"与"被看"成为网民消费、消遣的时尚选择。

在直播、短视频兴起的当下网络语境中,网络图像的呈现更是泛滥,很多网民抵挡不住图像视觉的魅惑而去观看,这是因为"凝视"

---

① [美] W. J. T. 米歇尔:《图像理论》,陈永国、胡文征译,北京大学出版社 2006 年版,第 7 页。
② [英] E. H. 贡布里希:《图像与眼睛:图画再现心理学的再研究》,范景中等译,广西美术出版社 2016 年版,第 152 页。

在勾引眼睛，"凝视"战胜了网民的眼睛。但同时，主播们、图像生产者（图像背后的"他者"）也在"观看"网民，他们要控制网民的眼睛，使其沉醉于视觉的快感之中，并按照"他者"指引的行为方式来进行"观看"。这样"看"与"被看"交织在一起，网民、信息生产者、传播者都会迷失其中，从而丧失分析判断力，成为网络"无灵魂的奴隶"。因此，我们要培养网民"观看"和"凝视"的媒介素养能力，因为"看就像说、写或者做记号等是一种实践。看包含学会阐释，而且和其他实践一样，看包含诸种权力关系。有意地看也就是实施某种选择和影响。被迫看，或者试图让他人看你或看你想要引起他人注意的东西，或者参与看的交流，都使权力的行使成为必要。看可以容易也可以困难，可以有趣也可以令人不快，可以无害也可以危险。"[①] 但无论是"观看"还是"被看""凝视"都不要迷失自我，都要在"观看"与"被看""凝视"的秩序中遵守游戏规则。这样，才能够使网民更好地驾驭网络媒介，成为网络的主人。

网络媒介、图像本身就是一种隐喻。网民不可能总是在"他者"的"凝视"下觉察到自己的存在，我们要发挥"观看"主体的知觉能动性，建构主体与他者的"共通世界"。而眼睛与凝视的分裂，就是在观看过程中主体与对象、主动与被动、快感与不快感的对立，但在实践过程中"观看"和"凝视"往往不是绝对的，它们在眼睛这个窗口进行交换、交织，从而看清事物的现象和本质。所以，在读图时代，要真正使网民"眼见为真"，就必须提升其在眼睛—视觉—权力三位一体的视觉维度下进行网民的媒介素养教育，使其练就"火眼金睛"。

2. 眼与心：读图时代网民媒介素养教育的体系维度

网民通过网络看到的世界并非世界本身，而是由网络建构起来的"景观"，网络世界亦被把握为图像。网络所呈现的本质与存在、可见与不可见、想象与现实要让网民看得清楚明白的话，就需要网民不仅要具备"物理之眼"与"心灵之眼"，而且要洞察"观众之眼"与

---

① ［美］玛利塔·斯特肯、［美］莉莎·卡特赖特：《看的实践：形象、权力和政治》，周韵译，载周宪主编《视觉文化读本》，南京大学出版社2013年版，第225页。

第四章　广告图像批判

"画家之眼"。一方面，视错觉、虚拟与现实、本质与存在、可见与不可见等是由网络媒介和网民共同完成的，网民要看清事实，必须兼具"观众之眼"与"画家之眼"。另一方面，在读图时代，网民要弄清楚诸如图像主题与图像客体、图像意识与图像事物等要素，要在海量信息中透过现象抓住本质，就更需兼具"物理之眼"与"心灵之眼"。

网民对图像的洞察不可能脱离视觉，图像不仅吸引着网民的眼睛，而且也决定了网民观看的视觉方式。"观看的行为是作为空间与时间的取消、作为身体的消失被建构起来的：是那种即时的观看的主体，是一种视觉性建构。"[1] 读图时代的网民正是如此，他们在扫视网络时在某一时刻被图像所吸引，此时扫视的终点变为注视的起点，网民消失在图像的魅惑之中。这种即时的观看在网民浏览网页时成为常态，但网民却没有意识到在他们注意力转移的瞬间自身身份的隐藏和迷失。这样，网民在事实上既不拒绝观看图像的过程，在本身的行为中又不掩饰其身体的痕迹（迷失而不自知），其结果只能是沉迷其中，人云亦云，丧失思辨的能力。

"所有绘图的核心是观察、想象和再现图像的互动过程。我们张开双眼，通过观察创造外部现实的图像，从而发现世界。闭上双眼，心灵之眼呈现内心真实的图像——过去发生事情的视觉记忆或者想象的未来投影。"[2] 这样，图像、话语与权力都可以经过网民的"物理之眼"和"心灵之眼"来进行互动，使我们在观看、触摸时能够洞察图像的本质。在读图时代，眼睛和图像都会欺骗网民，"物理之眼"只能帮助我们"看"，但"心灵之眼"能够帮助我们"看见"。在读图时代，图像的直观性、形象性、虚拟性、逼真性是无法取代的，网络"图像霸权"地位的确立是网民选择的结果，是话语文化向图像文化转向的结果。这种转变并不仅仅局限于"读图"本身，而是与社会、文化、政治、权力、技术等的转变相一致。因此，在"电子传播阶

---

[1] ［英］诺曼·布列逊：《视觉与绘画》，郭杨等译，浙江摄影出版社2004年版，第104页。
[2] ［美］程大金、［美］史蒂夫·P. 罗塞克：《设计绘画》（第2版），张卫澜译，天津大学出版社2016年版，第3页。

段，持续的不稳定使自我去中心化、分散化和多元化"[①]背景下，我们要在提升网民媒介素养的基础上帮助其分清图像与社会、观念与行动、自我与他者的关系，从"眼"与"心"的角度，在读图时代建构起网民媒介素养教育的体系维度。

3. 视界政体：读图时代网民媒介素养教育的制度维度

从"语言学转向"到"图像转向"，在文化领域发生深刻变革的同时，人们的生活方式、认知方式、思维方式、表意方式等也随之改变。在读图时代，网民具备几乎所有视觉文化最显而易见的外部特征：感性化、物质化、娱乐化、欲望化、日常生活审美化。所以，网民如何看与被看成为读图时代最应该建构的媒介素养行为。

视觉文化建构的观看模式是视界政体（scopic regime，由美国学者马丁·杰提出），"就是指在视觉中心主义的思维下，视对象的在场与清楚呈现或者说对象的可见性为惟一可靠的参照，以类推的方式将视觉中心的等级二分延伸到认知活动以外的其他领域，从而在可见与不可见、看与被看的辩证法中确立起一个严密的有关主体与客体、自我与他者、主动与受动的二分体系，并以类推的方式将这一二分体系运用于社会和文化实践领域使其建制化"[②]。视觉中心主义建构了以"视觉性"为标准的认知制度乃至价值秩序，在可见与不可见、看与被看的辩证法中确立了从主体认知到社会控制的视觉文化规制。可以说"视界政体"是视觉文化语境下人们的话语范式，更是一种视觉权力的表征。所以，网民的读图行为和方式不仅仅是眼睛的，更是技术的、文化的和社会的。

"可能性与天性的结合促成了现代人类的'图像化生存'。"[③]从技术角度讲，现代信息科技不仅能够大规模生产和复制"超真实"的拟像，而且模糊了虚拟与真实的边界，网民视觉性的实践与生产系统在形成中受到冲击，"视界政体"则规制了观看的行为、过程。从视觉

[①] [美]马克·波斯特：《信息方式——后结构主义与社会语境》，范静哗译，商务印书馆2000年版，第13页。
[②] 吴琼：《视觉性与视觉文化——视觉文化研究的谱系》，《文艺研究》2006年第1期。
[③] 曾庆香：《大众传播符号：幻象与巫术》，中国广播电视出版社2012年版，第191页。

文化角度来讲,"看"与"被看"都具有浓郁的语境氛围、强烈的政治性色彩和鲜明的意识形态意味,而"视界政体"将视觉模式中可能出现的思想与社会经济结构联系起来,使我们能够看得明白。从社会角度来讲,"视界政体"中以"视觉性"为标准的认知制度乃至价值秩序本身就是一个有着社会性理论内涵的概念,是与"观看"的文化、政治息息相关的。所以说,网民要"在一个充斥着图像、文字、声音的世界里学会生存"[1],不仅要适应图像化生存的环境,更要遵守"观看"的规矩,全面提升其在读图时代的媒介素养。

在图像化生存和网络化生活交织的背景下,每个人都处于"看"与"被看"之中,我们对图像的理解就是不断在"看"与"被看"的转换中透过现象看本质。因此,网民只有不断地提升其媒介素养才能够更好地在"看"与"被看"中发现自己、汲取知识。不可否认,网络中的图像景观是鲜活的、逼真的,充满了诱惑与张力,吸引着网民对其进行观看和解释,许多网民由于媒介素养的缺失造成上网成瘾、上当受骗甚至更为极端,使我们不得不重新审视图像与观者的关系。数字技术带来了生活、工作与思维的变革,也重构了图像与现实。网络的虚拟呈现的多元化和拟像消费正以各种方式开疆拓土,如果网民不能受到良好的媒介素养教育,图像化生存和网络化生活将成为人们的梦魇。

第三节 广告图像与想象力

"想象力是人存在的条件,……这种'力'将世界'编入'人的想象,而人的内在世界又基于世界而构成。如果没有想象力的转化性,就不可能有人的文化世界,也不可能有想象,更不会有语言。"[2] 图像

---

[1] 秦莹:《使用媒体而非受限于媒体——国际媒体素养教育的理念及教学策略和设计》,《文教资料》2007年第13期。
[2] [德]克里斯托夫·武尔夫:《人的图像:想象、表演与文化》,陈红燕译,华东师范大学出版社2018年版,第44—45页。

的意义之所以比文本、语言等更丰富，就在于人的想象力。影子的图像、艺术的图像、象征的图像乃至意义的图像，根源都在于人的想象力——推动着人的进化、审美、思考和创新。

一 想象力是广告图像传播的内驱力

想象力是广告图像的灵魂，缺乏想象力的广告图像就是没有灵魂的广告。广告图像与意象之间的鸿沟需要借助想象力的翅膀才能飞跃，想象力可以将广告图像中超越的、陌生的、遥不可及的、神秘的事物或者意义带入现实，通过抓取观者的注意力而实现飞跃。

（一）广告图像是想象的必然性和偶然性相结合的结果

说是想象的必然性，是在于广告图像创作和存在是一种自然的客观现象，是广告人、广告主和媒介的"纯意识存在"和"本质直观"。"纯意识存在"使我们在创作广告图像时一方面要根据具体的、客观的事实材料进行创作；另一方面则可以超出具体的客观的表现之外，甚至可以超越"材料"本身。"本质直观"则强调广告图像要对广告对象进行本质直观的把握，使我们能够在一定的时空位置中对广告图像进行描述和展示，即使是超出客观之外的假象。广告图像中的这种现象学表现，既揭示了广告图像创作的意识，也解释了广告图像的超越性、陌生性以及多变性的原因。但这并不是我们可以进行无边界创作的理由，更不是我们可以进行假象乃至虚假表现的借口。如果说"纯意识存在"和"本质直观"是我们作为人的自然心理现象的话，那么刻意的广告图像之假象乃至虚假就是人为的故意，是违背广告规律、广告自律和社会规则的，严重的则会触及法律，必将受到惩罚。

说是想象的偶然性，是在于广告图像的创作在时间和空间中受到很多其他因素的影响。我们对广告图像审美上或美或丑的判断，意象上或真实或虚幻的感受等等，其关键就在于想象。而想象性思维本身就具有偶然性，其相似的、象征的形象等本身就具有模糊性，这种模糊性既是广告图像想象偶然性的必然表达,更是广告图像创意不可或缺的思维方式。如"农夫山泉有点甜"的广告创意,"有点甜"就是模糊的表述,但却精确地表达了山泉水所具有的本质特性。广告图像则主要突出的是水源地,"源头活水"才是"有点甜"的关键所在,广告形式借助纪录片的表现手法,真实地展示了"有点甜"的特质所在。具有意向性和指向性是想象意识的本质属性。作为广告图像的创作来说,其创意假设本来就具有偶然性的特征,其塑造的对象是建立在存在与虚无的基础之上的。"有些东西是描述意象,而另一些东西则是考察其本性得出结论的。从前一种东西过渡到后一种东西,也就是从必然性过渡到或然性。"① 而必然性和偶然性是或然性的两极,萨特虽然表述的是意象,但对广告图像的意象表现也具有借鉴意义,因为广告图像创意的起点就是要获得对象的直接的、必然的认识,在此基础上才可能"妙手偶得"。而"知觉的特征在于,对象只是以一系列的侧面或投影出现的。"② 这样,广告图像必然要通过感受、理解和想象才能够被观者知觉到广告对象所要传递的全部。那么在创作中或者在观者的知觉过程中,就必然是必然性和偶然性相结合的结果了。

(二)广告图像是一个可以无限阐释意义的"审美空间"

广告图像是对广告对象特征进行全面表现的综合,是真实与虚拟的组合。因此,观者对广告图像及其对象的知觉具有诸方面的无限性——真实性反映和表达的往往是直接的,虚拟性反映和表达的往往是间接性的。广告图像正是对广告对象在真实和虚拟之上的表现,是对真实和虚拟的形式解放。这既是广告激发想象的根源,亦是可以无限阐释意义的审美空间表达——是将人类意识和知觉形成我们可以感知的方式。而当技术发展速度超越思维模式更新速度之时,人的主体性就会在变化的图像面前坍塌,而这时媒介的边界与图像的边界则会无限扩大,故我们对图像的把握和阐释呈现相互矛盾的两个方面:一方面我

---

① [法]让-保罗·萨特:《想象心理学》,褚朔维译,光明日报出版社1988年版,第21页。
② [法]让-保罗·萨特:《想象心理学》,褚朔维译,光明日报出版社1988年版,第26页。

们的知觉和意识对图像的把握变得难以描述和分析；另一方面，主体的自由度相较以往有更大的空间和自由，对图像的阐述突破原有思维模式，意义的"审美空间"变得无限可能。需要指出的是，广告图像无限阐释意义的"审美空间"是建立在想象力的基础之上的，没有这个基础，即使技术发展速度超越思维模式更新速度，也不大可能在阐释上突破原有的边界，"审美空间"自然也就被压缩在原有可感知和可认知的范围内，意义自然不可能超越意识感知和认知范畴。

当经济的、政治的、文化的和技术的环境发生变化时，思维、生活和工作方式自然随之而变。而当广告图像及其形式过度商业化之时，经济的、政治的、文化的和技术的发展势必反噬广告效果，知性被商业资本压制，简单粗暴替代创新创意。虽然"广告证明了自己的决定性的革命力量，因为它通过毫不迟疑地将它的欢快的信息与社会真实脱钩，从而最终在空洞的承诺中产生了向心聚爆的黑洞真空。"[1] 但是对整个生态的破坏却是明显的，因为当迎合和满足观者的欲望成为主要路线之时，想象和意义的空间被压缩，广告图像的审美空间更不可能无限阐释，图像拜物教将进一步固化，由此而建构的图像话语空间将形成藩篱，观者将在这样的时空中迷失自我，图像观看和理解的方式阻碍真理和现实的现象加剧，揭露真理和现实的现象降低，人成为图像的奴隶。当"人类认知活动对图像刺激的过度倚重以及'图像主义'对其他感知方式的挤压达到令人忧虑的程度"[2] 之时，图像对文化、感知等的危害性和破坏性就显露无遗，就需要我们对图像进行再认识，从而对文化建构进行纠偏，对感知模式进行修复，等等。

从图像到语言到认知再到图像的运动过程和审美之间存在着不确定的联系。包括广告图像在内的任何图像认知，都有自身的秩序和逻辑。人在选择性注意、选择性理解、选择性记忆中不是从视觉到审美、视觉到话语等的简单转换，而是综合感知、立体释义的复杂抉择过程。

---

[1] ［德］沃尔夫冈·弗里茨·豪格：《商品美学批判》，董璐译，北京大学出版社2013年版，第244页。

[2] 王馥芳：《纠正"图像至上主义"偏颇》，《中国社会科学报》2016年2月23日第3版。

第四章 广告图像批判

任何"瞬间"的图像形成和认知在不同层面上都存在着各种可能的理解，且在不同群体之间存在着专业体系的知识和认知鸿沟，通往可能准确意义的路径变得复杂，审美空间被压缩。在广告图像的理论和实践之间，并不是一一对应的关系，而是一对多的关系。不管是实在图像还是虚拟图像、静止图像还是流动图像，都摆脱了文字叙事的繁重与冗余，变得轻快与直接，对注意的刺激进一步加剧。这种现实的变化对图像审美提出了挑战：一方面，随着人们文化水平的累积提升和知识的快速迭代，人对图像审美提出了更高的要求；另一方面，快速阅读和感知延伸，使图像文化来不及沉淀或精粹，又让新的图像模式消解了，人成为焦虑的主体。这种现状让广告图像首当其冲，人们一方面沉浸在理想主义之中无法自拔，另一方面却又对新的变化焦虑不已。尽管每个人都可以参与到广告图像公共话语空间之中，但话语权却往往掌握在少数人手中，真正起作用的图像意义的创造和建构在人们整体焦虑之中变得简单粗暴，用艺术来锤炼图像，用审美来阐释意义在激进的变化中显得奢侈，使广告图像意义和审美的建构和维系具有更大的不确定性。

相比较电子广告图像来说，从原始图像、认知图像到艺术图像都没有像现在广告图像这样，可以拥有无限阐释意义的"审美空间"。这一方面跟碎片化的社会现实有着紧密关系，一方面跟技术的发展催生多元化的表达、流行和转换有着内在逻辑。当广告图像与消费者身份的交集变得多元、复杂且脆弱之时，广告需求、广告表达和消费者日常生活之间的张力会叠加并相互挤压。这样，消费者通过广告图像来观察社会和他人行为的窗口会越来越狭窄，广告图像的目的性、功利性将进一步加强，广告图像脱离现实的可能就越来越大，变革将不可避免，人们将重新审视广告图像，以适应新的文化、语境和技术。需要指出的是，视觉文化和现代科技一直在大规模生产图像、景观和各种可能。这些生产结果相互交织在一起而形成的网络，不可能通过单一或者简单的方式将其描绘，更不可能只呈现某种单一的状态，包括由广告图像所形成的流行文化。但不幸的是，我们都成为新文化或者新趋势的试验品乃至牺牲品，因为我们往往会沉溺其中而毫无防御性和反抗性，等我们醒过神来时，新的变革可能早已经悄然开始。

（三）广告图像是想象力图像化的表现

"我们将想象力看成是一股能量。这股能量能够将不在场的人、对象抑或事物关系进行表征。不在场的事物通过图像媒介实现了其'存在'性：在图像里，一方面不在场的事物是存在的，另一方面它又是'实体上'（materiell）的不在场。"[1] 正是图像的这种表征结构，使得图像可以在人脑内外进行转化，所以才使得图像世界如此多姿多彩。而转化的核心则是想象力，如果没有想象力，影子就是影子，图像也不可能有什么艺术图像、意义图像和象征图像，现实和虚拟、内在与表象也就没有了存在的场域，人也就失去了存在的条件。

想象力既是沟通内外图像的桥梁，也是进行内外图像转化的通道。广告图像就是充分利用人的想象力去创作和吸引注意的——既推陈出新、使人占有，也吸引注意、催生欲望。广告图像的想象力既可以无限放大我们的欲望，也可以让我们清醒地认识到自身的限制所在；既可以创新、创意商品呈现与表达的方式，驱动消费，也可以诱导我们误入歧途而拜物忘返；既可以唤起我们的记忆，让我们更深刻地感知"是什么"，也可以激发我们对未来的憧憬，让我们拥抱更多的可能，等等。不可否认，正是广告图像具有无穷的想象力，才使得广告的边缘性学科属性更为突出——跨越、包容和融合。正如卢梭所说，"无论是好是坏，总之想象力延伸了人类的可能性空间，并以此通过能让自身感到满足的希望去激起人的欲望，并不断地靠近它"[2]。这不仅仅是人们满足自身欲望的本能想象，更是人类文化丰富多彩的有效解释。也正是广告图像可以为消费者提供更多的可能性空间，才使得人们乐

---

[1] ［德］克里斯托夫·武尔夫：《人的图像：想象、表演与文化》，陈红燕译，华东师范大学出版社2018年版，第64页。

[2] ［德］克里斯托夫·武尔夫：《人的图像：想象、表演与文化》，陈红燕译，华东师范大学出版社2018年版，第73页。

第四章 广告图像批判

此不疲乃至激进极端。

当广告图像湮没我们的生活时，它开始吞噬我们的私人记忆，也蚕食了我们的文化历史。我们不能借助想象力的美丽借口而掩盖广告图像带给我们的负面影响，甚至颠覆我们的道德底线，沦为金钱的奴隶。在快节奏的社会生活中，广告图像的快速增殖，使得意义去语境化的现象广泛发生，能指和所指之间的约束被突破，私人记忆和文化历史消失了，成为普遍的、空洞的且不受时间和空间约束的伪记忆、伪文化和伪历史。这时，"历史的重量被失重所取代，深度被肤浅所取代，意义被与之对应的表象所取代。……广告呈现出后现代文化的倾向：支离破碎的意义，表象的胜利，叙事的崩溃"[1]。这是我们所想要的结果吗？不是，是逐利主义者想要的，他们就是要割裂过去、现在与未来的联系，就是要在碎片化、无边界的文化荒漠中根植欲望，让人们盲目地去追逐那些稍纵即逝的、虚无缥缈的符号价值、图像象征和审美表象。

广告图像对真实的执念不能仅仅停留在口头上，广告图像对想象力的执念更不是广告脱离真实的借口。"广告并不是说谎，更多的时候，它通过扭曲和重新改造，将社会文化意义添加到商品符号中为品牌形象服务。"[2] 而扭曲和改造都应该遵循一定的原则，应该能够在浮躁且焦虑的社会中为人们增添一抹亮色，而不应趁火打劫、混淆视听，让人们在物欲的幻像中迷失自我。不可否认，我们对过去、现在和未来的反映、印证和想象都离不开想象力，借助这些历史图像、现实图像和愿景性图像，我们不但在广告中勾画出来超越感、陌生感、未来感甚至恐惧感，而且使我们以更敏捷、更迅速、更期待的行为挣脱过去、脱离现在和拥抱未来。这恐怕就是广告图像充满想象力的内在驱动力，因为它将人的渴望、欲望等内置于我们的文化、心理和行为之中，而我们正是在这样的社会结构、文化意义系统和符号表征中感知世界。

---

[1] ［美］戈德曼、［美］帕普森：《符号战争》，王润柳译，湖南美术出版社2018年版，第142—143页。

[2] ［美］戈德曼、［美］帕普森：《符号战争》，王润柳译，湖南美术出版社2018年版，第147页。

二 想象力与广告图像虚构

"想象力生成了图像,并使其身体化;它表演着自我,并通过不同的媒介来展现着自身。想象创生并建构着文化的想象世界,并且为人们防御其强迫性提供了可能。"[1] 但想象力不是广告图像可以随意虚构的理由。想象力使广告图像精彩纷呈,不断革新着人们对图像创意的认知,让消费者在想象中获得新的满足、获得超验虚空的体验、获得符号意义的建构和对他者征服(或者拥有)的欲望。

(一)想象力与广告图像模仿

想象力是人类模仿世界的内在驱力,是图像"超真实"的时空秩序缔造要素,它既使我们可以在模仿中进行创新,形成新的形象,又可以使我们在虚拟与现实的转换中充分调动人们的知觉系统,在借助各种力量的基础上将人们想象的世界加以表演化、形式化、具体化和虚拟化,从而建构人与物的关系、人与人的关系。广告图像则正是在这样的关系中不断变化、深化和革新,在在场与缺席、形式与内容、可名与可悦、可见与不可见、变幻与趋同的发展中编织着人们的梦想。文化的多元性、社会的细微变化、技术的具体应用、消费心理的微妙波动等等,在广告图像中都会被丰富、捕捉、延展和转型,使人们在权力结构、文化演绎、经济利益、心智沟通中不断去想象、展演和影响人们相互之间的想象和行为,从而达到广告的目的。想象力是无限的、无边界的,但广告图像的表现形式是有限的、表现内容是有边界的,尽管想象世界的广告图像影响着我们对创意的追求和对文化的差异性抉择,以及如何实现"超真实"的表达,等等,但其生发点却是事实,是真实的。万变不离其宗,广告图像的想象结构、想象思维、想象图式等无论怎么变化,都脱离不了广告对象所具有的功能或者服务,都不能忽视由于地域、文化、法律等带来的限制和规约。我

---

[1] [美]戈德曼、[美]帕普森:《符号战争》,王润柳译,湖南美术出版社2018年版,第337页。

们可以在创意阶段海阔天空，但在表现阶段还是应脚踏实地，它必须遵循权力关系、文化关系、社会关系和经济关系的游戏规则，否则就寸步难行。

广告图像与想象、模仿和创造是密不可分的。无论是作为影子的图像、象征的图像、艺术的图像还是意义的图像，都离不开想象、模仿和创造。模仿是社会普遍重复性的特性之一，而广告及其图像则更是大规模复制的典型代表。虽然模仿不同于复制，但不可否认的是复制也是模仿的重要形态。但如果我们只单纯关注复制而忽视模仿，或者忽视想象和创造的话，那就大错特错了。首先，想象模仿是模仿性创新的关键。广告及其图像的创意源泉、表现方式等都离不开想象，社会事实、自然事实与想象的类比、叠加与碰撞，不仅能够使我们产生新的欲望，而且能够激发我们自发而又无意识模仿的冲动，进而从事有意识模仿的广告行为。在这一过程中，欲望是本能，想象是关键，模仿是具体表现。模仿性创新就是在无意识和有意识的模仿行为中推陈出新，进行创新性创造，从而使广告图像所展示的形象是全新的、富于想象的。其次，模仿具有社会相似性。广告图像是在社会环境中生存的，广告图像的社会想象是模仿现实社会的，没有也不可能有脱离现实社会的社会想象。想象的美好或者想象的社会状态是推动人类进步的动力源泉之一。模仿使我们原初的想象得以传播，在传播中则又会引发新的想象和模仿。如此，欲望和潮流、跨越和创新等得以形成，广告图像得以在大规模复制的传播中永葆活力，成为社会发展不可或缺的元素。但也正是因为如此，就成为我们可以偷懒甚至抄袭的借口，更不能因为模仿社会的相似性而放松对文化差异性的警惕。最后，广告图像的模仿是客观的想象。广告图像模仿不管如何放荡不羁、变化万千，都离不开对客观事实的想象。我们知道，人的想象力、模仿力远大于人的创造力、创新力。模仿和想象的无穷无尽，都源自我们对社会、对文化、对经济等的密切接触，是事实给我们提供了模仿和想象的源泉。但有很多广告及其图像却罔顾事实，为了超越而超越、为了陌生而陌生，使广告图像的表达、表现走向虚无、虚空甚至虚假。

其实，即使在大数据技术的支撑下，我们也不敢说我们就可以实现精准传播，就可以达到让全部欲望满足的目的。广告图像虽然是为资本服务的，但并不等于说资本可以凌驾于事实之上来定义人们的欲望和需要。我们之所以要强调广告图像的模仿是客观的想象，就是要强调广告图像属于公众生活的一部分，必须要有自身的道德修养——源于事实；就是要强调广告图像属于大众文化的一部分，必须在欲望的满足中恪守规则——守住媚俗的底线和虚假的红线；就是要强调广告图像属于社会景观的一部分，必须在社会符号意义上进行抉择——用社会、文化的排除法来完成意义的建构，将他者的欲望转化为商品的形象和风格。

"被发明的事物和被模仿的事物总是一个思想或意志、判断或目的，这个事物又体现了某种程度的信念和欲望。"[①] 信念和欲望都是我们的心理活动和感知，当广告图像的模仿抓住信念和欲望时，就抓住了实实在在的社会。这时，广告图像所呈现的是社会所塑造的信念和广告所表现的欲望的一致性，是社会需要、经济需要、文化需要和审美需要的综合表现。广告图像所表达的信念和欲望往往是社会和人的信念和欲望的统一，虽然广告图像模仿可以创造信念和欲望，但其实都逃脱不了作为社会属性和自然属性中的人的信念和欲望的根本范畴。也就是说，无论广告图像模仿所呈现的信念和欲望是什么，其实都早已经扎根于生命世界之中了，关键就是在某个阶段（或时空范围内）恰到好处地去呈现。但事实上有很多广告图像的模仿根本不在乎这个，他们想当然地认为可以脱离社会和人的信念和欲望事实去创造一个新的信念和欲望，从而使广告不知所云。"模仿既可能是模糊的也可能是精确的。"[②] 广告图像的模仿显然是模糊的，精确地表现人们的日常生活现状或者产品生产现实不是模仿，而是再现。在广告图像的模仿中，如果表现内容是精确模仿的话，那就是抄袭，是需要坚决反对和

---

① ［法］加布里埃尔·塔尔德：《模仿律》，何道宽译，中国人民大学出版社2008年版，第105页。
② ［法］加布里埃尔·塔尔德：《模仿律》，何道宽译，中国人民大学出版社2008年版，第136页。

抵制的，也是会受到相关法律、法规处罚的；如果模仿的是信念、思维、欲望或者某种模式等，则需要我们进行区分，不能一概而论。广告图像模仿在很多时候是有意识、有目的、自觉、自愿的模仿行为，不能假借创新性模仿之名而行抄袭之实。基于传播的需要，在广告图像模仿里，对情感的模仿远远高于对思想的模仿，因为情感在记忆中的时间更持久，也更能够在相应的时空中即时促使人们采取行动。因为"模仿在人身上的表现是从内心走向外表的。"[1] 这也说明了为何模仿情感比模仿行为更能够打动人，所以广告对消费者心智的洞察和把握是进行模仿的前提条件，否则就会"东施效颦"，弄巧成拙。

在消费社会，广告及其图像更多的时候是希望消费者对广告及其图像所传递的信息进行模仿，广告主、广告人和媒介都乐见消费者因为广告而引发的模仿行为（当然是积极的、正面的行为）。"情感是判断和欲望的习惯；由于不断重复，情感的习惯很活跃，几乎成为无意识的东西。"[2] 而从内心开始的欲望则在广告传播中会进一步强化，在人们认知广告图像从里到外的模仿规律中，最终都将模仿对象抽象成了传播对象的符号，从而形成符号化消费和某种流行趋势。需要指出的是，广告图像所表现的信念和欲望是会被新的信念和欲望冲淡甚至在不知不觉中被取代，因为被表征的事物、行为等总是出现在符号或者流行之前。具有强烈主观性的广告图像模仿仅仅是广告图像表现的方式之一，创新创造仍是广告创意的主流，我们不能因为模仿的便利而不去创新创造，否则，只能跟随无法超越。因为模仿绝大多数时候是弱势对强势的模仿、低位对高位的模仿、非专业对专业的模仿，虽然不排除反过来的模仿情况发生，但毕竟是小概率行为。所以，对那些眼中只有短期利益或者投机取巧、利欲熏心的模仿行为，无论其借口是什么，我们都应该坚决抵制。

---

[1] ［法］加布里埃尔·塔尔德：《模仿律》，何道宽译，中国人民大学出版社2008年版，第143页。

[2] ［法］加布里埃尔·塔尔德：《模仿律》，何道宽译，中国人民大学出版社2008年版，第149页。

(二) 想象力与虚构叙事

虚构叙事是广告图像叙事的重要表达方式之一。广告图像是现实、想象与虚构三元合一的体现。广告图像创作的文本来源于社会、文化等现实世界，但文本本身并不单纯是为了追求现实而反映现实或者表现现实，而是为了在讲品牌故事的图像叙事时能够在真实的基础上虚构（或者说虚拟）某种场景，将创作者的想象与观者的想象进行转移、叠加和激发，从而达到广告传播的目的。在广告图像的叙事中，其虚构不同于文学作品，但有一点是共同的，就是"源于现实而高于现实"的艺术属性，不同的是文学作品可以脱离现实进行创作，而广告图像必须根源于现实。由现实转化为文本，再由文本转化为图像，其表现形式理所当然地超越了现实和原型，故虚构从某种程度上来说是在形式的相互转化过程中对原有形式的"侵犯"（transgression），在本质上是对原有疆界的打破和跨越。

伊瑟尔认为，"哲学中虚构地位的攀升说明了对虚构态度的一个逆转：从一种欺骗的形式晋升为认识的一种基本的构成方式"[①]。但这种逆转并不能成为广告图像虚假的理由，广告图像虚构到虚假只有一步之遥，在这模糊的界限之下，任何打擦边球的冒险都有可能在现实中翻车，需要我们特别注意。同时，我们对这种认知思维方式的转换应该重视，因为虚构并不是为了欺骗而是为了更好地表现，为了更好地展示创意的思维。文学虚构需要超越现实的语境，广告图像的叙事也需要。所不同的是，文学虚构对现实语境的超越是可以割裂的，而广告图像叙事对现实语境的超越是不可割裂的。虽然这两种虚构都有意义，但我们对意义的态度却是不同的，对待文学虚构的意义，我们认为其虚构是"和谐的虚构"，是值得我们信赖的形式，而对广告图像虚构的意义，我们是区分对待的。当虚构造成现实的虚假时，我们不仅不能接受，还要坚决抵制、积极举报，将其绳之以法；而对于"为了更好地表现，为了更好地展示创意的思维"的虚构，我们是乐

---

① ［德］沃尔夫冈·伊瑟尔：《虚构与想像：文学人类学疆界》，陈定家等译，吉林人民出版社2003年版，第123—124页。

第四章 广告图像批判

享其"构"的，也是一种"和谐的虚构"①，是广告图像"意象"的重要组成部分。不可否认，由于认知思维的限制，我们往往局限于某一域或者某一点，不能够跳出原有的认知模式，只能简单地将其认为是理所当然的样子。而当我们弄清楚理论、认知、思维等方面的界限，或者局限，或者突破等时，我们才会豁然开朗、顿悟，有原来如此之感。而当我们知其然不知其所以然时，我们缺乏的可能不仅仅是对哲学的认知，缺的恰恰是对最原始的学科及学科边界的把握，缺的是自以为是的幻觉、效果和所谓的"模仿"——一种对广告图像叙事方式的揣测。更进一步，源于广告创作者、广告人和媒介等囿于知识、眼界、审美等的限制而形成的虚构叙事之虚假广告，似乎还可以理解和接受，但，由于利益的诱惑而明知不可为而为之的虚构叙事之虚假广告，则是不可饶恕、绝对禁止的。

广告图像叙事是空间的时间化和时间的空间化的统一。广告图像对现实生活的入侵既是视觉文化对消费文化、大众文化的侵入，也是图像对时间和空间的综合利用。在侵入和利用的过程中，广告图像叙事相较于其他图像叙事而言，具有显著的主动性特征——基于想象的冲动和本能。正是借助人的想象力，广告图像才有机会在生活世界中大放异彩，从而将艺术与象征的张力、意义的时空性、欲望的蔓延等在生命的流淌中为人们所体验、被知觉所捕获。也正是由于广告图像在日常生活中的丰富表现，才使得由虚构和想象决定的人类学特征具有了"人"的气息——因为虚构和想象都改变不了事实的存在和存在的事实。也正是如此，人们往往为虚假广告的存在寻找借口，或者为打擦边球的广告辩护，其目的无非就是既得或者将得的利益，他们为

---

① 对于虚构，弗兰克·克默德在《结尾的意义》中认为我们需要对"开端和结尾作一个赋予想象力的修正，以便于提供改变生命自身达不到的连接。"这样可以使虚构的任何成分与其他成分和睦相处，从而使虚构和想象自然天成。伊瑟尔认为和谐的虚构的出现是由于生命不可接近，但又需要对现实赋予意义，所以才将虚构的现实想象成我们需要的样子。之所以我们认为"和谐的虚构"值得信赖，关键之一就是这种虚构没有影响人类学的历史真实，而且还成为解释生命意义的必要性方式。可参见［德］沃尔夫冈·伊瑟尔《虚构与想像：文学人类学疆界》，陈定家等译，吉林人民出版社2003年版。

此疯狂，毫无惧意。而想象却恰恰源于人对自然和未知的恐惧、源于认知的困惑。这都是符合人们在时间和空间中进行想象的行为，归根到底都是追求利益，所不同的是，虚假广告是建立在危害他人的基础之上的，而广告图像叙事则是让人心甘情愿地将钱花在想花的地方。

三 结语

"图像革命使我们的文化从个体理想转向整体形象……使我们脱离文字和个人的'观点'，使我们进入群体图像的、无所不包的世界。这的确是广告所起的作用。它表现的既不是个人的观点，也不是一种风光，而是给人提供一种生活方式：要么就是人人都予以接受，要么就是谁也不接受。"[1] 什么是广告？广告是什么？一直都在讨论、在定义、在反思、在延展。时代的变化与广告自身的律动从来都不是简单对接的，而是在各种因素不断的碰撞之下螺旋变化的。广告图像之所以在视觉文化发展的当下席卷我们的接触场域，主要原因之一就是人们重新接受和阐释商品符号意义的过程扁平化的结果。当我们把所接触到的一切都消解成"瞬间"可以理解时，竞争的残酷和接触的极简（主要表现是符号化竞争）等，都进一步催生了广告图像的大行其道，没有人有耐心去深入地接收传者到底说了什么？只关心传者"瞬间"说了什么！而在视觉文化占主导地位的情形之下，具有"瞬间"特质的图像理所当然地占据主导地位，顺理成章、浑然天成，在不知不觉中被人们所普遍接受，以至于形成所谓的"图像霸权"。

人的图像行为的习得和表现是一个漫长的进化过程，我们正处于其中。广告图像的形式和表现与其说是视觉文化影响的结果，不如说是人们选择的结果。而随着现代科技的发展，人们感知图像的方式由眼睛为主转变为综合感官系统的立体感知，任何一个感知器官都参与捕捉图像的信息。此时，图像抓住了观者，观者也捕捉了图像。这样，

---

[1] [加] 马歇尔·麦克卢汉：《理解媒介：论人的延伸》，何道宽译，译林出版社2011年版，第262页。

第四章 广告图像批判

包括广告图像在内的所有图像成为生命意义的一部分,供人们理解、分析、定义和消解。与自然图像相比较来说,广告图像既取决于自然规律,也取决于人的认知发展。它既属于社会学范畴,也属于经济学、文学、艺术学、美学、符号学、哲学等范畴,其发生作用的关键点是人与图像之间知觉的共鸣、意义的共通、选择的共识。

"图像不是忍受者,而是关系到知觉的经验和行动的生产者,这是图像行为学说的本质。它占据生命、交换和形式的领域:图式、替代和形式被解除目标的内在性范围。"[1] 广告图像行为则更是如此,只不过从与社会经济文化的发展等关系上来说,广告图像一直在获取更大的生存权中奋力前进,因为广告图像不仅置身于现实,而且还延伸到现实之前和之后,需要容纳在现实基础上的,对历史、现实和未来充满张力的领域空间。图像化的生活世界与空间化的思维领域的相互叠加,在网络化、数字化、即时化、碎片化的现实中重塑我们的综合感官体系和生活体验,广告图像在这错综复杂的环境中将自然之眼、心灵之眼和社会之眼相融合,力图引起人们的注意并触发行为。广告图像是被动的,它在迎合或者被迫选择社会、文化、经济以及观者;广告图像又是主动的,它创造流行、抽象符号、促进交流,等等。当第一个广告行为发生之时,广告图像其实也就在事实上存在并发生——广告图像这面镜子不仅照应着社会的现实,也虚拟着社会的现实,交相辉映。

广告图像不是视觉文化的附属物,而是伴随着广告行为发生的现实场景。广告图像是充盈的,在不断地赋予商品以意义;广告图像也是空虚的,需要从世界中获得意义,并与世界共鸣。世界被把握为图像,图像也在把握我们,变化正在进行,我们静观其变。

---

[1] [德]霍斯特·布雷德坎普:《图像行为理论》,宁瑛、钟长盛译,译林出版社2016年版,第283页。

参考文献

一 中文文献

（一）论著

安燕：《影视视听语言》，重庆大学出版社2011年版。

北京大学哲学系外国哲学史教研室编译：《古希腊罗马哲学》，生活·读书·新知三联书店1957年版。

曹意强：《艺术与历史》，中国美术学院出版社2001年版。

陈海叶：《系统功能语言学的范畴化研究》，上海大学出版社2009年版。

陈怀恩：《图像学：视觉艺术的意义与解释》，河北美术出版社2011年版。

陈嘉映：《维特根斯坦读本》，上海人民出版社2015年版。

陈中梅：《柏拉图诗学和艺术思想研究》（修订版），商务印书馆2016年版。

丁勤：《图像学》，辽宁美术出版社2016年版。

樊波主编：《美术学研究》，东南大学出版社2014年版。

冯丙奇：《北京地区报纸广告视觉传播模式：类型与转变》，清华大学出版社2012年版。

冯川：《荣格的精神》，海南出版社2006年版。

冯契：《外国哲学大辞典》，上海辞书出版社2008年版。

高颖、郭淑霞：《虚拟现实视景仿真技术》，西北工业大学出版社2014年版。

邰明：《广告学原理与实务》，上海人民美术出版社2014年版。

公木：《公木文集》（第3卷），吉林大学出版社2001年版。

韩丛耀：《图像：一种后符号学的再发现》，南京大学出版社2008年版。

韩丛耀：《中华图像文化史：图像论》，中国摄影出版社2017年版。

胡经之：《文艺美学》，北京大学出版社1989年版。

胡易容：《图像符号学：传媒景观世界的图式把握》，四川大学出版社2014年版。

黄鸣奋：《数码艺术潜学科群研究1》，学林出版社2014年版。

纪卫宁：《语类与社会变迁》，光明日报出版社2017年版。

李彬：《符号透视：传播内容的本体诠释》，复旦大学出版社2003年版。

李鸿祥：《图像与存在》，上海书店出版社2011年版。

李军林：《马克思主义在中国的早期传播及其话语体系的初步建构》，学习出版社2013年版。

李舒：《传播学方法论》，中国广播电视出版社2007年版。

李幼蒸：《理论符号学导论》，社会科学文献出版社1999年版。

李玉平：《互文性：文学理论研究的新视野》，商务印书馆2014年版。

刘林沙：《现代世界的神话：中西广告原型比较研究》，西南交通大学出版社2013年版。

刘云卿：《维特根斯坦与杜尚：赋格的艺术》，生活·读书·新知三联书店2016年版。

龙迪勇：《空间叙事学》，生活·读书·新知三联书店2015年版。

卢泰宏等：《广告创意：个案与理论》，广东旅游出版社1997年版。

鲁迅：《鲁迅全集》（第4卷），人民文学出版社1959年版。

陆晔：《影像都市：视觉、空间与日常生活》，复旦大学出版社2018年版。

罗岗、顾铮编：《视觉文化读本》，广西师范大学出版社2003年版。

倪梁康：《胡塞尔现象学概念通释（修订版）》，生活·读书·新知三联书店2007年版。

彭华民：《消费社会学新论》，北京师范大学出版社2011年版。

钱理群：《中国现代文学编年史：以文学广告为中心（1915—1927）》，北京大学出版社 2013 年版。

邱仁宗：《20 世纪西方哲学名著导读》，湖南出版社 1991 年版。

饶广祥：《广告符号学教程》，重庆大学出版社 2015 年版。

任泽：《舍勒人学视野下的主体间性》，北京理工大学出版社 2017 年版。

司文会：《符号·文学·文化：罗兰·巴尔特符号学思想研究》，中国书籍出版社 2016 年版。

孙晔等编：《中国大百科全书：普及本：心理学 I》，中国大百科全书出版社 1999 年版。

谭旭虎：《镜像与自我：史景迁的中国形象建构研究》，上海人民出版社 2017 年版。

涂子沛：《大数据》，广西师范大学出版社 2012 年版。

汪民安：《福柯的界线》，河南大学出版社 2018 年版。

王杰：《审美幻象研究：现代美学导论》，北京大学出版社 2012 年版。

王林生：《图像与观者——论约翰·伯格的艺术理论及意义》，中国文联出版社 2015 年版。

王若虚：《滹南诗话》（卷三），见丁福保辑《历代诗话续编》（上），中华书局 1983 年版。

王原君：《象征资本》，线装书局 2015 年版。

王岳川：《艺术本体论》，上海三联书店 1994 年版。

文春英：《外国广告发展史》，中国传媒大学出版社 2006 年版。

吴靖：《文化现代性的视觉表达：观看、凝视与对视》，北京大学出版社 2012 年版。

伍蠡甫：《西方文论选（上卷）》，上海译文出版社 1979 年版。

谢赫：《四库家藏：古画品录》，山东画报出版社 2004 年版。

许宝华、杨剑桥：《大辞海：语言学卷》，上海辞书出版社 2013 年版。

许正林：《西方广告学经典著作导读》，郑州大学出版社 2009 年版。

杨海军：《现代广告学》，河南大学出版社 2007 年版。

杨海军：《中外广告史新编》，复旦大学出版社 2009 年版。

杨庆峰：《翱翔的信天翁：唐·伊德技术现象学研究》，中国社会科学出版社2015年版。

杨向荣、谭善明、李健：《西方美学与艺术》，南京大学出版社2013年版。

俞建章、叶舒宪：《符号：语言与艺术》，上海人民出版社1988年版。

尤娜、杨广学：《象征与叙事：现象学心理治疗》，山东人民出版社2006年版。

曾庆香：《大众传播符号：幻象与巫术》，中国广播电视出版社2012年版。

张金海：《20世纪广告传播理论研究》，武汉大学出版社2002年版。

张淑萍：《陇中民俗剪纸的文化符号学解读》，苏州大学出版社2014年版。

赵毅衡：《符号学文学论文集》，百花文艺出版社2004年版。

郑雪来：《20世纪中国学术大典：艺术学》，福建教育出版社2009年版。

周穗明：《当代西方政治哲学》，江苏人民出版社2016年版。

周宪：《视觉文化的转向》，北京大学出版社2008年版。

周宪主编：《视觉文化读本》，南京大学出版社2013年版。

朱国华：《权力的文化逻辑》，上海三联书店2004年版。

朱国华：《文学与权力：文学合法性的批判性考察》，北京大学出版社2014年版。

朱立元：《后现代主义文学理论思潮论稿》（下），上海人民出版社2015年版。

朱立元：《艺术美学辞典》，上海辞书出版社2012年版。

朱自清：《背影》，湖南文艺出版社2019年版。

朱祖延：《引用语大辞典》，武汉出版社2000年版。

邹建林：《影子与踪迹：汉斯·贝尔廷图像理论中的指涉问题》，湖南美术出版社2014年版。

邹跃进：《立场：邹跃进美术理论与批评文集》，湖南美术出版社2012年版。

［奥］维特根斯坦：《逻辑哲学论》，贺绍甲译，商务印书馆1996年版。

［德］阿多诺:《美学理论》,王柯平译,四川人民出版社1998年版。

［德］埃德蒙德·胡塞尔:《经验与判断》,邓晓芒、张廷国译,生活·读书·新知三联书店1999年版。

［德］恩斯特·卡西尔:《人论》,上海译文出版社1985年版。

［德］汉斯-格奥尔格·加达默尔:《真理与方法》,洪汉鼎译,上海译文出版社1999年版。

［德］黑格尔:《美学》(第二卷),朱光潜译,商务印书馆2011年版。

［德］胡塞尔:《纯粹现象学通论》(第1卷),商务印书馆2017年版。

［德］霍斯特·布雷德坎普:《图像行为理论》,宁瑛、钟长盛译,译林出版社2016年版。

［德］克里斯托夫·武尔夫:《人的图像:想象、表演与文化》,陈红燕译,华东师范大学出版社2018年版。

［德］库尔特·考夫卡:《格式塔心理学原理》,傅统先译,商务印书馆1936年版。

［德］莱辛:《拉奥孔》,朱光潜译,商务印书馆2016年版。

［德］马丁·海德格尔:《存在与时间》,陈嘉映等译,生活·读书·新知三联书店2014年版。

［德］马丁·海德格尔:《林中路》,孙周兴译,上海译文出版社2008年版。

［德］马丁·海德格尔:《尼采》(上),孙周兴译,商务印书馆2003年版。

［德］马克思:《资本论》(第1卷),人民出版社2004年版。

［德］马克思、［德］恩格斯:《马克思恩格斯全集》(第1卷),人民出版社1995年版。

［德］马克思、［德］恩格斯:《马克思恩格斯选集》(第1卷),人民出版社1995年版。

［德］马克思、［德］恩格斯:《马克思恩格斯选集》(第2卷),中共中央马克思恩格斯列宁斯大林著作编译局译,人民出版社2012年版。

［德］瓦尔特·本雅明：《机械复制时代的艺术作品》，王才勇译，中国城市出版社2001年版。

［德］瓦尔特·本雅明：《经验与贫乏》，王炳钧、杨劲译，百花文艺出版社1999年版。

［德］瓦尔特·舒里安：《人们为何喜欢艺术——自我指涉：关于艺术的心理层面》，载《2005·第二届中国北京国际美术双年展学术研讨会文献集》，人民美术出版社2006年版。

［德］沃尔夫冈·弗里茨·豪格：《商品美学批判》，董璐译，北京大学出版社2013年版。

［德］沃尔夫冈·伊瑟尔：《虚构与想像：文学人类学疆界》，陈定家等译，吉林人民出版社2003年版。

［德］沃尔夫冈·伊瑟尔：《怎样做理论》，朱刚、谷婷婷、潘玉莎译，南京大学出版社2008年版。

［德］乌尔夫：《社会的形成》，许小红译，广东教育出版社2012年版。

［德］W·沃林格：《抽象与移情》，王才勇译，辽宁人民出版社1987年版。

［德］于尔根·哈贝马斯：《后形而上学思想》，曹卫东、付德根译，译林出版社2012年版。

［法］安德列·胡耶：《摄影：从文献到当代艺术》，袁燕舞译，浙江摄影出版社2018年版。

［法］保罗·利科：《活的隐喻》，汪堂家译，上海译文出版社2004年版。

［法］保罗·利科：《解释的冲突：解释学文集》，莫伟民译，商务印书馆2017年版。

［法］保罗·利科：《诠释学与人文科学》，孔明安等译，中国人民大学出版社2012年版。

［法］保罗·利科：《想象与隐喻》，赵娜译，载《文艺美学研究》（2016春季卷），2017年。

［法］蒂费纳·萨莫瓦约：《互文性研究》，邵炜译，天津人民出版社2002年版。

［法］弗朗索瓦·多斯：《解构主义史》，季广茂译，金城出版社 2012 年版。

［法］加布里埃尔·塔尔德：《模仿律》，何道宽译，中国人民大学出版社 2008 年版。

［法］居伊·德波：《景观社会》，王昭凤译，南京大学出版社 2006 年版。

［法］雷吉斯·德布雷：《图像的生与死》，黄迅余、黄建华译，华东师范大学出版社 2014 年版。

［法］罗兰·巴尔特：《符号学历险》，李幼蒸译，中国人民大学出版社 2008 年版。

［法］罗兰·巴尔特：《符号学原理》，王东亮等译，生活·读书·新知三联书店 1999 年版。

［法］罗兰·巴尔特：《流行体系——符号学与服饰符码》，敖军译，上海人民出版社 2000 年版。

［法］罗兰·巴尔特、［法］让·鲍德里亚等：《形象的修辞——广告与当代社会理论》，吴琼、杜予编，中国人民大学出版社 2005 年版。

［法］罗兰·巴特：《S/Z》，屠友祥译，上海人民出版社 2000 年版。

［法］罗兰·巴特：《符号学原理》，黄天源译，广西民族出版社 1992 年版。

［法］罗兰·巴特：《罗兰·巴特随笔选》，怀宇译，百花文艺出版社 2005 年版。

［法］罗兰·巴特：《明室》，赵克非译，文化艺术出版社 2002 年版。

［法］罗兰·巴特：《文之悦》，屠友祥译，上海人民出版社 2002 年版。

［法］罗兰·巴特：《显义与晦义：批评文集之三》，怀宇译，百花文艺出版社 2005 年版。

［法］马克·勒伯：《身体意象》，汤皇珍译，春风文艺出版社 1999 年版。

［法］玛蒂娜·乔丽：《图像分析》，怀宇译，天津人民出版社 2012 年版。

［法］米歇尔·福柯：《词与物》，莫伟民译，上海三联书店 2001 年版。

［法］米歇尔·福柯：《权力的眼睛：福柯访谈录》，严锋译，上海人

民出版社 1997 年版。

［法］米歇尔·福柯:《这不是一只烟斗》,邢克超译,漓江出版社 2012 年版。

［法］米歇尔·福柯:《知识分子与权力》,载杜小真编选《福柯集》,上海远东出版社 1998 年版。

［法］米歇尔·福柯:《知识考古学》,谢强、马月译,生活·读书·新知三联书店 2007 年版。

［法］莫里斯·梅洛-庞蒂:《符号》,姜志辉译,商务印书馆 2005 年版。

［法］莫里斯·梅洛-庞蒂:《可见的与不可见的》,罗国祥译,商务印书馆 2016 年版。

［法］莫里斯·梅洛-庞蒂:《眼与心》,杨大春译,商务印书馆 2007 年版。

［法］莫里斯·梅洛-庞蒂:《知觉现象学》,姜志辉译,商务印书馆 2001 年版。

［法］莫里斯·梅洛-庞蒂:《作为表达和说话的身体》,参见朱立元、李钧编《二十世纪西方文论选》,高等教育出版社 2003 年版。

［法］皮埃尔·布迪厄:《艺术的法则》,刘晖译,中央编译出版社 2001 年版。

［法］皮埃尔·布迪厄、［美］华康德:《实践与反思》,李猛、李康译,中央编译出版社 1998 年版。

［法］皮埃尔·吉罗:《符号学概论》,怀宇译,四川人民出版社 1988 年版。

［法］乔治·埃利亚、［法］萨尔法蒂:《话语分析基础知识》,曲辰译,天津人民出版社 2006 年版。

［法］乔治·维加埃罗:《身体的历史》(卷一),张竝等译,华东师范大学出版社 2013 年版。

［法］让-保罗·萨特:《想象心理学》,褚朔维译,光明日报出版社 1988 年版。

［法］让-弗朗索瓦·利奥塔:《话语,图形》,谢晶译,上海人民出版

社 2011 年版。

［法］让 - 路易·普拉岱尔：《西方视觉艺术史》，董强等译，吉林美术出版社 2002 年版。

［法］让 - 马里·舍费尔：《现代艺术——18 世纪至今艺术的美学和哲学》，生安锋、宋丽丽译，商务印书馆 2012 年版。

［法］让·鲍德里亚：《符号政治经济学批判》，夏莹译，南京大学出版社 2015 年版。

［法］让·鲍德里亚：《绝对广告，零度地带的广告》，载《符号学原理》，生活·读书·新知三联书店 1999 年版。

［法］让·鲍德里亚：《物体系》，林志明译，上海人民出版社 2001 年版。

［法］让·鲍德里亚：《消费社会》，刘成富、全志钢译，南京大学出版社 2014 年版。

［法］让·波德里亚：《象征交换与死亡》，车槿山译，译林出版社 2006 年版。

［法］让·拉特利尔：《科学和技术对文化的挑战》，商务印书馆 1997 年版。

［法］热拉尔·热奈特：《热奈特论文集》，史忠义译，百花文艺出版社 2000 年版。

［法］萨特：《存在与虚无》，陈宜良等译，生活·读书·新知三联书店 2014 年版。

［法］西蒙·波娃：《第二性—女人》，桑竹影等译，湖南文艺出版社 1986 年版。

［法］雅克·德里达：《论文字学》，汪堂家译，上海译文出版社 2005 年版。

［法］雅克·德里达：《马克思的幽灵》，何一译，中国人民大学出版社 1999 年版。

［法］雅克·拉康：《论凝视作为小对形》，吴琼译，载《视觉文化的奇观：视觉文化总论》，中国人民大学出版社 2005 年版。

［法］雅克·朗西埃：《图像的命运》，张新木、陆洵译，南京大学出

版社 2014 年版。

［法］朱迪特·勒薇尔:《福柯思想辞典》,潘培庆译,重庆大学出版社 2015 年版。

［法］朱莉娅·克里斯蒂娃:《符号学:符义分析探索集》,史忠义等译,复旦大学出版社 2015 年版。

［法］朱莉娅·克里斯蒂娃:《主体·互文·精神分析:克里斯蒂娃复旦大学演讲集》,祝克懿、黄蓓编译,生活·读书·新知三联书店 2016 年版。

［法］茱莉亚·克里斯蒂娃:《诗性语言的革命》,张颖、王小姣译,四川大学出版社 2016 年版。

［古希腊］柏拉图:《柏拉图全集》(第 2 卷),王晓朝译,人民出版社 2003 年版。

［古希腊］柏拉图:《理想国》,刘勉、郭永刚译,华龄出版社 1996 年版。

［古希腊］亚里士多德:《形而上学》,吴寿彭译,商务印书馆 1983 年版。

［古希腊］亚里士多德、［古罗马］昆图斯·贺拉提乌斯·弗拉库斯:《诗学·诗艺》,郝久新译,江西教育出版社 2014 年版。

［加］朗·伯内特:《视觉文化:图像、媒介与想象力》,赵毅等译,山东文艺出版社 2008 年版。

［加］罗伯特·K. 洛根:《被误读的麦克卢汉:如何矫正》,何道宽译,复旦大学出版社 2018 年版。

［加］罗伯特·洛根:《理解新媒介:延伸麦克卢汉》,何道宽译,复旦大学出版社 2012 年版。

［加］马歇尔·麦克卢汉:《理解媒介:论人的延伸》,何道宽译,译林出版社 2019 年版。

［加］马歇尔·麦克卢汉:《人的延伸:媒介通论》,何道宽译,四川人民出版社 1992 年版。

［美］保罗·M. 莱斯特:《视觉传播:形象载动信息》,霍文利等译,中国传媒大学出版社 2003 年版。

［美］保罗·梅萨里:《视觉说服:形象在广告中的作用》,王波译,新

华出版社 2004 年版。

［美］鲍勃·加菲尔德：《广告大师的告诫》，闫佳译，机械工业出版社 2011 年版。

［美］彼得·A. 莱塞姆：《自体心理学导论》，王静华译，中国轻工业出版社 2017 年版。

［美］查尔斯·霍顿·库利：《人类本性与社会秩序》，包凡一、王湲译，华夏出版社 1989 年版。

［美］查尔斯·莫里斯：《指号、语言和行为》，罗兰、周易译，上海人民出版社 1989 年版。

［美］程大金、史蒂夫·P. 罗塞克：《设计绘画》（第二版），张卫澜译，天津大学出版社 2016 年版。

［美］大卫·奥格威：《奥格威谈广告》，曾晶译，机械工业出版社 2003 年版。

［美］大卫·奥格威：《欧格威谈广告》，洪良浩、官如玉译，台湾英文杂志社 1984 年版。

［美］大卫·奥格威：《一个广告人的自白》，林桦译，中国物价出版社 2003 年版。

［美］丹尼尔·贝尔：《资本主义文化矛盾》，赵一凡等译，生活·读书·新知三联书店 1989 年版。

［美］道格拉斯·凯尔纳：《媒体文化：介于现代与后现代之间的文化研究、认同性与政治》，丁宁译，商务印书馆 2013 年版。

［美］道格纳斯·凯尔纳编：《波德里亚：一个批判性读本》，江苏人民出版社 2005 年版。

［美］菲利普·科特勒等：《塑造知名度》（第三版），赵银德等译，人民邮电出版社 2007 年版。

［美］格尔哈斯·伦斯基：《权力与特权：社会分层的理论》，关信平等译，浙江人民出版社 1988 年版。

［美］华康德：《论符号权力的轨迹》，李猛译，载苏国勋、刘小枫主编《社会理论的政治分化》，上海三联书店 2005 年版。

参考文献

［美］杰姆逊:《后现代主义与文化理论》,唐小兵译,陕西师范大学出版社 1987 年版。

［美］凯斯·R. 桑斯坦:《信息乌托邦》,毕竞悦译,法律出版社 2008 年版。

［美］克劳德·霍普金斯:《我的广告生涯·科学的广告》,邱凯生译,新华出版社 1998 年版。

［美］克利福德·格尔茨:《文化的解释》,韩莉译,译林出版社 1999 年版。

［美］雷·韦勒克、[美]奥·沃伦:《文学理论》,刘象愚等译,生活·读书·新知三联书店 1984 年版。

［美］理查德·舒斯特曼:《情感与行动》,高砚平译,商务印书馆 2018 年版。

［美］理查德·舒斯特曼:《身体意识与身体美学》,程相占译,商务印书馆 2011 年版。

［美］鲁道夫·阿恩海姆:《视觉思维》,滕守尧译,四川人民出版社 1998 年版。

［美］鲁道夫·阿恩海姆:《艺术与视知觉》,滕守尧、朱疆源译,四川人民出版社 1998 年版。

［美］罗伯特·戈德曼、[美]斯蒂芬·帕普森:《符号战争》,湖南美术出版社 2018 年版。

［美］罗伯特·威廉姆斯:《艺术理论》(第 2 版),许春阳等译,北京大学出版社 2009 年版。

［美］罗瑟·瑞夫斯:《实效的广告》,张冰梅译,内蒙古人民出版社 1999 年版。

［美］马克·波斯特:《信息方式:后结构主义与社会语境》,范静哗译,商务印书馆 2000 年版。

［美］马克·盖特雷恩:《认知艺术》,王滢译,世界图书出版公司北京公司 2014 年版。

［美］玛格丽特·马克、卡罗·S·皮尔森:《很久很久以前:以神话

原型打造深植人心的品牌》，许晋福等译，汕头大学出版社 2003 年版。

［美］迈克尔·赫茨菲尔德：《人类学：文化和社会领域中的理论实践》，刘珩等译，华夏出版社 2009 年版。

［美］梅尔文·I. 德弗勒等：《大众传播通论》，颜建军等译，华夏出版社 1989 年版。

［美］尼尔·波兹曼：《娱乐至死·童年的消逝》，章艳、吴燕莛译，广西师范大学出版社 2009 年版。

［美］尼尔森·古德曼：《艺术语言》，褚朔维译，光明日报出版社 1990 年版。

［美］尼古拉斯·米尔佐夫：《视觉文化导论》，倪伟译，江苏人民出版社 2006 年版。

［美］尼古拉斯·米尔佐夫：《幽灵写作：视觉文化构想》，中国人民大学出版社 2005 年版。

［美］欧文·戈夫曼：《日常生活中的自我表演》，徐江敏译，云南人民出版社 1988 年版。

［美］欧文·戈夫曼：《日常生活中的自我呈现》，黄爱华、冯钢译，浙江人民出版社 1989 年版。

［美］欧文·潘诺夫斯基：《图像学研究：文艺复兴时期艺术的人文主题》，戚印平、范景中译，上海三联书店 2011 年版。

［美］皮尔斯：《皮尔斯：论符号》，赵星植译，四川大学出版社 2014 年版。

［美］乔纳森·布朗：《自我》，陈浩莺等译，人民邮电出版社 2004 年版。

［美］乔纳森·卡勒尔：《罗兰·巴尔特》，方谦译，生活·读书·新知三联书店 1988 年版。

［美］乔纳森·克拉里：《知觉的悬置》，沈语冰、贺玉高译，江苏凤凰美术出版社 2017 年版。

［美］乔治·米德：《心灵、自我与社会》，赵月瑟译，上海译文出版社 1997 年版。

［美］乔治·桑塔亚纳：《艺术中的理性》，张旭春译，北京大学出版社2014年版。

［美］乔治·桑塔耶纳：《美感》，缪灵珠译，中国社会科学出版社1982年版。

［美］斯蒂文·小约翰：《传播理论》，陈德民、叶晓辉译，中国社会科学出版社1999年版。

［美］苏珊·朗格：《艺术问题》，滕守尧译，南京出版社2006年版。

［美］苏珊·桑塔格：《论摄影》，黄灿然译，上海译文出版社2008年版。

［美］苏特·杰哈利：《广告符码》，马姗姗译，中国人民大学出版社2004年版。

［美］唐纳德·普雷齐奥西：《艺术史的艺术：批评读本》，易英等译，上海人民出版社2016年版。

［美］梯利：《西方哲学史》（下册），葛力译，商务印务馆1979年版。

［美］W.J.T.米歇尔：《图像何求？形象的生命与爱》，陈永国、高焓译，北京大学出版社2018年版。

［美］W.J.T.米歇尔：《图像理论》，陈永国、胡文征译，北京大学出版社2006年版。

［美］W.J.T.米歇尔：《图像学》，陈永国译，北京大学出版社2012年版。

［美］韦尔伯·施拉姆：《美国传播研究的开端》，王金礼译，中国传媒大学出版社2016年版。

［美］维克多·特纳：《戏剧、场景及隐喻：人类社会的象征性行为》，刘珩、石毅译，民族出版社2007年版。

［美］沃尔特·李普曼：《公共舆论》，阎克文、江红译，上海人民出版社2002年版。

［美］约翰·奥尼尔：《身体形态：现代社会的五种身体》，张旭春译，春风文艺出版社1999年版。

［美］约书亚·梅罗维茨：《消失的地域：电子媒介对社会行为的影响》，肖志军译，清华大学出版社2002年版。

［美］詹姆斯·B. 特威切尔：《震撼世界的 20 例广告》，傅新营、蔚然译，上海人民美术出版社 2003 年版。

［美］詹姆斯·埃尔金斯：《视觉研究：怀疑式导读》，雷鑫译，江苏美术出版社 2010 年版。

［美］詹姆斯·埃尔金斯：《图像的领域》，蒋奇谷译，江苏凤凰美术出版社 2018 年版。

［美］詹姆斯·特威切尔：《美国的广告》，屈晓丽译，江苏人民出版社 2006 年版。

［日］池上嘉彦：《符号学入门》，张晓云译，国际文化出版公司 1985 年版。

［瑞士］费尔迪南·德·索绪尔：《普通语言学教程》，高名凯译，商务印书馆 1980 年版。

［瑞士］卡尔·荣格：《人类及其象征》，张举文、荣文库译，辽宁教育出版社 1988 年版。

［瑞士］维克多·I. 斯托伊奇塔：《影子简史》，邢莉、傅丽莉、常宁生译，商务印书馆 2013 年版。

［意］克罗齐：《美学原理》，朱光潜译，商务印书馆 2017 年版。

［意］列奥纳多·达·芬奇：《芬奇论绘画》，戴勉编译，人民美术出版社 1986 年版。

［意］乌蒙勃托·艾柯：《符号学理论》，卢德平译，中国人民大学出版社 1990 年版。

［英］阿兰·谢里登：《求真意志——密歇尔·福柯的心路历程》，尚志英、许林译，上海人民出版社 1997 年版。

［英］安东尼·史蒂文斯：《私人梦史》，薛绚译，海南出版社 2015 年版。

［英］安妮·谢泼德：《美学：艺术哲学引论》，艾彦译，辽宁教育出版社 1998 年版。

［英］彼得·伯克：《图像证史》，杨豫译，北京大学出版社 2008 年版。

［英］布莱恩·特纳：《身体与社会》，马海良、赵国新译，春风文艺出版社 2000 年版。

［英］大卫·霍克尼等：《图画史 从洞穴石壁到电脑屏幕》，万木春、张俊、兰友利译，浙江人民美术出版社 2017 年版。

［英］E. H. 贡布里希：《木马沉思录》，徐一维译，北京大学出版社 1991 年版。

［英］E. H. 贡布里希：《图像与眼睛》，范景中等译，广西美术出版社 2016 年版。

［英］E. H. 贡布里希：《象征的图像》，杨思梁、范景中译，广西美术出版社 2014 年版。

［英］E. H. 贡布里希：《艺术与错觉》，林夕等译，湖南科学技术出版社 2000 年版。

［英］卡罗琳·冯·艾克、［美］爱德华·温特斯编：《视觉的探讨》，李本正译，江苏美术出版社 2009 年版。

［英］科林·伦福儒、［美］保罗·巴恩：《考古学》（第 6 版），陈淳译，上海古籍出版社 2015 年版。

［英］克里斯托夫·霍洛克斯：《麦克卢汉与虚拟实在》，刘千立译，北京大学出版社 2005 年版。

［英］利萨·泰勒、［英］安德鲁·威利斯：《大众传播媒体新论》，简妙如等译，韦伯文化事业出版社 1999 年版。

［英］路得维希·维特根斯坦：《逻辑哲学论》，王平复译，九州出版社 2007 年版。

［英］洛克：《人类理解论》，关文运译，商务印书馆 1959 年版。

［英］迈克·费瑟斯通：《消费文化与后现代主义》，刘精明译，译林出版社 2000 年版。

［英］迈克·费瑟斯通：《消解文化》，杨渝东译，北京大学出版社 2009 年版。

［英］尼克·库尔德利：《媒介、社会与世界》，何道宽译，复旦大学出版社 2014 年版。

［英］诺曼·布列逊：《视觉与绘画：注视的逻辑》，郭杨等译，浙江摄影出版社 2004 年版。

［英］诺曼·费尔克拉夫：《话语与社会变迁》，殷晓蓉译，华夏出版社 2003 年版。

［英］S·W·道森：《论戏剧与戏剧性》，艾晓明译，昆仑出版社 1992 年版。

［英］斯图尔特·霍尔：《表征：文化表征与意指实践》，徐亮、陆兴华译，商务印书馆 2013 年版。

［英］西莉亚·卢瑞：《消费文化》，张萍译，南京大学出版社 2003 年版。

［英］约翰·伯格：《观看之道》，戴行钺译，广西师范大学出版社 2015 年版。

(二) 论文

常江：《娱乐至死时代，我们正在失去严肃的能力》，《新京报》2017 年 6 月 29 日。

陈平：《罗兰·巴特的絮语——罗兰·巴特文本思想评述》，《国外文学》2001 年第 1 期。

董德丽：《真实的立场：约翰·伯格的广告图像批评》，《装饰》2014 年第 9 期。

董璐：《伪造的需求和坦塔罗斯的幸福》，《南京社会科学》2012 年第 12 期。

范景中、杨思梁：《贡布里希的图像学研究》，《美术》1990 年第 5 期。

冯寿农、黄钏：《保罗·利科诠释学的文本理论探析》，《厦门大学学报》（哲学社会科学版）2020 年第 1 期。

黄晖：《罗兰·巴特对"文本"理论的重构》，《贵州社会科学》2013 年第 7 期。

金宏宇：《中国现代文学的副文本》，《中国社会科学》2012 年第 6 期。

黎潇逸：《从米歇尔的"元图像"到南希的"自主"》，《文艺评论》2019 年第 4 期。

刘涛：《视觉修辞的学术起源与意义机制：一个学术史的考察》，《暨南学报》（哲学社会科学版）2017 年第 9 期。

彭林祥：《中国现代文学广告的价值》，《中国社会科学》2016 年第 4 期。

秦海鹰：《互文性理论的缘起与流变》，《外国文学评论》2004年第3期。

秦莹：《使用媒体而非受限于媒体》，《文教资料》2007年第13期。

史忠义：《符号学的得与失——从文本理论谈起》，《湖北大学学报》（哲学社会科学版）2014年第4期。

陶东风：《消费文化语境中的身体美学》，《马克思主义与现实》2010年第2期。

陶东风：《消费文化中的身体》，《贵州社会科学》2007年第11期。

汪堂家：《隐喻诠释学：修辞学与哲学的联姻》，《哲学研究》2004年第9期。

王馥芳：《纠正"图像至上主义"偏颇》，《中国社会科学报》2016年2月23日第3版。

王林生：《"视觉中心主义"：视觉观看中的理性建构与解构》，《中国文学研究》2020年第1期。

吴丽娟：《媒介延伸论的前世今生》，硕士学位论文，南京大学，2015年。

吴琼：《拜物教/恋物癖：一个概念的谱系学考察》，《马克思主义与现实》2014年第3期。

吴琼：《视觉性与视觉文化》，《文艺研究》2006年第1期。

吴琼：《他者的凝视——拉康的"凝视"理论》，《文艺研究》2010年第4期。

肖伟胜：《罗兰·巴尔特的后结构主义文本理论及其身体转向》，《文艺争鸣》2019年第10期。

杨保军：《新闻文本的个性特征》，《国际新闻界》2004年第4期。

杨向荣：《图像转向》，《外国文学》2015年第5期。

查常平：《艺术话语权力的社会性、历史性》，《艺术评论》2004年第3期。

张坚：《艺术意志，传承与变革》，《新美术》2001年第2期。

张良丛、张峰玲：《作品、文本与超文本——简论西方文本理论的流变》，《文艺评论》2010年第3期。

张一兵：《消费意识形态：符码操控中的真实之死》，《江汉论坛》2008

年第 9 期。

赵慧臣：《知识可视化的视觉表征研究综述》，《远程教育杂志》2010 年第 1 期。

赵宪章：《文学和图像关系研究中的若干问题》，《江海学刊》2010 年第 1 期。

郑二利：《米歇尔的"图像转向"理论解析》，《文艺研究》2012 年第 1 期。

周宪：《"读图时代"的图文"战争"》，《文学评论》2005 年第 6 期。

周宪：《视觉建构、视觉表征与视觉性》，《文学评论》2017 年第 3 期。

周宪：《视觉文化的消费社会学解析》，《社会学研究》2004 年第 5 期。

周子渊：《感官延伸与再现真实：智能时代红色基因传播的场景建构》，《中国编辑》2021 年第 5 期。

周子渊：《广告传播的"语—图"叙事解析》，《编辑之友》2019 年第 5 期。

周子渊：《论广告图像的戏剧性叙事》，《传播与版权》2018 年第 1 期。

周子渊：《论广告图像的形象性表现》，《广告大观》（理论版）2017 年第 2 期。

周子渊：《图像与眼睛：读图时代网民的媒介素养教育研究》，《中国编辑》2019 年第 8 期。

周子渊：《视觉艺术哲学语境下图像何为？》，《温州大学学报》（社会科学版）2024 年第 2 期。

朱桃香：《副文本对阐释复杂文本的叙事诗学价值》，《江西社会科学》2009 年第 4 期。

［法］保罗·利科：《作为认知、想像及情感的隐喻过程》，曾誉铭译，《江海学刊》2005 年第 1 期。

［法］罗兰·巴特：《本文理论》，李宪生译，《外国文学》1988 年第 1 期。

［法］罗兰·巴特：《从作品到文本》，杨庭曦译，《外国美学》2012 年第 0 期。

［法］罗兰·巴特：《从作品到文本》，杨扬译，《文艺理论研究》1988

年第 5 期。

［法］罗兰·巴特：《第三意义：关于爱森斯坦几格电影截图的研究笔记》，李洋等译，《电影艺术》2012 年第 2 期。

［美］德莫特·莫兰：《具身性与能动性》，罗志达译，《深圳社会科学》2019 年第 5 期。

［美］欧文·潘诺夫斯基：《艺术意志的概念》，陈平译，《世界美术》2000 年第 1 期。

二 外文文献

Carothers, J. C., Culture psychiatry and the written word, *Psychiatry*, 1959 (22).

Charles Morris, *Signs, Langguage and Behavior*, New York: Braziller, 1955.

Helmers, M. & Hill, C. A., "Introduction", in Charles A. Hill and Marguerite Helmers eds., *Defining Visual Rhetoric*, Mahwah, NJ.: Lawrence Erlbaum Associates, Inc., 2004.

Julia Kristeva, *Revolution in Poetic Langguage*, tr., by Margaret Waller, New York: Columbia University Press, 1984.